有声有色有山河：中国人的精神传统

汪文学◎著

贵州出版集团
贵州人民出版社

图书在版编目（CIP）数据

有声有色有山河：中国人的精神传统 / 汪文学著
. -- 贵阳：贵州人民出版社，2020.11
ISBN 978-7-221-16337-0

Ⅰ. ①有… Ⅱ. ①汪… Ⅲ. ①民族精神－研究－中国
Ⅳ. ① C955.2

中国版本图书馆 CIP 数据核字 (2020) 第 207174 号

有声有色有山河：中国人的精神传统

汪文学 / 著

出 版 人：王　旭
责任编辑：刘泽海
封面设计：刘　霄
版式设计：温力民
出版发行：贵州出版集团　贵州人民出版社
地　　址：贵阳市观山湖区会展东路 SOHO 办公区 A 座
印　　刷：北京温林源印刷有限公司
开　　本：880 毫米 × 1230 毫米　1/32
字　　数：320 千字
印　　张：13.25
版　　次：2020 年 11 月第 1 版
印　　次：2020 年 11 月第 1 次印刷
书　　号：ISBN 978-7-221-16337-0
定　　价：68.00 元

目　录

引　言　001

第一讲　中国人的盛世精神
——重振汉唐雄风，再创盛世辉煌　001

一、理论附会与实情考察：对古代中国历史分期的反省　002
二、唐宋之际：中国历史上的重要转折时刻　006
三、自信自尊、开放包容：汉唐精神之特征　016
四、重振汉唐雄风，再创盛世辉煌：汉唐精神的当代价值　023

第二讲　中国人的家国观念
——兼论传统社会妇女在家庭中的地位　027

一、国之本在家：古代中国的国家性质　028
二、君子之道造端乎夫妇：夫妇伦理在五伦中的核心地位　035
三、表象与本质：男尊女卑观念的重新检讨　041
四、惧内：传统中国男人的美德　050

第三讲 中国人的地域意识
——兼论地域研究与地域学建构的现状和前景 060

一、中国地域自觉意识之发生 061
二、从地域研究到地域学建构 068
三、地域研究兴起的原因及其合法性问题 076
四、当代地域研究的现状与反思 084
五、黔学地域学的学术构成和学理依据 089

第四讲 中国人的乡土情怀
——兼论文化自信与乡村振兴 103

一、传统中国社会是一个乡土社会 104
二、乡愁：中国人的乡土情怀 112
三、中国乡土社会的衰败之路 122
四、通过文化自信促进乡村振兴 129

第五讲 中国人的山水情怀
——兼论游的精神与境界 136

一、存而不在：游的精神本质 137
二、游与不游：儒、道两家的政治人生选择 143

三、心无所累与心有所累：游的境界与层次 150
四、气类而情属：山水与人性的关联 156

第六讲 中国人的逐鹿策略
——兼论政治中心的转移与经济中心的变迁 163

一、王者必即土中：中原实历代帝王为治之地 164
二、得关中而定天下：中原地理与帝业成败之关系 172
三、崤函帝宅，河洛王里：以长安为首都、洛阳为陪都的两都制格局 178
四、经济中心的南移与政治中心的东迁 183
五、经济中心的南移与逐鹿策略的改变 189
六、荆扬司牧，事同二陕：荆扬二州在南方政局中的地位和影响 195

第七讲 中国人的经典意识
——经典阅读与国民精神之重建 206

一、经典：恒久之至道，不刊之鸿教 207
二、“四书五经”：中华民族的文化元典 212
三、以文化认同促进民族凝聚：古代中国的社会特征 219

四、君子与淑女：国民精神的理想楷模 224

第八讲 中国人的诗学理想
——兼论中国古典诗学的女性化特征 232

一、温柔敦厚：中国人的诗学理想 233
二、由真情至正情：中国古典诗歌的理想品格 246
三、女人如诗：传统中国社会的女性美特征 255
四、诗似女人：传统中国诗学的女性化特征 263

第九讲 中国人的诗教传统
——兼论中国人的诗性精神 273

一、诗意栖居：传统中国人的诗性精神 274
二、诗教中国：儒家诗教说的历史意义与现代价值 285
三、重德育而轻美育：当代国民教育之现状与困境 291

第十讲 中国人的英雄崇拜
——以项羽为个案的讨论 303

一、英雄兼备与重英轻雄：中国人心目中的英雄特征 304
二、至性与真情：英雄本色 309

三、自刎乌江与霸王别姬：尽显项羽英雄本色 315
四、英雄自有美人伴：有美人陪伴的英雄才是真英雄 323

第十一讲 中国人的师道传统
——兼论中国人的友道精神 330

一、疾学在于尊师：尊师的社会背景 331
二、师严然后道尊：尊师的学术背景 336
三、师父与师友：含混而模糊的师徒伦理 345
四、以文会友、以友辅仁——中国人的友道传统 353

第十二讲 中国人的父子伦理
——兼论传统社会的孝敬观念和家庭教育 362

一、母怀爱、父怀敬：父子疏离与母子亲近的情感背景 364
二、君子远其子：父子疏离的文化根源 369
三、不切实际的角色期待：父子疏离的现实原因 383
四、母教：培育人类爱心的重要手段 388
五、隔代教育：社会现代化进程的绊脚石 396

参考文献 402

后　记 409

引言

“中国人的精神传统”，这是一个太大的论题，也是一个太宽泛的题目。经过再三斟酌，我还是决定采用这个标题。尽管我知道这极有可能遭到“大而不当”的批评和指责，但是，我还是觉得，只有它才能概括本书各项讲题的基本内容，只有它才能反映我这些年的思考方向。

中国是世界上历史最悠久、传统最深厚的国家之一。中国人也是世界上最尊重历史、最珍惜传统的民族之一。历史和传统在中国人生活中的重要性，是世界其他民族不能比拟的。尊重历史，传承传统，是中国人日常生活的重要内容。

希尔斯说：“传统依靠自身是不能自我再生和自我完善的，只有活着的、求知的和有欲求的人类才能创立、重新制定和更改传统。”（爱德华·希尔斯《论传统》第19页，傅铿、吕乐译，上海人民出版社1991年版）传统作为一种精神、理念或文化，缺乏“自我再生”和“自我完善”的能力，离开了“有欲求的人类”，它可能会自生自灭。比如，三星堆遗址和金沙遗址的发掘，证明四川盆地早在殷商时期就有了足以与中原媲美甚至超过中原的文化存在，但是，这个文化因为种种原因缺乏“有欲求的人类”去传承、体认和建构，所以便消失了。因此，我们认为，传统是“有欲求的人类”的传统，传统需要“活着的、求知的”人类去传承和体认，才可能有绵延不断的生命力。同时，传统又是人类在传承和体认中建构起来的，是“有欲求的人类”按照自己的需要，根据自己的精神和理想“重新制定和更改传统”。所以，传统是客观的，同时亦是主观的，人类体认和建构传统的过程，就是一个将传统由客观改造为主观的过程。另外，传统一旦在人类之体认中建构起来，无论它是主观的，还是客观的，都会在该传统所笼罩的人群中代代相传，并且不断地得到体认，持续地得到建构，乃至形成一种集体无意识，作为一种惯性力量，影响和制约人们的生活、思想和行为。所以，传统是一种惯性力量，一种精神或理念，一旦在民族的内心世界中积淀下来，就会形成一种精神传统。作为惯性力量的精神传统，无论是过去，还是现在，抑或是将来，它都会影响着民族的精神生活，乃至思维习惯和生活方式。

讨论中国人的精神传统，我采用专题研究的方式，分别探讨每一种具体的精神传统的内涵，追溯它的历史渊源，讨论它的历史影响，分析它的当代价值。虽然“古为今用”“以古为鉴”这些提法，因为随时挂在人们嘴边，说得太熟太滥，乃至让人生厌。但是，我们还是深信：一切历史都是当代史。任何关于过去历史的研究，都是缘于当下的某种现实需要。或者说，一定是当下的某种现实因缘激发起你对历史的兴趣，从而产生研究的动机。因此，我们讨论中国人的精神传统，并不是要为已死之骨校长量短，而是为了发掘精神传统的现代价值，揭示当代精神的历史根源。沟通历史与现实，呈现精神传统的历史意义和现代价值，是本书的主要目的，也是我这些年在学术研究上的主要思考方向。

讨论中国人的精神传统，有很多方式可供选择。或者把中国人的精神传统概括为若干方面，对其来龙去脉作全面系统的常识介绍；或者针对其中某个方面，做深度的专业研究，写成专门的学术著作。前者是常识介绍，是基础性的普及工作，这方面的读物较多；后者是专业探讨，是学术研究，这方面的成果也不少。我的这项工作，介于专业研究与学术普及之间，或者说，是将自己的专业研究成果，以通俗易懂、生动有趣的形式，介绍给业余的听众或读者。因此，论题的专业性与表述的通俗化，是我的工作目标和努力方向。

在过去二十余年的学术生涯中，我先后做过几项关于中国人的精神传统的专题研究，如著成《正统论——发现东方政治智慧》一书，揭示中国人的政治智慧，讨论古代中国人的政治权力合法性理论；写有《汉晋文化思潮变迁研究——以尚通意趣为中心》一书，探讨汉晋时期八百年间文化思潮的发展和社会风尚的变迁；撰成《传统人伦关系的现代诠释》一书，对当下中国人伦关系之现状，作追本溯源的解释，揭示中国人的人际伦理观念；写成《诗性风月——中国古典文学中的情爱》一书，通过传统中国人的情爱生活视角，研究华夏族人的诗性精神和民族心理；著成《温柔敦厚：中国古典诗学理想》一书，讨论中国古典诗学的理想品格，研究这种理想品格的现代价值。以这几项专题研究为基础，将我过去二十多年来读书治学所获得的一些想法或见解，以通俗易懂、生动有趣的方式呈现给非专业的读者或听众，也是一件很有意义的事情。

本书选择的十二项论题，有两个特点：其一，各项论题之间虽然没有直接的联系，但都可以统领在“中国人的精神传统”这个大标题之下。或者说，我是通过十二项专题报告，从十二个层面揭示中国人的精神传统。其二，之所以选择十二项专题，当然一方面是有构成整数的考虑，就像出版界前些年比较流行的“十论”或者“十二讲”之类的著作一样。但更重要的原因，则是要选择一些经过自己认真研究过的问题，的确是有自己独特看法的论题，不想去做人云亦云的常识性介绍。所以，各项专题都是经过认真的研究，都力求有个人的见解。当然，正确与否，还需读者审查。

讨论中国人的精神传统，这是一项任重道远的大课题，我在这里选择的十二项专题，只是其中很小的一部分，大量的专题还需不断地深入研究，大量的工作还有待于我们进一步努力。教学活动是一件教学相长的工作，我的讲授可能会对你们有启发，可能会激发你们的想象力；你们的问难，可能会给我灵感，可能会激发我的创造力。所以，我很赞同陈平原先生的说法：单有演讲者的谈吐自如远远不够，还必须有听讲者的莫逆于心，这才是理想的课堂。

第一讲 中国人的盛世精神

——重振汉唐雄风，再创盛世辉煌

内容提要：唐宋之际是中国历史上的重要转折时刻，以唐宋之际为界，中国古代的政治、经济、文化等皆发生了深刻变化，在文化心理、审美态度、人生理想、艺术风格等方面发生了重要转型。唐宋之际以前的汉唐两朝，代表中国古代社会发展的两座高峰，史称“汉唐盛世”。推动和支撑“汉唐盛世”之形成和发展的，是以自信、自尊、开放、包容为内涵的“汉唐精神”。因自信而自尊，因自信而开放，因自尊自信而开放包容，最终形成一种积极进取、昂扬向上、奋发有为的时代精神，推动汉唐两朝成为古代中国繁荣昌盛的两座高峰。本讲讨论“汉唐盛世”的基本特征和“汉唐精神”的基本内涵，是为了重振汉唐雄风，再创盛世辉煌。当代中国致力于实现中华民族伟大复兴的中国梦，“汉唐盛世”是一个重要参照。当代中国以文化自信为精神动力推进中华民族的伟大复兴，“汉唐精神”是一个重要借鉴。

我们今天的话题，是讨论中国人的盛世精神。讨论这个话题的目的，是为了重振汉唐雄风，再创盛世辉煌。前些年，学术界盛行“盛世研究”，主办过专题学术讨论会，还成立了专门的研究中心。从报纸上看到这个消息，我着实高兴过一阵子。因为有很长一段时间，我一直关注这个问题。大约在二十年前，我做过一项专题研究，即“汉唐雄风共性论——唐人慕学汉人风范之历史文化心态研究”，后来又陆续做过一些修订和增补，更名为“汉唐文化精神研究”，约有二十余万字。这部书稿藏在书箱里，已有近二十年，得知学术界有志于“盛世研究”，我从书箱里把它找出来，打算再修订一下。发黄的书稿摆在书案前，转眼又是几年过去了，至今还是一字未动，想来也是挺惭愧的。

二十年前的读书体会和研究心得，至今依然铭记于心。今天选择这个话题来讨论，主要有三个理由：其一，我自认为对汉唐精神有过专门研究，的确可以谈出一些自己的体会和想法。其二，当今也是一个盛世，把当代盛世与汉唐盛世比较一下，也是挺有趣的。其三，更重要的是，研究汉唐盛世，讨论汉唐精神，还可以为我们今天再创盛世辉煌，实现中华民族伟大复兴的中国梦，提供一些借鉴或参考，这也符合“古为今用”“以古为镜”的目的。

一、理论附会与实情考察：对古代中国历史分期的反省

讨论中国人的盛世精神，研究汉唐文化精神遗产的当代价值，我打算从中国历史的分期说起。

从20世纪30年代的“社会史论战”，到50年代历史研究界“五朵金花”（汉民族的形成、中国历史的分期、封建土地所有制、农民战争和资本主义的萌芽）的讨论，中国历史的分期问题，一直是史学界讨论的核心课题。讨论的内容，涉及古代中国有无奴隶制社会的问

题，中国封建时代的起止时间问题，资本主义生产关系萌芽的问题，鸦片战争以后中国社会的性质问题，等等。

曾经的“五朵金花”，今日差不多都成了明日黄花。除了汉民族的形成问题，至今还受到人类学家如徐杰舜等学者的关注，其他几朵金花都已经渐行渐远，逐渐退出历史学者的研究视野。关于中国历史的分期，一般人都认同这样的观点，教科书上也基本采用这样的说法：夏朝以前是原始社会，夏、商、西周、春秋是奴隶社会，战国、秦、汉至清末是封建社会，清末至 1949 年是半殖民地半封建社会，1949 年以后至今是社会主义社会，将来必定要进入共产主义社会。这种历史分期，已经成为稍具历史知识的每一位中国人的历史常识。这种历史分期，虽然不断遭到学者的质疑，但是它的影响力并未因此而削弱。

众所周知，今日已成为中国人的历史常识的中国史分期，基本上是按照马克思的社会形态学说和阶级分析理论做出来的。而马克思的这一套学说或理论，是通过对古希腊、罗马等西方社会的研究提炼出来的，它是否适用于古代中国社会，这的确是值得怀疑的事情。梁漱溟《中国文化要义》、顾准《顾准文集》、牟宗三《道德理想主义的重建》等，对这个问题都有认真细致的讨论，以及有理有据的质疑。这不是我们今天讨论的话题，我过去在《正统论——发现东方政治智慧》一书中，也专门研究过这个问题。

我想说的是，当我们不再去依附任何理论或学说，只从中国历史本身发展的实际情况出发，仅就中国人自身的国民心理和文化心态的演变过程来看，中国历史可能存在着另一种更切合实际的分期。虽然这种分期，在理论家看来，可能缺乏思想深度和理论高度。

大体而言，我认为，几千年的中国古代史，唐宋转折之际是一个关键点。或者说，唐宋之际，是几千年的中国古代史上的一个最重要的转折时刻。几千年的中国历史，可以以唐宋之际为界限，划分为前后两个时期。前期从夏商、至秦汉、到隋唐，这是中华民族逐渐发展进步，慢慢摆脱愚昧而走向文明，在政治、经济、文化和军事等方面，皆呈现出上升发展趋势，并最终走到开元盛世这个顶峰。后期从宋元、至明清、到民国，则是一个国民精神逐渐衰变、文化心理逐渐内向、性格特征逐渐病态的时期。如果说前期的中华民族是在走上坡路，后期的中华民族则是在走下坡路，并最终走到几乎亡国丧家的境地。如果说前期的中国人自信自尊，是开放包容的；后期的中国人则是自卑自弱，是闭关自守的。我一直认为，中国在近代遭遇的鸦片战争、八国联军的入侵、日本鬼子的侵略，中国人自晚清以来的闭关自守，积贫积弱，皆非一朝一夕之事，它的源头应该是在宋朝。或者说，中国社会的闭关自守，国民精神的内向和病态，都是从宋朝开始的。过去讲中国近代史，以为近代中国遭遇的种种危机和灾难，皆由于晚清政府的闭关自守和妄自尊大。事实可能不是这样的，中国的近代史应该从宋朝开始写起，宋代是中国近代社会的开端。近代中国社会的种种特点，甚至若干病象，或者如鲁迅先生所说的“国民劣根性”，都是从宋代开始形成的。所以，我很认同严复的观点：

> 若研究人心政俗之变，则赵宋一代历史，最宜究心。中国所以成为今日现象者，为善为恶，姑不具论，而为宋人之所造就，什八九可断言也。（严复《致熊纯如函》，《学衡杂志》第 13 期，1923 年）

钱穆的意见也值得重视：“治史不及宋，终是与下面少交涉也。”（钱穆《素书楼余沈·致严耕望书》，九州出版社 2011 年版）也就是说，不搞清楚宋史，就无法理解宋以后的历史。所以，他提醒我们：“若

要明白近代的中国，先须明白宋。”（钱穆《宋明理学概述》，九州出版社 2010 年版）

唐宋之际为中国历史大变局的重要时刻，这个看法，并不是我的发明，前辈学者对这个问题，早有明确的认识。如，吕思勉就说过：“吾尝言有唐中叶，为风气转变之会。”“唐中叶后新开之文化，固与宋当画为一期也。”（吕思勉《隋唐五代史》第三十一章，中国友谊出版社 2009 年版）柳诒徵也说过：“自唐室中晚以降，为吾国中世纪变化最大之时期。前此犹多古风，后则别成一种社会。”（柳诒徵《中国文化史》第十六章，岳麓书社 2010 年版）钱穆把中国历史划分为三大变，其第二变是唐末五代时期。在他看来：“中国文化自春秋战国至于秦朝为一大变动，自唐迄宋又为一大变动，尤其是安史之乱至五代的变动最大。”（钱穆《唐宋时代文化》，《宋史研究集》第三辑，国立编译馆 1984 年版）他认为：“唐末五代结束了中世，宋开创了近代。”（钱穆《宋明理学概述》，九州出版社 2010 年）贺昌群也说过：

> 自近古以来，中国人之文弱性，与中国民族之生活方式、社会思想，无论优劣得失，大抵皆渊源于宋。汉唐精神，殆久已亡失净尽矣。（贺昌群《汉唐精神》，见《贺昌群文集》第三卷，商务印书馆 2003 年版）

可以这样说，“安史之乱”是古代中国历史上一个重要时刻，它不仅是唐王朝由盛到衰的转折点，也是整个古代中国由盛到衰的转折点。日本学者内藤湖南对这个问题有很深入细致的研究，他著有《支那论》和《唐宋时代概观》，将六朝隋唐确立为中国的“中古”，视宋元明清为中国的“近世”，以唐宋之际为中国的“中古”与“近世”

的分水岭。他在《中国近世史》中明确提出：

中国的近世始于何时？过去都是以朝代更替来划分时代，这种方法倒是简单易行，但从史学角度来讲，却未必正确。史学上所说的近世，并不只是以年代来划分的，必须看它是否具备近世的内涵。（内藤湖南《中国史通论》第 361 页，夏应元、钱婉约等译，九州出版社 2018 年版）

他主张立足于中国历史的史实，而不是机械地套用某种理论，来解释中国历史，划分中国历史的阶段。这种观点，后来经过他的弟子宫崎市定的推演，形成在日本史学界影响很大的以唐宋转型说为核心的“内藤—宫崎理论”，是日本京都学派史学研究的标志性成果之一。

实事求是地说，以马克思的社会形态理论划分中国历史阶段，是从外部引入的理论来套中国的历史，确有削足适履的嫌疑。而“内藤—宫崎理论”，则是立足于中国历史的史实本身，对中国历史的分期做出的结论。相较而言，我还是比较赞同后者，因为它更符合古代中国历史发展的实际情况。

二、唐宋之际：中国历史上的重要转折时刻

按照内藤湖南的观点，唐宋之际的中国，在社会结构上发生了整体的变动，这种变动，覆盖了政治、经济、文化三大领域，具体包括八个方面的内容：贵族政治的衰微与君主独裁政治的代兴，君主地位的变化，君主权力的确立，人民地位的变化，官吏任用法的变化，朋党性质的变化，经济上的变化，文化性质上的变化。（内藤湖南《中国近世史》第一章，夏应元、钱婉约等译，见《中国史通论》，九州出版社 2018 年版）

的确，唐宋之际中国历史的转型，在政治、经济、文化、思想等等方面，乃至文化心理、审美态度、人生理想、艺术风格等方面的表现，皆清晰可见。

首先，在唐宋转折之际，经济中心和政治中心发生了重要变迁，并随之而引起了中外军事冲突格局的变化。我过去曾经写过一篇论文，题目叫《古代都城地理格局之发展及其相关问题研究》（《江海学刊》2000年第1期），讨论过这个问题。我认为：在唐宋转折之际，政治中心呈现出从西安、洛阳向开封、北京这样一个自西向东的演变格局。在军事上，由汉唐时期的主动出击和积极防御，发展到宋朝的消极防守和被动对抗，中外政治势力的军事冲突，也呈现出由西北而东北的演变趋势。在经济上，经济中心呈现出由北而南的演绎格局，以扬州为中心的江淮地区，取代了以洛阳为核心的中原地区，成为全国的经济中心，并由此导致以北京、南京两点一线为中心的政治、经济、文化轴心带，取代了以长安、洛阳两点一线为中心的轴心带。这些政治、军事、经济方面的显著变化，都发生在唐宋转折之际。关于这个问题，我将在第六讲“中国人的逐鹿策略”中详细讨论，兹不赘述。

其次，在唐宋转折之际，中国固有的文化思想发生了显著变化，即从“外王之学”转向“内圣之学”，“四书”取得了与“五经”并尊的地位。任继愈先生写过一篇名为《从佛教到儒教——唐宋思潮的变迁》（《中国文化》1990年秋季号）的文章，讨论过这个问题。我们经常习惯性地说“四书五经”，其实是“五经”在前，“四书”在后。“五经”之名起于汉代，“四书”之名起于宋代，是朱熹将《礼记》中的《中庸》《大学》单独拿出来，与《论语》《孟子》合在一起，命名为“四书”。按照传统的说法，“五经”讲的是齐家治国平天下的道理，“四书”讲的是正心诚意修身养性的道理。“五经”是“外王之学”，“四书”是“内圣之学”。宋代以前，“五经”占主导地位。从宋代开始，由于朱熹等理学家的表彰，“四书”取得了与“五经”并尊乃至超越“五经”的地位，这也就是人们常说的，中国学术思想从“外王之学”转向了“内圣之学”。虽然宋儒也强调由“内圣”开出“外王”，但“内圣之学”逐渐占据着明显的优势，这在宋元以来的学术思想史上，确是不争的事实。所以，我以为，中国古代文化思想史最重要的变局，也是发生在唐宋转折之际。

再次，从生活场域的变迁和生活节奏的变化看，唐宋之际也是一个重要转折时期。在宋代以前，特别是在汉唐时期，士人普遍具有冒险探索精神，和投身到外部世界去竞争生存的强烈愿望，追求快节奏、高效率的生活，追求竞争拼搏带来的刺激和快节奏生活带来的快感。宋代则是一个重文轻武的时代，内向、文弱、老成、敏感、细腻、闲适、平淡是那一代人的性格特征。汉唐男儿那种效命疆场、探险中亚、醉卧沙场、马革裹尸而还的豪情壮志，至宋代，则被“六经勤向窗前读”的冬烘气象和小家子气所取代，功名富贵不是从马背上而是从书房中获取，男儿从沙场回到书房，甚至从马背上下来，走进了轿子中。以下几件事情足以说明这种时代精神的变化。

第一件事情，是生活场域的变化。大家一定记得这样两句诗：“书中自有颜如玉”“书中自有黄金屋”。但是，大多数人可能不知道这两句诗是谁说的。据考察，这两句话出自宋真宗的《劝学诗》，全诗是这样说的：

富贵不用买良田，书中自有千钟粟。
安房不用架高梁，书中自有黄金屋。
娶妻莫恨无良媒，书中有女颜如玉。

出门莫恨无随人，书中车马多如簇。
男儿欲遂平生志，六经勤向窗前读。

这样的劝勉之辞，出自一位皇帝之口，其导向，是很明确的；其鼓动性和影响力，是不难想象的。回过头去看看汉唐男儿的那种雄心壮志，比如在汉代，士人一般都有很强烈的冒险精神，张骞的西域探险就是一个典型例子。再如班超，他说："大丈夫无它志略，犹当效傅介子、张骞立功异域，以取封侯，安能久事笔砚间乎？"（《后汉书·班超传》）还有马援，他说："男儿要当死于边野，以马革裹尸还葬耳！何能卧床上在儿女子手中邪？"（《后汉书·马援传》）这些豪言壮语，在唐代还能听到，如唐代诗人杨炯说："宁为百夫长，胜作一书生。"（《从军行》）王翰说："醉卧沙场君莫笑，古来征战几人回。"（《凉州词》）岑参说："功名只向马上取，真是英雄一丈夫。"（《送李副使赴碛西官军》）王维说："岂学书生辈，窗间老一经。"（《送赵都督赴代州得青志》）高适说："大笑向文士，一经何足穷。古人昧此道，往往成老翁。"（《塞下曲·结束浮云骏》）但是，这样的豪言壮语，这样的豪情壮志，在宋代以后就再也听不见了，再也看不到了。因为这种风尚在宋代已经不被称道和鼓励了，宋元以来的文人时尚是"六经勤向窗前读"。"六经勤向窗前读"是"男儿欲遂平生志"的唯一选择。所以，我以为，宋元以来的中国男儿已经从沙场上回到了书房中。

第二件事情，是交通工具的变化。古代中国人的交通工具主要有两种：一是骑马，二是乘轿子。具体一点说，宋代以前文人士大夫的主要交通工具是马，文人出行，官员公干，甚至士女出游，主要都是骑马。据考证，宋代以前也有轿子，但一般人是不乘坐的，主要供老弱病残之人使用。比如，有一次，武则天出行，去一个道路坎坷、可能存在危险的地方，身边的侍从劝告她乘坐轿子，就被她断然拒绝了。宋代以后，文人士大夫的主要交通工具是轿子，当然骑马也是常见的，但乘坐轿子更为普遍，乘坐八抬大轿成为一种身份的标志，就像汉唐时期，骑母马出门要被人嘲笑，骑膘肥体壮的公马才有身份一样。骑马和乘轿子的感觉真的不一样。一般来说，骑马速度较快，有运动感，节奏感，是动态的；乘轿子速度较慢，有平稳、舒适的感觉，是静态的。所以，喜欢骑马，还是选择乘坐轿子，反映的是一个人的生活节奏问题，对节奏和速度的认同问题，更深入地讲，体现的是一个人的生命力量或生命精神的问题。其实，衡量一个人也是这样，我也常常这样评价人。我觉得，那种走起路时健步如飞的人，做起事来风风火火的人，虽然常有粗枝大叶的毛病，但一定是生命力比较旺盛、生命精神比较强健的人。那种走起路来一步三摇，东张西望，半天迈不出一个脚步的人，做起事来常常是慢吞吞的，心不在焉的，这种人往往就是生命力比较柔弱的人。王子今先生曾经对这个问题有过专门研究，他说："大凡文化节奏较为迅急的时代，往往也是文化创造较为突出、文化积累较为丰富的时代。而当时民族精神的主流，也表现出奋发进取的特色。"（王子今《历史节奏与民族精神的时代风格》，《光明日报》1995年10月20日）。另外，他还著有《中国文化节奏论》一书，专门讨论这个问题。总之，我以为，宋元以来，中国男儿已经从马背上回到轿子中。

第三件事情，是饮料的变化。古代中国人的主要饮料是酒和茶，大体而言，宋代以前，中国人的主要饮料是酒；宋代以后，中国人的主要饮料是茶，虽然酒也是不可缺少的。吃茶渐成风尚，是在中唐时期开始的，著《茶经》的陆羽，就是中唐人。茶和酒是两种性质完全不同的饮料，吃茶和喝酒是两种完全不同的感觉。我觉得，茶是拿来“吃”的，“吃茶”这个表述很好，有一个细细品味的过程。茶要“吃”，不宜“喝”，“喝”是牛饮。“喝酒”的表述也不错，意谓一饮而尽，一下子就倒进胃里去，不经过细细品味的过程，喝酒就应该是这样的。一般说来，茶是静态的，细腻柔情的，吃茶要有平静安闲的心境，吃茶就是品茶。酒是动态的，火辣热烈的，喝酒要有激越豪迈的心境。或者说，好酒之人是刚猛勇烈的，慷慨激昂的，激情飞越的；好茶之人是细腻温柔的，内向安闲的，平淡冷静的。所以，是喜欢吃茶，还是乐于喝酒，很能见出一个人的性格。所谓“酒品见人品”，大概就是这个意思。一段时期，人们是喜欢吃茶，还是喜欢喝酒，也很能体现一个时期的社会风尚。

最后，从艺术精神和审美观念上看，唐宋之际也是中国历史上的一个重要转折时期。王国维有句名言：“一代有一代之文学。”即汉赋、唐诗、宋词、元曲、明清小说。我们认为，汉人的性格最适合于赋，唐人的性格最适合于诗，宋人的性格最适合于词。那种铺张扬厉、沉博绝丽的汉大赋，是与汉朝人的性格和汉朝的国势相吻合的。浪漫风流、激情飞扬、充满青春气息的唐诗，与唐人的性格是相吻合的。我总以为，宋人做事，或者老气横秋，或者暮气沉沉，总有一种无可奈何的小家子气。所以，宋人擅长以议论为诗，以才学为诗，以文为诗，热衷于婉约柔情的词。当然，宋词中也有豪放派，如苏轼的“大江东去”，可是到结尾，还是“一樽还酹江月”，即便是大叫了几声，到底还是底气不足，哪能与李白那种“飞流直下三千尺”的一泻豪情相提并论。所以，时代精神或时代风尚这东西，作家有时是无能为力的，你置身于这个时代，你就有时代局限性，你就很难超越这个时代。因此，宋元以来民族生命力量的逐渐衰微，在文学作品中也有这种生动的体现。

文学是如此，雕塑艺术也很能展示这种时代精神的变化。西安茂陵博物馆陈列着汉朝大将军霍去病墓前的系列雕塑作品。据雕塑史家说，这批作品代表着中国古代雕塑艺术的最高水平。这批作品，体积巨大，作风古朴，特别有力量，非常有气势。比如其中有一尊雕塑，是一匹处于奔跑状态中的受伤的战马，另一尊是一头大熊抱着一只羊撕咬，其中最具代表性的是“马踏匈奴”，一只马脚踏在匈奴人的胸口上，那匈奴人作垂死挣扎状。那气势，那力量，简直无与伦比。据说，雕塑艺术最基本的特征，就是气势、力量和古朴，汉人的性格最适合做这玩意儿。唐代的雕塑也不错，“昭陵六骏”最具代表性，乾陵的雕塑群也显示出特别恢宏博大的气派。如果你有机会，去看看开封宋代皇家陵园的雕塑，并拿来与汉唐雕塑作一下比较，你会觉得特别奇怪，汉唐时期那种体积巨大、气势恢宏、作风古朴的作品没有了，有的只是精雕细琢的花鸟虫鱼。虽然惟妙惟肖，但气势、力量已经荡然无存。所以，雕塑史家说，中国雕塑艺术兴盛于汉唐，衰败于宋元。这是有依据的结论。李泽厚在《美的历程》一书中，就提到这样一个有趣的变化：中国人以狮子为吉祥物，汉唐人雕刻的狮子，凶猛异常，张牙舞爪，让人敬畏。宋元以来的艺术家雕的狮子，却是非常温顺，特别可爱，就像大街上或者公园里，贵妇小姐手里牵的哈巴狗一样。这种变化，的确让人深思。

绘画艺术也同样再现了华夏民族的生命力量，以及在唐宋之际由盛到衰的转变过程。比如，李泽厚介绍他参观敦煌壁画时的感受说：当走到敦煌莫高窟的宋窟里时，“便感到那是失去一切的宗教艺术：尽管洞窟极大，但精神全无。壁画上的菩萨行尽管多而且大，但毫无生气，简直像影子或剪纸般地贴在墙上，图式化概念极为明显。甚至连似乎是纯粹形式美的图案也如此。北魏图案的活跃跳动，唐代图案的自由舒展全没有了，有的只是规范化了的呆板回文，整个洞窟给人以一派清凉、贫乏、无力、呆滞的感受”（李泽厚《美的历程》第121页，天津社会科学院出版社2001年版）。另外，余秋雨介绍他参观敦煌壁画，说他走到唐代壁画前，看到“人世间能有的色彩都喷射出来，但喷得一点儿也不野，舒舒展展地纳入细密流利的线条，幻化为一种壮丽。这里不再仅仅是初春的气温，而已是春风浩荡，万物苏醒。这里边禽兽都在歌舞，连繁花都裹卷图案。这里的雕塑都有脉搏和呼吸，挂着千年不枯的吟笑和娇嗔。这里的每一个场面，每一个角落，都够你留连长久。这里没有重复，真正的欢乐从不重复。一到别的洞窟还能思忖片刻，而这里，一进入就让你燥热。这才是人，这才是生命。人世间最有吸引力的，莫过于一群活得很自在的人发出的生命信号。唐代就该这样，这样才算唐代。我们的民族，总算拥有这么一个朝代，总算有过这么一个时刻，驾驭如此瑰丽的色流，而竟能指挥若定”。到了五代，便“由炽热走向温煦，由狂放渐趋沉着”，而宋代就“终于有点灰暗了”。到了元代，“色流中很难再找到红色了”（余秋雨《莫高窟》，见《秋雨散文》第257～258页，浙江文艺出版社1994年版）。绘画艺术的这种发展特点，实际上体现的就是民族生命精神逐渐衰微的趋势。

另外，中国人的人体审美观念，也在唐宋转折之际发生着特别显著的变化。唐代的女性美观念，有两个特点：一是它的开放性。从唐代的壁画和墓俑中可以看到，唐人并不反对女性袒露颈部和胸部。在这些艺术作品中，女性的脖子往往是裸露的，大部分胸部也常常露在外边，往往只穿一件开胸的薄衫。这在中国历史上是别开生面的，因为传统中国社会一般都反对身体的裸露，男子裸身往往被视为无礼，女性的服饰也绝少透露，随意敞开就是伤风败俗，就是冶容诲淫。但是，唐代却不是这样的，比如，唐代永泰公主墓的壁画上，李重润墓的石椁上，那些身着袒领的女子，无不是领口低开，露颈敞胸，乳沟起伏。又如，唐代人物画家周昉的《簪花仕女图》，仕女身穿仅至胸前的长裙，披上一件轻薄透明的宽大外衣，而双肩、双臂和大部分胸部，都裸露在外，洁白的肌肤清晰可见。然而，在宋代和宋代以后，女性的胸部和颈部，或者是用衣衫的上沿遮盖起来，或者是用内衣高而紧的领子遮盖起来，露颈敞胸的开放性装扮，在宋代以后，就已经基本上看不见了。二是以健壮丰硕为美。在汉唐时期，男人喜欢健壮丰硕的女子，脸圆而丰腴，乳房发达，腰细而臀肥，就像莫言有部小说的名字一样，是“丰乳肥臀”。宋代以后，人们开始喜欢苗条的女子，瓜子脸，胸部扁平，弱不禁风的女子被男人推崇。宋代以前，中国人心目中的美人，虽以艳丽为特点，但艳丽中不乏丰腴，艳丽中显健壮，具有长而大的特点。宋代以后，中国人心目中的美人，虽然也注重艳与色，但明显对瘦弱型的美艳之女更加青睐。如苏轼，当他见到唐代周昉所画的仕女图时，就感慨道：“书生老眼省见稀，画图但觉周昉肥。”（《作书寄王晋卿忽忆前年寒食北城之游走笔为此》）这说明宋人已经不能欣赏唐人以肥为美的仕女图了。一个有趣的例子，是《红楼梦》第三十回中，宝玉取笑宝钗一段：

（宝玉）又道：“姐姐怎么不看戏去？”宝钗道：“我怕热，看了两出，热的很。要走，客又不散。我少不得推身上不好，就来了。”宝玉听说，自己由不得脸上没好意思，只得又搭讪笑道：“怪不得他们拿姐姐比杨妃，原来也体丰怯热。”宝钗听说，不由的大怒，待要怎样，又不好怎样。回思了一会，脸红起来，便冷笑了两声，说道：“我倒象杨妃，只是没有一个好哥哥好兄弟可以作得杨国忠的！”……宝玉自知又把话说造次了，当着许多人，更比才在黛玉跟前更不好意思，便急回身又同别人搭讪去了。林黛玉听见宝玉奚落宝钗，心中着实得意，才要搭言也趁势儿取个笑……宝钗因见林黛玉面上有得意之态，一定是听了宝玉方才奚落之言，遂了她的心愿。

从上下文看，宝玉倒不是要有意奚落宝钗。值得注意的，倒是宝钗和黛玉听了宝玉这个杨妃之比后的态度，即宝钗的“大怒”和黛玉的“得意”。这说明，在清代，以杨妃的“体丰”比拟女性，已经是暗含贬义了。杨妃“丰乳肥臀”式的体态，在唐代是美女的典范，在明清时期则要让人嗤笑了。可以这样说，宋元以来，林黛玉是中国人理想中的美女形象典型，贾宝玉则是中国人理想中的美男形象典型。

总之，唐宋之际是中国历史发生巨大变革的重要时刻。中国人的文弱、保守、内向、沉静等性格，都形成于宋代。中国人的审美观念，在宋代以前偏于壮美，阳刚之美在汉唐时代得到充分的发展；宋元以后，中国人崇尚优美，阴柔之美日益受到重视。从生活场域和文化节奏看，宋代以前的士人普遍具有冒险探索精神，和投身到外部世界去竞争生存的强烈愿望，追求快节奏、高效率的生活，追求竞争拼搏带来的刺激，追求快节奏生活带来的快感。宋代是一个重文轻武的时代，内向、文弱、老成、敏感、细腻、闲适、平淡是那一代人的性格特征。汉唐男儿那种效命疆场、探险中亚、醉卧沙场、马革裹尸而还的豪情壮志，到宋代，则被“六经勤向窗前读”的冬烘气象或者小家子气所取代，功名富贵不是从马背上而是从书本中获取，男儿从沙场回到书房，甚至是从马背上下来，走进了轿子中。概括地说，宋元以来，中国人的一半——男人——从沙场回到了书房，另一半——女人——从外部世界回到了闺房。他们乐于从狭隘、细微、局部的小环境中寻找美、发现美，失去了征服世界的雄心壮志。所以，宋元以来的时代精神，就从汉唐时期的朝气蓬勃、昂扬奋发、外向乐观，发展成闲适哀婉、暮气沉沉、内向悲观。审美趣味也呈现出由壮大向瘦弱、由健康向病态的发展趋势。时代精神和审美趣味的这种发展趋势，归根结蒂，就是民族生命力量的逐渐衰微。所以，中国近现代以来的若干民族病象或国民劣根性，都形成于宋代。讲中国近代史，追溯中国近现代史上的若干政治、文化、思想、艺术等问题的源头，都应当从宋朝讲起。

三、自信自尊、开放包容：汉唐精神之特征

我的硕士学位课程读的是“中国古代文学”的“汉唐文学”方向。在我刚入学的那段时间，不时会听到一些老师和同学关于这个研究方向的议论，甚至是质疑。质疑的问题大体有两个：一是汉代文学怎么能够与唐代文学相提并论？二是汉唐文学是否包括魏晋南北朝文学？如果不包括中间这一段，那么将汉唐合在一起作为一个研究方向，是否有学理依据？说实在的，听到这些议论和质疑，我当时的确有些不安。在研究生教育还不甚普及的20世纪90年代初，好不容易考上一个研究生，读的却是一个颇遭非议，甚至被怀疑为没有学理依据的研究方向，心里确实不服气。但是，我又不敢去问导师，只有私下去为这个方向寻找学理依据。当我在宋代的诗文别集中，看到宋人将汉唐两朝相提并论的时候，看到近现代学者如陈寅恪、闻一多、鲁迅、郭沫若等人的著作中，出现“汉唐”这个词汇时，我是由衷的高兴。据说欧洲中世纪的骑士有幸遇到自己心仪的贵妇时，往往会高兴得昏厥过去。我虽不至于如此夸张，但是在那段时间，当我在古今文献中见到“汉唐”这个词汇时，我是真的很激动。我甚至特别留心搜集以“汉唐”命名的书籍，当读到像汪籛《汉唐史论稿》、熊铁基《汉唐文化史》、

张修蓉《汉唐贵族与才女的诗歌研究》、王清云《汉唐文官法律责任制度》、贺昌群《汉唐间封建的国有土地制与均田制》、葛晓音《汉唐文学的嬗变》、崔明德《汉唐和亲研究》等等以“汉唐”命名的专著时，我心里才有了点底气，感觉踏实一些。老实说，我是在读到贺昌群《汉唐精神》、鲁迅《看镜有感》这样的文章时，才真正消除疑虑，明白导师开设“汉唐文学”研究方向的真正意图，后来也顺理成章地选择了“汉唐雄风共性论——唐人慕学汉人风范之历史文化心态研究”来做学位论文的题目。

纵观古代中国有史记载以来约三千余年的历史，若论政治之稳定、经济之繁荣、国力之强大、军事之雄强，以及国民心理之健康、民族精神之昂扬、时代风尚之劲健，首推汉唐两代。而汉代的武帝朝，唐代的开元盛世，实可称为古代中国历史上最繁荣、最伟大的两个时代。或者以为清朝也有“康乾盛世”，可与汉之武帝朝、唐之开元盛世，鼎足而三，并称为古代中国的三大盛世。我不这样看，我认为，古代中国真正可以称为盛世的，只有武帝朝和开元盛世，而所谓的“康乾盛世”，只不过是古老的中华帝国在即将走向穷途末路之际的回光返照而已。这正如杜牧诗所说，“夕阳无限好，只是近黄昏”（《登乐游原》）。所以，在中国古代众多的朝代名中，只有“汉”“唐”二名能够成为华夏族人的代称，成为华夏文化的代名词，如“汉人”“汉族”“汉语”“汉字”“汉学”等称号，如“唐人”“唐人街”“唐装”“唐绘”（西方人称中国古典绘画）、“唐样”（西方人称中国古典建筑）等称号。其他朝代名都没有这个资格，就说明其他朝代不足以代表古老的中华帝国及其文化。

汉人的风度气质，人们常以“大汉精神”概括；唐人的精神风貌，学者常以“盛唐气象”概括。汉唐人的精神风貌，总括起来，今人常称之为“汉唐雄风”。“汉唐雄风”的内涵是什么？让我们从鲁迅先生对汉唐文化的几段评论说起。他在《看镜有感》一文中说：

遥想汉人多么闳放，新来的动植物，即毫不拘忌，来充装饰的花纹。唐人也不算弱。例如汉的墓前石兽，多是羊、虎、天禄、辟邪，而长安的昭陵上，却刻着带箭的骏马，还有一匹驼鸟，则办法简直前无古人。

汉唐虽然也有边患，但魄力究竟雄大，人民具有不至于为异族奴役的自信心，或者竟毫未想到，凡取用外来事物的时候，就如将被俘来一样，自由驱使，绝不介怀。一到衰敝陵夷之际，神经可就衰弱过敏了，每遇外国东西，便觉仿佛彼来俘我一样，推拒、惶恐、退缩、逃避，抖成一团。（鲁迅《坟》，人民文学出版社 1973 年版）

他“觉得唐代的文化观念，很可以做我们现代的参考。那时我们的祖先们，对于自己的文化抱有极坚强的把握，决不轻易动摇他们的自信力；同时对于别来的文化抱有恢廓的胸襟与极精严的抉择，决不轻易地崇拜或轻易地唾弃”，他认为：“这正是我们目前急切需要的态度。”另外，贺昌群撰有《汉唐精神》一文，盛赞汉唐人特有的精神与气魄，他说：

汉唐两代实为铸成中国民族性刚柔相济，能屈能伸之两大时代。汉唐两代，民族生命力极强，凡生命力强健之民族，乃能明礼法，重服从，守纪律，勇敢活泼，尚理智而富感情，耻为狡诈虚伪之事。（贺昌群《贺昌群文集》第三卷，商务印书馆 2003 年版）

在他看来，中国人的文弱性，大抵渊源于宋代。宋代以后，汉唐精神亡失殆尽。

概括地说，所谓的“汉唐雄风”，体现在精神层面上，就是自信、自尊、开放、包容。因自信而开放，因开放而包容。在中华民族史上，汉唐人的自信心是无与伦比的。正如鲁迅先生所说，那时的中国人，在文化上，“对自己的文化抱有极坚强的把握，决不轻易动摇他们的自信力”；在军事上，“人民具有不至于为异族奴役的自信心”。比如，在汉代，国民的自信心，正如扬雄所说：

天下之士，雷动云合，鱼鳞杂袭，咸营于八区，家家自以为稷契，人人自以为皋陶，戴纵垂缨而谈者，皆拟于阿衡，五尺童子，羞比晏婴与夷吾。（《解嘲》）

读东方朔的《答客难》、扬雄的《解嘲》，还有司马相如的《喻巴蜀檄》，你会看到，虽然他们在眼下可能因为怀才不遇而满腹牢骚，但有一点是可以肯定的，就是他们从未对自身的能力表示过怀疑。他们都充满着强烈的自信心，把当下的怀才不遇归因于生不逢时。再看唐人的自荐书表，那就不仅仅是自信，而是由自信而狂放，那种神采飞扬、盛气凌人、扬眉吐气、激昂青云的风采，向前有汉人可与媲美，向后，那真的是“后无来者”。如员半千上《陈情表》于唐高宗，先抑后扬，说“平章国事”，我不如稷契；“十载成赋”，我不如左思；“荷戈出战”，我不如李广。接着，笔锋一转，“七步成文”，我则不愧曹植；“飞书走檄”，我则不愧枚皋。你看他怎么对皇帝说话的：

陛下何惜玉阶前方寸地，不使臣披露肝胆，抑扬辞翰。请陛下召天下才子三五千人，与臣试诗策判笺表论，勒字数，定一人在臣先者，陛下斩臣头，粉臣骨，悬于都市，以谢天下才子。望陛下收臣才，与臣官，如用臣刍荛之言，一辞一句，敢陈于玉阶之前。如弃臣微见，即烧诗书，焚笔砚，独坐幽岩，看陛下召得何人，举得何士。

一介书生，对皇帝说话，如此咄咄逼人。可以说，只有唐代皇帝，才容得下这样的书生；只有唐代社会，才能培育出这样的书生；也只有唐代的书生，才有如此这般的自信。像这样的文章，在《全唐文》里有不少，如王泠然的《与刺史高昌宇书》，李白的《与韩荆州书》，都有这种任真而自信的风采。

自信是开放的前提，因自信而开放，因自信而包容。个人是这样，民族也是如此。一个人具有充分的自信心，强烈的自尊心，他才敢于去接纳新思想新事物。缺乏自信心的人，也往往很自卑，他的心胸也常常是狭窄而封闭的，他不敢敞开心扉去接纳新事物，他的心胸也容不下新思想。一个民族或国家也是这样。汉唐人因为对自己的文化抱有极坚定的信心，所以"新来的动植物，即毫不拘忌，来充装饰的花纹"，所以"凡取用外来事物的时候，就如同将被俘为一样，自由驱使，绝不介怀"，所以"对于别来的文化抱有恢廓的胸襟与极精严的抉择，决不轻易地崇拜或轻易地唾弃"。事实上，汉代文化的恢宏气势与魄力，就得自于汉人对南北、东西文化兼容并包的态度。而唐代长安城的繁荣，也得自于唐人对外来文化，特别是以西域文化为重点的周边少数民族文化，乃至外国文化的兼收并蓄。关于这一点，向达先生的《唐代长安与西域文明》一书，言之甚详，可以参看。

汉唐时代的兴旺发达，得自于汉唐人的自信精神、开放胸襟与包容胸怀。愈是自信，就愈是开放，愈是包容，文化就愈有活力，其国势也就日趋强盛，因为有新事物、新思想的刺激。而国势的日趋强盛，又进一步增强国民的自信心，自信心的增强，又进一步推动国民的开放和包容精神，社会便进入良性发展轨道。愈是自卑，就愈不敢敞开胸怀，胸襟就愈狭窄，其文化也就愈缺乏活力，其国势也就愈趋衰败，因为没有新事物和新思想的刺激，其文化便会停滞不前，或发展缓慢，国势就日趋衰败，国民就愈是缺乏自信心，没有了自信心，就不敢对外开放。不敢对外开放，国势就更加衰微，社会也就进入恶性发展轨迹。宋元以来的中国历史，就是这样发展下来的，一直走到鸦片战争、八国联军瓜分中国、日本鬼子入侵中国，几乎到了“国将不国”的境地。

汉唐国势的强盛与文化的活力，得力于汉唐人的开放胸襟和博大胸怀，归根结蒂，得自于汉唐人高昂的自信心。有一句成语，叫“人穷志短”。仔细想想，是很有道理的。人穷啦，总是被人瞧不起，还常常被人欺负，慢慢地便失去了自信心，养成了自卑心态。愈穷愈不自信，愈不自信就愈穷，这是恶性循环。试想，一个国家或民族，老是被动挨打，受人欺负，被人轻视，就一定会养成自卑自贱的“小国心态”。我很欣赏汉唐国民的那种“大国心态”。而这种“大国心态”，是靠雄厚的经济实力、强大的军事实力和综合国力培养起来的。

记得鲁迅先生有篇文章，名叫《中国人失掉自信力了吗？》，大意是说，中国人从宋代开始逐渐失去了自信力，变得不自信了。的确是这样的，中国人失去自信心，是从宋代开始的；中国社会的闭关自守，也是从宋代开始的。这倒不是因为宋代国家经济上的贫穷落后，其实，宋朝商品经济的繁荣发展，超过了汉唐两代，宋朝国内的政治局势也是比较稳定的，那么问题出在哪里呢？我认为，就出在武功不行。宋朝军队的战斗力不强，打不成仗，拉出去一打就输，宋朝的皇家军队真没打过几次漂亮仗。你想想，一个国家的军队老是打败仗，一个民族老是受着大军压境的威胁，他的国民能有自信心吗？能培育出“大国心态”吗？最后搞到连皇帝都被敌人掳走了，国家被迫迁都，他的国民能不自卑吗？明明是打了败仗，被迫向敌人割地赔款，却又自欺欺人，说是对异邦的厚爱与赏赐，晚清政府玩的这套自欺欺人的把戏，其实早在宋朝就已经上演了。宋朝军队缺乏战斗力，主要是因为宋朝统治者出于对汉、唐军阀割据的借鉴，极端重文轻武，深恐武臣篡国，于是便制造出文武官员相互牵制的军队管理制度。武官有军队的指挥权而无管理权，文官有管理权而又无调拨权，调拨权掌握在皇帝手中。一旦有战事，皇帝从文官手中调拨军队，交与武官指挥打仗，打完仗后又交回文官管理。所以，宋朝军队平时缺乏训练，打不成仗。再说，“士为知己者死”，士兵与将军构不成知己关系，所以没有冒死冲锋的动力。正是因为政治上的重文轻武，导致武功极弱，不能抵御外敌入侵，国家民族长期处于大军压境的威胁之下，国民逐渐失去了自信心，国民性格也就逐渐由自信转为自卑，由外向转为内向，由开放转为封闭，由阳刚转为阴柔。中华民族精神的文弱与保守，也就由此形成。

“汉唐雄风”的总体特征，如上所述，就是自信、自尊、开放、包容。具体而言，“大汉精神”与“盛唐气象”又略有区别。概括地说，主要有以下几个方面：首先，汉代文化突出地呈现了中华本土文化的特点，唐代文化明显有中外文化融合发展的特征，因而颇有“胡气”。其次，汉代以明经相尚，所以多节义然诺之士；唐代以诗赋相高，因此多风流蕴藉之人。再次，汉代文化以阳刚之美为特点，重体积，重气势，尚力量，棱角分明，质胜于文；唐代文化则是刚柔相济，浑厚中有灵气，粗犷中有妩媚，豪放中有柔情，是文质彬彬。最后，“大汉精神”是汉人雄健、刚猛的生命特征的体现，强调对外部世界的扩张与征服，着重于对力量和气势的追求，个体情感欲求的满足处于次要地位；“盛唐气象”则是将外部世界的扩张征服与生命世界的完美充实结合起来，是对健康和均衡的追求。

所以，客观地说，我觉得，汉代文化显得过于刚性，是刚性有余，柔性不足；宋代文化又显得过于柔性，是柔性有余，刚性不足；得其中者，是唐代文化，唐代文化是刚中有柔，是柔中有刚，是刚柔相济，是文质彬彬。因此，几千年的中国文化，若就其文化的均衡、成熟、稳健而言，我以为，应该是唐代文化。

四、重振汉唐雄风，再创盛世辉煌：汉唐精神的当代价值

“汉唐雄风”作为华夏民族史上最光辉灿烂的一页，已经悄然隐入历史记忆的深处。但历史的可贵之处，在于它的当代价值，在于它能为当代人提供精神文化资源。“汉唐雄风”作为一种历史文化资源，曾经在武功卑弱的宋朝，引起过部分有识之士的兴趣；在20世纪三四十年代，得到鲁迅先生的大力提倡；在当代社会，更是中国人再创盛世辉煌的重要精神资源。

众所周知，和郭沫若一样，鲁迅先生最初到日本，是打算学医的，后来他们弃医学文，都是有感于当时的中国人，最需要医治的不是身体，而是灵魂。对一个人来说，灵魂比身体更重要，因此，医治灵魂比医治身体更迫切。对于一个民族来说，也是如此。只要精神不倒，什么都好办。当下的社会危机，经济落后，并不可怕，甚至亡国丧家，也不可怕。可怕的就是精神被击垮，精神一旦倒下，这个民族就没有了希望，永远不会有东山再起的可能。鲁迅和郭沫若的弃医学文，就是力图通过文来拯救中华民族的灵魂。

在我看来，鲁迅先生弃医学文后，改造国民性，重塑民族魂，就成为了他一生中的主要工作目标，他的文学创作和学术研究，都是围绕着这个工作目标展开的。他说过：“惟有民魂是最宝贵的，惟有它发扬起来，中国才有真进步。”（鲁迅《华盖集续编·学界的三魂》，人民文学出版社1973年版）他希望通过唤醒民众的觉悟，重塑华夏民

族魂，达到使古老中国重新“屹然独见于天下”的目的。据我的观察，鲁迅先生就像是一位医生，面对一位病人，先得望闻问切，查出病因，然后对症下药，开出处方。对于三四十年代身处国破家亡之处境的“中华民族”这位大病人，他也是这样做的，先得查出他的病因，即人们常说的“解剖国民劣根性”。鲁迅先生的文学创作，就是围绕着这个工作目标展开的，他的小说《药》《狂人日记》《阿Q正传》《孔乙己》，以及大量的杂文、随笔，都是在“解剖国民劣根性”，分析三四十年代的中华民族的灵魂，到底犯了什么病？查出病因，找到病象，接下来的工作，就是对症下药，即我们常说的“改造国民劣根性”。鲁迅先生的学术研究，就是围绕着“改造国民劣根性”这个工作目标展开的。

鲁迅先生改造国民劣根性的途径，既不是像章太炎那样，借用佛教来发起民心，增进国民道德；也不像西化学者那样，放弃传统，主张全盘西化；更不像国粹学者那样，通过保存国粹来保存种姓。他主要是从传统中国文化中寻找改造国民性、重铸民族魂的文化资源。

鲁迅先生对中国传统文化的研究是多方面的，但大体上是以汉唐文化为中心的，他的《中国小说史略》《唐宋传奇集》《汉文学史纲要》，集中讨论了汉唐文学。他打算编写一部《中国文学史》，虽然最终没有写成，但他的撰写提纲止于唐代，这是意味深长的。他以为：“一切好诗，到唐已被做完”（鲁迅《鲁迅书信集·致杨霁云（1934年12月20日》，人民文学出版社1976年版），唐代文学发展到了中国文学的高峰，宋代以后的文学，“现在似的国粹意味就薰人”（鲁迅《坟·看镜有感》，人民文学出版社1973年版）。我曾经写过一篇论文《论鲁迅的文学史研究方法和价值取向》（《贵州文史丛刊》2003年第2期），讨论这个问题，认为鲁迅先生的这种做法，既不同于一般学者的自由散漫，也不同于旧式学者的贵古贱今，而是体现了鲁迅作为一位思想家的深刻见解，和作为一位革命家的现实关怀。或者说，鲁迅先生的文学史研究，是别有用心的。即通过学术研究，宣扬汉唐文化，彰显汉唐精神。这种别有用心，还体现在他的另外两件未竟事业上，一件是创作长篇小说《杨贵妃》，他曾经将这个创作计划与郁达夫、孙伏园交流过，也在与日本友人山本初枝的书信中谈到过，他还趁去西北大学讲学的机会，实地考察唐代风物，为创作这部小说做准备。他之所以想写这部小说，就是为了张扬“盛唐气象”。第二件是搜集汉唐石刻画像，鲁迅先生对汉唐石刻画像评价很高，他在致李桦的信中说：“汉人石刻，气魄深沉雄大；唐人线画，流动如生。”（鲁迅《鲁迅书信集·致李桦》，人民文学出版社 1976 年版）他长期用心搜集汉唐石刻画像，在他的日记和书信中，他多次提到打算刊印这些石刻画像的拓片，目的还是为了张扬“汉唐雄风”。

从总体上看，鲁迅先生对宋代以后的文化是持贬抑态度的，对宋前文化，则基本上是持肯定态度。他特别欣赏汉唐文化，汉唐国民那种蓬勃向上、昂扬进取、奋发图强、开放自信的时代精神，让他神往而痴迷。在他看来，20 世纪三四十年代处于国破家亡、内乱外侵的中国，需要的正是这种汉唐精神。改造国民劣根性，重塑华夏民族魂，汉唐精神就是一种值得借鉴的文化资源。所以，他“叫我们想想汉族繁荣时代，和现状比较一下，看是如何”（鲁迅《而已集·略谈香港》，人民文学出版社 1973 年版）。“试将记五代、南宋、明末的事情的，和现今的状况一比较，就当惊心动魄于其相似之甚。仿佛时间的流逝，独与我们中国无关。现在的中华民国还是五代、是宋末、是明季”（鲁迅《华盖集·忽然想到（四）》，人民文学出版社 1973 年版）。因此，他认为，“唐代的文化观念，很可以做我们现代的参考”，汉唐人的精神，“正是我们目前急切需要的态度”（孙伏园《鲁迅先生二三事》，湖南人民出版社 1980 年版）。

历史的研究，是为了古为今用。我们今天研究汉唐文化，讨论“汉唐雄风”，目的是为了“重振汉唐雄风，再创盛世辉煌”。汉唐文化已经是过去的辉煌，但汉唐文化所呈现出来的精神，即所谓的“汉唐雄风”，不仅可以为 20 世纪三四十年代处于国破家亡的深重灾难中的中国人，提供精神动力，也可以为“再创盛世辉煌”的当代中国人，提供精神资源。鲁迅和贺昌群先生在谈论汉唐文化时，都认为汉唐精神“很可以做我们现代的参考”。其实，汉唐国民那种强烈的自信心，博大的开放胸怀和兼收并蓄的精神，也“正是我们目前急切需要的态度”。

中共十九大报告明确提出：新时代中国特色社会主义的总任务是建设社会主义现代化强国，实现中华民族的伟大复兴。实现中华民族伟大复兴的一个重要参照，就是汉唐盛世。所以，汉唐盛世的成功经验，可以为我们实现中华民族伟大复兴提供借鉴。从历史上看，中华民族在汉唐时代达到了繁荣昌盛的顶峰，无论从政治的稳定、军事的强大，还是从文化的发展、经济的繁荣看，在当时世界上皆是独占鳌头的。汉唐国势的强盛，得力于汉唐人的开放胸襟和博大胸怀，归根结蒂，得自于汉唐人高昂的文化自信。所以，实现中华民族伟大复兴的前提，就是要重建中国人的文化自信。因此，以习近平总书记为核心的中共中央高度重视文化自信，建立起包括文化自信思想、文化强国思想、文化道路思想、文化交流互鉴思想为主要内容的新时代中国文化思想体系，而文化自信思想又是其中的基础。

总之，从历史上看，文化自信是汉唐时代的精神核心，文化自信是推动汉唐帝国走向繁荣昌盛的软实力。从现实上看，文化自信是“四个自信”的基础和前提，是实现中华民族伟大复兴中国梦的精神动力。

第二讲 中国人的家国观念

——兼论传统社会妇女在家庭中的地位

内容提要：近代以来，古代中国的国家性质引起学者的广泛关注。本讲讨论中国人的家国观念，认为古代中国人缺乏近代西方的民族国家观念，古代中国是一个文化共同体而非民族国家，共同的文化信仰是联结华夏各族的纽带，民族凝聚和国家认同的基础是文化认同。古代中国人以孝齐家，以齐家之法治国，把齐家作为治国平天下的前提。在古代中国，天下之本在国，国之本在家，家之本在夫妇，夫妇之本在妇在妻。所以，男尊女卑是一种理想化观念，男女尊卑地位有表象与本质之别。在表象上，在公众场合，是男尊女卑，是妻子尊服丈夫；在本质上，在家庭内部，是女尊男卑，是丈夫服从妻子。因此，惧内是传统中国社会的普遍现象，惧内是传统中国男人的美德。

讨论中国人的家国观念，我想从一个故事说起。大家都应该知道尧舜禅让这件事情吧！其实，尧在决定把天下传给舜之前，也是颇费斟酌的，还专门做过一回类似于我们今天所做的干部考察工作。据《史记·五帝本纪》记载，尧在位七十年，时年八十有六，要培养一个接班人，大家都向他推荐舜，说舜“父顽，母嚣，弟傲”，父母兄弟都是愚顽贪暴之人，然而，舜却能使他们“和以孝，蒸蒸治，不至奸”，就是用孝悌之义去感化他们，使他们进于善道，不至于奸恶。尧为了谨慎起见，还要亲自考察。不过，尧的这个干部考察，有点出乎我们的意料，他先是将他的两个女儿娥皇、女英嫁给舜，“以观其内”，考察他的“正内”能力；然后又将他的九个儿子派去与舜相处，“以观其外”，考察他的兄弟相处能力。考察结果呢？舜本人是“内心弥谨”，二女是“甚有妇道”，九男是“益笃”。通过这一番考察，尧放心了，才将天下传给舜。请注意，众人推举舜，是因为舜能够齐家；尧考察舜，也是考察他正内、齐家的能力。正因为舜有很强的正内、齐家的能力，才顺利地作为尧的接班人，成为治国平天下的天子。

这个故事本身的真实性，我们暂且不讨论。我们感兴趣的，是这种很特别的干部考察方式，它与我们今天的干部考察不同，所以大家会觉得诧异。归纳起来说，令人诧异的地方有两点：其一，尧凭什么认为舜能把家治理好就能把天下治理好？其二，尧凭什么认为舜能使妻子“甚有妇道”就能把家治理好？其实，这种特别的方式，它体现的是传统中国人特有的家国观念，这就是我们今天要讨论的话题。

一、国之本在家：古代中国的国家性质

在近现代，自从西方的民族国家观念输入中国以来，在西方民族国家观念的比照下，古代中国的国家性质问题，古代中国人的国家观念问题，成为当时学术界讨论的热门话题。如梁启超在《先秦政治思想史》一书中，就认为中国人不好组织国家，也不能组织国家。中国人没有国家主义观念，只有超国家主义观念，或者反国家主义观念。

梁漱溟在《中国文化要义》一书中，专门写了一章叫“中国是否一国家”。他认为中国之不像国家，一是因为它缺少国家应有的功能，二是因为它缺乏国际对抗性，三是因为它的国民极度缺乏国家观念。在我看来，古代中国之不像国家，古代中国人缺乏国家观念，准确地讲，应该是说古代中国不像西方那样的民族国家，或者说古代中国与马克思、恩格斯的国家观念不完全吻合，古代中国人缺乏西方那样的民族国家观念。关于这个问题，除了梁启超的《先秦政治思想史》和梁漱溟的《中国文化要义》外，还有，在顾准的《顾准文集》、牟宗三的《道德理想主义的重建》等书中，都有深入的讨论。我在《正统论——发现东方政治智慧》一书中，对这个问题，也有自己的一些看法。

讨论古代中国的国家性质和古代中国人的国家观念，我着重谈两个问题：一是古代中国人的国家观念中家为国本的问题，二是古代中国国家性质中的文化认同问题。

先说第一个问题：国家观念中家为国本的问题。

在世界民族史上，也许找不到第二个民族像华夏族人那样，有特别浓厚的家庭观念和乡土意识。传统中国人对家有特别浓厚的感情，这与他们特别的家庭观念密切相关。对于一位传统中国男人来说，家庭是必不可少的，也是至关重要的。没有家的男人，或者家庭残缺不全、飘飘欲坠的男人，其人生是不成功的。除非在万不得已的情况下，他们不会抛妻离子，背井离乡。即便背井离乡，他们心灵深处最牵挂的是家，并且营计着尽可能早日回家，盘算着尽可能多待在家中，以享受天伦之乐。因此，在古代中国，出家或者不成家，都会被视为人群中的另类。在中国古代文学史上，思家、怀乡成为一个千古不衰的永恒主题。在传统中国人的人生趣味中，天伦之乐是人生最大的快乐。这种极强的家庭意识，是在独特的家国观念的影响下形成的。

在古代中国人的观念中，国之本在家，国家是一系列家族的集合体，国的统一和稳定，端赖家的团结和祥和。所以，欲治国平天下者，首先必须齐家，或者说，你想成为一位合格的政治家，首先必须成为一个称职的家长。因此，考察一个人治国平天下的能力，首先应该考察的是他正内齐家的本领。能正内，即能正确处理夫妇关系，即能齐家；能齐家，才能治国平天下。所以，孟子说："天下之本在国，国之本在家。"（《孟子·离娄上》）《大学》对于齐家与治国的关系，有最为详尽的阐释："古之欲明明德于天下者，先治其国。欲治其国者，先齐其家。""所谓治国必先齐其家者，其家不可教，而能教人者，无之。故君子不出家而成教于国。""一家仁，一国兴仁；一家让，一国兴让；一人贪戾，一国作乱。"正因为"国之本在家"，"欲治其国者先齐其家"，国家的稳定端赖家庭的祥和，国就是一个大家。所以，在古代中国人的观念中，君臣如父子，儒家学者竭力将君臣关系诠释成父子关系。联系君臣关系的纽带是忠，联系父子关系的纽带是孝。然而，为了将君臣关系诠释成父子关系，儒家学者又常常是以孝释忠。因此，古代中国的政府，常常是以治家之法治天下。所以，学者常常认为：古代中国人没有国的观念，只有家的观念；古代中国更像一个大家庭，不像一个国家。

我想追问的是，古代中国人既然如此缺乏国家观念，古代中国既然如此不像一个国家，那么，到底是一种什么样的力量支撑着这个庞大帝国，并使之维持二三千年的历史而不衰败，至今仍然以一个特别稳定和统一的强大姿态，屹立于世界民族之林？这实际上就是我们要讨论的第二个问题：国家性质中的文化认同问题。

西方哲学家罗素在 20 世纪 20 年代的中国之行中，曾经发表过这样一句精辟之语："中国实为一文化体而非国家。"史学家雷海宗先生也认为：古代中国不像一个国家，更像“一个具有松散政治形态的大文化区”。他们都以其慧眼洞悉了古代中国文化重于国家的特点，是关于中国古代国家性质的真知灼见。的确如此，古代中国是一个以共同的文化信仰维系着的人类共同体，共同的文化信仰所激发出来的感召力和凝聚力，大大超过国家和国家权力执行者的意志力。在古代中国，国家的灭亡是次要的，最可怕的是文化的灭亡，反对异族入侵的卫国战争，实际上就是捍卫民族文化、反对异族文化侵蚀文化正统的战争。文化代表国家，文化的灭亡也就标志着国家的灭亡，所以，《礼记·礼运》说：“故坏国丧家之人，必先去其礼。”西周王朝的崩溃，也被史家称为“礼崩乐坏”。可以说，一部中国古代政治兴衰史，就是一部礼仁文化的演变史。文化关乎国家的兴亡，在世界史上，古代中国是独一无二的。

古代中国是一个以礼仁文化为核心的文化共同体，从历代学者对“中国”“中华”等名词的解释，可以证明这个说法。

关于“中国”一词，归纳起来说，大体有地理、民族、文化和国体等四项意义。但是，它作为国体意义来使用，或者说作为国家的名称来使用，则是很晚才出现的，大约是在清代中后期。古代中国人主要是从地理、民族和文化这三项意义上使用这个名词，并且，在这三者中，文化意义最为普遍，地理意义和民族意义时有涉及，但不如文化意义那样常见。更进一步说，它的文化意义和民族意义还是相通的，即便是从地理意义上使用这一名词，虽然含有地区居中的意义，但更重要的内涵则是指传统文化的所在地。据考察，“中国”一词产生于《诗经》时代，《诗经·大雅·民劳》说：“惠此中国，以绥四方。”这里，“中国”一词是指京师，主要是就地理意义来说的，然而，它与“四方”对举，也有突出的文化意义和民族意义。比如，秦国凭借其强大的军事实力，从戎人手中夺得丰、镐，以及周人的发祥地周原，其强大的综合实力，完全足以与郑国、晋国抗衡。但是，因为它长期处于戎狄之间，所以，一直被中原人视为夷狄。再如，在春秋时期，楚国已经非常强大，攻灭了周边不少小国，还多次出兵中原，问鼎周室，但始终还是被中原人视为南夷。据此可知，“中国”标准具有极强的民族界限。但是，在这个民族标准中，文化比血统占有更大的比重。比如，与周室同宗的吴国，因为它完全服从当时当地的荆蛮习俗，而被排斥在“中国”之外。与周室同姓的燕国，因为长期处于戎狄之间，而渐趋胡化，因而不得“中国”之称。因此，与其说是以民族或血统为界限来划分中国与夷狄，倒不如说是以文化为标准划分中国与夷狄，更为准确，更符合实际。“中国”一词有地理上的意义，表示国土之中的意思。但是，在具体的使用中，其文化意义远远重于其地理意义，并且其地理意义也是侧重于指传统文化的所在地。如秦国，它虽然占有地理上的“中国”，而无文化上的“中国”之称，就是一个显明的例子。另外，“中国”一词还有祖国的意义，它的内涵也是侧重于文化方面，而不是国体的意义。范文澜曾经说过：

> 从历史记载看来，秦以前，华夏族称它的祖国为中国，秦以后，中国扩大为当时国境内各族所共称的祖国。所以中国这一名词的涵义就是祖国，朝代则是统治阶级在各个不同时期所建立的国家的称号。朝代有兴有亡，一个替代一个，中国本身则是存在着并且发展着。（范文澜《中国通史简编》修订本第1编，第64～65页，人民出版社1964年版）

再说“中华”一词，它的内涵接近“中国”，文化意义也极为明显。《唐律名例疏议释义》解释“中华”一词说：

中华者，中国也。亲被王教，自属中国，衣冠威仪，习俗孝悌，居身礼义，故谓之中华。

在这里，用“王教”“孝悌”“礼义”等儒家文化的基本内容界说“中华”一词，说明“中华”一词的文化内涵是相当明显的。因此，与其说“中华”是一个国家名称，不如说它是一个文化共同体的称号，因为它的基本内涵是文化意义，而不是国体意义。另外，清末民初的杨度著有《金铁主义说》，在这篇文章中，他解释“中华”一词说：

中华云者，以华夏别文化之高下也。即以此言，则中华之名词，不仅非一地域之国名，亦且非一血统之种名，乃为一文化之族名。故《春秋》之义，无论同姓之鲁、卫，异姓之齐、宋，非种之楚、越，中国可以退为夷狄，夷狄可以进为中国，专以礼教为标准，而无有亲疏之别。其后经数千年混杂数千百人种，而其称中华如此。以此推之，华之所以为华，以文化言，可决之也。（杨度《杨度集》（一），湖南人民出版社 2008 年版）

“中华”一词，“乃为一文化之族名”，中华与夷狄的区别，是“专以礼教为标准”。杨度之言，实为真知灼见。当时，章太炎著《中华民国解》，批驳杨度的说法，认为杨度之说有“三惑”。其实，我倒是认为，章太炎的说法不符合古代中国的国情，有其当下的政治目的，即为他的“驱除鞑虏，恢复中华”的种族政治理想服务。实际上，中国古代的民族主义，是一种文化民族主义，而不是血统民族主义。

“天下兴亡，匹夫有责”，古代中国人对国家民族有极强的义务感和责任心。但是，他们关注的是“天下”，不是国家；是天下的兴亡，而不是国家的兴亡；是道德文化的兴亡，而不是一家一姓的政权兴亡。

“天下”一词，包含的主要是文化意义，而不是政权意义。今人常常把这句话念成“国家兴亡，匹夫有责”，这是不对的，以后大家也不要念错了，因为念成“国家兴亡”，意思就全变了。看看顾炎武下面这段话，你就明白了：

> 有亡国，有亡天下。亡国与亡天下奚辨？曰：易姓改号，谓之亡国。仁义充塞，而至于率兽食人，人将相食，谓之亡天下。是故知保天下，然后知保其国。保国者其君其臣，肉食者谋之；保天下者，匹夫之贱，与有责焉耳矣。（《日知录》卷十三《正始》）

顾炎武的这段话说得很明确，“天下”与“国家”不是一回事，“亡国”与“亡天下”是有区别的。把“亡国”与“亡天下”等同起来的误解，似乎早就发生了。所以，章太炎颇有感慨地说：“余深有味其匹夫有责之说，今人以为常谈，乃在保持道德而非政治经济之云云。”（《章氏丛书》文录卷二）梁漱溟也发现：“在顾氏全文中，恰恰没有今世之国家观念存在！恰相反，他所积极表示每个人要负责卫护的，既不是国家，亦不是种族，却是一种文化。”“它不是国家至上，不是种族至上，而是文化至上。”（梁漱溟《中国文化要义》第166页，学林出版社1987年版）很明显，在顾炎武、章太炎、梁漱溟看来，“亡天下”就是亡道德文化，“保天下”就是保道德文化。亡国固然可怕，但那种易姓改号的改朝换代，是君臣的事情，是“肉食者谋之”；更可怕的是亡道德文化，文化的灭亡就是种族的灭亡。因此，匹夫之贱，也有责焉。

所以，不能说古代中国不像一个国家，也不能说古代中国人缺乏国家观念。只能说古代中国不像西方那样的民族国家，古代中国人缺乏的是西方人那样的民族国家观念。古代中国的国家性质和国家观念，具有自己的特点，那就是国以家为本，以孝齐家，以孝治国，治国的前提在于齐家；共同的文化信仰是联结华夏各族的纽带，国家的统一在于文化的统一，民族认同和国家认同的基础是文化认同。

二、君子之道造端乎夫妇：夫妇伦理在五伦中的核心地位

天下之本在国，国之本在家。家之本又是什么呢？我以为，家之本在夫妇。虽然我们常说古代中国是一个父权制社会，与以夫妇伦理为核心的西方家庭结构不同，古代中国的家庭结构则是以父子关系为核心的。其实，这种观点，和人们习以为常的男尊女卑观念一样，是经不住推敲的，或者说只是一种表象，事实并非完全如此。从总体上看，古代中国的确是一个以父子伦理为轴心的社会。但是，从家庭生活的实际情况看，母亲或妻子的家庭地位往往高于父亲或丈夫，所谓女人"夫在从夫，夫死从子"的说法，只不过是封建道德家的人伦理想而已，实际生活并非完全如此。在传统中国社会，对于一位男人来说，婚前母亲代表家，婚后妻子代表家。无母无妻，或者母故妻亡，便意味着家的解体。因此，在人际五伦中，虽然夫妇、父子、兄弟伦理都起着齐家的作用，但夫妇伦理的作用最关紧要。所以，《诗经·大雅·思齐》说："刑于寡妻，至于兄弟，以御于家邦。"即以夫妇伦理为起点和中心，来展开齐家治国平天下的工作。因此，古代中国的家庭和社会，与西方一样，在一定程度上也是以夫妇关系为轴心的。

古代学者讲人际五伦，一般都是按照君臣、父子、夫妇、兄弟、朋友的顺序排列。这种排列顺序，有明显的主次、轻重之分，体现了古代学者高扬君威、隆显父权的观念意识。夫妇居于五伦之正中，可谓处于一个不主不次、不轻不重的两可地位。其实，进一步考察，考

之人际关系的自然生成顺序，参之古代中国人的家国观念，我们发现：在理论上，夫妇关系不仅先于君臣、父子而产生，而且，夫妇关系与君臣、父子关系，还有本末体用之别。

首先，从人际关系的自然生成顺序看，是先有夫妇关系，然后通过夫妇的生育繁殖，而衍生出其他人际关系。因为，在动物界，两性的爱早于亲子的爱，而且比亲子的爱更普遍。低等动物只有两性的爱，没有亲子的爱。只有高等动物才能由两性的爱发展出亲子的爱，再进一步由亲子的爱，发展出子对亲的爱。又进一步，由亲子之爱推衍出兄弟、姊妹之爱。随着人类社会的发展，人际关系的复杂和社会生活的多变，自然需要一个权威的公共机构或人物来管理社会，于是才产生了国家和君主，君臣关系也就应运而生。所以，从人际关系的自然生成顺序看，人际五伦是沿着由夫妇而父子而兄弟而君臣的次序发生的。对于这个问题，古代中国人已有相当明确的认识，如《易·序卦传下》说：

> 有天地然后有万物，有万物然后有男女，有男女然后有夫妇，有夫妇然后有父子，有父子然后有君臣，有君臣然后有上下，有上下然后礼义有所错。夫妇之道，不可以不久也，故受之以恒。

《礼记·昏义》说：

> 男女有别，而后夫妇有义；夫妇有义，而后父子有亲；父子有亲，而后君臣有正。故曰：昏礼者，礼之本也。

所以，从人际关系的生成顺序看，从种族繁衍的角度考察，夫妇关系是一切人伦关系的根本。如果没有男女结合成夫妇关系，进行种族的繁衍，那么，父子、兄弟、君臣等人际关系都无从产生。

其次，从古代中国人的家国观念上考察，夫妇关系是君臣关系的前提和基础，夫妇与君臣之别，是本末体用之别。在五伦中，有“大伦”之称的，只有君臣、夫妇二伦。称君臣、夫妇为人际“大伦”，体现了古人对这两种人伦关系的高度重视。然而，其重视的态度相同，而其重视的原因则大有区别。古人重视君臣关系，其立足点在国，在于确立君主的权威，以确保天下国家的政治稳定；古人重视夫妇关系，其立足点则在家，在于确保家庭秩序的稳定和谐。或者说，君臣伦理维系的是国家，夫妇伦理维系的是家庭。根据古代中国人的家国观念，天下的核心在家不在国，国之本在家，家和而国兴，国家是一系列家族的集合体，家庭的和谐是国家稳定的前提和基础。所以，孟子说：“天下之本在国，国之本在家。”（《孟子·离娄上》）《大学》对于齐家与治国的关系，有最为详尽的阐释：

> 古之欲明明德于天下者，先治其国。欲治其国者，先齐其家。欲齐其家者，先修其身……身修而后家齐，家齐而后国治，国治而后天下平。

据此可知，齐家是治国的基础和前提。如果将人际五伦与儒家的修齐步骤，进行简单的比附，可以这样说：朋友伦理的功用，在于修身。夫妇、父子、兄弟伦理的作用，在于齐家。君臣伦理的价值，则在于治国平天下。

夫妇伦理的功用在于齐家，君臣伦理的功用在于治国平天下。齐家是治国平天下的前提和基础。夫妇伦理也是父子、兄弟伦理的基础，是君臣伦理的前提。所以，同为人际“大伦”的夫妇、君臣伦理，实有本末体用之别。正是在这种意义上，荀子说：“夫妇之道，不可不

正也，君臣父子之本也。”（《荀子·大略》）

总之，无论是从人际关系的自然生成顺序上看，还是从中国古人特有的家国观念和治国理念上考察，夫妇伦理实为人际五伦中最重要的一种伦理，夫妇关系是一切人际关系的基础和本源，夫妇关系是本，是体；父子、兄弟、君臣关系由夫妇关系衍生而来，是末，是用。因此，古代学者从高扬君威、隆显父权的角度，重视君臣、父子伦理，将之置于五伦之首。但从人际伦理的实际功用上讲，则是非常重视夫妇伦理，把它作为人伦之本，并将它与君臣并列，视为人际伦理中的“大伦”。

夫妇关系是一切人际关系的基础和前提，是人际五伦中最重要的一种伦理。值得注意的是，它虽然属于五伦之一，却又有牢笼五伦的容量。如《仪礼》说妇人事夫之道有五：“平日纚笄而相，则有君臣之严；沃盥馈食，则有父母之敬；报反而行，则有兄弟之道；规过成德，则有朋友之义；惟寝席之交，而后有夫妇之情。”班固说：“妇事夫有四礼焉：鸡初鸣，咸盥漱，栉纵笄緫而朝，君臣之道也，恻隐之恩，父子之道也。会计有无，兄弟之道也。闺阃之内，衽席之上，朋友之道也。”（《白虎通德论·嫁娶》）也就是说，在夫妇伦理中，蕴含着君臣之严、父子之道、兄弟之谊和朋友之义。能和谐地处理夫妇关系，就能有效地解决君臣、父子、兄弟、朋友的相处问题。因此，在古代中国，齐家是治国平天下的前提。能齐家者，方才具备治国平天下的能力。考察一个人的政治才能，主要是审察他的齐家本领。尧为了考察舜是否具备治国平天下的才能，就先将两个女儿嫁给他，考察他是否具备正内齐家的能力。正因为舜能使二妇“甚有妇道”，使“尧九男皆益笃”，尧才放心将天下禅让给他。像尧这样用女儿来考察干部的方式，在今天是行不通了，即便是再大公无私的领导，也不愿这样做了。但是，我们不能否认的是这种考察方式的有效性，因为它很符合古代中国的国情。

古代中国人不仅视夫妇之道为一切人际伦理的基础，甚至还把它提升到本体高度，把它作为“君子之道”或“人道”的根源，如《中庸》说：“君子之道，造端乎夫妇。及其至也，察乎天地。”“君子之道费而隐，夫妇之愚，可以与知焉；及其至也，虽圣人亦有不知焉。夫妇之不肖，可以能行焉；及其至也，虽圣人亦有所不能焉。”“君子之道”隐晦曲折，高深莫测，有时连圣人都不能知晓，连圣人都不能力行。可是，愚夫愚妇却能通晓，不肖夫妇却可力行。究其原因，原来“君子之道，造端乎夫妇”，即“君子之道”是从夫妇伦理中演绎而来的。所以，即使愚夫愚妇也能知晓它，也能力行它。

接下来，我们需要追问的是，一个在今人看来极为平常的夫妇之道，为何被古人推崇到这样的高度，把它作为“天地之大义”，视为“君子之道”的源头。我认为，这可能与古人阴阳相生、乾坤相成的宇宙生成论有关。

在传统中国文化中，阴和阳是仅次于道的基本范畴，阴阳相生是中国古代哲学的核心观念。老子说：“道生一，一生二，二生三，三生万物。万物负阴而抱阳，冲气以为和。”（《老子》第四十二章）“道”就是“谷神”，“谷神不死，是谓玄牝。玄牝门，天地根。绵绵若存，用之不勤。”（《老子》第六章）“谷神”就是“玄牝”，“牝”是什么？是女性生殖器的象形字，所以“玄牝”就是一个“玄之又玄”的女性生殖器，是产生天地万物的“众妙之门”。道生阴阳，阴气静，阳气动，阴阳二气的动静激荡，就产生“三气”（即“二生三”），即阴气、阳气、冲气，冲气作用于阴、阳二气，就产生天地万物。在《周易》中，阴阳概念转化为乾坤，如《周易·系辞上》说：“夫乾，其静也专，其动也直，是以大生焉。夫坤，其静也翕，其动也辟，是以广生焉。”“乾，阳物也；坤，阴物也。”“乾道成男，坤道成女。”“天尊地卑，乾坤定矣。卑高以陈，贵贱位矣。动静有常，刚柔断矣。”“阴阳合德，而刚柔有体。以体天地之撰，以通神明之德。”乾坤就是阴阳，所以，庄子有言：“《易》以道阴阳。”（《庄子·天下》）

古代中国以《老子》《周易》为代表所建构的阴阳、乾坤宇宙生成论，其内容大体如此。在古代中国人看来，夫妇之道与这种宇宙天地之道，根本上就是一回事。所以，《周易·归妹》说：“归妹，天地之大义也，天地不交而万物不兴。”《易·系辞下》说：“天地姻缊，万物化醇。男女构精，万物化生。”《医心方》卷二十八引彭祖之言：“男女相成，犹天地相生也。天地得交会之道，故无终竟之限。人失交接之道，故有夭折之渐。能避渐伤之事，而得阴阳之术，则不死之道也。”甚至夫妇之间性交的姿势和体态，也与宇宙天地之道相吻合，如《洞玄子》说：“夫天生万物，唯人最贵。人之所上，莫过房欲，法天象地，规阳矩阴。悟其理者则养性延龄，慢其真者则伤神夭寿。”交合之时，“其坐卧舒卷之形，偃伏开张之势，侧背前却之法，出入深浅之规，并会二仪之理，俱合五行之数”，讲的都是这个道理。所以，在中国传统文化语境中，性这件事情，你不要把它看得太低俗，太龌龊。事实上，它与最高贵的君子之道相通，也与最神秘的天地之道吻合。一句话，性交无小事。

问题是，是古人先发明了这种宇宙生成论，然后才用这种理论去解释夫妇关系？还是古人通过对夫妇性爱关系的观察研究，从中得到启发，才建构起这种宇宙生成论的？根据存在决定意识的观点，我认为：答案可能是后者。也就是说，是古人通过对男女关系的考察，通过对两性性行为的研究，从而建立起这种阴阳相生的宇宙生成论。董仲舒说：“君臣、父子、夫妇之意，皆与诸阴阳之道。”（《春秋繁露·基义》）其实，在我看来，这句话应该反过来说：阴阳之道与诸夫妇之道，阴阳之道源于夫妇之道。阳尊阴卑、阳刚阴柔、阴阳互动而生万物的观点，都是来自于夫妇之道的启示和激发。

总之，古代中国的宇宙生成论，产生于对两性关系和性行为的观察研究；反过来，两性关系和性行为又得到宇宙生成论的支持和论证。因此，与西方社会性行为的私密性相比，古代中国人的性行为是公开的；与西方人关于性是丑恶、低俗的观点相比，古代中国人则认为性是美好的，性生活是健康的。正是在这个意义上，才有“君子之道造端乎夫妇”的说法。而《周易》所谓“一阴一阳谓之道”，可以理解为：一男一女构成夫妇之道，一阴一阳构成天地之道，阴阳、男女造就君子之道。

三、表象与本质：男尊女卑观念的重新检讨

天下之本在国，国之本在家，家之本在夫妇。夫妇之本又在什么呢？我以为，夫妇之本在妻在妇。这就是我们下面将要讨论的问题——传统社会妇女在家庭中的角色和地位问题。

夫妇关系本是一种平等恩爱、充满温情的人际关系。但是，自周代以来，道德家为了适应父权制社会特点的需要，逐渐消解了夫妇之间的恩爱温情，给夫妇关系加上了若干不平等的伦理，从提倡“男女有别”，到主张夫妇“相敬如宾”，到界定男主外、女主内，男刚女柔，男阳女阴，逐渐形成了一套以“三从”“四德”为核心内容、以男尊女卑为基本宗旨的观念体系。总之，自秦汉以来，男尊女卑已经成为古代中国高文典册中无须证明就自然合理的理念，成为传统中国学者头脑中的一种根深蒂固的观念。

理论家大力宣传和提倡的思想，不能完全等同于世俗生活中一般民众实际奉行的观念。正如知识精英所建构的思想史，不能完全取代民间思想史一样。有时候，理论家宣扬的思想，可能是从一般民众实际奉行的观念中提炼出来的。但是，在大多数情况下，理论家宣传的思想，则极有可能与民间观念截然对立。或者说，理论家之所以大力宣传某一种思想观念，可能是因为现实生活的迫切需要，可能是因为现实生活中出现了某种“异端”观念，理论家则必须提倡一种“正统”的思想，来加以引导和改造。从这个角度看，理论家的思想，就与民间社会奉行的观念，呈现出完全不同的面目；理论家建构的思想史，就不能完全等同或取代民间思想史。

古代中国男尊女卑的思想观念，也应该从这个角度去考察。我认为：古代中国男尊女卑的观念，主要是古代理论家提倡的一种伦理观念，是一种理想化的观念，民间社会实际奉行的男女尊卑观念，未必如此。理想与现实之间存在着较大的差距。在民间社会的家庭内部，在相当大的程度上，虽然不能说是女尊男卑，但是，妇女的地位，并不像我们想象的那般低贱。也许，正是在民间社会的家庭内部，普遍存在着与男权社会的一般特点相抵触的男女尊卑观念。理论家为了适应男权社会的需要，才感觉到有必要提倡男尊女卑，才不遗余力地提倡和论证男尊女卑观念的必要性和合理性。而在近代以来，在反传统反礼教的时代潮流中，激进思想者发出的反男权的呼声，描绘的血淋淋的女性悲剧命运，以及对男尊女卑观念的深恶痛绝，他们所依据的，往往是古代思想家提供的思想材料，或者说，激进思想者所反对的，只是古代思想家宣扬的男尊女卑观念。对古代民间社会实际奉行的男女尊卑观念，他们并未作过认真深入的考察。因此，高彦颐说得对：“‘五四’模式（引者按：即‘五四’激进思想家建构的‘男尊女卑’

模式）在很大程度上，衍生于对理想化准则的静态描述。”（高彦颐《闺塾师——明末清初江南的才女文化》第9页，李志生译，江苏人民出版社2005年版）所以，我认为，近百年来流行意识所描绘的妇女生活状况的糟糕局面，其所依据的资料，是古代思想家的高文典册；民间社会妇女的实际生活状况，并非完全如此。我相信：自宋元以来，道德家提倡的一些残害妇女的陋习，的确对妇女的身心造成了极大的伤害。但是，这些陋习实施的范围到底有多广？影响面到底有多大？是否对封建时代的大部分妇女都产生了极大的伤害？这实在是很值得怀疑的。我更愿意相信：封建道德家提倡的男尊女卑观念，以及依照这种观念制定的若干伤害妇女的鄙陋规则，也许对官宦之家或书香门第的妇女，的确造成过伤害，但对平民社会的普通妇女，则没有多大约束力和影响力。更为重要的是，我们不仅不能忽视，而且应该特别注意的，是理想观念与实际生活之间的巨大差距。事实上，正如高彦颐所说：古代中国的“伦理规范和生活实践中间，难免存在着莫大的距离和紧张”。虽然“‘三从’这一规范，无疑剥夺了女性的法律人格和独立的社会身份，但她的个性或主观性并未被剥夺”（高彦颐《闺塾师——明末清初江南的才女文化》第7页，李志生译，江苏人民出版社2005年版）。通过对传统民间社会妇女生活真实情况的研究，可以证明：传统社会妇女的社会地位，并不像我们想象的那样低贱。相反，倒是更普遍地存在着男女平等、甚至是女尊男卑的伦理现状。

为了说明夫妇双方在家庭生活中的实际地位问题，我们必须对男主外、女主内的传统观念，作具体的分析辩证。据《易》“家人卦”说：“家人利女贞。”《彖》解释说：“家人，女正位乎内，男正位乎外。男女正，天地之大义也。”《礼记·内则》也说：“礼始于谨夫妇，为宫室，辨内外，男子居外，女子居内，深宫固门，阍寺守之，男不入，女不出。”宋元以来的道德家依据这些元典文献，进一步突出强调男主外、女主内的观念。近代以来的学者批判传统封建观念对女性的压制，每每首先对男外女内的观念进行攻击，认为它把女性限制在家庭中，制约了女性的发展，并把它视为导致男尊女卑局面的重要原因。其实，在我看来，男主外，女主内，并不等于男尊女卑。或者说，男外女内并不必然导致男尊女卑现象的发生。男外女内不是男尊女卑的伦理观念，而是基于男女生理和心理上的不同特点所做的社会分工。强调男外女内的社会分工，让男子到外部世界去劳作，创造维持家庭生活的物质财富，让女子在家中操持家务，教养孩子，主持家政，稳固家庭内部的和谐秩序。这种分工，既是出于实际生活的需要，也在一定程度上体现了传统思想的人道主义立场。

一般说来，虽然丈夫也有教养子女的职责，但是，在世界上绝大多数民族的家庭中，甚至在整个动物界，生育、抚养子女的职责，主要是由女性来承担。生育子女者是女性，哺乳期的孩子更是不能离开生育他的母亲。女性与孩子朝夕相处，谙悉孩子性情，逐渐形成“一体状态”的母子亲近关系，就说明女性更适合教养孩子，操持家政。简言之，是家庭生活的实际需要，决定了女性的活动舞台在内不在外。

再说，从男女的生理特征来看，古代学者以男为刚、为阳，女为柔、为阴，并非基于男尊女卑的观念立论，而是从生理、心理特征出发，对男女性别的一个大体而又不失准确的区分。女性阴柔，其生理和心理承受能力，相对于男子来说，都要弱小一些。而外部世界的生活压力和风险，相对于家庭世界来说，也要大一些。因此，以女主内，以男主外，在一定程度上正体现了传统思想的人道主义立场。

男主外，女主内。新妇进门，第二天便行“著代”之礼，新妇因此而取得了主管家政的大权。《礼记·昏义》对“著代”之礼有详细的说明：

> 厥明，舅姑共享妇，以一献之礼奠酬，舅姑先降自西阶，妇降自阼阶，以著代也。成妇礼，明妇顺，又申之以著代，所以重责妇顺焉也。妇顺者，顺于舅姑，和于室人，而后当于夫，以成丝麻布帛之事，以审守委积盖藏。

简单地说，所谓“著代”，就是把管理家政的大权交给新妇。在传统社会，妇持门户、主管家政确是相当普遍的情况。与封建道德家提倡的“三从”之德相反，在家庭中，妇持家政，丈夫在一定程度上也得听从妻子的统筹安排。所以，高彦颐指出：

> 虽然男性一直宣称对家庭财产拥有法律权力，并且父亲享有对妇女和孩子的权威，但作为家务的实际管理者、母亲及儿女的教育者，家庭主妇无疑拥有充分的机会，对家庭事务产生影响。在每日生活的场境中，女性很难是家庭体系的旁观者。（高彦颐《闺塾师——明末清初江南的才女文化》第12～13页，李志生译，江苏人民出版社2005年版）

丈夫和妻子在家庭中的地位，可以从夫妇双方对家庭事务的决定权中体现，可以从夫妇双方对家庭经济权的控制中展现。台湾学者刘增贵在《琴瑟和鸣——历代婚礼》一文中，注意到妇女在家庭中的“钥匙权”，认为“主妇负责家内事务，主中馈（管理膳食）、督导妇工、接待宾客之外，还拥有钥匙权，掌握了全家重要箱笼与门户”，“钥匙象征着家务的独立处分权。在实际事务的执行上，所谓‘三从’并不是绝对的。在这点上，礼制的主张跟社会实情有相当距离”（刘岱主编《中国文化新论·宗教礼俗篇·敬天与亲人》第452页，生活·读书·新知三联书店1992年版）。妇女掌握家庭的“钥匙权”，实际上就是控制了家庭的经济大权，掌握了家庭事务的决定权。家道的兴衰，很大程度上就取决于妻子持家的水平和能力。因此，妻子在家庭中的地位，绝不是一个旁观者，而是一个事实上的总管身份，在普通百姓家庭中尤其如此。

所以，在传统社会的一般家庭中，从表面上看，父亲是权威，其地位是至高无上的。但是，实际掌管家政，作为家庭成员的核心人物的，不是父亲，而是母亲。在一个不和谐的家庭中，子女往往是站在母亲一边的。母亲可以操纵子女对抗他们的父亲，父亲却没有能力团结起子女来反对他们的母亲。在家庭中，父亲往往是孤立无援的，也是无能为力的。他只有表象上的权威地位，却没有管理家政的实际权力，也没有操纵家庭成员的实际能力。实际上，“夫为妻纲”的传统，在整个中国传统社会，只是停留在道德家的观念中，并未得到完全的实施。因此，准确地说，在家庭生活中，不是男尊女卑，而是女尊男卑。

民间文学最能反映出世俗社会实际奉行的思想观念，因此，考察世俗社会的男女尊卑观念，民间文学是一个值得特别珍视的文本依据。我们发现，民间文学中的“巧女故事”，就突出地体现了妇女在民间社会家庭中的实际地位，与传统道德家在高文典册里发表的男尊女卑观念，截然不同。在“巧女故事”中，妇女被描绘成女强人，她以超出常人的智慧和能力，解决人生的种种难题，克服生活的重重艰险，她的智慧和能力，往往是在与身为丈夫或情人的男子的对比中展示出来的。所以，在“巧女故事”中，与巧女的智慧和能干相对照的，是男子的愚笨和软弱。比如，赵景深在《中国的吉诃德先生》一文中，通过对“东方呆丈夫”和“西方呆老婆”故事的比较研究，就发现：“大约西方的呆子大半是老婆，东方的呆子大半是丈夫或男子。”德裔美籍学者艾伯华通过对中国民间故事的研究，也发现中国民间社会女性的地位相当地高，他甚至怀疑，这是共产党人对民间文学材料的“伪造”（艾伯华编《中国民间故事类型·前言》，王燕生、周祖生译，商务印书馆 1999 年版）。其实，这个怀疑是没有依据的，因为中国民间社会妇女地位高的现象，不仅表现在民间故事中，而且也体现在宋元以来的戏曲、小说中，如《碾玉观音》《白蛇传》等爱情小说，就常常把女性描绘成智慧和能干的强人，这和“巧女故事”一样，展示了民间社会女性的实际生活状态和社会地位。有人认为：古代戏曲、小说中塑造的这种女强人形象，“多半是因为中国社会女性所受的苦难深重，因而更值得同情和表彰的缘故”（何满子《中国爱情小说中的两性关系》第 107 页，上海书店出版社 1999 年版）。这种解释也是缺乏根据的，我认为，古代戏曲、小说和民间故事所展示的，应当是民间社会妇女的实际生活状况。丁乃通通过对中西民间故事的比较研究，就指出：中国民间故事中，女性形象独呈异彩，灼人眼目，赞美女性聪明，讲述丈夫怕老婆的故事特别多，“一般人通常认为中国旧社会传统上是以男性为中心，但若和其他国家比较，就可以知道中国称赞女性聪明的故事特别多。笨妻当然也有，但仅是在跟巧妇对比时才提到。丈夫很少能占上风，而且在家里经常受妻子的管束”（丁乃通《中国民间故事类型索引》之《前言》第 25 页，中国民间文艺出版社 1986 年版）。这与赵景深的观点完全一致。所以，从表象上看，在中国传统家庭中，男人是家长，是权威，是家庭的核心。但是，实际情况并非如此，民间故事和古代戏曲、小说中反映出来的家庭核心和权威，是女人，不是男人。

另外，日本传统家庭中的情况，也可以为我们的观点提供支撑。众所周知，日本文化的源头是中国文化，日本的传统文化就是中国的儒家文化。所以，深受传统中国文化影响的日本人，也像中国人一样，特重家庭观念。在日本的传统家庭生活中，男女社会地位的公开姿态和真实情况之间，也像传统中国社会一样，存在着很大的差距。荷兰学者伊恩·布鲁玛在《日本文化中的性角色》一书中，就对这种现象作过形象的描述和深刻的分析，他说：

> 我记得在一次晚餐聚会时，外国客人们吃惊地看到那个日本丈夫随意扔下并打碎盛满食物的盘子，坐着一动不动地命令他的妻子迅速打扫干净。……由于当事人的表演技巧，这幕哑剧毫不奇怪地欺骗了一般的外人。在许多情况下，那位家庭主妇的温顺的外表不过是一位实权在手的厉害母亲的公开面具，而爸爸的粗鲁的咆哮后面则隐藏着一位抱住男性特权不放的孤独的男人。奴隶和军士长都是公开的角色，它们与每个人的真正气魄无多大关系。妻子当众尊敬她的丈夫，因为那是社会期望于她的。但她尊重的是丈夫扮演的角色，而不是他本人。至于他们私下的关系如何又另当别论了。

他通过对日本文学的考察，发现日本文学中的父亲，“不是荒唐可笑，便是可怜巴巴的孤独的老者，呆在一角以酒浇愁。他肯定从未当过英雄。如果有家庭英雄的话，那便是那位好母亲”。在日本民间社会，丈夫不但没能享有作为权威家长的荣光，反而常常成为妻儿虐待的对象。伊恩·布鲁玛列举了日本流行的连环画《愚蠢的爹》为例子，在这本连环画里，爹始终是被虐待的对象，爹像条狗一样，被用锁链拴在一根树桩上，他一说话，他的老婆就踢他的脑袋；他带着满身可怕的烧伤和鲜血淋漓的伤口，蜷缩在他老婆的大脚下，她像一个获胜的猎人踩在他身上，而他的儿子们呢？则围着他手舞足蹈，如同发疯的吃人魔鬼。对于这种现象，伊恩·布鲁玛不无困惑地感叹说：

在一个往往被（正确地或错误地）称为半封建的国家里，出现这一现象会使人困惑不解。那里严格的等级划分有强盛的军事传统为基础，本应提倡对家长的某种尊敬。然而，即使对大众文化浮光掠影地瞥一眼，也将看到，这套连环画尽管也许有些过分，并不异于寻常。（伊恩·布鲁玛《日本文化中的性角色》第 203 ～ 205 页，张晓凌、季南译，光明日报出版社 1989 年版）

日本大众文化中男女社会地位的这种公开姿态和实际情况之间的差距，在传统中国民间社会也普遍存在。这是由两国大体相近的传统文化背景所决定的。正像一般的外国人到了日本，看到如伊恩·布鲁玛所描绘的那幅晚餐聚会场景，往往容易被蒙骗，误认为丈夫是家庭的发号施令者，日本家庭中存在着严重的男尊女卑现象。初次深入到传统中国家庭中的外国人，也容易被这种表象所迷惑，产生类似的误解。我赞同伊恩·布鲁玛的观点，并认为中国传统家庭与日本一样，“妻子当众尊敬她的丈夫，因为那是社会期望于她的。但她尊重的是丈夫扮演的角色，而不是他本人”。社会期待妻子尊敬、服从她的丈夫，这个期待，准确地说，是男权社会的期待，是男人的期待。产生这种期待的背景，则可能是妻子不尊敬丈夫，不服从丈夫。在期待与对立中，就自然出现了妻子尊重“丈夫扮演的角色，而不是他本人”的折中现象。所以，我认为，传统社会男女的社会地位，有表象、本质之别，有家里、家外之差。从表象上看，是男尊女卑；从本质上看，则是女尊男卑。在家里是女尊男卑，在家外则是男尊女卑。

所以，我比较赞同林语堂先生的观点，他说：“凡较能熟悉中国人民生活者，则尤能确信所谓压迫妇女乃为西方的一种独断的批判，非产生于了解中国生活者之知识。”“实际生活上，女人究并未受男人之压迫。”（林语堂《吾国与吾民》第 128、130 页，陕西师范大学出版社 2002 年版）同时，我还认为，男尊女卑观念，当是伦理上的一种序次，一种对天地阴阳观念的比附，与社会地位不是一回事。在这种意义上讲男尊女卑，并不意味着妇女就肯定受压迫。如班昭说：

> 阴阳殊性，男女异行。阳以刚为德，阴以柔为用；男以强为贵，女以弱为美。故鄙谚有云：生男如狼，犹恐其尫；生女如鼠，犹恐其虎。（《女诫·敬慎》）

在这里，是仅从生理、性格特点方面讲男女之别，并没有压迫女性、轻视女性的意义。所以，高罗佩的观点是有借鉴意义的，他说："虽然儒家认为女比男低，但正如地比天低，这是天经地义的，这种观念绝不意味着他们像中世纪基督教教士那样憎恶女人。"（高罗佩《中国古代房内考》第 83 页，李零、郭晓惠等译，上海人民出版社 1990 年版）

总之，我觉得，"男尊女卑"是一种理想化的观念，是一种有时代政治色彩的观念。准确地说，是"五四"时期的激进思想家，为着反封建的目的，为着解放思想、解放妇女的目的，而建构起来的一种伦理观念；是古代思想家为着整合家庭秩序，解决家庭权力纷争，而建立起来的一种理想观念。如果我们把这种理想化的观念，有时代政治色彩的观念，当作现实生活中实际奉行的观念，则是一种错位的理解。

四、惧内：传统中国男人的美德

男女的尊卑地位，有表象和本质之别，有家里和家外之别。在表象上，在公众场合，是男尊女卑，是妻子尊服丈夫；在本质上，在家庭内部，则是女尊男卑，是丈夫服从妻子。在男尊女卑的表象下，在"三从”“四德”的礼制教条下，实际生活中呈现出来的，则是比较普遍的丈夫惧怕老婆的现象。

惧内，就是怕老婆。惧内，又称“季常癖”，或者叫作“季常之惧”。据《宋史·陈希亮传》记载：陈亮的儿子陈慥，字季常，号方山子，又号龙丘先生，喜欢谈佛论道，好宾客，喜蓄声妓，他的妻子柳氏特别凶狠嫉妒，陈慥非常怕她。有一天，他在家设宴款待宾朋，苏东坡也应邀参与。宾主酒酣耳热、极尽欢悦之时，他的妻子柳氏“持棍敲壁”，宾朋溜之大吉。这时，好开玩笑的东坡先生赋诗一首：“龙丘居士亦可怜，谈空说有夜不眠。忽闻河东狮子吼，拄杖落手心茫然。”（《寄吴德仁兼简陈季常》）后世就以“河东狮吼”比喻妻子悍妒，以“季常之惧”指丈夫惧内。以“狮吼”比喻妻子威风，甚至在戏曲、小说中，还常有“畏妻如虎”等说法。在狮、虎猛兽雄风的威慑之下，丈夫的地位的确是可堪怜悯的了。

在传统中国社会，丈夫惧内具有相当的普遍性，甚至如蒲松龄所说：“惧内，天下之通病也。”（《聊斋志异》卷六《马介甫》“异史氏曰”）我认为，这绝对不是夸大其词，因为在古代，上至王公贵族，下到平民百姓，勇猛如刺客侠少，文雅如书生才子，都不免有此通病。如封建帝王，作为天下的最高统治者，也不免惧内的通病。不然，历史上屡见不鲜的外戚干政事件，皇后临朝事件，就不能得到正确的解释。我们也无法理解一个卑弱的女人，居然能够成为亡国灭族的“祸水”。

颜之推说得对，在日常生活中，“禁童子之暴谑，则师友之诫，不如傅婢之指挥。止凡人之斗阋，则尧舜之道，不如寡妻之诲谕”（《颜氏家训·序致篇》）。对于男子来说，“师友之诫”和“尧舜之道”，不如“傅婢之指挥”和“寡妻之诲谕”，这固然有像孔子所谓“吾未见好德如好色”的缘故。然而，这里也隐约地表现出男子对女子的某种诚服心理，或者说是男子的惧内心理。名高如尧舜，尊严如师长，他们的“道”与“诚”，其作用于人心，往往是表面上的。让男子心悦诚服，并进而循规蹈矩的，是女性，特别是妻子。

举个例子来说吧！历史上有名的刺客专诸，想来大家都应该知道这个人物。据说，伍子胥从楚国逃亡出来，在去吴国的路上，遇到了专诸。当时专诸正准备跟人决斗，那阵势很吓人，“将就敌，其怒有万人之气，甚不可当”。可就是在这千钧一发的时刻，“其妻一呼即还”，娇妻的一声呼唤，出鞘之剑也黯然失色，“甚不可当”的英雄之气也顿时萎靡。所以，伍子胥觉得特别奇怪，问道：“何夫子之盛怒也，闻一女子之声而折还，宁有说乎？”意思是说，你这样的表现，有说法吗？你看，专诸是如何回答的：“子观吾之仪，宁类愚者也？何言之鄙也！夫屈一人之下，必伸万人之上。”（《吴越春秋》）我认为，像刺客专诸这样的勇武之人，当“其怒有万人之气”时，女子的一声呼唤，就使他闻声折还，气馁如此，如果说这不是惧内，就真的不好解释。意味深长的是，专诸并不以惧内为耻，不认为惧内是愚者所为。他批评嘲弄惧内者之言为“鄙”，认为惧内是男子的美德，能达到“屈一人之下，必伸万人之上”的目的。跟这个故事相类似的，是关于苏格拉底惧内的故事。据说，苏格拉底的太太辛太普是个凶残的泼妇，她经常殴打苏格拉底。在双方发生口角时，她不仅用污水泼他，还当众剥下他的衣服。平时也喋喋不休，说话很尖酸很刻薄。友人问苏格拉底：“你为什么不教训辛太普这样一个世间最没有教养的女人，而却心甘情愿忍气吞声地做她的丈夫呢？”苏格拉底幽默地回答说：“因为我要了解人类。我选她做妻子时自有意图。如果我能忍受这样一个女人，岂不可以容忍天下所有的人了么？”苏格拉底的回答，与专诸的观点如出一辙。这是很值得注意的观点，说明了男人惧内的必要性和重要性。

传统社会男子惧内的普遍现象，在民间故事中也有充分的反映。丁乃通先生就发现中国民间故事中，赞美女性聪明，描绘丈夫怕老婆的故事特别多。比如，灰姑娘型故事就体现了这种惧内现象。在灰姑娘型故事中，有一个类型化的情节：灰姑娘幼年丧母，后母来到家中，生了自己的女儿，灰姑娘受尽了后母的虐待，而灰姑娘的父亲，或者只出现在故事的开头，或者根本不知道灰姑娘被虐待的事情，更常见的情况，则是助纣为虐，伙同后母虐待自己的亲生女儿。灰姑娘的父亲之所以助纣为虐，伙同后母虐待自己的亲生女儿。我认为：这与灰姑娘父亲的惧内有关，因为惧内而不惜手刃父女亲情。这种现象，在古代中国的历史文献中，也时有可见，如舜的父亲瞽瞍，就伙同后妻后子多次迫害舜，并且想把他置之死地，就是一个最有名的例子。这种因为惧内而手刃父子亲情的现象，也受到学者的关注，如颜之推说："凡庸之性，后夫多宠前夫之孤，后妻必虐前妻之子。"（《颜氏家训·后娶篇》）后妻敢于虐待前妻之子，忽视丈夫与前妻之子的血缘亲情。这说明，在新组成的家庭中，妻子的地位是至高无上的，敢于忽略丈夫的情感而为所欲为；也说明丈夫在家庭内部的卑弱地位和无权处境。丈夫不痛惜自己的亲生子女，反而宠爱非亲生的"前夫之孤"，这也说明丈夫在新家庭中的卑弱地位，以及对后妻的迁就；牺牲父子亲情而迁就后妻，并进而宠爱"前夫之孤"，也体现了丈夫无奈的惧内心理。所以，宋人袁采说得对：

> 凡人之子，性行不相违，有后母者，独不为父所喜。父无正室，而有宠婢，亦然。此固父之昵于私爱。（《袁氏世范·睦亲篇》）

准确地说，不是昵于私爱，而是由于丈夫的惧内导致的。

丈夫惧内，在宋元以来的戏曲、小说中，也多有体现，其中最为人熟知的，当数蒲松龄《聊斋志异》中的《马介甫》和《江城》二篇。《马介甫》中的杨万石，畏妻如虎，他的弟弟和父亲也是闻声丧胆。他经常“长跽床上”，请求妻子宽恕，有时又被妻子“操鞭逐出”，他弟弟被迫投井自杀，他的父亲也经常被“批颊摘须”。后来，他得到好友马介甫的帮助，服下“丈夫再造散”，着实威风了一阵子。但是，药力过后，却又软弱如前，惧内如故。《江城》中的高蕃，也是畏妻如虎，惧妻如狼，他经常被妻子“挞逐出户”，批颊刮脸，“如犴狴中人，仰狱吏之尊也”。起初，“长跪犹可解；渐至屈膝无灵，而丈夫益苦矣”。后来，得一老叟传授的秘法，才解脱了被妻子虐待的痛苦。现实生活中惧内的丈夫，虽然未必都如杨万石、高蕃这般，被折磨得生不如死。但是，我们说，在传统社会，丈夫或轻或重都有点惧内，则是比较符合实情的。

男人惧内是传统社会的一种普遍现象。可是，自“五四”以来，以反传统礼教为己任的激进思想者，不仅把数千年中国妇女的卑贱地位大大地夸张了，而且也完全忽视了传统社会男子惧内的普遍现象。导致这种思想格局的原因，主要有两个方面：一是激进思想者所据以立论的材料，是古代思想家、道德家的高文典册，他们没有对古代民间社会男女的真实生活状态，做认真的调查研究。所以，我始终觉得，他们所说的是表象，而不是实质。二是激进思想者为证成己说，为了思想解放运动的需要，往往对那些不利于论证男尊女卑观点的史料，或者视而不见，或者略而不论。男人惧内的行为，与激进思想者深恶痛绝的男尊女卑现象，可谓格格不入。所以，批评男尊女卑传统的激进思想者，对男人惧内行为的普遍性，或者视而不见，或者曲为之说。

如聂绀弩撰《论怕老婆》一文，认为男人怕老婆是假象，老婆怕男人才是实情，他说："怕老婆者，一般的即是怕老公的反常现象也。也许包括真怕老婆者在内，主要的只是指未叫老婆怕而已。"在他看来，"怕老婆不一定是真怕老婆"，有以敬爱老婆为怕老婆的；有以失掉偷情纳宠的自由为怕老婆的；有以不屑与老婆计较为怕老婆的；有仗老婆而升官发财，如附马都尉、豪门赘婿之类的怕老婆的。所以，他认为，世上没有真怕老婆的人，如果有，"恐怕多少都具有武大郎或者别种缺点"。（小琪、春琳编《怕老婆的哲学——文人笔下的男女与情爱》，群言出版社 1993 年版）聂绀弩的观点，虽然不乏杂文家的犀利与雄辩，但是也缺乏学问家的严谨。所以，他的这番言论，虽然大快人心，但也不无偏激之处。

接下来，我们要讨论的是，堂堂七尺须眉男儿，为什么或轻或重都不能免于惧内？唐人任环以惧内著称，杜正伦曾经嘲弄他说：

> 妇当怕者三：初娶之时，端居若菩萨，岂有人不怕菩萨耶？既长，生男女，如养大虫，岂有人不怕大虫耶？年老面皱，如鸠盘荼鬼，岂有人不怕鬼耶？以此怕妇，亦何怪焉！（《太平广记》卷二四八《诙谐四》）

当然，杜正伦的这番嘲弄，虽然有趣，但纯属玩笑，可置而勿论。有人认为：女子的嫉妒是男子惧内的根源，因为男子朝三暮四，寻花问柳，娶妾纳宠，必然遭到女子的嫉妒，所以，男子是为了取得妻子的宽容，而迁就于她。这种说法，也有不通之处，一方面，大多数惧内的男子，并没有问柳娶妾的事情；另一方面，就体力来说，男子强于女子，男子如《聊斋》中的杨太石、高蕃，为什么能够强忍悍妻的刮脸批颊，而不还手反击？再说，古代男子有提出离婚的优先权，为什么大多数惧内的丈夫，宁可强忍内心不平之气，而不施用他的“七出”之权。有人认为：男人惧内，是因为依恋妻子的情色。其实，古代社会男子的性生活是比较开放自由的，并且性事的高峰体验，往往是在秦楼楚馆里，而不是在闺房绣榻上，妻子并不是男人情感体验或情欲宣泄的最佳对象。因为古代夫妻关系的成立，并不是因为爱情，也不完全是因为性诱惑，而是因为“父母之命，媒妁之言”。所以，我以为，男子惧内，既与女子的嫉妒关系不大，也与丈夫对妻子的情色依恋无关。有人认为：男人惧内，与礼教尚未大力弘扬或礼教的松弛有关。其实，这也是经不起推敲的观点。固然，在隋唐时期，礼教尚未大力发扬，“夫为妻纲”的礼教观念，并没有十分严格地控制人们的生活，所以，在那个时代，丈夫惧内，竟成一时风气，如段成式说：“大历以前，士大夫之妻多妒悍者。”（《酉阳杂俎》前集卷八）比如，隋文帝受制于独孤皇后，私生活受到严格限制，几个儿子都是一母所生，甚至召幸一位宫女，都要受到独孤皇后的干涉，这在古代帝王中并不多见。唐高宗受制于武则天。唐中宗更是以“怕妇”著称，以至伶人都当面调侃他说：“回波尔如栲栳，怕妇也是大好。外边只有裴谈，内里无过李老。”（孟棨《本事诗》）当时的大臣中，以惧内著名的，有任环、裴谈、阮嵩等人。但是，宋元以来，礼教已经大力发扬，“夫为妻纲”的观念，已经产生了深入人心的影响，而惧内、畏妻的现象仍然非常普遍。除了陈慥之妻柳氏，有著名的“河东狮吼”外。学者沈括也遭受妻子的虐待，常常被妻子打骂，甚至被拔掉胡须。宋人陶谷《清异录》、洪迈《夷坚志》等笔记小说，记载了不少这种夫弱妻强、丈夫畏妻如畏虎的事例，颇为引人注目。而明清时期的丈夫惧内事例，就多得不胜枚举了。

因此，我认为：丈夫惧内，与礼教尚未大力弘扬无关，也与礼教的松弛无关。它根本就是传统中国男人的一种基本品性。这种品性的形成，与女性貌似柔弱、实为坚强的特点有关，应该从传统中国男人特有的家国意识上去寻找原因。

首先，在传统中国，女性以柔弱为美，以敬顺为德。但是，柔弱并不等于软弱无力，敬顺并不等于绝对服从。事实上，女性正是因为柔弱、敬顺，而能以柔克刚，无往不利。女性貌似柔弱，而实则坚强，这种性别特点，与老子所说的“道”的特性很相似。在老子哲学中，“道”产生万物，养育万物，是万物的生命之源。但是，在万物面前，“道”又是一个弱者形象，它虽有逞强于万物的资本而不逞其强，反而以弱者的姿态呈现。“反者道之动，弱者道之用。”（《老子》第四十章）柔弱是“道”的基本特征。“物壮则老，谓之不道，不道早已”（《老子》第五十五章），“道”与“强壮”是相悖的。但是，“弱”并不等于无力，而是涵孕着更大的力量，因为“天下之至柔，驰骋天下之至坚”（《老子》第四十三章）。因此，老子说：“天下柔弱莫过于水，而攻坚，强莫之能先，其无以易之。故弱胜强，柔胜刚，天下莫能知，莫能行。”（《老子》第七十八章）“故坚强者死之徒，柔弱者生之徒。”“故坚强处下，柔弱处上。”（《老子》第七十六章）所以，“道”的力量，来自于它的柔弱，而不是强大。“道”有貌似柔弱而实则坚强的特点。

女人似“道”。据说，老子的“道”是非常女性化的“道”，“道”的形象就是女性化的形象。老子对“道”的“生生”之德的赞美，对“道”的柔弱、虚静特点的赞美，就是对女性之德的赞美。所以，女人如“道”，以柔弱为美。女人像“道”一样，具有貌似柔弱而实则坚强的特点。女人之于男人，正像老子所说，是“柔胜刚，弱胜强”（《老子》第三十六章）。表面刚强的男人，敌不过貌似柔弱的女人，这符合老子的辩证法，也是男人的宿命。

其次，妻子负责家内事务，掌管“钥匙权”，主持家政，家庭中的一切大小事务，由妻子统筹安排，家庭内的劳作安排和利益分配的决定权，往往在妻子手里。妻子在家庭中是实质上的核心和权威，子女多半都自动团结在她的周围。在家庭中，丈夫是卑弱的，也是无能为力的。他不仅要顺从妻子，有时还得迁就子女，因为他取得子女的信任和喜爱，往往还要妻子从中撮合。因此，在家庭内部，是女尊男卑，丈夫必须服从妻子，以惧内之心理和行为，来维持家庭的现存状态。除非你有勇气抛妻离子，背井离乡，独自浪游天下，否则你将永远无法摆脱惧内的生存处境。甚至推翻旧家庭建立新家庭，也无济于事，因为新家庭的存在，也仍然要以丈夫惧内为前提。

我在前面说过：对于一位传统中国男人来说，家庭必不可少。没有家的男人，其人生是不成功的。除非在万不得已的情况下，他们不会抛妻离子，背井离乡。即便背井离乡，他们心灵深处最牵挂的是家。在古代中国人的观念中，国之本在家，国的统一和稳定，端赖家的团结和祥和。所以，欲治国平天下者，首先必须齐家，或者说，要成为一位合格的政治家，首先必须成为一位称职的家长。一个男子，如果能够通过自己的努力，使家庭祥和稳定，也算是尽了治国平天下的责任。因此，作为统治者，便要带头齐家，鼓励训导民众尽力齐家；作为普通民众，更要以齐家为职责，以爱家护家为主要工作。家是什么？家是女性的代名词。一个男子，在结婚以前，母亲就代表家，没有母亲的家庭，是散乱不堪的，随时都有分崩离析的可能；结婚以后，妻子就代表家，民间称男女结婚为“成家”，《诗经》里称男女婚娶为“宜其室家”，说明没有妻子就不成其为家。中国传统男人的重家观念，不妨说是重妻观念。重家者必重妻，甚至是敬妻畏妻。因为妻子代表家，你如果不敬惧她，就会发生家庭矛盾，动摇家庭的根基；你如果想推翻她，家也就不存在了。所以，我认为，男人惧内，是为重家，惧内是为了维持家庭的现存秩序，是为了齐家，以便进一步实现治国平天下的政治目的，这就是专诸所谓“屈一人之下，必伸万人之上”这句话的真实含义。

从这个意义上看，与其说惧内是男人的缺点，毋宁说是传统中国男人的美德。实际上，只有知书识礼的男人，对家庭社会有极强责任心的男人，才惧内。并且，责任心的强弱和惧内程度的深浅，往往成正比关系。在20世纪40年代，李宗吾写过一篇题为《怕老婆的哲学》的文章，力倡男人惧内，他认为：“古时的文化，建筑在孝字上。”“今后的文化，应当建筑在怕字上。”宗吾先生的文章，虽然诙谐幽默，不无夸张，但它提出的下列观点，如“怕老婆这件事，不但要高人逸士才做得来，并且要英雄豪杰才做得来”，“官之越大者，怕老婆之程度越深，几乎成为正比例”，“非读书明理之士，不知道忠孝。同时非读书明理之士，不知道怕。乡间小民，往往将其妻生捶死打，其人率皆蠢蠢如鹿豕，是其明证”（小琪、春琳编《怕老婆的哲学——文人笔下的男女与情爱》，群言出版社1993年版），确是极有理据的真知灼见。

以前，我在谈论这个话题的时候，经常有学生问我：您怕不怕老婆？老实说，遇到这样的问题，我还真有点难为情，但是，我还是承认：我怕老婆，因为怕老婆是传统中国男人的美德。事实上，尽管我们从理论上和学理上坚信，惧内是传统中国男人的美德。但是，在现实生活中，在世俗社会里，在“大男子主义”的影响下，大部分男人，甚至很多本是非常惧内的男人，都羞于公开承认自己怕老婆。不过，诸位今天如果依然要拿这个问题来问我，我仍然会坦承：我惧内，因为我爱我家。

第三讲 中国人的地域意识

——兼论地域研究与地域学建构的现状和前景

内容提要：地域研究受到当代学者的广泛关注，地域学是当代的一门显学。本讲讨论中国人的地域意识，兼论地域研究与地域学建构的现状和前景。地域意识是在“他者”的对照中被唤起的，中国人的地域意识发生于秦汉，自觉于汉末六朝，盛行于唐宋以后的中国古代社会。地域研究是当代学者开拓学术视野、拓展学术空间的重要途径；地域学有作为研究对象的地域学和作为学术形态的地域学两种类型，建构学术形态的地域学受到当代地域社会的普遍关注。虽然当代地域研究和地域学建构存在许多问题，但是，地域研究的合理性和地域学建构的合法性，却是毋庸置疑的。黔学是有特色的中国地域之学，其学术构成包括黔学理论研究、黔学文献研究、黔学学源与学缘研究、黔学个案与应用研究等等。贵州建省动机、区域构成、地域区位、地理特征、文化特征等方面的特殊性，显示贵州文化作为一个文化类型的典型性，决定黔学作为一门有特色的地域学的合理性。

我们中国人有一个习惯，认识一位新朋友，首先要问是哪里人，或者老家是什么地方的。籍贯对于中国人来说很重要，各种类型的个人情况登记表，都少不了这一项，这就是中国人的地域意识。如果这位新朋友正好跟自己是一个地方的人，马上便拉近了距离，“亲不亲，故乡人”，会倍感亲切，由朋友关系发展为老乡关系，这就是中国人的乡土情怀。如果这位朋友又刚好与自己同姓，是“家门”，若干年前是一家，那就是亲如兄弟了，这就是中国人的家族观念。在传统中国，地域意识、乡土情怀和家族观念三者之间，是互为表里、相辅相成的关系。地域意识产生乡土情怀，乡土情怀导致家族观念。大体而言，中国人的地域意识、乡土情怀和家族观念，产生于秦汉时期，自觉于汉魏之际，成熟于六朝时期，盛行于唐宋以后的整个中国古代社会，至今仍有相当深远的影响。

我在“中国人的家国观念”一讲中，讨论过中国的家族观念。将在“中国人的乡土情怀”一讲中，谈论中国人的乡土情怀。在本讲中，我主要讨论中国人的地域意识，省察当前方兴未艾的地域学研究，也顺便向大家报告一下我近年来特别关注的黔学地域学的建构情况。

一、中国地域自觉意识之发生

一般地说，地域空间和地域文化是客观存在的，山川河流的阻隔必然将大地分隔成若干相对独立的地域空间，地域空间内特定的气候、土壤、植被等自然环境，以及独特的政治、经济、风俗、礼仪等社会环境，必定塑造成若干独具特色的地域文化。但是，人类的地域意识和地域文化观念，则是一种主观的存在，并且有自觉与不自觉之区分。自觉的地域意识往往是在与“他者”的对照中，在“他者”的启示下被唤起的；自觉的地域文化观念是在自觉的地域意识之影响下，在地域中的地方官员、在地文人和民间社会共同建构起来的。就像在古代中国，在缺乏“他者”的对照下，古代中国人只有天下观念而没有国家观念。亦像在古代贵州，在缺乏“他者”的对照下，夜郎王就不免产生“自大”心理。所以，地域意识的产生，往往是社会发展到一定阶段，各地域之间有了相当频繁的交通往来之后，在不同地域的相互比照之中逐渐产生的。关于这个问题，朱伟华的观点值得注意，他说：“地域始终存在，而地域意识和本土文化却是被唤起的。没有异域的存在和他者文化的介入无法观照本土，就如鱼儿不离开水就很难意识到水的存在。”因此，“地域文化不是异域强者作为异国情调撷取的那些表浅的人情风貌，而是土地所有者被唤起的自我意识，是处于劣势一方的自我体认和识别，是有比较因素存在下对自我的发掘与观察，是一种思考与固守”（朱伟华《地域文化与地域文学之断想》，《山花》1998 年第 2 期）。通过与“他者”地域的比较，从而唤起“我者”的地域意识；通过与“他者”地域文化的比较，从而有助于自我认识的深化，有助于自我认同之形成，进而建立起“我者”的地域文化观念。自觉的地域意识是在与“他者”的对比中建构起来的，建构起来的地域意识，又反过来强化人们的地域观念，增强人们的地域认同感，并进而影响人们的日常行为、审美趣味和文化心理。

古代中国人的地域意识起源甚早，在《诗经》时代，《诗经》编纂者以地域分野编辑十五国风，就体现了周人的地域意识。不过，以地域分野编辑十五国风，可能还存在着某种政治目的，或者是出于编辑之便利，还不能算作是自觉地域观念的产物。在春秋战国时期，列国争雄，诸侯混战，以侯国为边界的地域意识逐渐产生，像“齐人”“楚人”这样的称呼，被普遍使用，地域文化观念也逐渐萌芽，所谓的“地域黑”事件也时有发生。如当时的宋国和宋人，就常常遭遇人们的轻贱。在那时一般人的观念中，宋人是愚蠢的，把天下的蠢人都说成是宋人，蠢事都发生在宋人身上，如“揠苗助长”“守株待兔”“适越卖冠”等，说的都是宋人做的蠢事。宋人并非都是这般地愚蠢，但是，在先秦时期，人们出于政治偏见而对宋地和宋人产生了地域偏见和种族偏见。因为宋人是殷商后裔，传承殷商文化。周人为了巩固自己的统治，运用“天下之恶皆归焉”的夸张手法，而对“殷玩”进行丑化，编造出一系列宋地的蠢人蠢事，这是在地域意识之影响下产生的典型的“地域黑”事件。又如，在战国、秦汉时期，人们对齐人多不怀好感，普遍认为齐人伪诈多变，舒缓阔达，不务情实。齐国人奸诈狡猾，是秦汉时期人们的一个共识。如《史记·淮阴侯列传》载：韩信占领齐地，遣使禀告刘邦说：“齐伪诈多变，反复之国也。南边楚，不为假王以镇之，其势不定，愿为假王便。”《史记·郦生陆贾传》载：郦食其游说刘邦说：“方今燕、赵已定，唯齐未下。……诸田宗强，负海阻河济，南近楚，人多变诈，足下虽遣数十万师，未可以岁月破也。”《史记·平津侯主父列传》载：齐人公孙弘“尝与公卿约议，至上前，皆背其约以顺上旨，汲黯廷诘弘曰：齐人多诈无情实，始与臣等建此议，今皆背之，不忠。”《汉书》卷二十八引刘向、朱赣等人之说云：“其（齐）士多好经术，矜功名，舒缓阔达而足智。其失夸奢朋党，言与行缪，虚饰不情。”据此，在当时，“伪诈”“变诈”“多诈”，似乎成为世人对齐人评价的共识。对于这种性格，贬之者固然谓之“言与行缪，虚饰不情”。客观地说，则是指齐人足智善变。如《淮南子·要略》说：“齐国之地，东负海而北障河，地狭田少，而民多智巧。”《史记·货殖列传》说齐地“其俗宽缓阔达，而足智，好议论”，“齐赵设智巧，仰机利”。虽然齐人善于使用智慧，抓住时机，巧妙应变，谋取利益，但并非所有齐人皆是奸诈狡猾之徒，这也是在地域意识的影响下产生的“地域黑”的事件。

我认为，古代中国人自觉地域意识的发生，当是在汉末六朝时期，这主要表现在两个方面：一是当时地方人士开始热衷于研究地域景观和地域风俗，大量的“地记”作品由此产生。这说明当时人们已经具备了自觉的地域意识，并且努力地建构地域文化传统，强化地域文化观念。二是当时地域人士的群体意识增强，他们相互激励，彼此称誉，企图以地域文人集团之姿态展现。同时，后进之士对地域先贤之称扬，亦是力图建构地域文化传统，增强地域自豪感和荣誉感。大量“郡书”作品的创作，就是这种意识的体现（王永平《中古士人迁移与文化交流》第 20 页，社会科学文献出版社 2005 年版）。

汉末六朝时期地域意识的产生和地域文化观念的自觉，自有其特殊的社会历史原因和文化思想背景。自东汉中后期以来，因朝廷内部外戚与宦官势力此起彼伏地控制着皇权，导致皇权的旁落，大一统中央政治集权的衰微，地方豪族势力得以迅速发展。地方豪族势力的发展壮大，分别与中央的外戚和宦官势力相勾结，最终灭亡了东汉王朝，历史由此进入三国鼎立时代。可以说，整个东汉时代，就是地方势力逐渐得以发展壮大的时代。从光武帝刘秀依凭南阳豪强势力起家，并进而有意眷顾和培育南阳地域豪族集团，到东汉中后期地方豪族势力的迅猛发展，进展到中央政府不能控制的局面。甚至汉末党人运动亦主要是由汝、颍地方势力所发起，导致地方势力与中央政权抗衡的局面。因此，在汉末六朝，随着社会的急剧动荡，皇权的旁落，国家大一统盛况之衰微，整个社会的政治、经济、文化之重心在一定程度上皆存在着由上而下、由中央到地方的下移发展趋势。地方势力之崛起，国家政治、文化中心之下移，所导致的必然结果，就是地方社会地域意识的产生和地域文化观念的自觉。而地域意识的强化，又推动乡土意识和家族观念的自觉。

乡土意识古也有之，但是，自觉的乡土意识则是在浓郁的地域意识之基础上培育起来的。在汉末六朝时期，自觉乡土意识的一个重要表现，就是各地人士在各种场合纷纷夸耀家乡的地理之美和人物之盛。在西汉时期，相对于中原地区地理之美与人物之盛，地域性人才团队之异军突起而引人注目者，是蜀地。故《汉书·地理志》说：西汉时蜀地自司马相如“以文辞显于世，乡党慕循其迹。后有王褒、严遵、扬雄之徒，文章冠天下”。在东汉时期，特别引人注目的地域人物盛况和地域观念之自觉，则是汝颍和吴越地区。汝颍地区可以说是东汉后期的文化中心和人才聚集之地，日本学者冈村繁研究东汉后期的人物评论风气，发现在当时按出身地域之别而比较人物的评论成为一时之风气，特别是以孔融为代表的“汝颍优劣论”，成为一时评论界的中心话题（冈村繁《后汉末期的评论风气》，《汉魏六朝的思想与文学》第 148 ～ 150 页，陆晓光译，上海古籍出版社 2002 年版）。吴越地区也是东汉时期引人注目的文化中心和人才聚集之地，当时的吴越人士在政治、经济和学术上皆有重要成就，故吴越人士对本土文化有强烈的自豪感，也常常积极推扬本土地理之美和人物之盛，体现出自觉的地域意识。

称扬本地风土之美与人物之盛，成为当时的一种风气。如吴越人士地域观念之强烈，首先表现在他们对吴越地理之美的推扬上。中国最早的两部地方志《越绝书》和《吴越春秋》，分别由东汉吴越文人袁康和赵晔所著，便体现了吴越文人推扬本土历史、地理的强烈意识。其次体现在他们对本土人物之推扬上。吴越人士推扬本土人才，似成一时风气。如谢夷吾对王充的推扬：“充之天才，非学所知，虽前世孟轲、孙卿，近汉扬雄、刘向、司马迁，不能过也。”其结果是“肃宗特诏公车征”（《后汉书·王充传》注引谢承《后汉书》）。王充在《论衡·超奇》对周长生的推扬："周长生，文士之雄也。""长生之才，非徒锐于牒牍也，作《洞历》十篇，上自黄帝，下至汉朝，锋芒毛发之事，莫不纪载，与太史公《表》《纪》相类似也。上通下达，故曰《洞历》。然则长生非徒文人，所谓鸿儒者也。"周长生所著《洞历》，今已亡佚，未能知其梗概，然王充表彰本土人才之意图则是很明显的。最为著名的是虞翻对江南地理与人物的称道，据《三国志·吴书·虞翻传》注引《会稽典录》载，汉末王朗为会稽郡守，虞翻为郡功曹，王朗问及江南贤俊，虞翻作答，其彰扬吴越地理之美和人物之盛，如数家珍，地域自豪感溢于言表，地域自觉意识表现得相当地强烈。六朝时期像这样夸耀地域人物之风气相当盛行，如《世说新语·言语》记录王武子（名济，太原晋阳人）和孙子荆（名楚，太原中都人）各言其土地人物之美；王中郎（平昌安丘人）和习凿齿（襄阳人）论青、楚人物，等等，就是这种风气的产物。

汉末六朝文士本着地域观念和乡土意识夸耀乡土地理之美和人物之盛，不仅表现在言语上，也体现在著述中，此间大量地记、郡书之创作，就是这种风气的产物。一般而言，地记侧重于记述地理风俗物产，郡书侧重于记述人物。刘知几《史通·杂述》说：

> 汝颖奇士，江汉英灵，人物所生，载光郡国。故乡人学者，编而记之，若圈称《陈留耆旧》、周斐《汝南先贤》、陈寿《益都耆旧》、虞预《会稽典录》，此之谓郡书者也。
>
> 九州土宇，万国山川，物产殊宜，风化异俗，如各志其本国，足以明此一方，若盛弘之《荆州记》、常璩《华阳国志》、辛氏《三秦》、罗含《湘中》，此之谓地里书者也。（浦起龙《史通通释》内篇《杂述第三十四》，江苏广陵古籍刻印社 1991 年版）

所谓“地里书”，即地记。地记记地理，郡书记人物，此就大概而言，实际上两者往往有交叉之处，常见的情况是，郡书不必兼及地理，而地记往往兼及人物。六朝时期地记、郡书之创作很发达，基本上成为当时文人创作的一种时代风尚，产生的作品数量相当庞大，今可考知者，地记就有约二百余种。

需要追问的是，当时文人为何如此热衷于创作此类作品？据黎子耀《魏晋南北朝史学的旁支——地记与谱学》说：“魏晋南北朝时期，地记的发达代表了当时地理学发展的趋向，这种趋向反映了地方经济的发展和地方豪族的成长。”（黎子耀《魏晋南北朝史学的旁支——地记与谱学》，《杭州大学学报（哲学社会科学版）》1982 年第 2 期）的确，东汉中后期以后，政治、文化重心的下移，地方豪族势力的成长，地域经济之发展，门阀势力之兴起，地域观念和乡土意识之逐渐自觉，家族意识之勃兴，不仅导致了地记创作的兴盛，亦是郡书、谱牒之撰述备受重视的重要原因。或者说，地记、郡书的创作，是本土文人基于乡土意识为宣扬本土地域地理之美和人物之盛，有着明显的自我夸耀和本土张扬的性质。因为创作地记、郡书的作者，多半是本土人氏。

据《隋书·经籍志二》“史部·地理类叙”说：

> 武帝时，计书既上太史，郡国地志，固亦在焉。而史迁所记，但述河渠而已。其后刘向略言地域，丞相张禹使属朱贡条记风俗，班固因之作《地理志》。其州国郡县山川夷险时俗之异，经星之分，风气所生，区域之广，户口之数，各有攸叙，与古《禹贡》《周官》所记相埒。

若此说可信，则地记的创作或可溯源到汉武帝时代。又《隋书·经籍志》“杂传类叙”说：

> 后汉光武，始诏南阳，撰作风俗，故沛、三辅有耆旧节士之序，鲁、庐江有名德先贤之赞。郡国之书，由是而作。

是知郡书的创作或可追溯到光武帝时代。不过，我认为，地记创作或许起于武帝时代，但对地记创作的发展有直接影响者，当是扬雄。扬雄创作的《蜀都赋》，无论是其创作动机还是其作品内容，皆与六朝地记很相似。首先，扬雄创作《蜀都赋》与六朝地记创作之动机一样，皆是本土文人缘于乡土意识而夸耀本土地理之美。其次，扬雄《蜀都赋》的内容，叙写蜀都之方位星野、山川河流、物产异物，农商发展、宗庙祭祀、节日嘉会、民间歌舞等，与六朝地记的内容很相似。因此，不妨将《蜀都赋》视为扬雄创作的蜀中地记。郡书的创作或许起源于光武诏“南阳撰作风俗”，但亦与扬雄有相当密切的关联。郡书记人物，夸耀本土人物之盛。扬雄正是一位缘于乡土意识而积极推扬本土人物的学者，其《蜀王本纪》虽与六朝郡书有本质的区别，但其创作动机确有相近之处，即皆是本于乡土意识而夸耀本土人物之盛，只不过所记人物的类型有别而已。所以，六朝文士重地记、郡书，扬雄《蜀都赋》和《蜀王本纪》对于地记、郡书的影响，是可以想见的。

二、从地域研究到地域学建构

地域研究，是一项综合性研究，包括地域内的政治、经济、文化、历史、思想、学术、礼法、风俗、伦理、教育等内容。也就是说，每一个学科都可以在地域内发现自己的研究对象，寻觅到自己的研究题材，大多数学科都可以开展地域或地理视野下的研究。而且，在当代人文社科研究领域，与地域结缘，或者在地域视野下开展本学科研究，往往是许多学者开拓学术视野、拓展学术空间、寻求学术增长点、追求学科突围的一个重要途径。因此，地域研究亦就成为当代人文社科研究领域里的显学。

就当代人文社科研究的发展趋势和总体格局来看，以地域为重点研究对象，从地域角度切入学术研究，或者说对地域研究最感兴趣的，莫过于人类学、社会学、历史学和文学。就历史学而言，20世纪的中国历史学，其学术发展趋势，呈现出两个显而易见的特点：一是“自上而下”的特点，二是“自整体而局部”的特点。所谓“自上而下”，即从长期以来主要关注上层政治秩序的研究，转向对民间社会秩序的研究，民间政治、民间经济、民间文化和民间生活等等，逐渐成为历史学家关注的重点领域。这当然是学术研究向纵深发展的必然结果，也是对既往学术研究进行认真反思后的必然选择。所谓“自整体而局部”，即从过去长期以来主要关注国家整体史的研究，转向对国家社会内部某些地理空间作深度的个案研究。相对于国家这个“大社会”来说，构成国家“大社会”的各个地域，也是自成一体的“小社会”，“小社会”成为当代史学研究的一个热点领域，最近二十余年史学研究的代表性成果，多半是出自于地域研究。所以，从整体的国家史研究向个别的地域史研究的转向，是历史学进行学科突围、拓展学术空间和寻求学术增长点的必然选择。并且，在地域研究中，也有从地域整体研究向地域政治、地域文化、地域经济、地域意识、地域身份等方面纵深发展的趋势。这种向地域研究纵深发展的趋势，不仅可以丰富和充实整体的国史研究，而且还可以对既往的整体史研究进行反思和省察。其实，当代中国史学的这两大转向，皆是朝着一个共同的目标演进，即无论是“自上而下”的发展，还是“自整体而局部”的转向，皆指向着地域研究。因此，可以说，由整体史研究转向地域研究，是当代中国史学发展的显著特点。

与历史学这种“自整体而局部”的发展趋势相反的，是当代中国人类学和社会学呈现出“由局部而整体”的发展趋势。早期中国人类学家和社会学家大多主要从事以村落为单位的社区研究，产生了一批引人注目的重要研究成果，如费孝通的《江村经济》，就是其显著代表。但是，一个显而易见的事实是，当代人类学家和社会学家似乎不再满足于只做以村落为中心的社区研究，而呈现出由村落研究而走廊研究而流域研究的发展趋势，有逐渐扩大经营空间和研究范围的“野心”，有“由局部而整体”的发展特点（田阡《村落·民族走廊·流域——中国人类学区域研究范式转换的脉络与反思》，《新华文摘》2017 年第 10 期）。

人类学家和社会学家扩展研究领域之“野心”，从村落研究走向走廊研究和流域研究，将来是否有及于国史研究的可能，目前尚难预料。其实，走廊研究和流域研究，是人类学家村落研究的自然延伸，从一个村落的研究，延伸到一条走廊或一个流域内具有相近自然、地理、气候、植被、生态特征，并且有经济交换、人际往来的系列村落之研究，这是学术延伸研究和学理自然演进的结果。无论是走廊，还是流域，相对于国家“大社会”而言，都是“小社会”，仍是相对整体国家而言的局部地域。无论是走廊，还是流域，皆相当于历史学家关注的地域或区域。所以，引起我们兴趣的是，历史学与人类学或社会学的研究领域，在新时期有了一个共同的指向，即地域研究成为它们的交集之处。历史学是“自上而下”“自整体而局部”走向地域研究，人类学或社会学是“自局部而整体”走向地域研究。历史人类学作为历史学与人类学之间的交叉学科，二者能够走到一起，且相互渗透，彼此影响，成为一门备受学者广泛关注的学科，应当与它们在论域上的交集有密切的关系。

应该说，自20世纪八九十年代以来，地域研究成为人文社科学者普遍关注的重点领域，并且逐渐呈现出从地域研究向地域学研究发展的趋势，建构地域学的学科意识逐渐呈现，以地域命名的地域学，如蜀学、湘学、徽学、闽学、岭南学、桂学、黔学等先后产生。可以断言，在当下及今后相当长一段时期，地域学研究是一门备受社会各界关注的显学，也是人文社会学科拓展学术空间、追求学术突围、寻求学术增长点的重要选择。关于地域学的界定，有以下几个问题，需要做进一步的讨论。

第一，地域学的界定有广义和狭义之分，建构当代地域学，应当取其广义还是狭义？这是需要讨论的问题。狭义的地域学往往是历史形成的，主要侧重指以儒学为主的地域性学术。如狭义的“蜀学”，起于宋朝，特指宋代蜀学或者苏氏蜀学，如宋人李石《苏文忠集御叙跋》说：“臣窃闻之王安石以新学行，学者尚同，如圣门一贯之说，僭也。先正文忠公苏轼首辟其说，是为元祐学人谓蜀学云。时又有洛学，本程颐；朔学，本刘挚，皆曰元祐学。”（《方舟集》卷十三）张之洞创建尊经书院，立志“绍先哲，起蜀学”；廖平拟纂《十八经注疏》“以成蜀学”，皆是从经学角度立论蜀学。又如狭义的“湘学”，亦起于宋朝，指称两宋时期以周敦颐、胡氏父子为代表的湖湘学。朱汉民论“湘学”之源流与学统，即以湖湘学为源头，故其对“湘学”的界定，也是取其传统意义上的狭义界定（朱汉民《湘学的源流与学统》，《湖南大学学报》2013年第1期）。再如狭义的“徽学”，也起于宋朝，特指新安理学。

我们认为，建构当代地域学，应当贯穿古今，沟通历史与现实，还需关注未来，既要总结地域历史文化遗产，也当引领当下地域的精神生产，更应展望地域文化之未来发展。虽然其界定不宜太泛，但也不宜太窄。取其广义，比较切合实际。所以，夏君虞说："既谓之蜀学，当然以四川一省的学问为对象。……凡是四川人创造的，或者是别人创造而为四川人奉行的学问，都可谓之为蜀学。……虽不是四川人，而是奉行蜀学，或者说是学于蜀的，也不能说不是蜀学。"（夏君虞《宋学概要》第93页，上海商务印书馆1937年版）吾师胡大雷说："所谓桂学，应该是对发生、发展于广西且形成了广西特色并影响波及国内外的一种学术文化传统的理论概括，它代表着一种富有地方特色的人文传统与理性精神。""桂学应该是以广西为核心区域的人、民族、学术、文化为主要研究对象。""所谓'桂学'，即以广西地域为核心的历史与现实的一种系统知识学问、学说的总和。"（胡大雷《桂学研究的意义与学术构成》，《桂学研究》第一辑，广西师范大学出版社2014年版）这是比较通达的地域学观点。如此开展的地域学研究，则既有学术价值，又有现实意义。

第二，地域学到底是一个研究对象，还是一种学术形态？这也是需要讨论的问题。我们认为：作为地域学，既有作为研究对象的地域学，也有作为学术形态的地域学。建构当代地域学，是建构作为研究对象的地域学，还是作为学术形态的地域学？这个问题含糊不清，出发点不明确，是造成地域学界定混乱乃至分歧矛盾的主要原因。

比如"湘学"，是指湘地的学术、学说呢？还是指研究湘地学术、学说的学问？前者是指研究对象，即作为研究对象的"湘学"；后者是指学术形态，即作为学术形态的"湘学"。又如"国学"，是指中国传统学术文化呢？还是指研究中国传统学术文化的学问？学术界似乎对此未曾作过认真分辨，故而导致界定的含混不清。陈来在《近代"国学"的发生与演变——以老清华国学研究院的典范意义为视角》一文中涉及这个问题，认为在一般理解和使用的“国学”概念外，还有以“国学”代称“国学之研究”者，“国学研究”是指对中国传统学术文化的研究“国学”概念是一个学术类型的概念，指对中国文化的一种研究体系。“国学”的概念不是指它的对象即传统学术文化，而是指对它的研究（《清华大学学报》（哲社版）2011 年第 3 期）。陈来的这个观点很重要，可惜他未能将其重要性充分揭示出来。今日一般学者往往将“国学”等同于中国传统文化，将地域学等同于地域传统文化，因而造成极大的误解，如舒芜在《“国学”质疑》一文中，认为“‘国学’完全是顽固保守、抗拒进步、抗拒科学民主、抗拒文化变革这么一个东西”〔舒芜《“国学”质疑》，《文汇报》2006 年（6）〕。实质上，舒芜质疑的是国学的研究对象，是中国传统文化，而不是国学本身。何炳松于 1929 年发表《论所谓的“国学”》，号召“中国人一致起来推翻乌烟瘴气的国学”，以“对世界学术的贡献”质疑国学，其实，他所质疑的中国传统文化，而不是国学本身（何炳松《何炳松文集》第二卷，第 381 ～ 382 页，商务印书馆 1997 年版）。所以，以国学或地域学的研究对象指称国学或地域学，界定国学或地域学，势必会缩小国学或地域学的研究范围，回到狭义的定义上去了。

我认为，建构学术形态的地域学，可以拓展地域学研究的空间和范围。地域内古今精神文化事项皆当纳入地域学的研究范围。建构学术形态的地域学，可以克服厚此薄彼、重此轻彼的地域研究现状。地域文化无论是积淀丰厚者，还是积淀浅薄者，只要具备特殊的学术价值，或是典型的文化类型，皆可建构成地域学，研究其文化何以如此积淀丰厚，或者探讨其文化何以如此积淀浅薄，分析其文化类型之成因。如此，各地域学之间便没有高下尊卑、轻重贵贱之分。有时，开发较晚、经济较落后、文化积淀较为薄弱的地域，因其文化类型具有相当的特殊性和典型性而更有学术价值，更有可能成为有影响、有特色、有价值的地域学。所以，建构当代地域学，不是建构作为研究对象的地域学，应当是建构作为学术形态的地域学。学术形态的地域学，不仅可以沟通古今，面向未来，而且还应当对地域内古今所有精神文化事项加以全面研究，以构成系统的知识学问和学说。

第三，学术形态的当代地域学，其研究对象应当是地域内的古今精神文化的各种事项。依照这个标准，学术界关于地域学的界定，也有需要辨析之处。如朱汉民以为湘学之“学”是指学理化的知识体系和学术思想，而屈、宋文学作品是“非学理化的知识体系，即非标准的‘学’”，故而“不能将屈原、贾谊的著作看作是成型的湘学形态”（朱汉民《湘学的源流与学统》，《湖南大学学报》2013 年第 1 期）。简言之，文学不是学理化的知识体系，文学不是“学”，因此不宜列入湘学的研究对象。认为文学不是“学”，无论如何是讲不通的。包括屈、宋文学作品在内的文学自有其属于文学类别的学理化知识体系和学术思想，将文学排除在地域学研究之外，相信大部分学者是不赞同的。文学作为人类社会最重要的精神文化事项之一，无论是国学还是地域学，皆当视为主要研究对象。另外，夏君虞“以四川一省的学问”为蜀学研究的对象（夏君虞《宋学概要》第 93 页，上海商务印书馆 1937 年版），胡昭羲认为蜀学的研究对象是“四川地区的学术，其重点在文、史、哲”（胡昭羲《蜀学与蜀学研究榷议》，《天府新论》2004 年第 3 期），朱汉民界定湘学的研究对象是湖湘地区传统的有学理化的知识体系和学术思想（朱汉民《湘学的源流与学统》，《湖南大学学报》2013 年第 1 期）。这些地域学界定，皆着重于学术文化和精英文化。我认为，学术文化和精英文化固然代表一地文化之精华，但民俗文化和大众文化也不容忽视，因为它具有学术文化或精英文化不可取代的精神价值。精英有精英的学术和思想，大众有大众的学术和思想，大众学术并不一定比精英学术的水平低，民众的思想有时比精英的思想更深刻更真实，更能代表时代文化发展的方向。所以，葛兆光先生撰写《中国思想史》，特别强调民间或大众的知识、信仰和思想的重要性。精英的思想和学术，因为有一批“有闲”的思想家和学者的清理、总结和归纳，所以显得有条理有系统，因而看起来是有学理的、系统的思想和学术。大众的学术和民间的思想因缺乏总结和归纳，所以系统性和条理性不足。

因此，地域学研究一地之学术与思想，既要重视一地之精英的学术和思想，也当重视一地之大众的学术与思想，精英和大众同属一地之公民，其学术与思想也无高低贵贱之分，地域学研究不应该厚此薄彼，贵此轻彼。否则，只能称作“地域精英之学”，而不是名符其实的地域学。

第四，地域学当以地域命名而不宜以区域命名，或者说，宜称为“地域学”，不宜称为“区域学”。地域与区域的分别显而易见，区域即行政区划，有明显的政治特征，是国家权力意志的产物，是为方便政治权力的推行和社会秩序的管理而划定的行政版图。地域则是基于自然环境和人文传统而自然形成的地理版图。虽然与区域的明确界线相比，地域的疆界往往含混模糊，但它的凝聚力和向心力，确是相当明显的，因为它不仅有大体相似的地理环境、气候特征和植被条件等自然环境，而且在风俗、礼仪、语言、历史等人文传统方面也存在着同一性，所以更容易产生认同感，形成强大的向心力和凝聚力。当然，行政区域的划分也常常要考虑因自然环境和人文传统而形成的地域因素，所以，区域与地域在相当程度上常常是重叠的。但是，其区别显而易见。一般而言，地域是一个自然的概念、文化的概念；区域则是一个政治的概念、权力的概念。因此，如法律、制度等政治性因素比较明显的东西，在区域之间的差异性就比较大；如文学、艺术、语言、风俗、礼仪等人文性因素比较明显的东西，在地域之间的差异性就比较大。换句话说，文学艺术的地域性特征远远大于其区域性特征，同一地域中的文学艺术和语言风俗往往有较大的相似性，而在同一区域中的文学艺术和语言风俗则不一定具有相似性，有时甚至有较大的区别。因此，学术界在地域文学概念之外，又有区域文学的提法。所以，关于四川的地域学称“蜀学”而不称“四川学”，关于湖南的地域学称“湘学”而不称“湖南学”，关于广西的地域学称“桂学”而不称“广西学”。对贵州地域文化的研究，学者曾撰文提议建构“贵州学”，而响应者寥寥无几，其原因大概就是因此。

总之，从地域研究到地域学的建构，从建构作为研究对象的地域学到作为学术形态的地域学，是学术研究向纵深发展的必然结果，也是地域意识逐渐深化的必然产物。

三、地域研究兴起的原因及其合法性问题

地域作为一种客观存在，为何在当代引起学术界的特别关注，成为学者研究的重点领域，成为众多学科拓展学术空间、寻求学术创新的突破口，并且逐渐呈现出由地域研究向地域学的建构，从建构作为研究对象的地域学到作为学术形态的地域学发展的趋势，这是我们下面将要讨论的问题。我们认为，地域研究在当代之所以受到高度重视，主要由于以下几个方面的原因。

第一，地域本身的客观存在及其独特性质，使之可以成为一个具有学理意义的研究对象。地域的形成，有自然的因素，更有文化上的

原因。连绵不断的山脉和奔腾不息的江河，把大地分隔成若干相对独立的地理单元，这是地域形成的自然原因。因山脉和江河的阻隔，导致交通的中断；因交通的中断而导致交流的停滞，包括经济交流、人际往来和文化渗透的受阻，致使不同地域之间形成相异的文化、思想、语言、习俗和礼仪等等。因此，在同一地域内，因共同的地理特征和自然条件而形成趋同的地域文化；在不同地域之间，因为相异的地理特征和自然条件而形成不同的地域文化。地域的客观存在，以及地域内部的趋同和地域之间的差异，使不同的地域均可成为具有独立意义的研究对象。这是地域研究引起学者重视的客观原因。

第二，从学术方法论角度看，开展地域研究，从地域视角重新理解整体国家，或许会有意想不到的发现。而且，换一个视角看问题，过去常常被我们忽略的材料往往又有意想不到的价值。如程美宝说：

> 中国地方史的叙述，长期被置于一个以抽象的中国为中心的框架内，也是导致许多具有本土性的知识点点滴滴地流失，或至少被忽略或曲解的原因。18世纪以来广州的历史叙述，最好用来说明这一点。当历史学家以广东为例正面讨论“中西交流”的时候，不会忘记容闳，不会忘记康梁，不会忘记郑观应，更不会忘记孙中山，但他们往往会忘记大批为欧洲人提供服务的普通人，许多中西文化、生活、艺术和技术的交流，是通过这些人物特别是商人和工匠实现的。

他以为，地域研究只有“跨越以抽象的中国文化为中心的视角，才不致对焦错误”（程美宝《地方史、地方性、地方性知识——走出梁启超的新史学片想》，见杨念群、黄兴涛、毛丹主编《新史学：多学科对话的图景》第687页，中国人民大学出版社2003年版）。“以抽象的中国为中心的框架”或者“以抽象的中国文化为中心的视角”，即国史意义的视角，仅仅从这个视角出发，必然导致地方性知识的流失，甚至被曲解。美国学者柯文指出：美国的当代中国史研究主要侧重于中国的地域研究，“因为中国的区域性与地方性的变异幅度较大，要想对整体有一个轮廓更加分明、特点更加突出的了解——而不满足于平淡无味地反映各组成部分的最小公分母——就必须标出这些变异的内容和程度”（柯文《在中国发现历史》第143页，林同奇译，中华书局1989年版）。所以，开展细致入微的地域研究，能够使我们“对整体有一个轮廓更加分明、特点更加突出的了解”。更重要的原因，当如赵世瑜所说：“问题的关键在于——就像美国、日本和中国部分学者所做的——在区域史意义上的历史理解，是否可以与在国家史意义上的历史理解有所不同？”（赵世瑜《叙说：作为方法论的区域社会研究——兼及12世纪以来的华北社会史研究》，见《小历史与大历史：区域社会史的理念、方法与实践》第3页，生活·读书·新知三联书店2006年版）在赵世瑜看来，答案是显而易见或者不言自明的，因为“在区域史意义上的历史理解”，不仅如柯文所说，可以使我们“对整体有一个轮廓更加分明、特点更加突出的了解”，而且也如程美宝所说，可以避免“具有本土性的知识点点滴滴地流失”，或者被误解和被曲解。地域研究的方法论价值，正如葛兆光所说：

> 公平地说，本来，这（引者按：即“地域研究”）应当是历史研究方法的进一步深化，中国研究确实在很长时间里忽略地方差异性而强调了整体同一性，这种研究的好处，一是明确了区域与区域之间的经济、政治和文化差异，二是凸显了不同区域、不同位置的士绅或精英在立场与观念上的微妙区别，三是充分考虑了家族、宗教、风俗的辐射力与影响力。（葛兆光《宅兹中国——重建有关“中国”的历史论述》第7页，中华书局2011年版）

当然，更重要的价值，就是发现了重新理解中国乃至世界的方法或视角，即赵世瑜特别强调的区域社会史研究方法和思考角度，可以促使我们“重新理解中国和世界”。他说：

> 我们往往是用具体领域的研究去印证或者填塞宏大叙事的框架结构，而不是从具体的领域或空间出发，去质疑或者至少是重新思考这个宏大叙事的结构，当年资本主义萌芽的讨论是如此，今天的许多近现代史研究，无论是以前的侵略与反侵略模式还是现在的现代化模式，仍是如此。当然这两种视角并不是截然对立的，也许是能够互补的，但这种基于区域社会的思考会导致对问题的全新认识。（赵世瑜《小历史与大历史：区域社会史的理念、方法与实践》第3～4页，生活·读书·新知三联书店2006年版）

在赵世瑜这里，地域研究不仅仅是将地域作为研究对象，而是从地域视角重新思考国家历史，建构一种有别于“国家史意义的历史理解”和“区域史意义上的历史理解”。地域研究在这里具有了方法论的意义。实际上，赵世瑜的地域研究，是以从“眼光向上”到“自下而上”为学术取径，以“以民俗乡例证史，以实物碑刻证史，以民间文献证史”，通过“进村找庙，进庙找碑”，努力回到历史现场。这种地域研究，是“作为方法论的区域社会史研究”。他认为：“新的中国通史将是建立在‘地方性知识’基础上的通史，而不是在一个‘宏大叙事’或在某种经验指导下形成的‘国家历史’的框架内进行剪裁的地方史的总和。”（赵世瑜《小历史与大历史：区域社会史的理念、方法与实践》第10页，生活·读书·新知三联书店2006年版）或者说，地域研究的目的，是为了重新认识和理解中国，重写国家整体史或中国通史。

第三，在区域经济社会的发展中，地方政府为了提升区域竞争力，力图走与“他者”不同的差异化发展道路，因而特别重视地域特殊性的发掘，也是地域研究备受社会关注的重要原因。地域社会之地方性的呈现和彰扬，对于凝聚地域人心，增进地域认同意识，彰显地域文化形象，建构地域竞争力，推动地域经济社会发展的积极作用，是显而易见的。故自汉魏以来，地域知识精英彰显地域意识和宣扬地域文化，虽然在封建政治“大一统”背景下颇感压抑，但其愿景或要求从未停止过，文人学士编撰的地记和郡书，地域知识精英和地方政府共谋的地方志编撰，便显示了他们在这方面的努力。

在当代中国，特别是自20世纪八九十年代以来，地域研究呈现出蓬勃发展的趋势。在统一国家的大格局下，地方政府和地域知识精英高度重视地域文化的搜集、整理和研究，通过呈现地域特殊性，从而彰显地域竞争力，促进地方经济社会的发展。因此，地域文化精神的凝练，地方文化形象名片的打造，地域学的建构，成为地方政府和地域知识精英关注和重视的工作。在这种背景下，地域研究受到人文社科学界的广泛关注和普遍重视，亦就是题中应有之义。

总之，由于中国各地域的差异性客观存在，由于从地域视角开展区域社会史研究有独特价值和方法论意义，由于地方政府基于地域差异性和特殊性而发展地方经济社会的现实需要，致使20世纪八九十年代以来，地域研究蓬勃开展起来，逐渐成为显学，并呈现出方兴未艾之势。

当地域研究备受学者关注，逐渐成为人文社科领域之显学的时候，对其研究的合法性和合理性的质疑也时有所见。这种质疑大体有两种情况：一是关于地域研究是否具有典型性与代表性，微观的地域研究与宏观的通史叙述是否具有同等学术价值的质疑（陈春声《走向历史现场》，“历史·田野丛书”总序，见赵世瑜《小历史与大历史：区域社会史的理念、方法与实践》书首，生活·读书·新知三联书店2006年版）。这是对地域研究合理性的质疑。二是关于其合法性的质疑，即如葛兆光所说："理论与方法的使用，并不一定是'种瓜得瓜，种豆得豆'，区域研究的方法，在很大程度上，却意外地引出了对'同一性中国历史、中国文明与中国思想是否存在'的质疑。"（葛兆光《宅兹中国——重建有关"中国"的历史论述》第9页，中华书局2011年版）即关于地域研究是否会对国家的统一性和同一性构成威胁的质疑。

关于地域研究合理性的质疑，即是从学术研究的角度，对其学理依据的质疑。在20世纪八九十年代，当地域研究被广泛关注的初期，部分学者对地域研究的典型性和代表性，的确是心有疑虑，地域研究的学术价值亦受到一定程度的质疑。应该说，这种疑虑或质疑，是因为我们长期以来已经习惯于国史整体研究，习惯于政治秩序研究，习惯于宏大政治叙事的结果。当地域研究逐渐深入，其学术价值逐渐彰显的时候，这种疑虑或质疑实际上已经不再存在。并且，随着我们对区域社会史研究方法的认识逐渐加深，在这个时候，疑虑或质疑的对象，不再是地域研究的代表性和学术价值，反而是以宏大叙事为特点的国家整体史研究的真实性问题。

地域学的建构，也面临着一个合法性问题。换句话说，就是地域学能否成为"学"的问题？如朱维铮就曾质疑以地域命名学派的合理性，他认为：此举虽然有利于发掘乡土文化资源，却不利于区分学术内部的不同流派，甚至会使学术的内在渊源脉络愈发模糊（朱维铮《关于清代汉学》，见《走出中世纪》第282页，复旦大学出版社2008年版）。应该说，这个意见是值得重视的，以地域命名学派的确有利有弊。其弊之一面，确实就是可能会模糊学术内部的渊源脉络，同一学派跨越多个地域而被分置在不同地域学中研究，确实可能不利于区分学术内部的不同流派。但是，我们认为，划分学术派别或学术形态有多种标准，依据不同的划分标准，便有不同的学术流别或学术形态。不同标准划分学术流派，就是从不同视角研究学术思想。以地域命名学派，建构地域学，实际上就是以地域标准划分学派，从地域空间的视角研究学术、思想和文化，这亦是一个有学术价值的选择。其利的一面，除了提振地方文化精神和重塑地方文化形象外，还有就是朱维铮所说的有利于发掘乡土文化资源，深化地域文化研究。不可否认的是，建构地域学，从地域视角切入文化研究，一定会极大地拓展文化研究的空间和视野。因此，地域学的建构，可以成为文化研究的一个重要的学术增长点。比如，在中国文学研究中，从地域视角研究的必要性，不仅是因为宋元以来中国文学的地域性逐渐彰显，需要从地域视角方能揭示其基本特征和发展走势，而且还在于对文学特殊性和差异性的理解上，对边缘地域文学价值的发掘和认识上，需要从地域视角出发，才能得出科学的结论和获得“同情”之理解。从地域角度研究文学，研究文学的地域性特征，讨论作家的地域性写作，探讨地理空间对文学活动的影响，建构地域性的文学史，实际上就是在传统文学史研究单一的时间维度中，引入空间维度，在时间与空间的双重维度中立体地研究以作家、作品和读者为核心的文学活动。传统的文学史研究基本上是从时间维度展开的，它虽然有利于从整体上掌握文学发展承前启后的历史进程，但往往忽略了文学发展之地域特殊性和地区差异性，故而不能全面地揭示文学发展规律。空间维度之引入，则有利于揭示文学的特殊性和差异性。因为人类文化虽然荷载于时间与空间之中，但是，“时间是普遍的同一的，正是空间造成特殊性和差异性”（朱伟华《地域文化与地域文学之断想》，《山花》1998 年第 2 期）。地域文化的差异性和特殊性，特别是地域文化形成之早期的基因和特质，往往是由地理空间决定的。因此，地域空间和地域风土常常是我们理解地域文化之特殊性和差异性的源头，或者是决定性力量。尤其是对于边缘文学的研究，只有引入空间维度和地域视角，其文学和文学家才能受到应有的重视和关注，其特殊性和差异性才能得到彰显，其文学价值才能得到确定，其文学成就也才有可能得到客观公正的评价。

关于地域研究合法性的质疑，即深入的地域研究，地域差异性和特殊性的充分呈现，是否会造成中国历史、中国文明和中国思想之同一性的瓦解？其实，这种疑虑是可以理解的，但这种质疑是缺乏依据的。在专制统治时代，为了维护“大一统”中央集权政治的统治，强调地域差异性和特殊性，在一定范围是被限制的。但是，在当代多元社会和多元文化发展的时代，在“多元一体”的民族构成和国家格局下，地域差异性和特殊性是客观存在的，也是可以包容的。它虽然的确可能对长期以来我们习惯的中国历史和中国文化的同一性构成解构。但是，实际上，历史以来中国历史和中国文化的同一性，在一定程度上是我们想象出来的，或者说是我们建构起来的。费孝通先生关于中华民族“多元一体”格局的认识，也可以借用来概指中国文化。因此，我们在强调地域的差异性和特殊性，即地域文化的多元性时，并不否认中华文化“多元一体”的发展特点。或者说，我们在彰显地域差异性时，并不否定也不妨碍国家的统一性和同一性。因此，正如程美宝所说：在中国，地方文化的存在，绝对不会对国家文化造成威胁。越是强调地方文化的特色，也就越是要强调地方文化与中国文化的关系，地方文化的差异性完全可以整合到中国文化的统一性中去。所谓“地域文化”，实际上是以维护中国文化为己任的士大夫知识分子眼中的地域文化。他们一般不会把地方与国家对立起来，这种实际上多元而在表述上又趋于统一的辩证的国家与地方之关系，恰恰是中国文化最诱人的地方〔程美宝《地域文化与国家认同——晚清以来“广东文化”观的形成》第354、357页，三联书店（香港）有限公司2018年版〕。

四、当代地域研究的现状与反思

自20世纪八九十年代以来，地域研究受到学术界的普遍关注，呈现出从地域研究向地域学建构、从建构研究对象的地域学向建构学术形态的地域学发展的趋势。虽然质疑之声和批评意见时有所闻。但是，我们认为，其合法性和合理性毋庸置疑。综观当代地域研究的现状，其成绩是有目共睹，尤其在开拓学术视野、拓展学术空间方面成效显著，在彰显地域特殊性、丰富历史文化内涵、深入国史研究方面，效果明显。当然，其不足之处，也比较明显，主要体现在以下几个方面。

第一，在学术方法上存在简单化的问题。当代的地域研究，在学术方法上，普遍存在两个问题：一是简单地采用国家与地方二元对立的分析框架。如陈春声说：

> “国家”的存在是研究者无法回避的核心问题之一。在提倡“区域研究”的时候，不少研究者们不假思索地运用“国家—地方”“全国—区域”“精英—民众”等一系列二元对立的概念作为分析历史的工具，并实际上赋予了“区域”“地方”“民众”某种具有宗教意味的“正统性”意义。……以“贴标签”的方式对人物、事件、现象和制度等做非彼即此的分类。（陈春声：《走向历史现场》，“历史·田野丛书”总序，见赵世瑜《小历史与大历史：区域社会史的理念、方法与实践》书首，生活·读书·新知三联书店2006年版）

应该说，这是早期地域研究在方法论上普遍存在的问题。二是简单地以地方史印证国家史的做法，以国家史的宏大叙事框架叙写地方史，将本来自成体系的地方性知识分解成若干片断，去印证国家史的宏大叙事，或者说是割裂和分解地方史的内在发展逻辑，去呼应国家史的宏观发展规律。或者是以国家史的研究方法研究地域史，或者是无法摆脱国家史研究的框架。这两种研究方法的形成，归根结蒂，还是长期以来学者习以为常的国家整体历史研究的宏大叙事思路之影响所致。因此，我们认为，赵世瑜提出的“眼光向下”、回到历史现场的区域社会史研究方法，对于开展深度的、有价值的地域研究，无疑有重大现实意义。因为它正是为了克服上述两种过于简单和机械的研究方法而提出来的。

第二，在研究成果上存在着高度与深度未能有机统一的问题。学术研究应该追求深度与高度的统一，深度是高度之基础，高度是深度的提升，有高度而无深度的研究是空中楼阁，有深度而无高度的研究是一盘散沙。当代的地域研究，呈现出两个比较突出的特点：一是仅限于地方性资料的发现与整理，着重于地方性知识的描述，缺乏学术创造和思想发明。如陈春声说：

> 时下所见大量的区域研究作品中，具有严格学术史意义的思想创造还是凤毛麟角，许多研究成果在学术上的贡献，仍主要限于地方性资料的发现与整理，以及在此基础上对某些过去较少为人注意的“地方性知识”的描述。更多的著作，实际上只是几十年来常见的《中国通史》教科书的地方性版本，如有一些心怀大志、勤奋刻苦的学者，穷一二十年功夫，最后发现他所作的只不过是一场既有思考和写作框架下的文字填空游戏。

当然，任何研究都应当从资料的整理和知识的描述做起，这是开展学术研究和思想发明的基础和前提。特别是一些新兴学科和新的研究领域，资料积累和知识储备是早期研究必须做的工作。但是，如果长期以来仅仅局限于资料的整理和知识的描述，则是缺乏高度的研究。因为地域研究的目的，不仅仅是地方性知识的整理和描述，而是要通过梳理地方性知识发展的内在脉络，建构地方性知识体系，呈现地域社会的发展规律和地方文化的独特价值。二是热衷于对地域社会历史的特色做一些简洁而便于记忆的归纳，由此而陷入到学术上的假问题中。对此，陈春声批评说：

> 用便于记忆但差不多可到处适用的若干文字符号来表述一个地区的所谓特点，再根据这种不需下苦功夫就能构想出来的分类方法，将丰富的区域历史文献剪裁成支离破碎的片断粘贴上去，这样的做法再泛滥下去，将会使中国社会经济史研究的整体水平继续与国际学术界保持着相当遥远的距离。（陈春声：《走向历史现场》，“历史·田野丛书”总序，见赵世瑜《小历史与大历史：区域社会史的理念、方法与实践》书首，生活·读书·新知三联书店2006年版）

这种研究是有高度而无深度的研究，因为它的“简洁而便于记忆的归纳”，不是对地域社会的地方性知识进行深度研究总结出来的，即它的高度不是以深度为基础的，是想当然的，或者是为着某种政治目的和现实利益想象出来的，似是而非之论，所以不可避免地陷入到学术上的假问题中。

第三，在研究态度上存在泛功利化问题。学术研究本应保持独立的学术姿态，但是，在具体的研究工作中，学者或多或少都免不了功利因素的制约和政治标准的影响，尤其是像地域研究这样的论题，通常都免不了乡土情结、地域意识和社会功利的影响，呈现出泛功利化倾向。一般而言，具体的地域研究，往往是由本土学者率先开展起来的，或者说，本土人文学者是本地地域研究的主力军。比如，宋元以来的地域性文学总集或选集，差不多都是由本土人文学者编撰出来的；当代的地方文化史、文学史的编著，亦基本上是由本土学者担纲完成的。因此，地域研究和地方文化史、文学史的撰著，需要规避两个问题：一是乡土情结的介入，二是地方政治力量的干扰。

地域研究通常是由本土学者率先搞起来的，而且正是其浓郁的乡土情结激发了他们研究本土地域文化的热情，撰写地方文化史的壮志。但是，本土学者研究本土地域文化，出于对家乡先贤前辈的景仰，出于对故土的热情与偏爱，或为表彰乡土先贤之需要，或为美化故土文化风物的目的，往往无法避免乡土情结的影响，而对其文化的评价常常有拔高的嫌疑，做出有失客观的评论。虽然这种乡土情结的介入可以理解，但是携带乡土情结而拔高乡土先贤的文化或文学成就，则是不科学的，亦是不可取的。应该说，在当前的地域研究中，这种现象比较普遍。因此，客观的地域研究，应该尽量避免研究者乡土情结的介入，最好是以“他者”视角审视本土地域文化，在比较的视野（与其他地域文化比较，与国家文化比较）中论定本土地域文化的水平和成就。

地域研究和地方文化史、文学史的撰写，往往能够得到地方政府的赞许和地方势力的支持，因为这样的研究，对于建构地域人文传统和提升地方文化形象，是大有裨益的。地方政府和其他地方势力往往会介入到地域研究中来，影响到地域研究的客观性。地方政府为了提升地域文化形象，打造地方文化品牌，为政治经济建设提供文化软实力，常常不遗余力地表彰乡土先贤，包装乡土文化名人，夸大乡土先贤的文化成就和社会影响，这就必然会影响到地域研究的客观性和科学性。因此，我们应该将地方政府的文化建设和专家学者的学术研究区别开来，将地方政府的地域文化品牌打造与专家学者的地域文化研究区别看待。政府开发利用地方文化资源，打造地方文化品牌，提升地方文化形象，是为了实现政治、经济目的，追求的是宣传上的轰动效应，其夸大或夸张，不可避免，可以理解。而学者研究地域文化，追求的是科学、客观和真实。所以，学者应当保持独立的学术品格，尽量避免乡土情绪的介入和规避政治权力的渗透。

第四，在研究对象上存在着地域空间不平衡问题。晚清民国时期，西北史地的研究，成为中外学术界关注的一个重点领域，它与当时西北地域的政治敏感性和中外政治势力对此地域的密切关注有关。20世纪八九十年代以来，关于华南、华北和江南的区域社会史研究，成为学术界关注的热点，成为中外学者开展中国区域社会史研究的前沿阵地，发表了大批有影响的学术成果。而关于西南区域社会史研究，除了在抗战时期因为一批著名学者的迁入而一度比较热闹外，其他时候则相对比较沉寂，发表的重要研究成果不多。

造成此种地域研究不平衡的现状，原因是多方面的。一般而言，一个地域能够成为域外学者关注的研究对象，通常有些偶然的原因。如晚清民国时期中外学者重点关注西北史地研究，特殊的政治局势是其重要原因。在抗战时期，一批著名大学和重要研究机构内迁到西南各地，西南地区特异的民族文化和地域文化引起学者的兴趣，一时之间，西南区域社会史的研究成为学界研究热点。在当代，如前所述，地域研究往往都是由本土知识精英率先做起来的，其研究队伍主要是由本土知识精英和本土研究机构的学者构成。因此，地域研究成就的大小，往往与本土学者的研究水平密切相关。当代地域研究以华南、华北和江南的水平最高，其原因就在于此。西南地区作为一个区域社会史的研究对象，其本身具备有别于华南、华北和江南的特殊性，如地理特征、地域区位、文化习俗、民族构成与分布，在国家政治格局和军事形势上的地位，等等，其学术价值绝对不低于甚至还可能高于华南等其他地区。但是，由于其本土学者的研究水平未能达到相应的水准，因而亦就无法引起域外学者的关注和重视。除非有像清水江文书这种新材料的重大发现，才可能吸引域外学者的目光。总之，西南地域是开展区域社会史研究的一个绝佳题材，但目前学术界对它的关注度还远远不够，其研究成果之高度与深度，与其本有的学术价值，还有相当大的差距。

总之，地域研究，包括从地域角度切入的学术研究，以及建构作为学术形态的地域学，成为当代人文社科研究的重点领域。地域研究的合理性毋庸置疑，地域学的建构也无可厚非。但是，当代的地域研究和地域学建构，在学术方法上存在着简单化的问题，在研究成果上存在着高度与深度未能有机统一的问题，在研究动机上存在着泛功利化的问题，在研究对象上存在着地域之间不平衡的问题。

五、黔学地域学的学术构成和学理依据

最近几年，在我的学术活动中，我特别关注的一个学术领域，就是贵州地方文献整理和地域文化研究，先后主编大型文献丛书《中国乌江流域民国档案丛刊》《贵州古近代名人日记丛刊》，编纂《道真契约文书汇编》，编著《贵州古近代文学理论辑释》，撰写《边省地域与文学生产——文学地理学视野下的黔中古近代文学生产和传播研究》《贵州地域形象史研究》《贵州地域文化精神研究》等学术著作。其实，我对贵州地域文化的研究，并不仅限于做这些具体的个案研究，而是力图在文献整理和个案研究的基础上，建构一门有特色的中国地域之学——黔学。因此，这些年，对黔学地域学的建构问题，有过一

些比较深入的思考。

我认为：在新时代贵州精神文化体系的建设中，“贵州精神”的凝练、“多彩贵州”的打造、“黔学研究”的开展，是彼此关联、相互依存的关系。“贵州精神”是灵魂，“多彩贵州”是形象，“黔学研究”是基石。无论是作为灵魂的“贵州精神”，还是作为形象的“多彩贵州”，皆需要作为基石的“黔学研究”做支撑，皆需要借助“黔学研究”来丰富其内涵，增加其底蕴。没有“黔学研究”支撑的“贵州精神”，将是无根无据的“贵州精神”；没有“黔学研究”支撑的“多彩贵州”，将是没文化没思想没底蕴的“多彩贵州”。“黔学研究”的目标有二：一是诠释“贵州精神”，探讨“贵州精神”的历史渊源和现实价值；二是支撑“多彩贵州”，回答“多彩贵州”有多彩，赋予“多彩贵州”以文化内涵。当下，“黔学研究”已经引起地域知识精英的高度关注和普遍重视，但因其处于草创阶段，诸多基本问题尚未理清，当然亦未达成共识。比如，关于黔学的定义及其学术构成问题，关于黔学的合法性及其学理依据问题，关于黔学研究的必要性和重要性问题，等等，皆缺乏比较深入的研究。下面，我就这几个问题，谈谈这几年的思考及其形成的一些观点。

研究黔学，建构黔学学科，首先面临并且必须解决的是黔学的定义问题。要准确、科学地定义黔学，界定黔学的内涵和边界，可靠的办法，是寻求一个参照系，在参照和对比的视角中，确认黔学的定义，界定黔学的内涵和边界。就目前的状况来看，国学是一个重要的参照系，其他地域学是一个重要的比照对象。

黔学和国学以及其他地域学一样，是一个被表述出来的对象，或者说，是地域知识精英基于学术自觉和地域认同而“后认”的学术形态。考察“黔学”之命名，并非今日地域人士出于乡土情结和现实需要的妄自尊大，而是渊源有自，古已有之。据现存文献考察，最早提出“黔学”这个概念的学者，是道光年间贵州提学使翁同书，他在（道光）《贵阳府志序》里说：

> 黔学之兴，实自王文成始，文成尝主讲文明书院矣，即今贵山书院是也。其时，文成方以忤大阉谪穷荒，读其《瘗旅》之文，有足悲者，卒乃悟反身之学，揭良知之理，用是风厉学者，而黔俗丕变。（〔道光〕《贵阳府志》卷首）

稍后，有黔籍学者莫友芝论及黔学的渊源，他说：

> 王阳明先生守仁谪龙场驿丞也，提学席副使书请居文明书院，为诸生讲知行合一之学。席公公余尝就论难，或至中夜，诸生环而观听，常数百人。于是黔人争知求心性，得其传者，首推陈宗鲁及先生（汤冔）。宗鲁得阳明之和，先生得阳明之正，文章吏治皆有可称。……两先生承良知之派以开黔学，岂区区诗文足以重两先生。（《黔诗纪略》卷三）

二人皆以王阳明为黔学的渊源。严修主持贵州学政，聘雷廷珍为贵山书院山长，雷廷珍大约于此时与同仁创建“黔学会”，并撰有《黔学会缘起》一文。稍后，黔籍学者蔡武撰有《黔学之础》一书，是以“黔学”命名的第一部著述。据此可知，“黔学”的命名，实乃外籍学者率先提出，本土学者发扬光大之。

所谓黔学，有作为研究对象的黔学，有作为学术形态的黔学。今日建构的黔学，应当是作为学术形态的黔学。今后我们还计划在作为学术形态之黔学的基础上，建构作为学科门类的黔学。我认为：黔学，作为一种学术形态，它是国学的一个分支，是中国地域学的一个类型，它以贵州地理空间中的地域、人群、民族、学术、文化为主要研究对象，以自古及今与黔地、黔人相关的精神文化（包括黔人在黔地以及在黔地以外创造的和外籍人士在黔地创造的精神文化，亦包括丰富多彩的民族文化和大众文化）为重点研究对象，它沟通历史、关注当下、展望未来，通过全面、系统、深入地总结、归纳与黔地、黔人相关的精神文化、展现其发生发展规律、呈现其地域特性、揭示其人文传统、价值观念和理性精神的地域学学术形态。简言之，黔学是研究自古及今、与黔地黔人相关的、以精神文化为核心内容的地域学。作为一个专门的学术形态，黔学研究不能仅仅停留在经验、事实或现象的描述上，虽然现象或事实的描述也至关重要，但黔学研究不是描述性研究；不仅是解决个案问题，虽然个案问题乃是黔学研究的重点内容，而是要梳理黔地的知识、文化、习俗、信仰等地方性知识，建构成系统的黔地知识文化体系，解决黔学研究的理论基础、总体框架及学术特质问题，以及为当代贵州经济社会发展创新服务的问题。黔学研究的对象虽然是黔地具体的文化现象，但比起贵州文化研究来，黔学研究更重在学理、理念的概括与升华，侧重从文化类型学的角度，通过对贵州地域文化的梳理、归纳、总结、研究，使之成为有学理的学术体系和有系统的知识架构，成为彰显贵州文化身份、可与世界对话的一方地域之学。

黔学研究作为一项系统工程，它的学术构成，包括黔学理论研究、黔学文献研究、黔学学源与学缘研究、黔学个案与应用研究等内容。

第一，黔学理论研究。黔学的理论研究，是对作为学术形态的黔学或者作为学科门类的黔学，做学术形态特质和学科属性的整体思考和系统考察。通过此项研究，奠定黔学研究的理论基础，建构黔学研究的理论体系，确立黔学研究的指导思想、思维观念、价值取向和研究方法，等等。重点解决黔学能否成为“学”的问题，或者说，黔学作为“学”的学理依据问题。具体而言，就是三大问题，即黔学是什么？黔学有什么？黔学能什么？

第二，黔学文献研究。学术研究之基础和保障是文献。搜集整理地方文献，建构翔实可靠、丰富多元的地域文献资料库，是开展黔学研究、凝练黔学品牌、重建贵州文化身份的基础性工作。贵州文化之所以出现“千年断层”，之所以长期以来处于被忽略、被轻视、被描写的地位，一个最根本的原因，就是“文献不足征”。因此，欲改变贵州文化身份的此种被动地位，开展系统周详的黔学研究，全面系统地对贵州地域文献的搜集和整理，是一项重要的基础性工作。

第三，黔学学源与学缘研究。所谓“学源”，即学术渊源，学术思想文化之源与流。所谓“学缘”，即本土学术思想文化与“他者”的因缘关系。黔学学源与学缘研究，就是研究黔学自身的学术文化思想之源与流，及其与“他者”的因缘和互动影响关系，通过对自身学术源流的梳理和与“他者”的因缘关系之研究，以确立黔学自身的特质，彰显其作为地域之学的独立身份。

第四，黔学个案与应用研究。黔学研究不能仅仅停留在经验、事实或现象的描述上，虽然现象或事实的描述也至关重要，但黔学研究不是描述性研究，而是选择若干有重要价值的个案问题进行深度的专题研究。通过个案问题的深度研究，以呈现黔学的一般性特征。一切历史都是当代史，学术研究既要追求独立的学术价值，也应体现它的现实意义。黔学研究的目标在于沟通历史与现实，既要追求独立的学术品格，也要为当下贵州经济社会的发展提供精神文化资源。

黔学的建构，还面临着一个与国学和其他地域学相同的突出问题，就是它的合法性及其学理依据问题。简言之，就是黔学能否成为“学”的问题。清季民初以来，国学研究虽然受到广泛关注，但质疑和批评的声音也从未间断。当时主张国学和反对国学的学者，都对国学概念有所质疑。综合学术界对国学的质疑和批判，主要集在以下几个问题上。

其一，研究对象边界不清。马一浮就认为国学“所含之义太觉宽泛笼统，使人闻之，不知所指为何种学术”（马一浮《泰和宜山会语》第 6 页，辽宁教育出版社 1998 年版）。钱穆也认为国学“范围所及，何者应列国学，何者则否，实亦难别”（钱穆《国学概论》之《弁言》，商务印书馆 1997 年版）。何炳松也认为边界不明是国学不能成立的主要原因（何炳松《何炳松文集》第二卷，第 381 ～ 382 页，商务印书馆 1997 年版）。

其二，学科属性不明确。按照现代学术分科标准，国学在其中没有合适的位置。如刘梦溪认为，在现代学术分科视野下，国学“实有不通之处”。在现代大学体制中，文、史、哲三科已经承担了国学的任务，国学作为一个学科缺乏学理依据（刘梦溪《国学与红学》第 71、92 页，上海辞书出版社 2011 年版）。何炳松也持这样的观点。

其三，学术渊源来历不明。钱穆认为“国学一词，前既无承，将来亦恐不立，特为一时代的名词”。马一浮认为“此名为依他而起，严格说来，本不可用”。即是在西学冲击所构成的压力下中国学者发明的新名词，是一时代性的权宜之物，并无学术渊源上的依据。甚至还有学者认为西方没有“国学”之称，中国也不当有。

其四，概念界定含糊不清。因概念界定上的争议，而导致研究对象不能确定。如陈独秀认为国学“本是含混糊涂不成一个名词”（陈独秀《寸铁·国学》，见《陈独秀著作选》第 2 卷，第 516 ～ 517 页，上海人民出版社 1993 年版）。曹聚仁也说国学是“含糊与武断的象征”

（曹聚仁《春雷初动中之国故学》，见许啸天编《国故学讨论集》，上海书店 1991 年版）。

我认为：基于现代学科分类体系中没有国学的位置，就质疑国学的合法性；基于文、史、哲三科已经独立存在，就否认国学存在的必要性，是没有依据的，是不了解中国固有学术文化的独特性而做出的错误判断。文、史、哲三科独立存在的合法性毋庸置疑，而综合文、史、哲三科的国学的交叉学科身份的合法性，应该得到认可。即便作为学科门类的国学因遭遇质疑而不能成立，但作为学术形态的国学，其合法性应当是没有问题的。即便作为学科门类的国学和作为学术形态的国学均不能成立，但为了提振国民精神、增进国民意识、培育爱国精神、传承文化命脉的现实需要而开展国学研究，则应当是可以得到同情之理解的。

总之，地域学与国学一样，其合法性毋庸置疑。我们的最终目标是建构作为学科门类的黔学，使之成为国学一级学科下的二级学科；退一步的理想是建构作为学术形态的黔学，使之成为有特色的中国地域学；再退一步的计划是建构作为地域形象和地方精神之基石的黔学，使之成为“多彩贵州”和“贵州精神”的学术支撑。

相对于蜀学、湘学、徽学等地域学而言，黔学的建构会遇到更多的障碍，其正当性和合法性会受到更多的质疑和批评，甚至本土学人也时有不认同者，外籍学者则常是嗤之以鼻，或讥之为“夜郎自大”。究其原因，就是普遍认为黔地缺乏深厚的学术思想传统以支撑黔学的成立。相较而言，四川开发较早，文化学术思想源远流长且相当发达，“蜀学”命名起于宋代，渊源有自，清季民国又有很高建树，故今日的四川学人重建蜀学，域内外人士皆视为理所当然。湘学也是如此，其导源于屈、贾，发展于刘、柳，成型于宋代以周敦颐、胡氏父子为代表的湖湘派，其命名也起于宋代，在清季民初也有重要表现，故今日的湖南学人提倡湘学，也显得理直气壮。徽学也是源远流长，其根底是号称“徽州学”的新安理学，当代近三十万件徽州文书的发现而使之成为中国地域学中的显学，故今日的安徽学人研究徽学也是意气风发。贵州人建构黔学，常常显得理不直，气不壮，缺乏必要的信心和勇气。一般认为，贵州开发晚，经济落后，文化欠发达，学术思想积淀不深厚。简言之，就是贵州无“学”，因而亦就无所谓黔学。这是黔学得不到本土人士普遍认同和外籍人士广泛认可的主要原因。造成这种状况的原因，我认为，主要是由于学者于黔学之“学”的认识上存在着两个偏差。

偏差之一是将黔学之“学”仅仅理解为学术和思想，或者说，是将“学”仅仅理解为学者的学术和思想家的思想。我认为：专家有专家的学术，大众也有大众的学术；思想家有思想家的思想，老百姓也有老百姓的思想，二者之间并无尊卑贵贱高下轻重之分，应该平等列为学者研究的内容。因此，无论是国学之“学”还是地域学之“学”，皆应包括精英之“学”和大众之“学”。或者说，皆应将专家学术、思想家的思想与大众学术和老百姓的思想平等列为研究对象。如果仅仅将地域学之“学”理解为学者的学术和思想家的思想，黔学之“学”的确是乏善可陈，虽然学者将“黔中三宝”——王学、佛学、易学视为黔学的形上智慧，也罗列出自盛览、尹珍以来直至郑珍、莫友芝、黎庶昌等地域文化名人及其成就，但无论就其数量上还是质量上而言，均无法与蜀学之“学”和湘学之“学”相提并论。如果拓展视野，放宽“学”的疆界，事实上亦必须放宽疆界，将黔地丰富多彩、独具特色的民间文化、民族学术和民族思想纳入黔学之“学”的研究范围，那么，黔学之“学”就不再是乏善可陈，而是可以称之为源远流长、丰富多彩和博大精深。

偏差之二是将黔学之“学”理解为地域内固有的学术文化思想，或者说，是将黔学理解为黔地的学术文化思想，将作为研究对象的黔学理解为作为学术形态的黔学。我认为：今日建构包括黔学在内的地域学，应当是作为学术形态的地域学，而非作为研究对象的地域学。具体而言，今日建构的黔学，非指黔地的学术文化思想，而是指研究黔地的学术文化思想的学问。黔地的学术文化思想是一个研究对象，研究这个对象的学问叫黔学。由于种种原因，黔地的学术文化思想未能形成有学理、有系统的知识架构和学术体系。今日的黔学研究，就是要通过梳理、归纳、总结、研究，使之成为有学理的学术体系和有系统的知识架构。地域学研究，作为研究对象本身并贵贱尊卑高低轻重之分，研究成果才有优劣好坏的等级之别。因此，当代建构的地域学，并无贵贱尊卑之分，犹如文学、史学、法学、民族学等学科一样，皆是同等地位的，区别仅仅在于研究对象的不同。所以，在其他历史悠久、积淀深厚的地域学如蜀学、湘学、徽学面前，黔学不必自卑，它也有存在的正当性和合理性。

黔学的正当性和合理性毋庸置疑，黔学的必要性则需要进一步论证。一方面，地方政府为了重建地方文化形象、增进地域认同感、凝聚地域向心力，而提炼“贵州精神”，打造“多彩贵州”地域形象品牌，需要“黔学研究”提供文化支持和学术支撑。地方经济社会发展的现实需要，决定黔学地域学研究具有必要性。另一方面，从学理上讲，建构黔学也有必要性。前面说过，作为研究对象的地域文化本身并无贵贱尊卑高低轻重之分。但是，必须承认，作为文化类型，地域文化则有典型与非典型之别。换句话说，有的地域及其文化，在国内是独一无二，在世界上亦少有雷同，从文化类型学上说，这是典型的文化类型；有的地域及其文化，与周边其他地域及其文化相似，没有或者少有独特的个性特征，这样的地域及其文化，从文化类型学上看，就是非典型的文化类型。从学术价值上看，典型的文化类型远远大于非典型的文化类型。通过对典型的文化类型的研究，可以丰富人类文化类型，呈显人类文化的多样性和差异性，揭示不同类型文化的发展规律，彰显人类文化的共同发展趋势。从地域学建构的意义上看，典型的文化类型之成为地域学的意义远远大于非典型的文化类型。因其是典型，所以具有不可替代性，具有独立存在的价值。因此，从学理上看，并不是所有的地域都适合建构地域学，只有其地域及其文化作为一个不可替代的文化类型，具有独立存在的学术价值，在此基础上建构的地域学才是不可替代的。因其是典型的地域学，所以才是有学术价值的地域学。基于这个观点，我认为，贵州地域及其文化是一个不可替代的文化类型，是一个典型的文化类型，因而是适合建构以黔学为名目的地域学的文化类型。其典型性或特殊性的具体表现，主要有以下几个方面。

第一，贵州建省的动机和省域之构成具有特殊性。贵州于明永乐十一年（1413）建省，是当时全国省级行政单位中最后一个建省的地区。中央政府为何迟迟不在贵州建立省级行政机构，这本身就是一个耐人寻味的问题。其次，中央政府在贵州建省之动机，主要不是为了加速地区经济社会的发展，而是以改土归流为契机，以加强对西南地区的军事控制为目的。或者说，中央政府在贵州建立行省的主要目的，是利用贵州独特的军事位置来加强对西南地区的控制，其动机的特殊性，在全国是独一无二的。贵州行政区域的构成，主要不是基于自然和文化的因素，而是以行政手段“割楚、粤、川、滇之剩地”组合而成，此种行政区域之构成，在全国是少见的。所以，无论从建省的时间、建省的动机，还是从区域的构成看，贵州皆具有相当显著的特殊性。

第二，贵州不边不内的地域区位特征具有特殊性。从全国的角度看，贵州是腹地之边疆，同时又是边疆之腹地，具有“不沿海、不沿边、不沿江”的区位特点。贵州“处于不内又不外，不中又不边，所谓不边不内、内陆临边的地方，是内地与边疆的过渡地带。若论疆，无论就其区域位置还是文化特色，西藏、新疆可算是正宗，而四川、湖南相对而言更靠内地而近中原，但贵州却是两不搭界”（张晓松《山骨印记——贵州文化论》第82页，贵州教育出版社2000年版）。这种地域区位，在全国不多见，因而亦具有相当明显的特殊性。

第三，贵州多山多石的地理特征具有特殊性。贵州号称“山国”，所谓“地无三尺平”，所谓“塞天皆石，无地不坡”，良非虚言。山高谷深，多山多石，山川险阻，是贵州的地理特征。据统计，在贵州境内，山地面积占总面积的87%，丘陵面积占10%，若将山地和丘陵加在一起，则占全省总面积的97%，剩下的被称为“坝子”的平地仅占3%，是全国唯一一个没有平原支撑的省份。据说，像这样几乎全部由山地和丘陵构成的地理环境，在国内绝无仅有，在世界范围内亦只有瑞士堪与贵州相比。其地理特征的特殊性，显而易见。

第四，贵州自古及今因交通枢纽地位而形成的通道区位及其文化特点，亦具有相当显明的特殊性。贵州地域，自秦汉以来，便初显交通枢纽地位。明洪武年间朱元璋为征服元朝残余势力，命傅友德率三十万大军取道贵州征讨云南梁王，贵州地域的通道地位充分彰显。明清时期，贵州作为西南地区的交通枢纽地位逐渐巩固。抗战时期，“三线建设”时期，乃至当代的西部大开发，贵州地域基本上都是以通道的面目呈现。所以，作为政治、军事、经济往来的大通道，通道的使命，使贵州的开发始终围绕着保通畅的目的展开。中国西南各省的发展，乃至于与东南亚诸国的交往，都是从这个通道走出去，都需要这个通道提供保障。贵州自明代以来的开发，一直到20世纪80年代中国计划经济结束之前，都是对通道的拓宽、加固式的开发。由交通枢纽而形成的贵州地域的通道特征，以及在此基础上形成的通道文化，在全国地域和地域文化中，亦具有相当突出的特殊性。

第五，贵州“大杂居、小聚居”的民族分布格局，以及在此基础上形成的“五方杂处，和而不同”的文化特征，具有特殊性。贵州地区是一个民族流动的大走廊，也是一个汉族移民较多的地区。自古以来，在贵州大地上，苗瑶、百越、氐羌、濮四大族系相互碰撞，彼此交流，互相影响，形成一种“大杂居、小聚居”的民族分布格局，与西藏、新疆、内蒙古乃至广西、宁夏等省区以一二个主体民族构成的地域族群相比，它的民族成分过于复杂，且成杂居、散居状态。同时，自明清以来直到抗日战争、解放战争、“三线建设”，数次大规模的移民，又使贵州成为一个移民省。因民族流动和规模移民而形成的贵州文化“五方杂处，和而不同”的特征，在全国地域文化中，具有相当明显的特殊性。

综上所述，贵州建省的动机和区域构成，其“不边不内”的地域区位，多山多石的地理特征，因交通枢纽地位而形成的通道地域及其通道文化，因“大杂居、小聚居”的民族分布格局而形成的“五方杂处，和而不同”的文化特征，与国内其他地域和文化类型相比，皆具有相当显著的特殊性。因其具有显著的特殊性，故而具有独立研究的价值，可以从文化类型学的角度研究它作为一个文化类型的典型性，分析其各种文化事项之间的内在联系，以及这种内在联系的逻辑依据和历史凭借，和它的精神价值与当代意义。从这个意义上看，黔学建构具有学理上的必要性，黔学是有学术价值的、不可替代的、具有鲜明特色的地域学。

最后需要说明的是，任何学术派别都是建构而成的，不是天然生成的。虽然学派的命名通常有自称、他指和后认三种类型，但一个学派的形成往往是综合这三种方式来完成的。一种情况是一批学者在一个地方围绕相对集中的问题展开研究，发表相对集中的见解和大体相近的观点，逐渐形成一种影响力，而被“他者”注目且认可，从而被“他指”为学派，如宋代的湖湘学、蜀学，就属此类。另一种情况也是一批学者在一个地方围绕相对集中的问题展开研究，并提出鲜明的理论主张和治学原则，有明显的开宗立派的意识，“自称”学派而又获得“他者”的认可，如乐黛云等中国比较文学研究者建构的比较文学“中国学派”，便属此类。还有一种情况，就是一批学者通过对历史文化的梳理、归纳、总结和研究，发现历史上有共同取向的学术源流，而“后认”其为学派的，如清末民初以来的国学，便属此类。总之，无论是“自称”“他指”的学派，还是“后认”的学派，都是学者本着学术关怀和现实目的建构起来的。今日建构黔学，大体属于“自称”学派，目前尚未完全获得“他者”认同而成为“他指”学派，也不是对历史上某一学术思潮的响应而成为“后认”学派。正因为是“自称”学派，所以往往有妄自尊大的嫌疑，或招致“夜郎自大”的讥讽。但是，我认为，既然任何学派都不是天然生成的，都是经过学者的努力建构起来的，我们又如何不可以利用本土文化资源研究本土问题而建构本土学派呢？正如鲁迅先生所说：世上本来没有路，走的人多了，亦就成了路。世上本无“学”，研究的人多了，也就有了“学”。比如，世上本无“红学”，研究《红楼梦》的人多了，逐渐梳理出其中的种种问题，并予以研究和解答，也就有了“红学”。黔学也是如此，世上本无所谓黔学，研究的人多了，逐渐梳理、总结、归纳出有体系的黔学知识架构和有学理的黔学学术体系，也就有了黔学。

黔学研究，对于重建贵州文化形象，彰显贵州文化身份，凝练贵州文化精神，改变贵州长期以来被忽略、被轻视和被描写的被动状态，具有特别重要的学术意义和现实价值。建构黔学地域学，从学术研究与学科建设来说，是对中国地域学研究的重要补充，是对国学研究的重要支撑；从现实需要来说，是对打造“多彩贵州”形象品牌和提振“贵州精神”的重要支撑。因此，黔学研究，是多彩贵州文化强省的战略需要，是贵州文化软实力提升的重大需求，是全面认知贵州文化、思考贵州文化发展的战略性需求，是贵州文化品牌战略发展的内生需要，是贵州形象和贵州精神建构的现实需要，是中国地域学研究的重大创新。

第四讲 中国人的乡土情怀

——兼论文化自信与乡村振兴

内容提要：传统中国社会是一个乡土社会，在乡土社会背景上产生的家族意识和地域意识，构成了中国人的乡土情怀。乡土情怀是传统中国人的根基性情感，乡愁是中国人乡土情怀的具体呈现。乡愁是经过空间隔离、通过时间过滤的浪漫情怀和诗性情思。乡愁是美丽的哀愁、是幸福的忧伤、是高贵的痛苦。乡愁是病，是一种审美的病。乡愁如诗，有一种抚慰人心的神秘力量。近代以来，随着现代化进程而兴起的工业化和城镇化发展，中国乡土社会走向了衰败之路。乡村的衰败，表面上看，是乡村经济的破产，实质上是乡村文化的衰败，是中国传统文化的衰落，是中国人的精神空间的崩溃和诗性精神的失落。因此，在当代，重建乡土文化，重构农民身份，推动乡村文化的自信和农民身份的自觉，进而重建乡土社会，是实现乡村振兴和推进民族复兴的重要途径。

传统中国社会，用费孝通先生的话说，是一个典型的“乡土社会”。传统中国人对乡土有特别的感情，有认老乡的爱好，有建同乡会的习惯。漂泊在外的中国人，有特别浓厚的思乡情感。我在上一讲中说过，如果我们认识一位新朋友，正好跟自己又是同乡，“亲不亲，故乡人”，由朋友关系上升为老乡关系，便会倍感亲切，这就是中国人的乡土情怀。可以说，乡土情怀或者乡愁，是传统中国人的根基性情感。乡土、乡村或者农村，在华夏民族的发展史上，其重要性和特殊性，远远大于其他国家和民族。在一定程度上可以说，中华文明就是乡村文明，中国文化就是乡土文化。乡村是中华文明的载体，乡土是中国文化的根基。传统中国，不妨说就是一个“乡土中国”。

传统中国社会是一个乡土社会，传统中国文化的优点和缺点，都体现在乡土文化中。但是，近代以来，随着现代化进程而兴起的工业化和城镇化发展，导致中国乡土社会走向了衰败之路，乡土文化逐渐流失，中国人的乡土情怀也因此失去了依托。因此，在当代，重建乡土文化，实现乡村振兴，是实现中华民族伟大复兴的重要任务之一。

一、传统中国社会是一个乡土社会

在20世纪40年代，费孝通先生先后出版《生育制度》《乡土中国》和《乡土重建》三本书，从中国的历史和文化如何得以延续的角度，集中围绕“乡土”这个核心概念，展开对中国基层社会的全面研究，提出“乡土中国”的著名论断，认为传统中国基层社会是一个典型的“乡土社会”。费孝通先生的这个论断，与梁漱溟先生在《中国文化要义》一书中提出的“中国是伦理本位社会”的观点，可以相提并论，是关于传统中国社会特质的真知灼见。所以，“乡土中国”和“乡土社会”的论断和观点一经提出，便获得学术界的普遍认同，成为研究传统中国社会尤其是基层社会的重要理论和基本视角。概括地说，中国基层社会的“乡土社会”特点主要表现在以下几个方面。

第一，乡土社会是稳定的社会。乡土社会基于土地和乡人构成，或者说，是靠土地谋生的乡人构成了乡土社会，农业是乡人谋生的主要产业，土地是乡人谋生的主要资本。“直接靠土地来谋生的人是粘着在土地上的”，费孝通先生说：“农业和游牧业或工业不同，它是直接取资于土地的。游牧的人可以逐水草而居，飘忽不定；做工业的人可以择地而居，迁移无碍；而种地的人却搬不动地，长在土里的庄稼行动不得，侍候庄稼的老农也因之像半身插入了土里，土气是因为不流动而发生的。”（费孝通《乡土中国·生育中国·乡土重建》第7页，商务印书馆2011年版）所以，以农为生的乡人，以乡人构成的乡土社会，世代定居是常态，迁移是变态。从本质上讲，乡人安土重迁，是安闲的；乡土社会稳定和平，是安静的。

第二，乡土社会是熟人的社会。乡土社会的基本单元是村落，村落与村落之间是孤立和隔膜的，所以，乡土社会的生活是富于地方性的，在这种地方性生活中，“生于斯、长于斯、死于斯”是乡人的生活常态。因此，对于乡人来说，这是一个没有陌生人的社会，是一个熟悉的社会。简言之，乡土社会就是一个熟人社会。据费孝通先生说：“熟悉是从时间里，多方面、经常的接触中所产生的亲密的感觉。这感觉是无数次的小摩擦里陶炼出来的结果。”在乡土社会，乡人之间通过长期的接触和陶炼，养成的是“不亦乐乎”的亲密感觉，得到的是“从心所欲不逾矩”的自由（费孝通《乡土中国·生育中国·乡土重建》第10页，商务印书馆2011年版）。所以，乡土社会是安闲的，是自由的，因而是令人向往的，也是使人留恋的。因此，当我们离开这个由熟人构成的“乡土社会”，到由陌生人构成的“现代社会”去工作，回乡即回到这个熟人社会，就成为我们朝思暮想的事。因为熟悉就意味着稳定和安全，陌生就意味着变动和不安。乡土社会是熟悉的社会，乡人都是熟人，所以在他乡遇见乡人，便有特别亲近的感觉。因此，漂泊在他乡的游子，都喜欢认老乡，召集同乡会，建设同乡会馆。我们在由陌生人构成的世界里，成功了要“衣锦还乡”，年龄大了要“告老还乡”，去世了要“叶落归根”。

第三，乡土社会是礼俗的社会。乡土社会是熟人社会，乡人因为熟悉而相互信任。费孝通先生说：“乡土社会的信用并不是对契约的重视，而是发生于对一种行为规矩熟悉到不假思索时的可靠性。”（费孝通《乡土中国·生育中国·乡土重建》第10～11页，商务印书馆2011年版）因此，乡土社会是一个“无法”和“无讼”的社会，其社会秩序的维持是靠礼俗，是靠乡人在长期的共同生活中约定俗成的对礼俗的遵守，以及因熟悉和亲密而建立起来的深入了解和彼此信任。所以，乡土社会是礼俗社会，它与现代社会的法治特征不同。现代社会是个由陌生人组成的社会，是基于契约而获得信任，基于法治而获得秩序。而乡土社会则是基于熟悉而获得信任，基于礼俗而获得秩序。

第四，乡土社会是传统的社会。费孝通先生说：“在乡土社会中，传统的重要性比现代社会更甚。那是因为在乡土社会里传统的效力更大。”（费孝通《乡土中国·生育中国·乡土重建》第54页，商务印书馆2011年版）为什么呢？因为乡土社会是礼俗社会，礼俗本身就是历史形成的一种文化传统。因此，以礼俗为治的乡土社会，是一个重视传统、保守传统的社会。再则，乡土社会是一个安土重迁的社会，是孤立和隔膜的社会，是稳定安静的社会。在这里，人们依靠经验来安排生活，较少受到外界新事物的吸引和新观念的影响，其生活方式和思想观念都是传统的，传统的文化和礼俗在这里能够得到长期的传承。所以，乡土社会的礼俗管理模式和其自身的稳定安静特点，决定乡土社会是一个传统的社会。当以城市或城镇为主体的现代社会逐渐远离传统的时候，乡土社会却是文化传统得到有效传承和完整保存的地方。在现代社会，当我们要追溯民族的根性和国家的传统时，往往只能求之于乡土社会。

总之，依据费孝通先生的观点，与现代社会相对而言，乡土社会是安定的社会，是熟人的社会，是礼俗的社会，是传统的社会。维持乡土社会的纽带是血缘和地缘，“生于斯、长于斯”把乡土社会的人和地的因缘固定了，“生于缘”是血缘关系，“长于斯”是地缘关系。血缘是决定性的稳定力量，地缘是血缘的投影，血缘和地缘的结合是乡土社会的原始状态，也是决定乡土社会特质的主要因素。

乡土社会是与现代社会相对而言的。与乡土社会的安定特点相比，现代社会是变动的；与乡土社会的熟悉特质不同，现代社会是由陌生人构成的；与乡土社会的礼俗管理不同，现代社会是法制管理；与乡土社会的传统特征不同，现代社会是以现代性为特色的。社会特征不同，社会意识亦有明显的区别。在乡土社会背景上产生的乡土意识，与在现代社会背景上发生的现代意识，大体上可以视为对立的两极。

关于乡土意识，学术界有一些讨论。如程歗以为：乡土社会的主体是“以农民为主要构成的乡里群体”，乡土意识“是在文化贫困的群体活动中自发形成的”一种“缺乏理性思维的机能”和“高于生存本能而低于逻辑运筹的精神状态”（程歗《晚清乡土意识》第 12 页，中国人民大学出版社 1990 年版）。即把乡土意识视为一种低层次的农民意识。王子今显然不同意这样的观点，他认为：乡土意识“是指当时人们对于自己家族与自己本人出生与生活的家乡故土的特殊心理、特殊观念、特殊感情”，不仅涉及“文化贫困的群体”，也涉及“文化层次较高的群体”（王子今《秦汉区域文化研究》第 262 页，四川人民出版社 1998 年版）。对于这两种观点，我比较认同王子今的看法，即乡土意识不仅仅是一种农民意识，而是社会各阶层普遍具有的一种对家乡故土的特殊心理或感情。我认为，乡土意识与理性思维无关，也与生存本能或逻辑运筹无涉，它根本上就是一种对乡土的眷恋心理或者意识。具体地说，乡土意识近似于乡愁，是游历在外的游子，对乡土社会中包括其地、其人、其物、其事、其文、其景的眷恋意识或情感。

概括地说，在传统中国，地域意识、乡土情怀和家族观念三者之间，是互为表里、相辅相成的关系。地域意识产生乡土情怀，乡土情怀导致家族观念，家族观念强化地域意识。更进一步说，维系乡土社会的纽带是血缘和地缘。血缘和地缘的合一，是乡土社会的基本形态。血缘观念就是家族意识，地缘观念就是地域意识。所以，乡土意识或乡土情怀是家族意识和地域意识相加的总和。

地域意识是在“他者”地域之比照中被唤起的，乡土意识也是被唤起的，是在身处异乡之环境中，在异域风土和文化的比照中所唤起的对家乡故土的眷念情感。足不出户的人没有明显的地域意识，没有过背井离乡之经历的人，其乡土意识也比较淡薄。从这层意义上讲，地域意识和乡土意识有近似的地方。当然，其不同之处也是显而易见。比较而言，如果说地域意识是理性的，客观的；乡土意识则是感性的，主观的。二者之间有联动影响关系，地域意识唤起乡土意识，乡土意识强化地域意识，地域意识构成乡土意识。

家族意识是在对家族历史之体认和家族成员的情感交流中，培育起来的一种对家族历史、现状及其成员的认同意识和亲近情感，它包括对家族历史之尊重、家族先贤之景仰、家族现状之认同和家族成员之亲近等情感或意识。家族在特定的地域中生存，家族本身就是地域性的，地域因家族的存在而成为乡土，乡土必是家族生存的地方，乡土必定是在特定的地域中。因此，乡土意识不妨说就是地域意识，家族意识不妨说就是乡土意识。家族意识促进乡土意识，家族意识构成乡土意识，乡土意识激发地域意识。在这三种意识中，家族意识是最根本的，是决定性的；地域意识是不可或缺的，家族意识加上地域意识构成乡土意识。家族意识浓厚的个体或民族，其乡土意识和地域意识也必然强烈。

由于受到根深蒂固的宗法血缘观念之影响，传统中国是一个伦理本位的社会，是一个家族取向的社会，是一个以家庭为核心单位的社会。孟子所谓“天下之本在国，国之本在家”，就是对这种家族取向之社会性质的概括。所以，古代中国人的家族观念极为强烈，数以万计的家谱或族谱之编撰和流布，成为世界历史上一道奇异的风景，就体现了这种观念的强大势力和深层影响。极为浓郁的家族观念培育出传统中国人浓厚的乡土意识，因而传统中国社会又是一个典型的“乡土社会”。“亲不亲，故乡人；美不美，乡中水”，“老乡见老乡，两眼泪汪汪”，“谁不说俺家乡好”等民谚或歌曲，就是这种意识的具体呈现。而明清以来遍布全国各大中城市和集镇的同乡会馆，也很能说明古代中国人乡土意识的发达情况。

追溯中国人乡土意识的发生，可能起源甚早，但比较充分的呈现，则是在秦汉时期，刘邦、项羽堪称典型代表。考诸史乘，楚汉之际的刘邦、项羽皆有极为浓厚的乡土意识，其对汉人乡土观念的形成，或有直接的影响。我们认为：项羽之败局，就与其浓厚的乡土意识有关。当其逃亡途中，若能采纳乌江亭长的建议，渡江还乡，或许有卷土重来之机会。可是，项羽却认为：“天之亡我，我何渡为？且籍与江东子弟八千人渡江而西，今无一人还，纵江东父老怜而王我，我何面目见之？纵彼不言，籍独不愧于心乎？”项羽之不愿渡江，是因为他秉持着浓厚的乡土意识而自觉无颜见江东父老。其次，项羽放弃关中而移都彭城，也是因为他那浓厚的乡土意识。他“心怀思欲东归”，以为“富贵不归故乡，如衣绣夜行”，故而“背关怀楚”（《史记·项羽本纪》），浓厚的乡土意识导致其军事决策上的重大失误（汪文学《论刘邦项羽的政治策略》，见《汉唐文化与文学论集》，贵州大学出版社2008年版）。刘邦正是利用项羽的乡土意识，分散其军心，致使其最终灭亡。史称：“项王军壁垓下，兵少食尽，汉军及诸侯兵围之数重。夜闻汉军四面皆楚歌，项王乃大惊曰：汝皆已得楚乎？是何楚人之多也！”（《史记·项羽本纪》）刘邦之所命令“汉军四面皆楚歌”，就是利用楚歌诱发项军的乡土意识，从而达到涣散项羽军心的目的。所以，王子今说：“在当时乡土意识占主导地位的区域文化观念的作用下，故土已陷导致的心理打击，竟然可以使曾经屡战屡胜的项羽军将士军心沮败。”（王子今《“衣绣夜行”遗憾与“马革裹尸”壮心：秦汉时人的乡土意识》，见《秦汉地域文化研究》，四川人民出版社1998年版）

刘邦的乡土意识也不弱，除了设计“四面楚歌”，利用乡土意识涣散项羽军心以打败项羽外。他自己也是在打败项羽后，“大风起兮云飞扬，威加海内兮归故乡”。如同项羽所谓“富贵不归故乡，如衣绣夜行”，他也有衣锦还乡之心理。“衣锦还乡”一语，最能体现中国人的乡土意识，刘邦、项羽皆有此种意识，而“衣锦还乡”一语也正是出自于此。“叶落归根”一语也最能体现中国人的乡土意识，刘邦也正有这种观念，如他对家乡父老直言：“游子悲故乡，吾虽都关中，万岁后吾魂魄犹乐思沛。且朕自沛公以诛暴逆，遂有天下，其以沛为朕汤沐邑，复其民，世世无有所与。”（《史记·高祖本纪》）还有，刘邦也因为乡土意识而在定都长安与洛阳的问题上犹豫不决。因为刘邦群臣和军士多是山东人，在天下大定之初，“军士皆欲东归”，刘邦欲都洛阳，而娄敬力劝都长安，“上疑而未能决”，幸得张良力排众说，鼎力支持娄敬的建议，最终才得以定都关中长安（《史记·刘敬叔孙通列传》）。我以为，刘邦、项羽的乡土意识，对汉代一般士人的乡土观念当有重要影响。

汉人浓厚的乡土意识，还体现在同一乡土之人一般不存在隔阂，乡土观念有时竟能打破阶层等级的限制，“有共同乡土情结的人们相互容易建立友爱关系”，而“出身不同文化区域的人们往往容易产生相互鄙视相互敌对的情感倾向”（王子今《“衣绣夜行”遗憾与“马革裹尸”壮心：秦汉时人的乡土意识》，见《秦汉地域文化研究》，四川人民出版社 1998 年版）。如齐人虞将军打破阶层等级的限制，向刘邦引荐与之素不相识的同乡布衣娄敬（《史记·刘敬叔孙通列传》）；楚人曹丘生不为同乡季布所重，他便批评季布不重同乡之谊，说：“仆楚人，足下亦楚人也……何足下距仆之深也。”（《史记·季布栾布列传》）这说明，在一般情况下，汉人是颇重同乡之谊的。

汉人乡土意识之强烈，致使朝廷在政治决策时也不得不顾及民众的乡土意识。如汉文帝拟往北方边地移民，晁错上书反对，以为移民安置当“使先至者安乐而不思故乡，则贫民相募而劝信矣”，当使民“轻去故乡而劝之新邑”，“使民乐其处而有长居之心”（《汉书·晁错传》）。又如汉元帝时，就园陵不置县邑一事，于永光四年（前 40 年）颁布诏书说：“徙郡国民以奉园陵，令百姓远弃先祖坟墓，破业失产，亲戚别离，人怀思慕之心，家有不安之意。是以东垂被虚耗之害，关中有无聊之民，非久长之策也。”（《汉书·元帝纪》）即移民必须考虑民众的乡土观念，不可轻举妄动或者随意安置。汉人乡土意识之强烈，于此可见一斑。

总之，传统中国社会是一个伦理本位的社会，是一个乡土性质的社会。伦理本位的社会特征决定其乡土性质的社会特色。在乡土社会背景上产生的家族意识和地域意识，构成了中国人的乡土意识或乡土情怀。乡土情怀是传统中国人的根基性情感，它产生于秦汉时期，盛行于秦汉以后的整个中国古代社会，至今仍有相当深远的影响。

二、乡愁：中国人的乡土情怀

在“乡土中国”，抒写乡愁成为中国文学自《诗经》以来的一个源远流长的传统，也是中国文学中最常见的一个经久不衰、历久弥新的主题。在唐诗宋词里，抒写乡愁的文学作品，触目即是。在现当代文学史上，像余光中《乡愁》、席慕蓉《乡愁》等作品，传遍大江南北，成为妇孺传诵的抒情名篇。可以说，乡愁是中国人的一种根基性情感，在乡土社会中成长起来的中国人，或轻或重，或浓或淡，都免不了像生物基因一样世代相传的乡愁。在当下，谈论乡愁，是一个时尚话题。乡愁在当代成为时尚，一定程度上是由于习近平总书记在考察农村工作时发表的讲话，即乡村建设要“望得见山，看得见水，记得住乡愁”。因此，在当下开展的乡村建设中，发展的乡村旅游中，“记得住乡愁”成为人们挂在嘴边的一句名言，也成为乡村振兴所追求的一个目标。

可是，要讲清楚什么是乡愁，要说明白乡愁是什么，并不是一件容易的事情，尽管我们人人皆有乡愁，人人都经历过或者体验过乡愁。我们可以从多学科角度研究乡愁，有心理学意义的乡愁，有社会学意义上的乡愁，有文学意义的乡愁，有美学意义上的乡愁。可是，我们在这些方面都做得很不够，所以，我们并没有把乡愁讲得很清楚。

从字面上看，“乡愁”是一个合成词，“乡”有二义，即故乡和乡村；

“愁”是人们面对困难无法解决时产生的一种矛盾心理状态。所以，就字面言，所谓“乡愁”，就是人们在面临故乡问题时产生的一种难以解决的矛盾心理状态。在这里，有三个问题需要说明：一是就一般情况说，故乡并不完全就是乡村，因为并不是所有人的故乡都是在乡村，也有一些在城市或城镇里出生、成长的人，他们的乡愁与乡村无关。但是，对于“乡土中国”这样一个“乡土社会”来说，一般人上推三代都是乡下人，大部分人都是从乡下进城的，真正土生土长的城里人，占的分量并不大。所以，对于“乡土中国”来说，“乡愁”之“乡”主要还是指乡村。因为中国人的故乡，大部分是在乡村。二是我们面对故乡难以解决的问题是什么呢？简单地说，说是想回而又回不去，所以产生了愁绪，因而就有了乡愁。人人皆有故乡，人人都有回不去的故乡，因此，人人皆有乡愁。概括地说，乡愁是人类所具有的一种普遍情绪体验和自然心理机制，是指离开故乡漂泊游离的游子，对往昔故乡的追忆，包括思念故乡的亲人、怀念故乡的生活、向往故乡的生活方式等内容。它是通过追忆方式产生的怀旧情绪，这种情绪是感伤的，是浪漫的，也是诗性的。三是乡愁与乡土情怀的关系。笼统地说，乡土情怀就是乡愁。但是，深入地辨析，我们认为，乡土情怀的外延要宽泛一些，乡愁只是其中的一个组成部分。乡土情怀是一种现实情怀，包括物质上和精神上对乡土社会的眷恋和关怀。而乡愁则是一种纯粹精神上的具有浪漫特质和诗性精神的乡土感怀。

我们现在常说“记住乡愁”“找回乡愁”，看来乡愁总是存在于某个地方，只是被我们现代人不经意间把它丢失了。所以，我们要想办法找回它，要想办法记住它。其实，乡愁就在你心中，只是我们长期漠视了它的存在。在这里，我想和大家谈谈乡愁产生的背景。乡愁不是空穴来风，它有发生的物质条件、社会基础、心理依据和文化背景。

产生乡愁的物质条件是故乡，是作为故乡的乡村。中国人称自己的出生地和成长地为“家乡”或“故乡”，都有一个“乡”字。看来在一般人的心目中，故乡总是在乡村。所以，中国人的乡愁，从字面上看是因故乡而引发的愁绪，而实质上则是乡村之愁。因此，离开了乡村便无所谓乡愁，产生乡愁的物质条件是乡村。在现代社会的工业化和城镇化进程中，乡村逐渐消失，乡人大多进城，乡愁也就失去了物质依托。在当下，我们急于“找回乡愁”，并且企图“记住乡愁”，是因为我们失去了乡愁，我们的乡愁失去了依托的空间。所以，“找回乡愁”的前提是重建乡土社会，“记住乡愁”的前提是重构乡村生活。通过乡村振兴，重建乡土社会，重构乡村生活，才可能“找回乡愁”，才可能“记住乡愁”。

产生乡愁的社会基础是空间的位移。背井离乡是乡愁发生的社会基础，那种一辈子足不出户、身不离乡的人，便无所谓乡愁，因为他们原本就是“生于斯、长于斯、死于斯”的。乡愁是游子的专属情感，因为某种现实的原因，他们或游学，或游宦，或游历，从原本熟悉的家乡，背井离乡，漂泊天涯，睹物思人，望云思亲，乡愁也就自然发生了。所以，乡愁是一个空间概念，是因为空间位移而发生的情感。并且，乡愁的浓与淡，往往与空间距离成正比例关系，离家的距离愈远，乡愁也就愈浓厚，乡愁就收得愈紧。乡愁就像一条跨越空间的绳索，连接着游子和故乡，距离愈远，这条绳索就绷得愈紧。为什么这样说呢？因为对于游子来说，故乡是熟悉的，是安定的，因而是安全的，所以是温情的。他乡是陌生的，因而是变动不居的，甚至是危险的，所以是恐惧的。距离愈远，从他县到他省到他国，这种陌生感、危险感和恐惧感也就愈强烈，因而对故乡的眷恋也就愈深沉，其乡愁也就愈浓厚。所以，所谓乡愁，就是在充满不确定性的、陌生的、变动不居的场景中，对一个熟悉的、稳定的、安全的场景的向往和追求。

乡愁与空间位移所造成的距离有关。如果说乡愁是美丽的，那么，美丽的乡愁正产生于空间位移所造的距离中。正像距离产生美一样，距离亦产生乡愁。当我们离开家乡时，我们思念家乡；当我们待在家乡时，我们又企图逃离家乡。当我们离开家乡，我们有乡愁；当我们回到家乡，乡愁就消失了。我们似乎特别思念家乡而又很厌倦家乡，我们好像是很厌倦乡愁而又特别热衷乡愁。家乡和乡愁之于游子，其魅力就在于此。关于这个问题，法国学者关于家的双重性分析，很可以作为我们的参考。法国学者论及家庭及其相联系的血缘亲情的双重性：一是包容性，二是平凡性。如诗人梵莱梨说：

> 每个家庭蕴藏着一种内在的特殊的烦恼，使稍有热情的每个家庭分子都想逃避。但晚餐时的团聚，家中的随便，自由，还我本来的情操，确另有一种古代的有力的德性。

学者莫罗阿对这段文字进行了深入的诠释。对于家庭的“古代的有力的德性”，他解释说：

> 我们之中，有谁不曾在被人生创伤了的时候，到外省静寂的宽容的家庭中去寻求托庇？一个朋友能因你的聪慧而爱你，一个情妇能因你的魅力而爱你，但一个家庭能不为什么而爱你，因为你生长其中，你是它的血肉之一部。

所以，当我们在外部世界获得成功或遭受挫折时，我们首先想到的往往是家庭。家庭中有血缘亲情的成员，他们既能在不怀任何嫉妒心理的情况下，分享你成功的喜悦；也能在不怀任何功利目的的前提下，抚慰你遭受痛苦的心灵，这就是它的包容性。然而，家庭也有“一种内在的特殊的烦恼”，它“比任何人群更能激你恼怒”，因此“使稍有热情的每个家庭分子都想逃避”，这是由家庭生活的平凡性决定的。莫罗阿断言：“家庭的闭关自守是件不健康的事。”因为在家庭生活中，“统治着生活的是最庸俗的一般人，正如一个家庭散步时，是走得最慢的脚步统治着大家的步伐。自己牺牲么？是的，但也是精神生活水准的降低和堕落”。再说，“一个人的特殊价值，往往最难为他家庭中的人重视，并非因为仇视或嫉妒；而是家庭惯在另一种观点上去观察他之故”。还有，“家庭有一种使什么都平等化的平凡性，因了肉体的热情，否定了精神上的崇高，这一点足为若干人反抗家庭的解释”（莫罗阿《人生五大问题》，见《恋爱与牺牲》第 36 ～ 44 页，傅雷译，安徽文艺出版社 1998 年版）。家庭的包容性，也决定了我们在发泄倾诉本能时，对它所持的依违态度。一方面，家庭可以包容我们无端的愤怒或喜悦的发泄；另一方面，家庭却往往不能理解我们何以愤怒或喜悦，因为家庭“否定了精神上的崇高”，它的包容性只是“肉体的热情”，而不是基于智慧和情操。但是，当我们倾诉的时候，需要的不仅仅是“肉体的热情”，不仅是包容，而是理解，以智慧与情操为核心的精神上的理解。家庭的双重性，决定了我们对它的态度的两面性，即我们既需要它，同时又反感它。它既能为我们提供无限且无私的包容，也能使我们产生恼怒。所以，我们似乎特别思念家乡而又很厌倦家乡，我们好像是很厌倦乡愁而又特别热衷乡愁。

产生乡愁的心理依据，是人的回忆或追忆心理。乡愁跟回忆有关，所以人们总是把乡愁与怀旧联系起来言说，乡愁使人怀旧，而怀旧产生乡愁。归根结底，回忆与怀旧都是由时间的流转所导致的追忆心理所造成的。所以，乡愁不仅是一个空间概念，由空间的位移所造成的情绪；也是一个时间概念，因时间的流转而造成的情绪。乡愁的浓与淡，与时间流转的长与短，也构成一种正比例关系。离家的时间愈长，乡愁也就愈浓。年龄愈大，愈是喜欢怀旧，乡愁也就愈浓厚。甚至可以说，怀旧是一种老年心理，乡愁是一种老年情绪。因为年轻人更热衷于想象未来。

乡愁是在回忆中产生的，没有回忆就没有乡愁，回忆是乡愁产生的心理基础。如果说乡愁是美丽的，那么，美丽的乡愁正是通过回忆对往昔乡村生活的过滤而产生的。回忆也是一种距离，因时间的流转而产生的距离。正像空间距离产生美一样，时间距离也制造美丽的乡愁。回忆是一种有时间距离和空间距离的往事追溯，回忆的心境是一种审美的心境。因为有时空的距离，所以回忆中的图景与真实的情况就有相当大的差距。或者说，回忆中的图景是加工过的、过滤过的、升华过的，有想象和虚构的成分，因而是美的，是有诗意的。所以，童庆炳说："任何一种寻常琐屑之物，一旦年代久远就会获得美的价值，引发人的美感，这就是因为有了时间距离，是时间将它美化了。"（童安炳《中国古代心理诗学与美学》第146页，中华书局1997年版）朱光潜亦说："'从前'这两个字可以立即把我们带到诗和传奇的童话世界，甚至一桩罪恶或一件坏事也可以随着时间的流逝而逐渐不那么令人反感。"（朱光潜《悲剧心理学》第40页，安徽教育出版社1997年版）"从前"的日常生活之所以变得美好而富有诗意，靠的就是回忆。乡愁之所以是美丽的忧伤，靠的也是回忆。

回忆升华了我们对往昔乡村生活的记忆，过滤了我们对往昔乡村生活的感觉，从而将乡村置于我们的想象中，滞留在我们心里，乡愁也就这样发生了。林白曾经这样谈论过他对故乡的感受：故乡可能一开始它是身外的，我离开它之后，就变成了身内的东西。而且我置身其中的生活我都觉得是身外的。现在我在北京，所以北京对我来说，是身外的；以前我在故乡，故乡对于我来说就是身外的。在我离开故乡的时候，它得重新的辨认，重新的召唤。重新的辨认它可能才重新回到身内，回到心中。回顾并对照一下我们自身的经历，林白的这番感受，是很真切的。因为故乡确实是在我们离开它的时候才能进入到我们的心里，乡愁是在空间的位移和时间的流转中产生的。

乡愁的发生，还有它的文化背景。乡愁之浓与淡，或者有与无，与人们对家庭和故乡的感情之深与浅有关。一个重家爱家、对故乡有深厚感情的人，当他迫不得已背井离乡后，其乡愁也是最浓厚的。中国传统文化就是一种家国文化，传统中国人对家的感情，对故乡的热情，以及由此产生的乡土情怀，在世界民族史上，是难有与之匹敌的。对于一位传统中国男人来说，家庭是必不可少的，也是至关重要的。没有家的男人，或者家庭残缺不全、飘飘欲坠的男人，其人生是不成功的。除非在万不得已的情况下，他们不会抛妻离子，背井离乡。即便背井离乡，他们心灵深处最牵挂的是家，并且盘算着尽可能早日回家，尽可能多待在家中，以享受天伦之乐。因此，在古代中国，出家或者不成家，都会被视为人群中的另类。在传统中国人的人生趣味中，天伦之乐是人生最大的快乐。在中国古代文学史上，思家、怀乡成为一个千古不衰的永恒主题。这种极强的家庭意识，导致了中国人浓厚的乡土情怀和乡愁意识。这种乡愁，就像文化基因一样，代代相传，留存在中国人的意识深处，成为中国人的一种根基性情感。所以，自《诗经》以来，抒写乡愁就成为中国文学经久不衰、历久弥新的永恒主题。尤其值得注意的是，自秦汉以来，中国文人内心深处都有一种深深的“归田情结”，张衡《归田赋》就是这种情结的早期文学表达，陶渊明《归去来兮辞》《归园田居》等文学作品及其辞官归田的行为，就是这种情结的集中体现。我认为，“归田情结”之核心内容就是乡愁，乡愁的发生就是根植于中国人对家庭和故乡的深挚感情。中国文化是一种家国文化，中国文化也不妨说是一种乡愁文化。

综上，乡愁发生的物质基础是乡村，发生乡愁的社会背景是人在空间上的位移，产生乡愁的心理依据是人因时间流转而发生的追忆，导致乡愁的文化背景则是人们对家庭和故乡的热爱和依恋。在这里，需要追问的是，乡愁到底愁什么？或者说，乡愁是为什么而愁？换句话说，乡愁包括哪些元素？概括地说，乡愁包括思念故乡的亲人、怀念乡村生活和想念乡村生活方式等内容。

乡愁首先是因人而愁，故乡的父母兄弟、堂公伯叔、左邻右舍、儿时伙伴等，都会成为思念的对象，都是引起乡愁的触媒。乡愁也因乡味而愁，故乡的美食或者母亲的家常菜，会使游子终生难忘。所以，有人说：乡味是最浓重的乡愁，乡愁是味觉上的思念。乡愁也因乡音而愁，乡音永远是我们属于那一方土地上的印记，背井离乡的游子，听见乡音，就像是遇见了亲人，会倍感亲切，所以，乡音也是乡愁的触媒。故乡的一草一木、一物一景，也会引发游子的乡愁。如江总《于长安归还扬州九月九日行薇山亭赋韵》诗云：“心逐南云逝，形随北雁来。故乡篱下菊，今日几花开。”王维《杂诗》云：“君自故乡来，应知故乡事。来日绮窗前，寒梅著花未。”篱下的菊花和窗前的寒梅，成为游子的牵挂，也成为诗人的乡愁。还有，乡下的老屋，村庄里的巷道，乡间的羊肠小道，村子边的水井、晒谷场，等等，这些儿时游走嬉戏的地方，都是游子的牵挂，也是牵引游子乡愁的常见之物。儿时的趣事、乡村的风景、节日里的欢乐场面，那些零零碎碎、东家长西家短的乡村往事，都会在不经意间泛上游子的心头，让游子梦魂牵系，牵引着游子的乡愁。总之，乡人、乡味、乡音、乡情、乡物、乡景、乡事等等，都会因为空间的位移和时间的流转，而进入游子的心里，成为游子乡愁之触媒。

我认为，与现代性情感的大喜大悲不同，乡愁是“乐而不淫，哀而不伤”的古典美情感。这种古典美情感，到底是一种现实情怀还是一种浪漫情绪？到底是一种精神愉悦还是一种精神折磨？ 这实际上是关系到对乡愁的特征描述和价值评估问题。

有人认为，乡愁是一种疾病，可以致人死亡。如瑞士医生 Hofer 在 1688 年发表的一篇医学论文中，就将乡愁和怀旧当成一种疾病来看待，认为这是一种可以致人死亡的疾病，治疗这种疾病的唯一办法就是回家。因此，在西方社会很长一段时期，乡愁被当作医学术语，被视为一种疾病。韦伯州立大学历史学家苏珊·马特在《乡愁：一种美国历史》一书中说：“想家可能不一定会杀死你，但是情况严重就会成相思病，会引起很多问题：胸闷、气短、心悸、痢疾、发烧、肺部的问题。因为急切的向往，你的身体开展始承受不住。”乡愁当然是一种相思病，中国明清时期有些才女就是因为相思病而死亡的，乡愁这种相思病是否可能导致人的身体疾病，乃至死亡，病理学家可以做进一步的研究。

我认为，乡愁作为一种浪漫情绪，就其特征而言，它既是古典的，又是颓废的；既是美丽的，又是忧伤的。乡愁是愁，但不是恨。乡愁的特点，可以意会，难以言传。大体上，我们可以将乡愁的特点概括为“美丽的哀愁”“幸福的忧伤”或者“高贵的痛苦”。有人把这种“美丽的哀愁”比喻为茶，把爱情比喻为酒。这实在是个恰当的比喻。爱情如酒，一见钟情，如痴如醉，生死以之。而乡愁不是豪情，它是淡淡的忧伤，有轻轻的喜悦，就像茶一样，淡雅静谧，是暗夜里的一缕清香，在苦涩中带着一点甘甜。乡愁是愁，因为它有回不去的忧伤。乡愁又不全是愁，而是愁中有乐，因为它有甜蜜的回忆。背井离乡固然是愁，但它还有回得去的希望；无家可归、无乡可恋才是真正的愁，才是恨。所以，乡愁既不是悲痛欲绝，也不是欣喜若狂。即使在现实的故乡生活中有这种悲痛欲绝或者欣喜若狂的生活往事，在游子这里，也因为空间的位移和时间的流转而远离了，也因为经过回忆这道防火墙的过滤而消解了。所以，乡愁的特点是“乐而不淫，哀而不伤”，是温柔敦厚。古诗中抒写乡愁，多用春水和月亮这两个意象，如李煜说：“问君能有几多愁，恰似一江春水向东流。”（《虞美人·春花秋月何时了》）欧阳修说：“离愁渐远渐无穷，迢迢不断如春水。”（《踏莎行·候馆梅残》）不同于夏天的滔天洪水，春水是缠绵温婉的，这正与乡愁的特点吻合。李白说：“床前明月光，疑似地上霜。举头望明月，低头思故乡。”（《静夜思》）“露从今夜白，月是故乡明。”（《月夜忆舍弟》）不同于太阳的火热，月亮是柔和明润的。月亮的柔和明润，与乡愁的特点正相吻合。所以，我们认为，乡愁是经过空间隔离的、通过时间过滤的浪漫情怀和诗性情思。乡愁是诗性的，所以，乡愁最适合于做诗歌题材。因此，在古今中外的文学史上，乡愁是经久不衰、历久弥新的诗歌题材。它在古今中外文学题材中所占的份额，也许只有爱情可以与它相提并论。

所以，乡愁是病，它虽然是一种情感上折磨，但却是一种具有审美价值的折磨，是一种高贵的痛苦。因为乡愁如诗，它还具有一种抚慰人心的神秘力量。提倡“诗意地栖居”的哲学家海德格尔特别欣赏荷尔德林的诗歌，他在《荷尔德林诗的阐释》中说：诗人的天职是还乡，接近故乡就是接近万乐之源。故乡最玄奥、最美丽之处恰恰在于这种对本源的接近。还乡就是与本源接近，乡居就是“诗意地栖居”，乡愁就是对这种本源之乐的向往，就是对“诗意地栖居”的追求（海德格尔《荷尔德林诗的阐释》，商务印书馆2014年版）。所以，乡愁既是一种情感折磨，更主要是一种精神愉悦。具有深厚家国情怀和诗性精神的中国人，尤其偏爱这种高贵的痛苦和美丽的哀愁。我们今天要找回乡愁，就是要找回这种诗性的情感折磨和审美的精神愉悦。

三、中国乡土社会的衰败之路

在世界上，中国是历史最悠久、体量最庞大的农业大国。历史以来，中国人的主体就生活在乡村，失去了乡村，中国人就失去了生活空间。中国文化的载体在乡村，失去了乡村，中国文化就失去了土壤根基。基于乡土生活而形成的乡愁，是传统中国人的根基性情感。失去了乡村，乡愁就没有了载体，人生就失去了根基，灵魂就失去了精神空间。对于传统中国人来说，游宦、游学是必须的，外出经商是可能的，但告老还乡、衣锦还乡也是必须的。落叶必须归根，这个“根”，就是乡村或乡土。因此，概括地说，在传统中国社会，乡村不仅是中国人生存发展的物质空间，也是中国人精神寄托的情感空间。

但是，随着现代化进程的发生和发展，工业化和城镇化成为一种必然的发展趋势。早期的现代化进程，在物质层面上，最突出的表现就是工业化和城镇化。工业化和城镇化进程的发展，必然导致乡村的衰败，必然导致乡土社会的破产。一般而言，乡土社会与现代社会是相对而言的，乡土社会和乡村文化往往是社会现代化的绊脚石。因此，现代社会的工业化和城镇化，是以牺牲乡土社会的利益为前提的。现代社会的发展必然导致乡土社会的解体。在这样一个艰难的过程中，工业化进程如何导致乡村手工业的衰落，致使乡村经济的破产，导致乡土文化的流失，在茅盾的小说《子夜》中，有特别生动的再现。费孝通先生也认为：在工业革命以前，中国是一个以乡村为主导的国家，中国是一个“乡土社会”，中国是“乡土中国”。在那时，中国的乡村是富足的，是稳定的，是安康的。因为它不仅拥有发达的手工业，有自成体系的乡土文化，而且还是人才聚集之地。在那时的乡村，乡人拥有富足的经济生活和祥和的精神世界，其物质生活和精神生活皆是自给自足的（费孝通《乡土中国·生育中国·乡土重建》，商务印书馆 2011 年版）。除非遭遇天灾人祸，在通常情况下，大体上近似于陶渊明描绘的那种物质上和精神上的“桃花源”。

在这里，我要提醒诸位，不必过分相信我们过去在教科书里了解到的古代农村社会的悲惨境况。因为那样的描述，一定程度上是为着某种政治目的而开展的意识形态化的“描写”，目的是为了彰显阶级斗争的必要性和重要性，而历史的真实情况可能并非完全如此。当然，可以肯定的是，古代乡村社会并非都是乌托邦式的“桃花源”。但是，也仍然可以肯定的是，除非是在兵荒马乱的战争年代，或者是遭遇其他天灾人祸，在一般情况下，乡村社会的境况，并没有我们想象的那样萧条；乡民的生活，也并不是像历史教科书上描写的那样悲惨；农民与地主之间的关系，也不完全像政治教科书上所揭示的那种血淋淋的、你死我活的关系。

在古代乡村社会，也不乏先富起来的一部分人，那就是地主。但是，仍然要提请诸位注意的是，地主并非都是恶霸，并不完全是土豪劣绅。我认为，教科书上呈现的古代乡村社会中的地主形象，是一个意识形态化的形象，是基于阶级斗争的需要建构起来的。在我们五十岁左右的这一代人中，早些时候填写的履历表，都有“成分”一栏，分为地主、富农、中农、贫民四种成分，地主是最受人瞧不起的，因为地主是“占有土地，自己不劳动，或只有附带的劳动，而靠剥削农民为生的”的人（毛泽东《怎样分析农村阶级》，《毛泽东选集》第一卷，第127页，人民出版社1991年版）。所以地主要挨批受斗，“斗地主”成为一段时期人们的日常活动，地主的子孙连上学、参军的资格和权利都被剥夺。富农的处境稍好一点，因为富农虽然占有土地，偶尔雇佣农民，但主要还是自己参加劳动，算是自力更生的一批人。贫农最光荣，他们没有土地，是受人剥削的对象。记得我家的成分是中农，小时候在履历表上填写这两个字的时候，心里乐滋滋的，有种莫名其妙的自豪感。到了20世纪80年代中后期，就是我读高中的那会儿，不知不觉地，履历表中“成分”这一栏就失踪了，想到不能再自豪地填上“中农”这两个字，心里挺失落的。现在的年轻人不能想象我们那个时代的心情，在当代，甚至连“地主”一词也被娱乐化了，比如玩扑克牌“斗地主”之类的。在我们那个年代，地主就是不劳而获、好吃懒做的寄生虫，都是些十恶不赦的恶霸或土豪，是坏人的代名词。记得在那时的小学语文课本上，就有一篇讲述少年英雄刘文学与偷队上辣椒的地主勇敢斗争的故事，十恶不赦的地主形象，在那个时候就在我们这些小学生的心灵中根深蒂固地留存下来。小时候听爷爷讲，我们村子里也有一家地主，在中华人民共和国成立初期被斗得很惨，后来上吊自杀了。其实他家就是比别人家多几亩土地而已，都是省吃俭用、辛辛苦苦挣钱买下来的，自己耕种，丰衣足食，没想到一夜之间竟成为十恶不赦的地主，被瓜分了田地和财产，还丢了性命，也是挺可怜的。在好奇心的驱使下，我对地主这种人物类型有着特别浓厚的兴趣。前些年，我在图书馆工作的时候，热衷于地方文献的搜集整理，无意中搜到一批中华人民共和国成立初期批斗地主的文献，包括没收地主家财产的清册、批斗地主现场会的会议记录、地主写给农会的保证书、地方法院判决地主的司法文法，等等。我特别珍视这批文献，还计划尽可能多搜集一些，做一项专题研究，还原地主形象的本来面目。探究地主形象是如何被建构起来的意识形态化形象。我认为，地主并不都是坏人，地主与农民之间并不完全是剥削与被剥削、压迫与被压迫的关系，也不完全是你死我活的、血淋淋的阶级矛盾关系。我甚至认为，地主因其经济优势，往往成为乡土社会的领导者，即所谓的乡绅，他们主持或者参与乡土社会的管理，对乡土社会的稳定和繁荣，是有一定贡献的。

中国乡土社会的衰落，是从近代开始的，是在近代以来的现代化思潮之影响下，随着工业化和城镇化发展进程，而逐渐走向衰落的。在传统乡土社会，以手工业为基础的自给自足的乡村经济，是乡土社会赖以持续发展的基础和前提，也是乡土文化得以孕育生长的土壤和空间。工业革命的发生，导致乡村手工业的衰败，从而致使乡村经济的破产，乡土文化的流失，乡土社会的发展进入全面危机状态。应该说，这是世界范围的普遍情况，传统中国尤其突出。因为传统中国社会是一个以农为本、以商为末的乡土社会。所以，费孝通先生指出：在 20 世纪上半叶，工业革命使中国乡村失去了手工业，手工业没有了希望，手工业离开了乡村，中国乡村经济就破产了，乡土社会必然走向衰落。因此，他认为：将手工业留在乡村，以保持乡村的活力，是一条适合中国国情的现代化道路（费孝通《乡土中国 · 生育中国 · 乡土重建》，商务印书馆 2011 年版）。我们认为：在成为时代趋势的现代化、全球化进程中，农村能否留住手工业？在现代化语境中，手工业能否再次让农村充满活力？从而达到复兴乡村文化、振兴乡村经济的目标，是一个需要慎重思考的问题。但是，随着现代化思潮而发生的工业化、城镇化进程，导致乡村经济的破产和乡村文化的流失，以及乡村社会的衰败，则是不争的事实。

传统中国社会是一个以农为本的乡土社会，农村经济的发展状况决定着中国社会的发展走向。所以，在新民主主义革命时期，毛泽东同志力排众议，根据传统中国乡土社会的实际情况，创造性地提出“农村包围城市，武装夺取政权”的中国革命道路，这是对马克思主义的创造性发展。中国工农革命的成功，雄辩地证明，在中国这块土地上，农村、农业和农民，是推动历史发展的决定性因素。中国革命依靠农村和农民取得成功，建立起人民当家做主的新政权。但是，在中华人民共和国成立后，农村和农民成为贫穷落后的代名词，“三农”问题一度成为社会各界关注的重大现实问题。或者说，因工业革命而导致的中国乡土社会的衰败处境，并未由于新中国的建立而获得新生，反而因为现代化进程的推进而陷入到更深的危机之中。

在20世纪50至80年代，在计划经济的总体框架中，城乡差别成为一道不可逾越的鸿沟。尤其是在计划经济体制下，人口流动受到严格限制，使城乡差别因为制度的支撑而变得更加显著。在当时，唯一能够改变农民身份的途径，就是读书上大学，考上大学后由农村户籍转为城镇户籍，从此摆脱农民身份。所以，“万般皆下品，唯有读书高”，就反映那个时代农村学生的真实心理。那个时代农村学生的这种身份焦虑，是现在的年轻人无法想象的。在我们读中学那阵子，也就是20世纪的80年代，能考上个中等师范学校或中专学校，都会让人羡慕得不得了。放在现在算不了什么，可是，在那个时代就不一样，因为它意味着“跳农门”，意味着身份的改变，意味着可以从农村户口迁转为城镇户口，变成城里人身份，这可是人生的重大转折。因为城乡差别太大，农村的优秀青年都想“跳农门”，改变农民身份变成城里人。这样的结果是什么呢？就是农村的优秀青年离开了乡土，知识分子离开了乡村。

改革开放以后，计划经济模式逐渐松动，人口流动不再受到限制。于是，打工潮应时而生，大批农村青壮年离开乡村，奔赴经济发达的沿海城市打工挣钱。一时之间，农村青壮年劳动力倾巢出动，甚至相当一部分农村中学生也辍学进城务工，导致发达城市人满为患，成为一个受到社会各界普遍关注的社会问题。农村青壮年劳动力进城务工，为城市经济社会的发展提供了充足的劳动力。但是，在农村，留下来的是妇女、老人和孩子，结果导致土地荒芜，乡村萧条，各种农村社会问题由此产生。这番打工潮的结果是什么呢？就是青壮年劳动力离开了乡村。农村失了劳动力，土地荒芜，农业衰败，势所必然。

总之，在现代化思潮所推动的工业化和城镇化进程中，使农村失去了手工业，导致乡村经济的破产；恢复高考后，进城的通道被打开，农村学生通过读书考学进入城市，使农村失去了知识分子；改革开放后，城市的发展为农村青年提供了就业岗位，于是打工潮涌现，大批青壮年涌入城市务工，使农村失去了青壮年劳动力。因此，乡村呈现出极度衰败的景象，“空巢化”成为普遍现象，历史以来中国人赖以生存的乡土社会陷入崩溃的边缘。“三农”问题由此受到社会关注，“农民真苦，农村真穷，农业真危险”呼声，绝非空穴来风，而是有良知的中国人发自内心的呼喊。揭竿而起的可能性虽然不存在，因为具备“揭竿”能力的人，包括知识分子和青壮年劳动力，都已经进城了。但是，社会稳定的基础的确已经在晃动了。

农民是乡土社会的主体，在中国乡土社会的衰败过程中，农民形象的被描写，是一个值得注意的问题。首先是农民形象的被丑化和被矮化问题。据考察，“农民”是一个外来词，是经由日语翻译过来的。其最初是一个中性词，指从事农业生产、以农业收入为生的人。但是，在现代化进程中，农民形象逐渐被“异化”，被描写成愚昧无知、贫穷落后的形象群体，被当作与乡村一样，成为现代性改造的对象，甚至成为一个含有贬义的称谓。应该说，当代农民形象是现代主义者建构起来的，犹如中华人民共和国成立初期基于土地革命和意识形态建设之需要而建构起来的地主形象一样。其次是农民自身的“去农民化”问题。因为在现代化语境中，“农民”被建构成愚昧无知的形象，“农村”成为贫穷落后的代名词。所以，身为农民却千方百计想进城变成城里人，想方设法改变自己的农民身份，或者身为农民却羞于承认或者掩盖自己的农民身份，这就是农民的“去农民化”问题。农民的“去农民化”，是近代以来随着乡村社会走向衰败所产生的一个普遍现象。

乡土社会的衰败，农民的“去农民化”，所产生的另一个结果，就是乡土文化的流失。因为在现代化语境中，“农民”被建构成愚昧无知的形象，“农村”被想象成贫穷落后的形象。于是，农民在农村创造的乡土文化，不仅被农民自己所抛弃，也被“他者”所轻贱。因此，在现代化进程中，乡土文化也被披上“不文明”的外衣，“我者”和“他者”皆弃之如敝履，从而导致了乡土文化的流失。但是，如前所述，乡村是中华文明的载体，乡土是中国文化的根基。中华文明就是乡村文明，中国文化就是乡土文化。乡土情怀是中国人的根基性情感，乡土社会是这种根基性情感的发源地。当以城市或城镇为主体的现代社会逐渐远离传统的时候，乡土社会却是文化传统得到有效传承和完整保存的地方。在现代社会，当我们要追溯民族的根性和国家的传统时，往往只能求之于乡土社会。乡土社会的衰败和乡村文化的流失，必将使我们这个延续了几千年的民族失去生命之源和文化之根。

所以，在我看来，乡村的衰败，表面上看，是乡村经济的破产和乡村景观的衰败，实质上是乡村文化的衰败，是中国传统文化的衰落，是中国人的精神空间的崩溃和诗性精神的失落。就其根本而言，则是人（农民）的衰落，是农民的被“异化”，是农民的“去农民化”，是农民身份主体性的丧失；是文化（乡村文化）的衰落，是乡村文化的流失，是乡村文化主体性的丧失。因此，振兴乡村，实际上就是复兴中国乡村文化，重构被“异化”的农民形象，重建乡村文化的主体性，重构乡人的文化自信。习近平总书记说：“没有高度的文化自信，没有文化的繁荣兴盛，就没有中华民族伟大复兴。”（习近平《决胜全面建成小康社会，夺取新时代中国特色社会主义伟大胜利》，人民出版社 2017 年版）我们认为：没有文化的繁荣兴盛，没有高度的乡村文化自信，就不可能实现乡村振兴。

四、通过文化自信促进乡村振兴

在当代，“农民真苦，农村真穷，农业真危险”的深情呼吁，让“三农”问题受到各级政府和社会各界的普遍关注。于是，在政府层面，一系列惠农政策和措施纷纷出台，“新农村”建设，“美丽乡村”建设，渐次开展。以政府为主导，动员全社会力量开展的“脱贫攻坚”工作和“乡村振兴”运动，对中国乡土社会的重建发生了重要推动作用。

乡村振兴的总体要求是“产业兴旺，生态宜居，乡风文明，治理有效，生活富裕”，其目标是为了重建一个“望得见山，看得见水，记得住乡愁”的乡土社会。乡土社会的重建，是一项系统工程，包括物质层面和精神层面。无论是早期的“新农村”建设，还是晚近的“美丽乡村”建设，其主要目标是改善人居环境，提升村容村貌的美观程度。目前动员全社会力量、举全国之力开展的“脱贫攻坚”工作，则是着重于缩小城乡差距，解决农村的经济贫困问题。无论是改善农民的居住环境，还是提高农民的经济收入，解决乡村经济贫困问题，皆是物质层面的内容。我们认为：实现乡村振兴，重建中国乡土社会，除了物质层面的振兴，还有精神层面的复兴，或者说是乡村文化的振兴，乡土文化的重建。相较而言，后者是最根本的，也是最重要的，或者说是决定性的。通过乡村文化的复兴，为乡村经济的振兴和乡居环境的改善提供人文环境和精神动力。有文化的乡村，才是真正的美丽乡村，才是“记得住乡愁”的乡村。乡村文化的复兴，其关键又在于提升乡人的文化自信。无论从历史语境来看，还是就现实境况而言，文化自信都是推动经济社会发展的重要动力。因为我们坚信：没有高度的文化自信，就没有中华民族伟大复兴；没有高度的乡村文化自信，就不可能实现乡村振兴。

对于任何一个族群或群体，只有对自身文化价值的充分肯定，只有对自身文化生命力的坚定信念，只有对自身文化影响力的坚定信心，才可能形成充分的文化自信。只有充分的文化自觉和文化自信，地域社会丰富的文化资源才能转化为文化资本。文化资源只有通过文化自信这个中介，转化为文化资本，才能成为经济社会发展的软实力，也才能成为“更基本、更深沉、更持久的力量”。

通过提升乡人的文化自信，促进乡村文化的复兴，实现乡村经济的发展，推动乡土社会的重建，实现乡村社会的全面振兴。这样一个路径，既有理论上的可能性，也有历史事实可资借鉴，还有现实发展的必然性。

第一，从理论上看，提升乡人的文化自信具有可能性。据格尔兹说，文化是人类为自己编织的“意义之网”。文化价值，是对文化持有人而言的价值。或者说，文化的价值当由文化持有人自己来评判，“他者”无权评判，也无由论定。所以，文化与文化之间，其价值之大小，是不具备可比性的。因为对于“他者”而言毫无意义的文化，对于“我者”而言则是价值无比的“意义之网”。所以，我比较认同马克斯·韦伯对文化与文明的区分，赞同格尔兹在《文化的解释》中对“文化”的定义。我们可以说某个群体或族群的文明程度不高，但不能说他的文化没有价值。事实上，文化无先进与落后之分，文明则有先进与后进之别。基于这样一个理论前提，任何族群和地域，任何村落或集群，都有理由秉持充分的文化自信。城市人有城市人的文化，乡下人有乡下人的文化。乡下人的文明程度可能没有城市人高，但乡下人所持之文化，其价值就未必比城市人低。因为二者之间根本就没有可比性。对于城市人有“意义”的文化，未必对乡下人就有“意义”。基于这样的文化理论观点，我们认为：乡村的文明程度可能不如城市高，但是，乡村文化自有其独特的、不可取代的价值。因此，乡人有充分理由坚定其文化自信。

第二，从历史的角度看，文化自信是推动民族发展的精神动力。我在第一讲“中国人的盛世精神”中说过：汉唐盛世取得的辉煌成就，得自于汉唐人的自信精神、开放胸襟与包容胸怀。愈是自信，就愈是开放，愈是包容，文化就愈是有活力，其国势也就日趋强盛。而国势的日趋强盛，又进一步增强国民的自信心，自信心的增强，又进一步推动国民的开放和包容精神，社会便进入良性发展轨道。愈是自卑，就愈不敢敞开胸怀，胸襟就愈狭窄，其文化也就愈缺乏活力，其国势也就愈趋衰败。国势日趋衰败，国民就愈是缺乏自信心，没有了自信心，就不敢对外开放。不敢对外开放，国势就更加衰微，社会也就进入恶性发展轨迹。文化自信是汉唐精神的核心，宋代以来中国的衰落，就在于中国人失去了文化自信。重振汉唐雄风，再创盛世辉煌，就是要重建中国人的文化自信。因此，我们认为：实现中华民族伟大复兴的中国梦，关键在于文化自信。实现乡村振兴，重建乡土社会，关键在于乡人的文化自信。

第三，从现实的角度看，文化自信是建设社会主义现代化强国和实现中华民族伟大复兴的精神动力。2016年5月17日，习近平总书记在全国哲学社科工作者座谈会上说："我们说要坚定中国特色社会主义道路自信、理论自信、制度自信，说到底是要坚定文化自信。文化自信是更基本、更深沉、更持久的力量。"（习近平《习近平谈治国理政》第二卷，第339页，外文出版社有限责任公司2017年版）2016年11月30日在全国文联第十次代表大会上说："文化自信，是更基础、更广泛、更深厚的自信，是更基本、更深沉、更持久的力量。坚定文化自信，是事关国运兴衰、事关文化安全、事关民族精神独立性的大问题。"（习近平《习近平谈治国理政》第二卷，第349页，外文出版社有限责任公司2017年版）所以，习近平总书记在党的十九大报告中明确指出："没有高度的文化自信，没有文化的繁荣兴盛，就没有中华民族伟大复兴。"（习近平《决胜全面建成小康社会，夺取新时代中国特色社会主义伟大胜利》，人民出版社2017年版）我认为：没有高度的乡村文化自信，就不可能实现全面的乡村振兴。

第四，在生态文明新时代，乡村文化的独特价值，决定其有复兴的可能性和必要性。人类文明的进程，大体可以分为原始文明、农业文明、工业文明和生态文明四个时期。在工业文明时代，工业化和城镇化的快速发展，为人们物质文化生活水平的提升，奠定了基础，提供了条件。物质生活的充裕与精神生活之空虚的矛盾，是工业文明时代必然发生的现象。所以，工业文明的负面价值也是显而易见，工业文明的发展必然导致人类精神生活面临种种困境，如人类超越性追求的落空，人生终极价值的无所依托，人的"异化"，诗性精神的失落，等等。在生态文明时代，也即后工业化时代，人类物质生活需求获得充分满足后，精神生活的需求就显得更重要，很迫切。具体地说，就是要摆脱精神生活的困境，改变被“异化”的生存状态，重拾遗落的诗性精神，实现如海德格尔所描绘的“诗意地栖居”状态。在这个时代，在这种现实需求下，以乡土文化为核心的中华优秀传统文化，显示出它的独特魅力和当代意义。中华优秀传统文化的核心要义，就是“天人合一”精神，或者说，中国哲学的最高境界是“天人合一”，中国人的人生智慧之精义是“天人合一”。所谓“天人合一”，就是人与自然、人与社会、人与人、人与历史的合二为一，简言之，就是人与周遭的人、物、事的和谐相处。这种境界，是和谐的境界；这种精神，是诗性的精神；这种状态，是“诗意地栖居”的状态。我曾经在一个学术论坛中发表过题为“天人合一：建构人类命运共同体和发展生态文明的中国智慧”的报告，对这层意思有过深入的阐释。以“天人合一”为核心内容的中国智慧，在现代中国的工业化、城镇化进程中，逐渐消失。但是，它却比较完好地保存在乡村社会，体现在乡土社会的日常生活中。可以说，传统意义的乡居，就是“诗意地栖居”，乡村文化就是诗性文化，乡村生活就是诗性生活，乡村智慧就是“天人合一”。所以，在生态文明新时代，乡村文化以其“天人合一”的核心价值而具有独特魅力，乡村生活以其“诗意地栖居”方式而具有特殊价值。

总之，乡村文化有自信的理论依据，乡村文化有自信的历史借鉴，乡村文化有自信的现实依据，乡村文化有自信的基础条件。因此，在生态文明新时代，乡村文化可以自信，乡村文化必须自信。因为它是实现乡村振兴的精神动力和文化背景。

通过收拾乡村文化资源，重估乡土文化价值，重构乡土文化体系，提升乡人的文化自信，进而重建乡土社会，实现乡村振兴，是我们的追求，也是我们的目标。在当下，要实现这个追求和目标，首要的工作主要有两件：

第一，重建乡土社会中农民的主体性。乡村的主体是农民，没有农民，乡村从名义上就消失了。在现代化进程中，作为乡村主体的农民，遭遇着三种尴尬的处境：一是处于“被描写”的处境，在与城市人的对照中，在与工人或商人的对比下，农民被描写成愚昧无知、封建落后的形象群体，成为社会的底层人物，成为被人歧视和受人批判的对象。二是农民的“去农民化”处境。因为农民被描写成愚昧无知的形象，成为受人轻贱的群体。因此，农民的“去农民化”成为一种普遍的社会现象，或者读书考学以摆脱农民身份，或者进城务工以摆脱农民身份，或者本为农民而羞于承认自己的农民身份。三是农民的“去农村化”处境。这又分两种情况：主动“逃离”农村，因为严重的城乡分隔，导致城乡差别越来越大，农村成为经济贫穷、文化落后、思想保守的代名词，致使有能力的农村人想方设法“逃离”农村；被动迁出农村，在当前农村产业革命和乡村旅游蓬勃发展的大背景下，各种资本势力进入农村，通过土地流转发展农业产业，通过开民宿、做客栈发展乡村旅游，农村“腾笼换鸟”，大批农民迁出农村。总之，在工业化和现代化进程中，乡村社会的衰落，致使农民处于“被描写”的状态，导致农民的“去农民化”和“去农村化”处境，农民的主体性地位基本丧失。因此，在生态文明新时代，重建乡土社会，实现乡村振兴，首要的工作之一，就是重树农民形象，重建农民的身份自信，重构农民在乡村社会的主体性地位。

第二，彰显乡土文化的地方性。在工业化和现代化进程中，随着乡土社会衰落，随着农民的“去农民化”和“去农村化”进程，乡土文化被描写成封建的、落后的、保守的文化，失去了往日的荣光和尊严，而处于普遍流失的状态。这种流失主要表现在两个方面：一是随着乡土社会的衰落而自然消失，二是随着社会的现代化进程而被“现代性”改造。无论是其自然消失，还是被“现代性”改造，都导致了乡土文化地方性的丧失。而在新一轮的“新农村”和“美丽乡村”建设中，又造成了具有普遍性的乡村文化同质化问题，这也同样造成乡村文化地方性的丧失。乡土文化地方性的丧失，与乡土社会农民的“去农民化”和“去农村化”一起，使乡村社会不仅成为物质上的空壳，也成为精神上的空壳。因此，在生态文明新时代，重建乡土社会，实现乡村振兴，首要的工作之一，就是彰显乡土文化的地方性，重建乡土文化的主体性，重构乡村社会的文化自信。

综上，我的结论是：中国是乡土中国，中国社会是乡土社会，乡土社会是中国人的精神家园，乡愁是中国人的乡土情怀。为重振中国乡土社会的衰败之境，重建中国人的精神家园，通过脱贫攻坚，发展乡村经济；通过文化地方性的呈现（文化自觉）和农民主体性的彰显（主体自觉），推动乡村文化的自信和农民身份的自觉，重构农民和乡土文化在乡村社会的主体性，进而重建乡土社会，促进乡村文化资源转化为文化资本，利用乡村文化资本助推乡村社会的全面振兴。

第五讲 中国人的山水情怀

——兼论游的精神与境界

内容提要：“仁者乐山，智者乐水”，乐山乐水这种山水情怀，是人类的一种基本需求。本讲讨论中国人的山水情怀，探讨游的精神本质，阐释儒、道两家对游的态度，分析山水与人性的关联，厘定游的境界和层次。认为人类之所以乐山乐水，是因为山水与人性“气类而情属”，是因为“山性即我性”“水情即我情”。人类之所以好游，是为了追求自由。游的精神就是自由精神，人类为了追求自由而崇尚游；游的精神就是艺术精神，游的生活就是一种具有超越性和自由性的艺术化生活。儒家从维护社会管理秩序的角度反对游，道家从实现人性自由发展的角度主张游。游有“心无所累”的游和“心有所累”的游两种境界。游有孙绰式的无依托无选择的“神游”，陶渊明式的有依托无选择的田园之游，谢灵运式的有依托有选择的山水之游和今人的“到此一游”四个层次。

今天我们讨论传统中国人的山水情怀，谈的是与旅游相关的问题，这是个时尚话题。近年来，国人见面寒暄，不再是问“吃饭没有”，而是问“去哪儿玩啦”。看来温饱的问题得到解决，人们就开始关心游玩的问题了。在如今的大众旅游时代，旅游业是朝阳产业，是幸福产业，是美丽产业，是政府部门发展经济、拉动需求、促进发展的主要经济形式，也是当下人们健康生活的一个重要标志。老实说，我虽然热爱自然山水，但还是不太喜欢旅游，主观原因是没闲，客观原因是没钱。不过，我倒是因为从事中国古代文学研究的关系，对传统中国文人的山水情怀，有过一番认真的思考。还有，十多年前，我在一所旅游学校兼过一门《旅游文学》课，借机思考过当下旅游方面的问题。比如，人为什么需要游？游的精神实质是什么？古代中国的儒、法两家为什么反对游？道家又为什么主张游？游的境界和层次问题，山水之游与艺术创作的关系问题，等等，还真有一些自己的想法。近几年，我因从事文化旅游方面的行政管理工作，所见所闻，所思所想，也形成了一些自己的看法。

一、存而不在：游的精神本质

诸位有没有思考过这样一个问题：人为什么需要游？或者说，当你背上行囊外出旅游时，你有没有问过自己：为啥要去旅游？说实在的，现代人已经普遍缺乏追问意识了，看到别人出去玩，自己也就跟着去了。就像女孩子看到别人穿高跟鞋、烫卷发，认为好看，觉得漂亮，也就跟着去做了，不再去追问穿高跟鞋、烫卷发的动机。如果我说穿高跟鞋、烫卷发有展现性感的情色诱惑动机，相信诸位肯定会大吃一惊。我想说的是，一种行为一旦成为时尚后，是不需要追问原因的，人们在追逐时尚时也懒得去追问原因。所以，近年来，温饱问题解决了，旅游便成为时尚，成为健康生活的象征，成为有钱有闲的标志。但是，可以很肯定地说，大多数旅游者并没有搞明白人为什么需要旅游，虽然他们常常出门旅游。

其实，游是人的一种本能需求。当我们待在房间里，心里闷得发慌的时候，特别想出门去转一转。当我们遇到挫折，或者心情比较沮丧的时候，朋友或亲人都会劝我们出去走走，散散心。如此看来，游不仅是人的本能需求，还有解闷散心的作用。我认为：游的精神就是一种自由精神，人类之所以喜欢旅游，实际上就是对自由精神的向往和追求。下面，我用两个例子来说明这个问题。

第一个例子，就是人类发明的对犯人的监禁制度。我认为，对犯人实施监禁，可能是人类社会的一项重要发明。法国哲学家福柯著有《规训与惩罚》一书，对人类发明的监禁制度有非常深刻的分析。据福柯说，监狱的首要原则是隔离，使犯人与外部世界隔离，剥夺他的自由，使他在隔离中孤独，在孤独中忏悔，从而达到改造思想的目的。据说，对犯人的改造有两种形式：一种是囚禁，另一种是劳教，即劳动改造。如果犯法的人可以自己选择改造的形式。假如让我选择，我宁愿劳教，不要囚禁。为什么呢？劳教和囚禁都是剥夺犯人的人生自由，但劳动改造，或者是野外的劳作，可以亲近大自然；或者是在工厂或作坊里劳动，可以与劳动伙伴交流，还可以“游”，还有一定的自由。而囚禁呢？整日蹲在狭窄昏暗、不见天日的黑房子里，度日如年，既不能亲近自然，也没有机会与他人交流，这是完全失去了自由。如果说劳教是对身体的惩罚，而囚禁则是对心灵的惩罚。心灵的伤害远远重于对身体的惩罚，所以，我是宁愿让身体吃点苦，不愿意让心灵受到伤害。遗憾的是，现在已经废除了劳教制度，不能再选择了。

自由是人的基本需求，游是人的一种生存本能。淮南王刘安在《淮南子·泰族训》里有一段话，阐述游历之乐，分析人为什么害怕囚禁，说得特别形象生动，很有道理，值得在这里引用：

凡人之所以生者，衣与食也。今囚之冥室之中，虽养之以刍豢，衣之以绮绣，不能乐也。以目之无见，耳之无闻。穿隙穴，见雨雾，则快然而叹之。况开户牖，从冥冥见昭昭乎？从冥冥见昭昭，犹尚肆然而喜。又况出室坐堂，见日月光乎？见日月光，旷然而乐。又况登泰山，履石封，以望八荒，视天都若盖，江河若带。又况万物在其间者乎？其为乐岂不大哉！

给你吃山珍海味，让你穿绫罗绸缎，但你必须待在一间不见天日的黑房子里，你快乐吗？你肯定不快乐，因为你失去了自由，“耳之无闻，目之无见”，那叫生不如死，度日如年，好吃好穿抵啥用？如果在这间黑房子的墙上打个小洞，或者开个天窗，你就会“快然而乐”，“肆然而喜”，为什么呢？因为你通过这个小洞或天窗，亲近了自然，内心获得了一点自由。假如让你“出户坐堂”，你将“旷然而乐”。如果让你登上泰山，俯视天下，“其为乐岂不大哉”。这段话很能说明人类对自由的本能需求。所以，我建议诸位最好做守法公民，因为无论是劳教，还是囚禁，都会让你失去自由，那日子真不好过。还有，部队上对违犯纪律的军人，采用关禁闭的处罚措施，也是这个目的。我们常说的“闭门思过”“面壁思过”，也是这个意思。所以，自由是人的本能需求，限制自由，无论是身体的自由，还是心灵的自由，都是对人的惩罚。

第二个例子，是人类对家庭的矛盾态度。家庭的双重性，决定了人类对它的矛盾态度。家庭的双重性，是指家庭的平凡性和包容性。法国作家莫罗阿在《人生五大问题》一书中，对家庭的双重性以及人类对家庭的矛盾态度，有特别深入的讨论。这虽然是在法国文化背景上做的讨论，但也很适合中国人。顺便说两句，在中外民族史上，法兰西人与华夏族人的民族习性和文化品格最为接近。有几位著名学者都注意到这个问题，如吴宓 1919 年 8 月 31 日的日记说："陈君寅恪谓西洋各国中，以法人与吾国人习性最相近。其政治风俗之陈迹，亦多与我同者。美人则与吾国人相去甚远，境势历史使然也。"（《吴宓日记》第二册，生活·读书·新知三联书店 1998 年版）辜鸿铭在《中国人的精神·序言》中也说：

> 美国人发现要想理解真正的中国人和中国文明是困难的，因为美国人，一般说来，他博大、纯朴，但不深沉。英国人也无法懂得真正的中国人和中国文明，因为英国人一般说来深沉、纯朴，却不博大。德国人也不能理解真正的中国人和中国文明，因为德国人特别是受过教育的德国人，一般说来深沉、博大，却不纯朴。在我看来，似乎只有法国人最能理解真正的中国人和中国文明。（辜鸿铭《中国人的精神》，译林出版社 2012 年版）

傅雷在《人生五大问题》的《译者弁言》中，也认为法国学者莫罗阿这本书，"论旨之中正和平，态度之无党无私，与我国固有伦理学说之暗合，洵为晚近欧美出版界中不经见之作"（莫罗阿《恋爱与牺牲》，傅雷译，安徽文艺出版社 1998 年版）。另外，朱学勤在《道德理想国的覆灭》一书中，讨论法国大革命，也发现中法两国人民的革命精神最为相似。据莫罗阿说，家庭具有强大的包容性，"一个朋友能因你的聪慧而爱你，一个情妇能因你的魅力而爱你，但一个家庭不为什么而爱你，因为你生长其中，你是它的血肉之一部"（莫罗阿《人生五大问题》，见《爱与牺牲》第 36 页，傅雷译，安徽文艺出版社 1998 年版）。的确，当我们在外边遭遇挫折的时候，家庭可以在不怀任何功利目的的情况下包容你，宽慰你；当我们获得成功的时候，家庭也可以在不怀任何嫉妒心理的前提下分享你的成功和快乐。所以，家庭是最安全的避风港湾，当我们在外面工作的时候，思家念家想回家，是每一个人内心深处最难摆脱的情感纠结。

但是，令人不解的是，我们经常是离开家的时候想回家，可是，回到家里待上几天后，我们又开始厌烦它，盼望着早日离开家。离开家的时候想家，回到家里的时候又想离开家，这种矛盾心理，诸位肯定经历过。那这又是为什么呢？法国诗人瓦雷里说得对："每个家庭蕴藏着一种内在的特殊的烦恼，使稍有热情的每个家庭分子都想逃避。"（转引自莫罗阿《人生五大问题》，见《恋爱与牺牲》第 36 页，傅雷译，安徽文艺出版社 1998 年版）明代文人袁中道也发现家庭"有不能久居"者，因为家庭有一种内在的特殊的烦恼，会使你厌烦，让你产生逃避的想法。这种烦恼，据袁中道说，就是"家累逼迫，外缘倥偬，俗客混扰，了无闲时"（《珂雪斋前集》卷十二《东游记》）。一句话，就是家庭的平凡性让我们烦恼，就是家庭生活的琐碎无聊使我们想逃避。所以，莫罗阿断言："家庭的闭关自守是件不健康的事。"因为，"在家庭中，统治着生活的是最庸俗的一般人，正如一个家庭散步时是走得最慢的脚步统治着大家的步伐"。因此，家庭生活将导致人的精神生活水准的降低和堕落，使"我们无法超临自己"。他认为："家庭有一种使什么都平等化的平凡性，因了肉体的热情，否定了精神上的崇高。这一点足为若干人反抗家庭的解释。""家庭不能助人作完满的发展，它的优容反阻挠人的努力。"家庭"否定了精神上的崇高"，提供的只是肉体的热情（莫罗阿《人生五大问题》，见《恋爱与牺牲》第 55 ～ 56 页，傅雷译，安徽文艺出版社 1998 年版）。但是，人不仅是物质的存在，而且也是精神的存在；他需要的不仅是肉体的热情，而且还需要精神上的理解。所以，古今中外那些心灵敏感、重视精神生活的文人，往往都会对家庭生活产生或轻或重的厌倦情绪，都企盼着离家远游，都有一点流浪汉气质。

记不清楚是谁说过这样一句话："大暖和、太舒服的环境不容易产生有创造力、有竞争力的文明。"我也认为：特别温馨的家庭亲情，往往使人不思进取，甘于平庸，甚至还可能会培育一个人的惰性，因为它往往妨碍我们进行危机性反省。我自己每年春节回老家，都有这样的经历。多年来，我每年春节都带孩子回老家看望亲人。回到老家，与父母兄弟姐妹拉家常，围炉夜话，说些零零碎碎的家事，内心里感觉特别地温暖。与儿时的伙伴、小时的同学见见面，聊聊天，喝喝酒，也觉得特别地愉快。一天到晚忙着走亲访友，真是了无闲时。十天半月的假期，就这样忙忙碌碌地过去了。说来也怪，在学校的时候，一天不坐下来读点什么，两天不动笔写点什么，心里就有点发慌。可假期回到老家，十天半月不读书不写作，也不见得心里发慌，反而是坦然得很，什么研究计划、读书计划、写作计划，全都抛在脑后了。回到学校，常常也得有十天半月的时间调整心态，才能重新回到工作状态中去。所以，我想，若是长期沉浸在这种特别温馨的家庭氛围中，我一定会变成一个不思进取、甘于平庸的人。

因此，说得夸张一点，家庭有点近似于监狱，它们都妨碍了人类自由精神的表达，限制了人类尚游天性的发挥。人类害怕被监禁与人们企盼逃离家庭，其目的或动机是大体相似的。人的天性中都具有一种与生俱来的浪漫精神，游是人类内在的、不可抑制的精神需求，它不仅是人类由苦闷压抑通向欢悦畅快的重要方式，也是人类追求形上精神的重要手段。

游的精神就是自由精神，人类为了追求自由而崇尚游。游是对现实秩序的背离，通过游，使人出离熟悉的世界，到达另一个陌生的世界，让人处于一个相对陌生的时空中，成为自由性、超越性的存在，产生

“存而不在”的感觉。这个时候，他不仅摆脱了现存秩序中的繁忙状态，获得了充分的自由；而且还在这种自由状态中，体味到精神上的崇高和人生的终极意义。因此，游的生活，实际上就是一种具有超越性和自由性的艺术化生活。

二、游与不游：儒、道两家的政治人生选择

大体而言，儒、法两家反对游，道家主张游。或者更准确地说，儒、法两家从维护政治统治和管理社会秩序的层面上，反对游；道家从人性健全发展的方面考虑，主张游。

我们先讨论儒、道两家对当下政治秩序的态度。讨论这个问题，我想从古代中国人的革命精神的来源谈起。德国汉学家顾彬在《上帝病——人病：论中国和西方的不完美性问题》一文中，认为现代中国人的革命精神，是受西方基督教世俗化思想及社会运动的影响而产生的。因为他发现：新中国几乎所有重要的思想家，都曾在西方的教会学校读过书，接受过基督教学说的影响，参与1949年革命的全部中国知识分子，都受到过基督教的影响。顾彬的朋友，刘小枫先生则不以为然，他在《基督教是现代中国革命的精神之源？》一文中，对顾彬的观点进行了批评。他认为：中国人的革命精神之源，不是基督教，而是儒家思想。为此，他著有《儒家革命精神源流考》一书，收录八篇论文，专门讨论这个问题（刘小枫《儒家革命精神源流考》，上海三联书店2000年版）。实事求是地说，我对这个问题没有专门研究过。凭直觉，我觉得顾彬的观点有问题，刘小枫的批评有道理。但是，我对刘小枫在批评顾彬观点之基础上提出的儒家革命精神源头说，也信心不足，甚至还持怀疑态度。我以为，近现代中国革命家的革命精神，

确实可能受到儒家革命论的影响。革命论的确也是儒家学者的传统论说，它产生于先秦，盛行于汉朝，汉代以后就消失了，直到晚清又才大行其道，成为当时革命精神的一个重要来源。但是，需要追问的是，自汉代至晚清这两千多年的历史时间里，革命事件经常发生，那么，这个时期中国人的革命精神又是受什么影响而发生的呢？刘小枫没有回答这个问题。

我尝试着提出一个观点：中国人的革命精神，是受道家以及道教思想的影响而发生的。我始终认为：对于当下的政治秩序，儒家是建设性的，道家是破坏性的。虽然儒、道两家都以上古三代为社会理想的范型，但是，儒家是力图通过对现存政治秩序的建设和改制，来实现这种社会理想，用杜甫的诗来说，是“致君尧舜上，再使风俗淳”。而道家则是企图以革命手段推翻现存政治秩序以回复到这种理想社会。特别是汉代以后意识形态化后的儒家，放弃了早期的革命精神，他们总是小心翼翼地维持着现存的政治秩序，努力维护着君主的权威性。虽然他们也常常对现实政治不满，往往也是牢骚满腹，但他们从来不敢或者压根儿就没有想过要推倒重来，只是努力地去修复它，弥补它的缺陷，使它慢慢地好起来。对君王也是这样，意识形态化后的儒家把“宣上德”视为对君王尽忠孝之心。对君王歌功颂德，是维护君王的权威性。君王具备绝对的权威性，才能君临天下，号令民众，才能够维持现有的统治秩序。仔细想想，这也是用心良苦。平心而论，作为一位君王，今天张三站出来说他这里有毛病，明天李四又站出来说他那里有问题，大家都对他指指点点的，说他这也不好那也不行，他还有什么权威性可言？他没有了权威性，说话还有人听吗？说话没人听，还管理得了天下吗？明白了这一点，你才会懂得儒家强调忠，甚至主张愚忠的良苦用心。所以，对于君王，即使再差劲的君王，再荒淫无道的君王，意识形态化后的儒家都不会想到去推翻他，而是尽心尽力地去感化他，说服他，教育他，使他醒悟过来。甚至提建议也不直接提，不当面提，不大声提，因为这会伤了他的自尊，毁了他的面子，损了他的权威。要委婉含蓄地提，这就是儒家提倡的“谲谏”。像张学良、杨虎城那样搞“兵谏”，不是儒家的做法。法家跟儒家一样，对社会秩序也是建设性的，也是千方百计要维护君王的权威性，还搞出一套颇成体系的“君王南面之术”。与儒家强调仁义道德，通过内心修炼以培养道德人格，从而实现社会秩序的整合不同，法家搞高压政策，以武力和法制维护社会秩序。但是，在对社会秩序的建设和维护这一点上，是完全一致的。所以，我认为，儒家特别是意识形态化后的儒家和法家，其思想是建设性的，他们不会搞革命，革命精神也不会从他们那儿来。

道家就不一样了，他们一个个都是愤世嫉俗的，对现实政治秩序，这也看不惯，那也看不好，总是红眉毛绿眼睛的，用今天的流行语来说，叫“愤青”。他们总是否定一切，打倒一切。对现实秩序，总是持批判态度，甚至是破坏态度。你看看，中国文学史上那些愤世嫉俗的作家，具有强烈批判精神和否定精神的文人，是不是都是以道家为思想背景的？那些热衷歌功颂德的，积极建功立业的，满腔爱国激情的，忧国忧民的文人，是不是都是以儒家为思想背景的？所以，对于当下的政治秩序，与儒家的建设性不同，道家是破坏性的；对于当下的君王，与儒家“宣上德以尽忠孝”不同，道家是批判性的，甚至是否定性的。儒家从来不会想到推倒重来，道家想的就是推倒重来。正是在这个意义上，我说道家是有革命精神的。当意识形态化后的儒家丧失了早期的革命精神后，道家的这种精神便成为古代中国人的革命精神的源泉。

举个例子说吧，魏晋时期的思想家鲍敬言，是一个典型的以道家思想为背景的思想家，他提出“无君论”，认为社会的混乱，国家的腐败，民众的贫困，皆是君王造成的，都是因为有了君王及其各级官僚的缘故。要是没有君王和官僚，天下就太平了，老百姓的日子就好过了。瞧瞧，这个观点多大胆，儒家说得出来吗？只有道家敢说，儒家是不敢这样想也不敢这样说的。我认为，陶渊明的《桃花源记》，就是以“无君论”为思想背景的，或者说就是“无君论”的文学再现。在桃花源里，没有君王，没有官员，民众的日子过得有滋有味。没有统治者的桃花源，也没有陷入无政府的混乱状态。这实际上就是对当下政治秩序和君王的全盘否定。所以，“无君论”就是革命论，桃花源就是革命后的理想家园。

还有，回顾一下中国历史，我们可以发现，自汉代以来到清代中期的农民起义或地方军事暴动，差不多都是以从道家发展而来的道教为起义号召的，能找得出来哪次农民起义是以儒家思想相号召的吗？不用找，肯定没有。为什么呢？因为自汉代以来，意识形态化的儒家已经丧失了革命精神，不能作为革命的号召，他压根儿就是革命的反对派。道家可以作为革命的号召，因为他的革命精神代代相传。

以上，我之所以不厌其烦地讲儒家的建设性和道家的破坏性，我是想在这个基础上，讨论儒家为什么反对游？道家为什么主张游？

游是一种“存而不在”的生活状态，是一种无拘无束的自由生活态度，无论是游学、游宦，还是交游、旅游，甚至游戏，都具有流动性和自由性。在儒家看来，这是游手好闲，浮华轻薄，甚至是乱世之风，是亡国之象。如汉末荀悦说：“士好游，民好流，弱国之风也。”（《申鉴·政体》）他在《三游论》中批评说：“世有三游，德之贼也。一曰游侠，二曰游说，三曰游行。此三游者，乱之所由生也。”我们今天大力发展的旅游产业，作为健康生活标志的旅游活动，竟然被传统儒家学者说成是动乱的根源，是弱国的风尚，这到底是为什么呢？

客观地说，民众好游，人口的大规模流动，确实不利于社会管理。大家想想，是静态的东西好管理，还是动态的东西好管理？你是愿意去守护一间库房，还是愿意去招呼幼儿园里那一群活蹦乱跳的小朋友？从便于管理的角度看，我选择前者，因为它是静态的。静态的东西没有变数，易于掌控。动态的东西变数大，难于把握。对于统治者来说，对于意识形态化后的儒家来说，老百姓足不出户，一辈子就在自家门前那一亩三分地里勤劳耕作，是最好的状态，“鸡犬之声相闻，老死不相往来”，是最便于管理的，因为它是静态的。动态的东西就有变数，甚至有不可预测的变数，难于掌握。诸位想想，在今天，城市里社会治安最糟糕的地方是哪里？我想，那一定是火车站和汽车站，为啥呢？人口流动性太大，出乱子的可能性也最大，因此是最难管理的地方，也就是社会治安最糟糕的地方。另外，中国历代农民起义发生时，都有一个共同的前兆，那就是流民的大规模涌现。一个王朝发展到中后期，培养出一批特权阶层出来搞土地兼并，结果导致农民失去土地，流离失所，无家可归，变成流民。流民的心是漂浮的，孟子不是说过吗：“无恒产而有恒心者，惟士为能。若民，苟无恒产，则无恒心。”（《孟子·梁惠王上》）流民多半是农民，因无“恒产”，故无“恒心”，很容易被人蛊惑起来铤而走险。因此，流民的大量涌现，往往是农民起义即将发生的前兆。所以，荀悦把“士好游，民好流”视为“弱国之风”。再说，封建王朝实行的重农抑商政策，也可以在这里获得部分解释。自秦汉以来，政府重农抑商，以农为本，以商为末，推行一系列抑制商业、轻贱商人的政策措施。为何要如此轻商呢？我认为有两个很重要的原因：其一，商人是流动性的，将甲地的货物转卖到乙地，又将乙地的货物转卖到丙地，使本来相互独立的村落或城镇连接起来，破坏了“小国寡民”的理想状态。政府反对游，自然就要抑制具有流动性的商业活动。其二，农业投入大，产出少，或者说，投入与产出不成比例。而商人往往是一本万利，投入少，收益多。商业的高度发展必然会影响农民的生产积极性，商业利润的诱惑也会导致农民弃农经商，致使社会流动增大。所以，统治者出于社会管理的需要，要重农抑商。

从社会管理的角度看，静态的好管，动态的不好管。游是动态的，所以统治者出于管理的方便，就要反对动态的游。因此，作为意识形态或政治哲学的儒家和法家，不主张游。甚至作为道家的老子，当从政治秩序的角度看问题时，也以“小国寡民”为社会理想，也主张老百姓应当是“鸡犬之声相闻，老死不相往来”。一句话，也是反对游的。因此，我们不能一概地说道家主张游，儒家和法家反对游，而应当从他们发言的语境区别看待。

因为游是人的本能需求，所以当从人生理想或者人性健全发展的角度看问题，无论是道家，还是儒家，都是赞成游的。《诗经·邶风》的《泉水》篇中，有这样一句诗：“驾言出游，以写我忧。”正因为游有“写忧”的作用，所以，即便是对游风盛行可能导致秩序混乱而心存戒惧的儒家学者，也并不完全反对游。如孔子说：“士而怀居，不足以为士矣。”（《论语·宪问》）他只是对游提出了一定的限制，即“父母在，不远游，游必有方”（《论语·里仁》）。他本人也是有过“暮春之游”和“浮槎之想”的。着重于追寻生命本体价值的庄子，可以说是古代思想家中最善游的人，提倡游最有力的人。他不仅提倡游，而且提倡“逍遥游”。所谓“逍遥游”，据我的理解，就是超越时间限制和空间局限的游，是绝对的游，是“游于物之初”，是“游于四海之外”，是“游无穷”，是“因天地以游”。他在《逍遥游》

这篇文章中，阐述的就是这种游的精神。那个由鲲变来的鹏，虽然能够在九万里的高空遨游，但还不是真正的“逍遥游”，因为它必须“抟扶摇羊角而上”，是有依托、有凭借的游。真正的“逍遥游”，是无依托、无凭借的绝对自由的游。这里，顺便说一下，就是那个鹏为什么要“抟扶摇羊角而上者九万里”，依托“扶摇羊角”这种旋风上升到九万里的高空，才开始向南飞。我们还真得佩服庄子那超凡的想象力，我觉得，他的想象力已经发达到接近现代高科技的水平。我们今天发射人造卫星，需要凭借火箭的推动力，把人造卫星推动到一定高度的太空，让它进入运行轨道。到了一定高度后，进入了运行轨道，卫星不再需要推动力也能自由飞行，为什么？因为它已经脱离了地心引力，不会掉下来。诸位看看，庄子虚拟的鹏，是不是和我们今天发射的人造卫星差不多。我不是说两千多年前的庄子就已经掌握了发射卫星的尖端技术，而是说他的非凡想象，在今天的卫星发射技术中得到体现。实际上，按照我的理解，庄子是希望实现一种超越空间限制的游。这种希望，在今天有可能实现，在古代则是一种幻想。比如，深受庄子思想影响的魏晋名士阮籍，就一直企盼着实现这种“逍遥游”。据说，他经常独自驾着马车，在洛阳城郊外漫无目的地闲游。可是，当他的马车行走到悬崖峭壁，无法再前进的时候，他往往是“恸哭而返”。这件佚事颇有象征意义，象征着他企盼超越空间的限制而追求“逍遥游”，通过“逍遥游”，实现人生的绝对自由。事实上呢？悬崖峭壁挡住了他的马车，说明空间的限制无法超越，“逍遥游”无法实现，绝对的人生自由是不可能的。生性率直而浪漫的阮籍，只有“恸哭而返”。千余年后，我们仿佛还能听见那回荡在历史天空中的伤感而又嘶哑的带着哲学意味的悲壮哭声。其次，《逍遥游》中的鹏在九万里高空中向南飞时，“去以六月息者”，即以六个月为周期呼吸，呼一口气六个月，吸一口气六个月。按今天的医学知识理解，那是肺活量大，是天大的肺活量，因为常人的一呼一吸也仅是一两秒钟的事情。其实，庄子是不懂得什么叫肺活量的，他只是编造这个寓言，说明鹏的游是超越了时间限制的游。

大体上说，儒学主要是政治哲学，即使涉及人生问题，也主要是围绕政治展开的，是为政治服务的，特别是意识形态化后的儒家，更是如此。因此，从主流上看，儒家不主张游。道家特别是庄子学说，主要是人生哲学，即便是涉及政治问题，也主要侧重强调在自然维度上展开政治秩序的建设，是为自然人性服务的。所以，从根本上讲，道家主张游。

三、心无所累与心有所累：游的境界与层次

人为什么需要游？因为人在天性上就是追求自由的动物，游的目的就是为了实现身体的自由，追求精神的自由。游的精神实质就是自由精神。

清代贵州有一位不大知名的诗人，名叫徐訚，他屡试不第，便寄情山水，以化解胸中的苦闷，山水孕育了他的诗心和文情。他喜欢游，擅长写山水游记，对游这个问题，确有一番特别的见解。他写过一篇名为《东山记》的文章，借东山之游发表了一通对游的看法，谈到了游的境界和层次问题。他说："宇宙之景无穷也，而每穷于人之一心；人心之乐无穷也，而每穷于心之所累。"天地间美景无限，人因为心胸的限制而不能尽情欣赏。或者说，因为心胸的限制，一般人都无法达到庄子理想的那种"因天地以游"的境界，无法实现"游无穷"。就像人因为"心之所累"而无法享受人间的无限快乐一样。大家应该

有这个体验，你心事重重，山珍海味你也不觉得香，良辰美景你也无心欣赏，极乐世界你也会觉得索然寡味。在徐闇看来，在游的状态中，“心有所累”（心灵不自由）和“心无所累”（心灵自由）便是两种完全不同的境界。如果你心无所累，了无牵挂，完全放松心情，即便是一花一草，一丘一壑，都会让你兴味盎然，游兴大发。如果你心事重重，心有所累，即便是泰山、华山、恒山、庐山耸立在你面前，你也不觉得它高大；即便是面向大海，你也看不见大海之大，更不会联想到“春暖花开”。甚至武夷山、天台山、雁荡山这样的美景，你也不觉得它美。这可能就是美学家所说的美的主观性与客观性的问题。

所以，能否感受到游观之乐？除了游观对象本身的美丑问题，更重要的还在于游观主体的心境问题。或者说，游观之乐主要在我而不在物。因此，我以为，因游观之人在心境上的差别，而使游观活动本身又有了境界上的区别和层次上的不同。

游的最高层次或最高境界，我认为，当是如东晋玄言诗人孙绰那样的“神游”。此人善游，也喜欢游，对游的精神有独到的理解。他写过一篇《游天台山赋》，是中国文学史上的名篇。按常情推测，他一定到过天台山，并且还可能不止一次，要不然写不出这样好的作品来。可是，你猜错了，孙绰根本就没有去过天台山，他是躺在床上“神游”天台山，把“神游”的经历记录下来，就是这篇名作《游天台山赋》。所以，孙绰的“神游”，不妨称作“卧游”。这真是中国文学史上破天荒的一件奇事，这种奇事，也只有放达风流的魏晋名士做得来。我认为，孙绰的“神游”或“卧游”是游的最高境界，或者说，是最高层次的游，因为他的游是无依靠无凭借的，几乎达到了庄子理想中的那种“逍遥游”的境界。你看他大门不出二门不迈，躺在床上胡思乱想，居然就完成了别人要费时费力费钱才能完成的事情，并且还达到了追求心灵自由的游的目的，这真是一位令人向往的高士啊！我是真佩服，还有点嫉妒，也因此而有点不怀好意地怀疑，怀疑他是不是在故意做秀，因为魏晋名士常常喜欢干这种做秀的事情。不过，即便是做秀，也让人佩服，因为他成功了，被传为文学史上的佳话，这种事情还真没几个人做得出来。依我看，孙绰的“卧游”，就是徐闾所说的那种“心无所累”的境界。只要“心无所累”，就能享受世间的无限快乐，就能游赏世间的良辰美景，甚至无须亲见一花一草、一丘一壑，凭想象就能享受游观之乐，这的确是游的最高境界。不好意思，一说到孙绰的“神游”，我就会不自觉地把它与贾宝玉的“意淫”联系起来。有人会认为，我把“神游”这种雅事与“意淫”这种俗事相比附，是不伦不类，甚至是有辱斯文。我得辩解一下，“神游”和“意淫”真是一回事。首先，我得声明，“意淫”不是俗事，“意淫”是情爱生活的最高境界，是极富诗性精神的情爱活动，它不仅比皮肤滥淫强，而且也比世俗社会男女之间的恋爱活动雅。其次，“神游”和“意淫”都是一种想象活动，或者说都是靠人的想象力来完成的。不接触美人就完成了自己的爱欲，就像不出门就实现了游的目的，多省事啊！所以，“意淫”是情爱的最高境界，犹如“神游”是游的最高层次。

游的第二个层次，是陶渊明那样的田园之游。陶渊明在平淡自然的田园中享受游观之乐，田园中的一花一草、一丘一壑皆足以动其游观之兴，他于游的对象并无选择，只要退出官场，只要走出房门，只要回归自然，只要走进田园，他的心就彻底放松了，完全自由了，就实现了游的目的，这正是徐闾所说的那种“心无所累”的境界。他之所以能达到这样的境界，用他自己的诗句说，就是“心远地自偏”。心无所累，什么东西看了都让人高兴，这确是一种比较高的境界。不过，与孙绰的“神游”相比，陶渊明的田园之游，似乎又低了一个层次。

陶渊明与孙绰的不同，关键在于出门与不出门的问题。孙绰足不出户，躺在床上便可享受游观之乐，这是绝对的“心无所累”，是最高层次的超脱。而陶渊明的田园之游，是要回归田园，走出家门，走向自然，才可享受游观之乐。因此，与孙绰的“心无所累”相比，就是等而下之的了。孙绰的游，是无选择无凭借的，因而是绝对的游。陶渊明的游，虽然无选择，但是有所凭借，即依托田园来游。说得更明白一点，孙绰与陶渊明之别，有点近似于朝隐与岩穴之隐的区别。在朝廷里，在都市里就可以当隐士，实现归隐的目的，显现归隐的精神，又何必跑到岩穴里去呢？又何必非要去终南山呢？跑到岩穴里做隐士，有做秀的嫌疑。跑到终南山去当隐士，那就让人怀疑你是真隐还是假隐了，因为人们总会怀疑你是在走终南捷径。所以，我觉得，与孙绰的游相比，陶渊明的游，当属于第二层次的游。不过，陶渊明有一件轶事，倒是可以与孙绰的“神游”相提并论，并且与“神游”的精神相通，那就是他手挥无弦琴而怡然自乐的那件雅事。你要抒情，你用音乐来抒情，你便弹起琴来，唱起歌来，你实现了抒情的目的，你高兴了，你放松了，你自由了。但是，你看看陶渊明，他也在弹琴，他怡然自得，搞得很陶醉，那份放松心情享受音乐的快感，绝对不次于“神游”。可是，仔细看看，他弹奏的琴，连弦都没有。你吃惊了吧，你肯定怀疑他是在做秀，其实我也怀疑。不过，我想，这才是真正的高人，我们俗人弹有弦琴取乐，高人却是弹无弦琴取乐；我们俗人到五 A 级景点游玩，高人是在床上游玩，这就是高人与俗人的区别，你不得不服，这就是名士风流。所以，我认为，陶渊明在田园之游这件事情上输给了孙绰，但是，手挥无弦琴这件事为他赢得了荣誉，找回了尊严，他终于还是可以与孙绰比肩并论、校长量短。

游的第三个层次，是谢灵运的山水之游。与陶渊明的田园之游相比，谢灵运的山水之游又低了一个层次。因为他的游，不仅是有凭借的，而且还是有选择的。平淡自然的田园风光，已经不足以动其游观之兴。他不喜欢田园，他喜欢的是佳山秀水，追求的是奇风异景。他的游，不是孙绰式的“神游”，也不是陶渊明那样的田园之游，而是探幽览胜，专门寻找佳山秀水、奇风异景来游。谢灵运的这种游，就是徐訚所说的那种“心有所累”的游。众所周知，谢灵运出身名门，自幼养尊处优，养成妄自尊大的性格，相当地自负，特别地骄傲。你瞧他说：“天下才气一石，曹子建独占八斗，我谢灵运独占一斗。”就知道他有多么的自负和骄傲了。可是，你谢灵运在东晋那些日子骄傲一下还可以，说几句狂话也没人敢跟你计较，因为你是名门望族，有背景，有底气，还有人罩着，那刘裕再有意见也不敢声张。但是，到了刘宋王朝，时过境迁，今非昔比，都从“康乐公”降为“康乐侯”了，已经是“旧时王谢”了，却不知道夹起尾巴做人，还“自谓才能宜参权要”，还那么张狂。最后终于摊得个谋反罪名，亡命广州。谢灵运的问题，就是不识时务，过于骄傲，过于自负，总是忘不了世俗的功利得失，带着这种心境去游，那就真是“心有所累”的游了。如果说陶渊明是用心去感悟田园，田园与陶渊明已经融为一体；那么谢灵运则是借山水以排解他心中的郁闷之情，山水与谢灵运之间始终隔着一段距离。陶渊明是深入其中，进入忘我的境界，是“不隔”；谢灵运是以旁观者的身份俯视山水，是以自我为中心，是“隔”。所以，从游的境界上看，谢灵运的山水之游，次于陶渊明的田园之游，是游的第三个层次。

游的第四个层次，是今人的“到此一游”。如果要用一个恰当的词语来描述今日大众的旅游，我思来想去，觉得也只有“到此一游”最为恰当。今人的“到此一游”，是典型的“心有所累”的游。如果说谢灵运的游，是借山水以化解其心中的苦闷，在探幽览胜中体味游观之乐。那么今人的旅游则是有着相当浓厚的功利目的，有着相当强烈的占有欲，普遍存在着“到此一游”的心态。试观当今全国各大景区，游人在景点上偷偷写下或刻下的那些“××× 到此一游”的话，可谓遍地皆有，触目皆是。其偷刻者的功利心和占有欲，是相当明显的。其实，搞旅游研究的学者，应当认真研究一下这种“到此一游”的心态，仔细分析一下偷刻者的心理，也是挺有意思的课题。我认为，今人的“到此一游”，除了在内心里企盼着凭借永恒的人文山水以达到“不朽”的目的外，还有相当明显的占有欲，以及向他人炫耀见多识广的虚荣心。古人好游，游必有记，游必有诗，中国文学史上众多的山水游记和山水诗，就是这种风尚的产物。今人之游，千言万语，感慨万端，但落实在文字上，就只剩下这句“××× 到此一游”。民间有句顺口溜描述今人的旅游：“上车睡觉，下车尿尿，到点拍照。”这个概括很形象，很符合实情。你想想，在这种状态下，何尝有古人那种写游记的心情。再说，游的最佳方式是独游，或者是三五好友结伴而游；而今人之游，或二三十人，或五六十人，或素不相识的若干人组成一个旅游团，接踵摩顶，匆匆忙忙，热闹非凡，何尝有古人那种畅游养神的雅兴。还有，我没有考察过古时之游是否有导游，而今日之游，一般都有导游导引。在导游的引导下，游客像被赶着的鸭子一样，沿着既定的线路匆匆而来，匆匆而去。一路上，导游给游客讲故事，说笑话，教游客做游戏，活像幼儿园里的阿姨与小朋友的关系。我总觉得，今日的旅游者，有明显的幼儿化和弱智化倾向，或者说，有被幼儿化和被弱智化的特征。所以，我认为，今日的“到此一游”，已经完全丧失了游的精神，是典型的“心有所累”的游。

四、气类而情属：山水与人性的关联

理论上的游，落实在具体层面，就有游戏、交游、游观等类型。无论是做游戏，还是与朋友交游，还是游观山水，其目的都是为了实现心灵的自由。比如，小孩子喜欢游戏，成人在闲暇时也做游戏，为什么呢？就是为了放松心情。又如，每个人都有几位知心朋友，都有三五知己，朋友的用途是什么？我以为就是为了实现倾诉的欲望。一句话，还是为了放松心情。在这里，我想追问一个问题：人需要游，可人们为什么尤其喜欢山水之游？或者说，山水与人性到底是一种什么样的关系？

讨论山水与人的关系，大家都应该记得孔子的那句名言："仁者乐山，知者乐水。"（《论语·雍也》）仁者为何乐山？因为仁者的性情与山相似，仁者的宽厚静穆，与山的稳重平静相近。智者之所以乐水，是因为水的流动清朗，与智者的清灵爽畅近似。所以，孔子这句名言隐含的深意，是说人与山水的气质类似。人似山，山也像人，人与山之间构成一种知音而相赏、气类而情属的亲密关系。所以，人爱看山，山也爱看人。因此，陶渊明说："采菊东篱下，悠然见南山。"（《饮酒》其五）说李白说："相看两不厌，只有敬亭山。"（《独坐敬亭山》）郑板桥说得更明白："非唯我爱竹石，即竹石亦爱我也。"（《题竹石》）

人和山水之间构成一种"气类而情属"的关系，把这种关系说得比较透彻的，是清代贵州文人何德峻。他在《东山志自序》这篇文章中，回答他为何要为东山作志时，说过一段有意味的话：

> 山在东而余居亦东，山号栖霞而余亦隐沦，此即其生而同者矣。且余好懒，而山多野趣。余好石，而山多奇石。余性既奇僻，而山多幽邃。

余性避轩冕，而为山冠盖驺从燕会之所不尝经。所谓气类而情属者，端在斯焉。

如果你觉得何德峻的这段话有点绕，还仅仅是个人感受的话。那么，且看杨龙友在《舟过虎丘，月生索余作兰卷，走笔图之，并题其后，诗中之画耶？画中之人耶？唯月生自参之》一诗中那两句极简明的诗句："性情等山理，静朴杳难穷。"诗题虽然有点哆嗦，但这两句诗却说得很在理，很有概括性。这两句诗大约有三层意义：其一，"性情等山理"，即人的性情和山之理是相通的，相等的，这相当于何德峻说的山水与人"气类而情属"的意思。其二，人和山都有静朴的特点。其三，人和山因为静朴，所以又有"杳难穷"的特点。说得再明白一点，就是李肇亨《山水移题辞》中说的那句话："天地间山川奇秀之气，原与吾精神相通。"讲得更明白一点，就是唐志契《绘事微言》中的那两句话："山性即我性，山情即我情。""水性即我性，水情即我情。"如果你还不明白，我就没办法了，只能说明你可能真的不能欣赏山水。

就其本质而言，山水与人皆有静朴真纯的特点。然而，山水的静朴真纯之性是亘古不变的，人在社会实践活动中则渐丧静朴之性，渐失真纯之情。或者说，山水与人在最初的本性上都是静朴真纯的，即上面讲的"性情等山理"。但是，在后来的实践活动中，山水之性始终没有变，人却因为受到各种外界因素的影响，各种世俗功利的诱惑，逐渐失去了本真之性和纯朴之情，沾染上各种习气，变得功利了，世俗了，急躁了。所以，人们热衷于山水之游，实际上是在追寻已经失去的静朴之性，在山水之游中重回本真状态。概括地说，就是找回自我，找回那个在世俗生活中迷失的自我。通过畅游山水，以求我心与彼境的合二为一，以彼境的天然本真洗涤我心的尘俗伪变，重回静朴本真的原初状态，进入“天人合一”的人生境界。所以，越其杰说：“习气山中尽。”（《山水移序》）杨龙友说：“山水生童心。”（《独坐有感因怀邢孟贞五首》其一）讲的就是这个道理。

明白这个道理，下面两个问题就好解释了。一个就是我上面说的，今人的“到此一游”已经完全丧失了游的精神。为什么这样说呢？因为我认为：游的精神就是自由精神，游观山水的目的，是为了找回静朴纯真的自然本性。你想想，今人的“到此一游”，在导游的引领下，沿着既定的路线，按照规定的时间，甚至穿戴同样的衣帽，你自由吗？在接踵摩顶、热闹喧哗的团队旅游中，你能够回到静朴本真的原初状态吗？一到景区，你就一门心思想找个地方偷偷刻下“×××到此一游”，你就匆匆忙忙地拍照摄影，你就在心里盘算着回去向亲友炫耀你这趟旅游又看到了什么什么，你的心情平静吗？我以为，这样的“到此一游”，非但不能让你的内心回到静朴本真的原初状态，反而会使你更加浮躁，更加功利。

第二个问题，是艺术家为什么特别喜欢游？为什么尤其喜欢游山玩水？的确，在人类的各种群体中，艺术家是最不安分守己的，他们在家里一天也待不住，最反感偏居一隅的生活，总想着出门远游，浪游天下。那位极有才气的散文家梁遇春说得对，古今中外的艺术家，全都带有流浪汉气味。他写过一篇名为《谈“流浪汉”》的文章（梁遇春《春醪集》，新世界出版社2005年版），写得很妙，很有趣。如果说哲学家思考哲学问题，要闭门沉思；学问家做学问，当如钱锺书说的那样，是在荒郊野岭中二三素心人的探讨。那么，艺术家则是在行走中创作，在创作中行走，诗人都应该是“行吟诗人”，就像我们今天的文学家提倡的“行走文学”那样。传统观念认为，要做一位真正的文人，除了“读万卷书”，还要“行万里路”，讲的也是这个意思。只“读万卷书”，大不了做个学问家，要在“读万卷书”后再去“行万里路”，或者在“行万里路”中“读万卷书”，才做得成文学家。历史上不乏终生足不出户、闭门沉思的哲学家和学问家，像董仲舒那样三年不窥园的例子，也不少见。但是，你的确找不到一位艺术家是足不出户，是闭门造车。古今中外，概莫能外。

文人好游，诗皆游子吟，游是古今中外文人的一种基本生存状态。究其原因，大概是因为游的精神与艺术精神是相通的，艺术精神的产生需要游的精神的激发。稍稍读过一点文艺理论书籍的人都知道：只有思想自由、人格独立、精神超越的人，才具备艺术精神和审美情趣，才能创造美和欣赏美。艺术精神，实际上就是自由精神。在西方美学史上，自康德、席勒以来，至于黑格尔、马克思，都有这种一脉相承的观点。如康德说过：“人只是通过自由，也就是通过以理性作为基础的意志活动，所产生的成品，才是艺术。”艺术是自由的产品，艺术与手工艺的区别在于：艺术是自由的，手工艺是强制性的，是“雇佣的艺术”；艺术是一种游戏，手工艺则是一种劳动；艺术本身是令人愉快的，手工艺则是单调乏味的一种苦工（康德《判断力批判》上卷第43页，商务印书馆1985年版）。概括地说，艺术创作是自由的，手工艺制作是不自由的。席勒对这个观点做了进一步发挥，提出了著名的“游戏说”。他说：“正是因为通过美，人们才可以走到自由。”（席勒《审美教育书简》第2封信，译林出版社2009年版）实际上，这句话也可以反过来说，正因为有了自由，人才能创造美、鉴赏美。“审美的人”就是自由的人，就是游戏的人。“只有当人是充分意义的人的时候，他才游戏；并且只有当他游戏的时候，他才是完全的人”（席勒《审美教育书简》第15封信，译林出版社2009年版）。也就是说，艺术起源于游戏，艺术就是游戏，艺术创作需要游戏精神，游戏精神就是艺术精神。黑格尔认为，在近代市民社会，“依其一般情况来说，是对艺术不利的”，因为在这个时期，人类不能从事“既自由又欢快的游戏活动”。因此，他断言：近代市民社会必然导致“艺术的终结”（黑格尔《美学》第一卷，商务印书馆1979年版）。当然，黑格尔的预言没有完全实现，到了今天，艺术还在好好地发展，并没有“终结”。但是，他的基本观点与康德、席勒是一脉相承的。马克思在《经济学—哲学手稿》中也说过：“资本主义生产对于某些精神生产部门是敌对的，例如，对于艺术和诗歌就是如此。”（《马克思恩格斯论艺术》第1卷第273页，人民文学出版社1959年版）他提出了两个核心概念，即“劳动的异化”和“人的异化”。“劳动的异化”是指劳动变成了不愉快的苦工，失去了游戏精神。“劳动的异化”导致了“人的异化”，使人失去了自由。人不再游戏，因而也就不能很好地从事艺术生产和艺术欣赏。

总之，艺术精神就是自由精神，游戏的本质是自由，艺术精神就是游戏精神。有时候，我是发自内心地佩服我们的老祖宗，他们有着很强的由博返约、言简意赅的概括能力。西方学者絮絮叨叨地讲了几代人都还总是担心讲不清楚的问题，被我们那位两千五百多年前的至圣先师孔子，一句话就讲透了，讲明白了，这句话就是“游于艺”。真了不起，真是“一句抵万句”。孔子那段话是这样讲的：“志于道，据于德，依于仁，游于艺。”（《论语·述而》）什么“道”啊，“德”啊，“仁”啊，都是抽象的思想原则，理解或体悟它们，就要进行一本正经的理性活动。而对于“艺”呢？则要持“游”的态度。何谓“游”？朱熹解释说：“游者，玩物适情之谓。”（《论语集注》）同样是言简意赅，对“物”采取“玩”的态度，就能使你的“情”感觉到“适”，说白了，就是做游戏。所以，孔子说的“游于艺”，就是要求对艺术采取游戏的态度，艺术精神就是游戏精神。这与我们在前面提到的那几位西方哲学大师的看法，完全一致。所以，艺术精神、自由精神和游的精神可以互通互释，这是中西方哲人的共同观点。

接下来，我们讨论文人的山水之游。游是古今文人的一种基本生存状态，游山玩水是文人生活中不可或缺的一个重要环节。我以为，文人与山水的关系，就像才子与佳人的关系：

> 不悦佳人者决非才子，然则不悦才子者亦决非佳人。盖佳人所悦者始为才子，才子所悦者始为佳人。（何海鸣《求幸福斋随笔》第8～9页，上海书店出版社1997年版）

民国怪才何海鸣的这几句话说得很在理。其实，文人与山水之间，也是这样，是一种相须相待的关系，山水之美有待于文人去发现和张扬，文人之诗思文情有待于山水的陶冶和涵孕。自古以来，文人的创作，大多皆有赖于山水之助，所谓“无穷冰雪句，都赖山水成”是也（《山水移序》，《黔诗纪略》卷十九）。所以，越其杰说：

> 夫诗之为道，不苦心不深，不积学不厚，不辟智借慧于山水不灵。太史公足迹半天下，故其文日益宏肆；杜子美诗，自入蜀后愈觉古淡渊永，则山水之功大矣。（《山水移序》，《黔诗纪略》卷十九）

宋元以来的学者谈论文学，大多认为司马迁、张说、柳宗元的文章，杜甫的诗歌，都得力于“山水之功”，得自于“山水之助”。“读万卷书”，涵咏古人名篇佳作，故其诗文厚重典雅，有“气味”。“行万里路”，泛游天下佳山秀水，故其诗文清秀隽丽，有“灵气”。如果“胸中无三万卷书，眼前无天下奇山水，未必能文，纵文，亦儿女语耳”（《山水移序》）。

登山临水，触发道机，引发灵感，开豁心志，对于创作是大有裨益的。“习气山中尽，灵机触处多”（《山水移序》），说的就是这个道理。我在前面讲过，自然山水的陶染，可以培育人的本真之情和静朴之性。对于诗人来说，拥有本真之情和静朴之性，是进行诗歌创作的基本条件。诗人的创作，需要有静朴之性，此即《文心雕龙》所谓“陶钧文思，贵在虚静”是也。诗人的创作，也需要有本真之情，此即中外文学理论家常说的“童心即诗心”。置身于凡俗世界中的诗人，为找回本真之情和静朴之性，登山临水，以山水养本真，以自然育静朴，进而获得创作之心胸与心境，这就是艺术创作中所谓的得“山水之助”的真正意义。

第六讲 中国人的逐鹿策略

——兼论政治中心的转移与经济中心的变迁

内容提要： 逐鹿天下往往是出奇制胜，似无常道可用。但是，在同一片土地上，在同一种文化背景下打天下，还是有规律可循的。本讲讨论中国人的逐鹿策略，探讨古代中国人逐鹿天下的路径及其阶段性特征。在古代中国，“王者必即土中”，中原实历代帝王为治之地，中原地理正统是论证政权合法性的重要依据之一。中国古代的逐鹿策略，以唐宋之际为界，有明显的阶段性特征。唐宋之际以前，得关中而定天下，形成以长安、洛阳两点一线为中心的东西向的政治经济文化轴心带。唐宋之际以后，由于经济中心的南移，政治中心呈现出自长安而洛阳而开封而北京的自西向东的转移格局，形成“游兵江南”以占据经济中心然后伺机北上恢复中原的逐鹿策略，形成以北京、南京两点一线为中心的南北向的政治经济文化轴心带。

本人一介书生，手无寸铁，既没当过兵，也没打过仗，既不是军事学出身，也没有专攻政治学，居然来探讨逐鹿策略，讨论政治军事，让大家见笑了。所以首先得请诸位原谅，就权当是书生之见吧！

所谓逐鹿策略，是指在国家分裂之际，军事集团夺取政权的方针策略。大体而言，在中国历史上，逐鹿的基本方略是入据中原以称霸天下，所以，人们称争夺天下的战争为“逐鹿中原”。但是，由于经济因素的影响，中国古代的逐鹿策略在“逐鹿中原”的大原则下，又呈现出前后两个不同的阶段性特点。前期，即唐代以前，经济中心在关东，在那时，逐鹿天下的关键在关中，所以有“得关中而定天下”和“速据关中以成帝业”的说法。后期，即唐代以后，经济中心由关东转移到江淮，逐鹿策略呈现出迂回发展的特点，即先“游兵江南”以获取经济中心，然后再伺机北上占据中原，进而统一天下。

一、王者必即土中：中原实历代帝王为治之地

讨论古代中国人的逐鹿策略，我得从古代中国都城地理格局的变迁和经济中心的转移问题说起。因为，在一定程度上，可以说是都城地理格局和经济中心地区，决定着逐鹿策略；是都城地理格局的变迁和经济中心的转移，决定着逐鹿策略的转变。

先说古代中国的都城地理格局问题。

王国维在《殷周制度论》里说：“都邑者，政治与文化之标征也。”都城是国家政治权力机构的所在地，也是国家政治、经济、文化之中心，因此，它必须建立在有利于政治管理和权力推行的地区。古代中国人在都城应当建立在什么地区的问题上，一开始就有一种“王者必即土中”的观念，即都城应该建立在天下之中心的观念。都城为何必须建立在天下之中心呢？董仲舒解释说：

> 天始废始施，地必待中，是以三代必居中国，法天奉本，执端要以

统天下、朝诸侯也。（《春秋繁露·三代改制质文篇》）

班固也说：

王者必即土中者何？所以均教道，平往来，使善易以闻，为恶易以闻，明当惧慎，损于善恶。《尚书》曰：王来绍上帝，自服于土中，圣人承天而制作。（《白虎通德论》卷三《京师》）

综合董仲舒和班固的意见，可知古代君王“地必待中”，古代“王者必即土中”，其原因主要有两个方面：其一，是为了“均教道，平往来”，便于王者“执端要以统天下、朝诸侯”。其二，是“圣人承天而制作”，是圣人在天体体验的启示下形成的以“法天奉本”为依据的地理观念。

在“王者必即土中”观念的影响下，自周、秦以来，在中国人的政治正统论中，就形成了一个非常重要的观念，即中原地理正统观，把以中原为中心的黄河中下游地区视作“土中”，认为中原地区是理想的为治之地，据有中原是决定一个政权有无合法性的主要依据之一。因此，历代的逐鹿者，无论起自何方，都要以入主中原为目的，争夺皇位的战争，也就被称为“逐鹿中原”，中原地区因此而获得了“王里”“帝宅”或“帝王州”的美称。

古代中国人把以中原为中心的黄河中下游地区视作“土中”，其都城也就应该建立在这个地区。从理论层面上讲，应当如此。但是，在具体史实层面上，中国古代的都城地理格局，却呈现出从长安而洛阳而开封而北京的自西向东的转移趋势，这是由客观的外部原因特别是经济因素所决定的。显示出这种都城地理格局之转移气象的时间，是在唐代。唐代以前，以长安、洛阳两点一线为中心的中原地区，是历代王朝的都城所在地；唐代以后，随着经济中心的南迁，政治中心即都城所在地，也相应地呈现出由开封而北京的东移趋势。

在古代中国人的心目中，以中原为中心的黄河中下游地区是“土中”，是天下的中心。根据“王者必即土中”的观念，中原是历代王朝理想的为治之地。那么，这种以中原为“土中”的观念，又是如何确立起来的呢？我认为，这主要有以下几个方面的原因：

第一，中华先民世世代代生于斯，长于斯，积累了丰富的生产经验，创造了灿烂辉煌的文化，并以此为中心建立起国家，以此为基地向周边扩张。因此，这个基地，理所当然地成为当时的地理中心，顺理成章地成为当时的政治中心。《史记·封禅书》说：“昔三代之居，皆在河洛之间。”夏、商、周三代的政治、军事和经济活动，都是围绕黄河中下游地区展开的，并在西周初年形成了以长安、洛阳两点一线为中心的政治、经济、文化轴心带。他们以此为中心建立国家，这一地区也因此而获得了“土中”的意义，并且被命名为“中国”。所以，石介说：

> 天处乎上，地处乎下，居天地之中者曰中国，居天地之偏者曰四夷。四夷外也，中国内也，天地为之乎内外，所以限也。（《中国论》）

根据“王者必即土中”的观念，都城就应该建立在这里。因此，在春秋、战国时期，诸侯争霸皆以入主中原为目的，无论是南方的楚国，还是西方的秦国，都有举兵中原、问鼎周室的大志。中原地理的正统中心地位，于此基本确立。

第二，中原地区能够成为古代中国的政治中心，除了上面讲的历史积淀因素外，还有经济、军事、文化、政治等多方面的原因，其中经济原因是最主要的。选择一个地区作为定居点的起码条件，是看这块土地能否为居住者提供必要的物质生活资料。古代中国自西周以来，就进入了农业社会，农业成为华夏族人赖以生存的主要产业。所以，政治中心就应该建立在适合农业生产的地区。就气候条件和土壤结构而言，中原地区至少在宋代以前，是最适合农业耕作的地区。根据竺可桢的研究，中原地区在殷、周、汉、唐时期，气温比现在高1～2℃，气候温和，降水充沛，适合从事农业耕作（竺可桢《中国近五千年来气候变迁的初步研究》，《考古学报》1972年第1期）。再说，中原地区是黄土冲积平原，土壤结构疏松，易于清除植被和开垦种植，在原始植被保存较好的情况下，冲积土中的养分还是比较充分的，水土流失也不像现在那样严重，这正是当时的自然环境中，条件最优越、最适合农耕的地区。而那时的长江中下游地区，气候炎热，雨水过多，地势低洼，疾疫流行，有“江南卑湿，丈夫早夭”之说（《史记·屈原贾生列传》）。至少在晋室南渡以前，江南地区的确是让中原人望而生畏的险恶之地。所以，贾谊被贬为长沙王太傅，即有“寿不得长”的感慨。还有的王侯宁愿拿在今湖南南部的封邑，换取在河南南阳盆地中较小的封邑，以便回到中原地区去。直到东汉时，分封在今皖南芜湖的侯王，还要想方设法往北方调（葛剑雄《统一与分裂——中国历史的启示》第105页，生活·读书·新知三联书店1994年版）。长江中下游地区在魏晋以前之不适宜人生存，于此可见一斑。这种经济方面的原因，决定了古代中国的政治中心在北方而不在南方。

第三，从军事方面看。在古代中国，北方外患一直是中原王朝最头疼的事情，汉初的匈奴、唐初的突厥尤其突出，其他如西晋末年的“五胡乱华”，辽、金之与南宋对峙，以及元、清的入主中原，更让时人痛心疾首。甚至在近代史上，日本入侵中国，也主要是从东北进来的。

在古代中国，北方游牧民族的生产方式和生存环境，决定他们对中原农业民族有很大的依赖性，当其生存环境不利于牧业生产时，为了生存的需要，他们不得不南下进攻中原农业民族，以获取必要的生活资料。著名科学家竺可桢的气候变迁研究表明：我国古代气候变化的总体趋势是逐渐变冷的，中间经历过几次大的变动，温暖期为殷商、秦汉、隋唐、元朝，寒冷期为周初、东汉至六朝、南宋、明末清初，其他时期则处于温暖期和寒冷期的过渡阶段（竺可桢《中国近五千年来气候变迁的初步研究》，《考古学报》1972年第1期）。很明显，温暖期如汉、唐，皆是华夏盛世，大体上能够主动控制北方的局面；寒冷期如六朝、南宋，均为华夏衰世，无力控制北方局面，只能偏安江南。推究其原因，我以为，是因为气候寒冷，北方牧场被冰雪封冻，无法从事牧业生产。这时，为了生存的需要，他们频繁南侵，甚至入主中原。所以，在寒冷期，就是北方外患最严重的时期，如六朝有“五胡乱华”，南宋有辽金对峙，明清之际有满族入侵。因此，可以说，在中国古代，北方外患是必然的，不是偶然的。

对于必然发生的北方外患，如果打算偏安江南，企图以长江为天险，来阻隔北方异族的入侵，这是基本不可能的，南朝和南宋的败亡可以证明这一点。因为长江在湖北宜昌西出南津关后，就进入了平原，除了湖北田家镇、安徽东西梁山等个别地段外，整个长江中下游再也没有两山夹峙的河道，南岸能用作防御阵地的山岭也屈指可数。据说，长江河道的地理形势，早在秦汉时期就和今天大致相同。在没有现代化的军事设施和通讯、交通工具的情况下，要防守长达数千里而又几乎没有防御阵地的长江防线，绝无可能（葛剑雄《天堑何曾限南北》，《读书》1995年第8期）。即使有美国提供的现代化装备的国民党军队，也没有能够守住长江防线。再说，依据长江天险偏安江南，不但不能阻隔敌人，反而给予敌人占领中原后的喘息机会，待其兵强马壮之后，偏安政权也就必然会败亡在敌人的铁蹄之下。因此，英明之举是固守中原，采取主动策略以迎击之。还有一个值得特别注意的情况是，中国历史上的南北战争，无一例外地，都是以南方的失败而告终，如南北朝时期，是北方的隋朝灭了南方的陈朝；宋元时期，是北方蒙古人灭了南方的宋朝；国共战争时期，也是北方的共产党赶走了南方的国民党。这个情况，足以说明以南方作为政治中心的政权，有先天的宿命。总之，中原地理的军事优势和偏安政权灭亡的历史教训，也说明了古代中国的政治中心应在北方而不在南方。

中原地区因其政治、文化、经济和军事方面的条件，而被古代帝王视为理想的为治之地。历代逐鹿者，无论起自何方，都以入主中原为目的。据有中原，是决定一个政权有无合法性的主要依据之一。所以，在中国历史上，中原地区成为逐鹿战争最敏感的地区，称争夺皇权的斗争为“逐鹿中原”。中原地区也因此而有“帝宅”“王里”或“帝王州”之美称。

例如，在东晋南北朝时期，中原一带就是一个南北双方都极为关注的敏感地区，北魏自皇始元年（396）至孝文帝迁都洛阳的近百年间，对山东（崤山以东）的冀、定、相三州特别重视，对山东三州的民众也特加笼络，北魏统治者在这个时候就已经很清楚地认识到以洛阳为中心的山东地理的重要性。同时，南方统治者对北方王朝着力经营三州，也深感不安。据史书记载：张济于东晋安帝时出使东晋，回去后，向拓跋珪汇报他与南人杨佺期之间的对话：“佺期又曰：魏帝为欲久都平城，将复迁乎？答：非所知也。佺期闻朝廷不都山东，貌有喜色。”由此可见，南方王朝对于拓跋氏占据冀、定、相三州，大有戒心。所以，北魏政治中心暂不南移，被认为不至立即构成威胁，这说明南北双方都认识到这一地区的重要性（周一良《魏晋南北朝史札记·〈魏书〉札记》之“中山邺信都三城”条，中华书局1985年版）。到孝文帝时，迁都洛阳的举措在北魏统治集团内部引起了激烈的争论，其中，赞同迁都的人，就已经非常明确地认识到中原地理与政治正统之间的密切关系。如北魏孝文帝说：

> 国家兴自北土，徙居平城，虽富有四海，文轨未一。此间用武之地，非可文治，移风易俗，信为甚难。崤函帝宅，河洛王里。因兹大举，光宅中原。（《魏书·任城王云传》附《子澄传》）

孝文帝不仅认识到崤函是“帝宅”，河洛是“王里”，而且更为重要的是，他已经清楚地意识到要制御华夏，统一中国，就必须占据中原，因为只有如此，才能兴礼致化，其政权才具有合法性。在中国历史上，少数族人有这种卓越识见，并且还能够付诸实现者，孝文帝当是第一人。此外，北魏中书监高闾对这个问题也有高明见解，他说：“臣闻居尊据极，允允明命者，莫不以中原为正统，神州为帝宅。”（《魏书·礼志》）远居北地的异族统治集团，尚且能够认识到中原地理的重要性，至于世代定居中原的华夏族人，就更是不言自明的问题。

所以，在中国历史上，虽有不得已而偏居江南的王朝，如南朝和南宋，但是，恢复中原依然是当时仁人志士的共同志向。如东晋南朝时期，北伐以恢复中原为民心所向，统治阶级中有政治抱负的人，固然皆以恢复中原为首要职责，如祖逖、殷浩；军事集团中有政治野心的人，也要借北伐以树立威信，为争夺皇位做准备，如桓温之灭成汉、破前秦，刘裕之灭南燕、破后秦、入关中。甚至可以说，南朝士大夫对于改朝换代、政权易主、皇室嬗代的兴趣不大，甚至无动于衷，而对于恢复中原，则是非常重视（周一良《魏晋南北朝史札记·〈南齐书〉札记》之“东晋以后政权嬗代特征”条，中华书局1985年版）。至于南宋人恢复中原的愿望，文学史上流传下来的那些带有血泪斑斑的诗词，便是最好的证据。如陆游《示儿》诗说：“死去原知万事空，但悲不见九州同。王师北定中原日，家祭无忘告乃翁。”他的《关山月》诗也说：“中原干戈古亦闻，岂有逆胡传子孙。遗民忍死望恢复，几处今宵垂泪痕。”其《书愤》诗说：“早岁那知世事艰，中原北望气如山。”辛弃疾《菩萨蛮·书江西造口壁》说：“西北望长安，可怜无数山。”刘克庄《玉楼春·戏林推》说：“男儿西北有神州，莫滴水西桥畔泪。”像这种表达恢复中原愿望的如泣如诉的诗句，在南宋文人别集中俯拾即是，不胜枚举。

总之，“中原实历代帝王为治之地”（《元文类》卷十三许衡《时务五事》），纵观中国历史，实在找不到哪一个王朝，是主动愿意把都城建在南方的，即使有建都南方的王朝，如南朝和南宋，那也是不得已而为之，并且恢复中原仍然是当时的人心所向。如果说真有主动建都南方的政权，算来算去，那就只有国民党政权了。有时候我在想，如果国民党政权把都城建在北京呢？历史会不会被改写？老实说，这真的还不好预测。不过，可以断言的是，它的灭亡可能不会这样迅速。还有，毛泽东领导的中国工农红军，经过二万五千里长征，最后为什么要选择陕北的延安作为革命根据地？我猜想，这一定是有原因的，除了当时革命形势的原因外，还有一点，就是精通中国历史的毛泽东，选择这个中原腹心之地作为打天下的根据地，一定还有另外一个重要原因，那就是“得关中而定天下”。这虽然是猜测，但是，我自信还是有一点道理的。

二、得关中而定天下：中原地理与帝业成败之关系

中原地理的军事优势和经济条件，决定了它与帝业成败有着至为密切的关系。其中最能说明这个问题的，是楚汉时期的关中之争。

关中之争是楚汉相争的焦点，楚汉时期的逐鹿者对于关中地理的重要性，都有明确的认识。就连智商不是太高的楚怀王，也深知这一点，因此，他才对刘邦、项羽有"先入关者王之"的协议。项羽有先入中关中的优势，而没有把握好；有占据关中称王天下的条件，却又主动放弃，这实在是因为他没有政治眼光，缺乏政治策略。刘邦没有先入关中的优势，也没有据关称王的实力，但是，他勉力经营，最终成功，这也正体现了作为政治家的刘邦的深谋远虑。考诸史乘，刘、项关中之争，最值得注意的地方有以下三点：

第一，秦二世三年（前208）十二月，项羽破秦军，解赵国巨鹿之围，军威大振，诸侯将帅皆尽为之用，随他支配调遣。这个时候，刘邦还在栗（今河南夏邑县）。此时，项羽有入关称王的优势，但他没有利用好这个优势，反而徘徊在河南、新立间，再与章邯作战，牵制秦军主力，给刘邦留下了一个入关的机会和创造了入关的条件。因为如果没有项羽牵制秦军的主力部队，刘邦就不可能入关。所以，历代史论家对此耿耿于怀，纷纷为项羽叹息。如北宋苏洵著《项籍》一文，感慨说：

> 方籍之渡河，沛公始整兵向关，籍于此时，若急引军趋秦，及其锋而用之，可以据咸阳，制天下。不知出此，而区区与秦将争一旦之命，既全巨鹿，而犹徘徊河南、新安间，至函谷，则沛公入咸阳数月矣。夫秦人既已安沛公而仇籍，则其势不得强而臣。故籍虽迁沛公汉中而卒都彭城，使沛公得还定三秦，则天下之势在汉不在楚。楚虽百战百胜，尚

何益哉？（《唐宋八大家文钞》卷一百十三《老泉文钞七》）

明人张燧感叹说：

> 邯以为楚地诸将不足复虑，乃渡河北击赵。邯既北而秦国内空，至是始皇可击，而高帝乘之，此正兵法所谓避实而击虚也。怀王之遣沛公固当，然非邯、羽相持于河北，沛公亦不能成功。（《千百眼年》卷四《高帝入关有天幸》）

项羽未入关中的时候，刘邦已经占据关中，形成得天下之势。这是项羽第一次失去入关称王的优势。

第二，项羽拥兵入关，当时，刘邦仅有区区十万军队，而项羽则是四十万大军，刘、项兵力之悬殊，如同霄壤。项羽主命分王，自封西楚霸王，成为名义上的关中主人。然而，这个名义上的关中最高统治者，却不能成为关中的真正主人，关中的真正主人是刘邦而不是项羽。因为老谋深算的刘邦入关后，立即废除秦朝的苛政，为收买民心，与老百姓约法三章，很快就得到了关中民众的拥戴。他保全子婴性命，也得到秦室遗民的支持。项羽坑杀秦军二十余万，关中父老惊慌恐惧，胆战心惊。入关后，又放火烧阿房宫，荼毒遗民，关中父老更加归顺刘邦而仇视项羽。假如项羽不坑杀秦朝在巨鹿的降兵，入关后又能够善待关中父老，争取关中民众的支持，那他日后据有关中以图霸业，也不是什么难事。这是项羽第二次失去据关称王的优势。

第三，项羽的暴虐，固然得不到关中民众的拥戴，然而，假如他能稳守关中，其败亡也不会如此之快。据史载：人或说项羽曰："关中阻山河，四塞，地肥饶，可都以霸。"项羽怀思欲东归，曰："富贵不归故乡，如衣锦夜行，谁知之者。"说者曰："人言楚人沐猴而冠耳，果然。”项羽闻之，烹说者（《史记·项羽本纪》）。项羽很残忍，竟然把那位好心劝说他留在关中的人，抓来活活蒸死了。大家熟知的“衣锦还乡”这个成语就出自这里。假使他能听“说者”的话，固守关中，楚之败亡也未可知，至少不会如此之快。正因为项羽拘泥于衣锦还乡的狭隘见解，“背关怀楚”，放弃关中而定都彭城，把已经占据的政治中心，拱手让给了刘邦。这是项羽第三次失去占据关中以成帝业的机会。

其实，项羽也深知关中地理与帝业成败的关系，所以，当他离开关中时，便分封秦朝的三位降将，以章邯为雍王，以司马欣为塞王，以董翳为翟王，分王三秦，目的就是为了阻挡刘邦回到关中。此前，老奸巨猾的刘邦离开关中，去汉中上任时，便听从张良的建议，焚烧掉去往关中的栈道和桥梁。他用这种方式向项羽表示，自己已经安于去汉中做汉王的职位。但是，项羽还是不相信他，也不太放心。所以，在他离开关中时，还特意分封三王来防备他。但是，可惜的是，项羽虽有防人之心，却又用人不当。因为这三位秦朝降将，此时已是光杆司令，他们的兵在巨鹿一战中，被项羽整体坑杀了。所以，三位降将守不住关中，三位降将从心底里也不愿为项羽守关中。周振甫先生说得对：

> 项羽坑杀秦降卒二十余万人，则三个秦降将，成为无兵之空王，又以三降将所率二十余万秦兵，皆为项羽坑杀，为秦民所怨毒，怎么能抗汉军入主三秦？于是项羽就失去了取天下之势了。(周振甫《论项羽本纪》，《文学遗产》1997 年第 1 期)

项羽企图用这三位降将来抵御刘邦返回关中，自己却回到家乡，享受衣锦还乡的荣誉去了。三位降将守不住关中，关中士卒也不会为项羽卖命守关中。项羽的败亡，于此已基本成为定局。意大利政治哲学家马基雅维利在《君王论》中就说过，君王如果想永久地占有一块新领地，最有效的办法是：

> 新君王应该亲自在那块领地安营扎寨，君王住在那里，臣民们在瓜田李下过着安康生活，出乱子的可能性就小。即使出了乱子，君王亲自督阵镇乱，所有的补救措施都能及时到位。假使君王尚住在老王宫骄奢淫逸，一旦新征服来的土地上出现叛乱事件，那末势必造成远水救不了近火，当出乱子的消息传入他耳朵时，一切都为时晚矣。（马基雅维利《君王论》第三章，徐继业译，光明日报出版社 1996 年版）

况且，关中又不仅仅是一块新领地，而是当时全国的政治中心，是兵家必争的四塞金汤之地，与帝业成败的关系特别密切，在那里安营扎寨就更是必要。所以，项羽在天下成败未可知的时候，“背关怀楚”，最为失策。

与项羽相反，刘邦一开始就紧紧盯住关中，以入关称王为政治目标。所以，最初他趁项羽在与秦军的主力部队作战时，就偷偷地进了关中。他一进关中，就废除秦朝的苛法，与老百姓约法三章，急着收买民心，为日后与项羽争夺天下打基础，建立根据地。后来，当他还据关中后，他本人带兵在外南征北战，却委派自己最亲密的战友萧何固守关中，把关中作为创帝业、打天下的根据地。事实上，刘邦就是靠关中这块根据地战胜项羽，打得天下。他在前线作战时，缺少兵马，是萧何在关中为他招兵买马；缺乏粮草时，也是萧何在关中为他准备粮草。所以，我很赞同朱东润先生的说法：

> 故项氏之兴，以全楚率天下而亡秦，及其败也，汉高以全秦之众，

抚有九江、淮南、衡山、豫章之地，重之以诸侯之师，而羽以楚之半当之，罢疲困顿，其不能济，势也。（朱东润《史记考索》之《楚人建制考》，华东师范大学出版社 1996 年版）

刘邦统一天下后，对诸将排座次，论功行赏，大家都认为曹参的功劳最大，宜居首位，因为他一直追随刘邦，身经百战，“身被七十创”。这种观点，立即遭到鄂君的反对，他说：

群臣议皆误。夫曹参虽有野战略地之功，此特一时之事。夫上与楚相距五岁，常失军亡众，逃身遁者数矣。然萧何常从关中遣军补其处，非上所诏令召，而数万众会上之乏绝者数矣。夫汉与楚相守荥阳数年，军无见粮，萧何转漕关中，给食不乏。陛下虽数亡山东，萧何常全关中以待陛下，此万世之功也。今虽亡曹参等百数，何缺于汉？汉得之不必待以全。奈何欲以一旦之功而加万世之功哉！萧何第一，曹参次之。（《史记·萧相国世家》）

在鄂君看来，曹参之功是“一时之功”，是“一旦之功”，而萧何之功是“万世之功”，萧何应当居曹参之上。刘邦支持鄂君的意见，以为萧何功劳最大，居首位，于是任命他为汉朝首任相国，这正是看重萧何固守关中的功劳。另外，还有一件事情，也可以看出关中地理在楚汉战争期间的重要性。就是刘邦在外与项羽征战时，有一游说之士跑到关中，劝说萧何据关中而自立，摆脱刘邦，自立天下，认为只要萧何敢这样做，天下三分之势立即形成，萧何可以据关中而战胜刘邦、项羽，称霸天下。萧何没有采纳这位游士的意见，并不是因为这个意见不可行，主要还是由于萧何对刘邦的忠心。假使萧何采纳了游士的意见，秦汉之间的历史就当是另外一种局面。

总之，关中是帝业成败的关键，也是楚汉相争的焦点。项羽有三次据关而王的机会，都没有抓住。最让后人唏嘘感慨的地方，就是他拘泥于衣锦还乡的陋见，背关怀楚，移都彭城，酿成千古遗恨。所以，我认为：项羽之败在失关中，刘邦之胜在得关中。

“崤函帝宅，河洛王里”，关中地理与帝业成败关系密切，从上面我们对刘邦、项羽楚汉相争成败得失的分析中，就很明白地看到这种关系。秦汉以后，“得关中而定天下”，仍然是逐鹿中原的军事集团必须牢记的逐鹿策略。即便是因为种种原因，不得不把都城建在洛阳或者其他地方的王朝，也必须得牢牢控制住关中，否则，你的天下就坐不稳。所以，西晋虽然建都洛阳，而特重关中。后赵“石函之制，非亲亲不得都关中”（《晋书·河间王颙传》）。还有，隋唐政权的转移，也与关中地理大有关系，陈寅恪先生曾经就说过：“夫隋炀帝远游江左，所以卒家丧邦；唐高祖速据关中，所以独成帝业。”（陈寅恪《唐代政治史略稿》第 51 页，上海古籍出版社 1997 年版）隋炀帝贪慕江南的繁华富庶，离开关中，远游江左，数年不归。在唐太宗李世民的建议下，高祖李渊起兵占据关中，“得关中而定天下”，隋炀帝就回不来了，历史也就在这里改朝换代了。再说，唐高祖武德年间，势力特别强大的突厥，举兵南下，直逼长安，高祖李渊无计可施，打算迁都南方，以回避突厥的锋芒，还委派宇文士及视察山南可居之地，寻找新的都城地址。这时，深知关中地理与帝业成败关系的唐太宗站出来，坚决反对，痛哭血谏，迁都以回避突厥锋芒的计划，才又放弃。如果迁都成行，唐代的历史可能就是另外一种面目。

又如，在初唐，武则天篡唐立周，徐敬业在江南首举义旗，讨伐武则天。这次讨伐战争，虽然很得天下人心，但最后却是以失败告终。我们认为，徐敬业失败的根本原因，就在于他不懂“得关中而定天下”

的策略，他过于在乎“金陵王气”，不愿意发兵渡淮，以夺取关中。当时，魏思温就劝告徐敬业说：“明公以匡扶为辞，宜帅大众鼓行而进，直抵洛阳，则天下知公志在勤王，四面响应矣。”但是，这个正确意见遭到了薛仲璋的反对，他认为：“金陵有王气，且大江天险，足以为固，不如先取常润，为定霸之基，然后北向以图中原，进无不利，退有所归，此良策也。”魏思温深明中原地理与帝业成败的关系，懂得“得关中而定天下”的道理，所以，极力主张北上逐鹿中原。薛仲璋所谓的“良策”，在五代以后或许可能成功，在唐初实属无策。徐敬业放弃魏思温的策略，而采纳薛仲璋的所谓“良策”，他最终的失败，也是预料中事。所以，魏思温叹息曰：“敬业不并力渡淮，收山东之众以入洛阳，败在眼中矣。”（《资治通鉴》卷二〇三“光宅元年”）

总之，中原地理与帝业成败的关系，在唐代以前，大体如此。到唐末宋初，随着经济中心由北向南的转移，这种“得关中而定天下”的策略，才略有改变，但是也没有能够从根本上动摇逐鹿中原以定天下的大体方略。

三、崤函帝宅，河洛王里：以长安为首都、洛阳为陪都的两都制格局

“中原实历代帝王为治之地”，以长安、洛阳两点一线为中心的中原地区，是古代中国的政治中心、经济中心和文化中心，统一国家的政权必须建立在这里。中原地理与帝业成败的关系非常密切，据有中原甚至是决定一个政权的合法性和正统性的主要依据。但是，需要说明的是，以长安为中心的关中和以洛阳为中心的关东，虽然同在中原地区，然而，因为地理形势上的差别，导致它们在政治、经济和军

事上又有不同的地位和作用。

比如，在汉朝初年，那位本名娄敬，因为在高祖刘邦遭遇困境时，屡献良策（如建议刘邦与匈奴和亲，以缓解匈奴大兵压境之危机；建议刘邦迁移山东六国贵族于京师，以避免他们东山再起），而获赐刘姓，故名刘敬的游说之士，在劝说刘邦建都长安时，对长安、洛阳地理形势的分析和政治作用的评估，就很能说明这个问题，他说：

> （周公）营成周洛邑，以此为天下之中也，诸侯四方纳贡职，道里均矣，有德则易以王，无德则易以亡。凡居此者，欲令周务以德致人，不欲依阻险，令后世骄奢以虐民也。……及周之衰也，分而为两，天下莫朝，周不能制也。非其德薄也。而形势弱也。……且夫秦地被山带河，四塞以为固，卒然有急，百万之众可具也。因秦之故，资甚美膏腴之地，此所谓天府者也。陛下入关而都之，山东虽乱，秦之故地可全而有也。（《史记·刘敬叔孙通列传》）

从刘敬的分析可知：长安是形胜之地，霸者可都之；洛阳乃天下中区，王者可都之。简单地说，就是“崤函帝宅，河洛王里”。或者说，以武力统治天下的君王，适合在长安建都；以仁道统治天下的君王，适合在洛阳建都。

这种看法，并不是刘敬的个人见解，而是汉唐时期一个比较流行的观点。如，汉代的赋作家就普遍有这样的看法，在他们所作的京都赋里，虚拟人物夸耀二京（长安、洛阳），赞成建都长安的人，就盛夸长安形势的险峻。如东汉建武二十年（44），杜笃著《论都赋》，极言关中形势的险要，认为东汉王朝不宜建都洛阳：

> （长安）城池百尺，阨塞要害。关梁之险，多所衿带。一卒举礌，

千夫沉滞；一人奋戟，三军沮败。地势便利，介胄剽悍，可与守近，利以攻远。士卒易保，人不肉袒。……进攻则百剋，退守则有余。斯固帝王之渊囿，而守国之利器也。（《后汉书·杜笃传》）

赞成建都洛阳的人，夸耀东都洛阳“道里均，贡赋便”，批评西都长安“偏据而规小，岂如宅中而图大”（张衡《二京赋》，《文选》卷三）。讽刺主张建都长安的人，是“识函谷之可关，而不知王者之无外也”（班固《两都赋》，《文选》卷一）。

赋作家的争论都不免意气用事，曲为己辨。客观地说，东都洛阳处于中国地理的中心，而长安偏于西北，北京偏于东北，都不是地理上的中心。在交通和通讯不发达的古代社会，建都洛阳，的确有利于国家政治权力的推行，一方面便于中央政府发号施令，另一方面便于地方政府进京汇报工作。按照古人“王者必即土中”的传统观念，都城就应该建在这里。关于这个问题，最早营建洛邑的周公，就说得很清楚：“此天下之中，四方入贡道里均。”（《史记·周本纪》）周公营建洛邑，不仅是为了加强对东方的统治，更重要的目的，是为了以此为中心加强对整个天下的控制。后来，唐玄宗对这个问题也有很清醒的认识，他在《幸东都诏》里说：

卜洛万方之隩，维嵩五岳之中，风雨之所交，舟车之所会，流通江汴之漕，控引河淇之运，利俗阜财，于是乎在。（《全唐文》卷二八）

因此，从政治家的眼光来看，这里才是理想的为政之所。

然而，从兵家的眼光来看，洛阳则不如关中长安，关中是形胜之地，东有函谷关，南有武关，西有散关，北有萧关，能攻善守，居险而握天下之势，是兵家必争的四塞金汤之地。早在战国时期的苏秦，就看到了这一点，他在游说秦惠王时，就说过：

> 关中西有巴、蜀、汉中之利，北有胡貉、代马之用，南有巫山、黔中之限，东有崤、函之固。田肥美，民殷富，战车万乘，奋击百万，沃野千里，蓄积饶多，地势形便，此所谓天府，天下之雄国也。（《战国策·秦策一》）

还有一件事情，也可以证明这个问题，就是汉朝初年，萧何因事被捕入狱，王卫尉觉得这件事不公平，站出来为萧何辩护说：“陛下距楚数岁，陈豨、黥布反时，陛下自将往。当是时，相国守关中，关中摇足，则关西非陛下有也。”（《汉书·萧何传》）这话说得很在理，只要“关中摇足”，不要说“关西非陛下有”，就是关东也保不住。所以，在军事家看来，关中地理是立国的根本，是“守国之利器”。

事实上，考察古代中国唐代以前的历史，我们发现，定都洛阳的王朝，的确都有不能控御的边患，如东汉的羌人叛乱，西晋的“五胡乱华”。就东汉来说，光武帝定都洛阳，在光、明二代（光武帝、汉明帝），对于建都地点问题，朝野上下颇有争议。以杜笃为首的一批人，主张建都长安；以班固为首的一批人，主张建都洛阳；还有就是光、明二帝的左右功臣和贵族幸宠，因为洛阳接近他们的家乡南阳，均愿建都洛阳。最后一种意见，与项羽“背关怀楚”而定都彭城类似，是一时的短见，可以置而不论。东汉王朝建都洛阳终成事实，但是，王朝面临的羌人之乱，就是不可避免的事情。于此，我很赞同缪钺先生的意见：

> 就国防论，东汉之都洛阳，实为失策。盖汉代外患，在西、北两方而不在东方。西汉建都长安，雄据关中，故能北逐匈奴，西通西域，征

服叛羌，拓地数千里。光武都洛，重心东移，关中、陇右，变为边地，故羌人遂乘虚搔扰，自安帝至于汉末，叛乱相仍，为患甚烈。……若建都长安，重心在西，边防巩固，羌人为患不至若斯之甚。（缪钺《〈文选〉赋——班固〈两都赋〉、王粲〈登楼赋〉》，见《冰茧庵丛稿》第129页，上海古籍出版社1985年版）

所以，在军事家看来，关中地理才是立国之根本，守国之利器。因此，楚汉相争的焦点聚于关中，隋唐政权的转移也系于关中。长安、洛阳，一为兵家必争之地，一为政治家理想的为政之所。“崤函帝宅，河洛王里”这句话，就是对这种地理形势最准确的描述。

众所周知，中国古代的政权，都是靠镇压异己的掠夺战争建立起来的，为了保住其胜利果实，在局势还未完全稳定的建国初期，出于军事上的考虑，建都地点多在长安而不在洛阳。所以，唐玄宗说：“帝业初起，崤函乃金汤之地；天下大定，河洛为合同之府。”（唐玄宗《幸东都制》，《全唐文》卷二〇）事实上，在中国古代，建都长安的朝代比洛阳要多得多。甚至可以说，在唐代以前，政治中心在以长安为中心的关中，经济中心在以洛阳为中心的关东。定都关中的王朝出于巩固政权的需要，必须大量移民以充实京师，达到“内实京师，外消奸猾”的目的。此外，还有大量的士兵、商人、奴婢、学生云集京师，这大大加剧了关中粮食供应的紧张局势。因此，作为政治中心的关中，对关东经济中心的依赖非常严重，绝对不允许它与关中分裂。秦末农民起义在关东爆发，不久便推翻了秦朝。汉初吴楚“七国之乱”一起，就出现了“天下成败未可知”的局面，直到汉武帝采取一系列措施，削弱关东诸侯势力后，汉王朝才真正扎稳基础（葛剑雄《统一与分裂——中国历史的启示》第148页，生活·读书·新知三联书店1994年版）。这种情况，说明长安、洛阳这两个都城的作用是不同的，但是都具有不可取代的地位。所以，自周公营建洛邑，开两都制的先例以来，历代王朝都多加仿效。比如，西汉定都长安而以洛阳为陪都，东汉定都洛阳而以长安为陪都，西晋建都洛阳而又特重关中，唐代皇帝经常率领文武官员于东都就食，东都洛阳是唐代的陪都。这种两都制格局，在帝业初起或国家有急时，能坐收“居险而握天下之势”的便利；在天下大定时，又有“道里均，贡赋便”的优势，便于国家的政治管理和权力推行。

大体而言，关东是经济中心，关中是军事中心。建都关中的王朝，必须牢牢控制住关东这个经济中心。所以，关中对关东的依赖，实际上就是政治中心、军事中心对经济中心的依赖。关中对关东的依赖，要把关东的粮食漕运到关中，三门峡是一个最为险涩的地段，从黄河转入渭水，其转口之处尤其险峻，这给粮食漕运带来了极大的困难。像唐朝皇帝那样，在每年青黄不接的时候，带领臣属妃嫔就食于东都洛阳，以缓解长安的粮食供应紧张局势，那也不是长远之计。隋文帝开皇四年（584）开凿漕渠，西引渭水，由长安直通潼关。唐玄宗时又开凿开元新河，但都无法从根本上改善运输条件，解决粮食漕运问题。所以，由于经济方面的原因，唐代以后，不再有建都关中的王朝，中国古代都城地理格局，逐渐呈现出由长安而洛阳而开封而北京的东移趋势，这就是我们下面将要讨论的问题。

四、经济中心的南移与政治中心的东迁

清代史学家赵翼讨论古代都城地理格局的变迁，有一段文字说得很好，值得在这里向大家介绍：

> 地气之盛衰，久则必变，唐开元、天宝间，地气自西北转东北之大变局也。秦中自古帝王州，周、秦、西汉递都之，苻秦、姚秦、西魏、后周，相间割据，隋文帝迁都于龙首山下，距故城仅二十余里，仍秦地也。自是混一天下，成大一统。唐因之，至开元、天宝而长安之盛极矣。盛极必衰，理固然也，是时地气将自西趋东北，故突生安、史以兆其端……契丹安巴坚已起于辽，此正地气自西趋东北之真消息，特以气虽东北趋，而尚未尽结，故仅有幽、蓟，而不能统一中原。而气之东北趋者，则有洛阳、汴梁为之迤逦潜引，如堪舆家所谓过峡者。至一二百年而东北之气积而益固，于是金源遂有天下之半，元、明遂有天下之全，至我朝不惟有天下之全，且又扩西北塞外数万里，皆控制于东北，此王气全集于东北之明证也。而抑知转移关键，乃在开元、天宝时哉！（《廿二史札记》卷二十《长安地气》）

的确，在唐代以前，政治中心在关中。唐代以后，不再有建都关中的王朝。赵翼在这里指出的，政治中心由长安而洛阳而开封而北京的转移格局，是有史实依据的，虽然他的解释有唯心的神秘主义倾向。在我看来，导致政治中心东移的直接原因，不是什么“地气”，而是经济中心的南迁，以及北方外患的东移。经济中心由北向南的变迁和北方外患由西北向东北的移动，迫使政治中心不得不由西向东转移。其成功转移的关键，又在隋朝大运河水利工程的开凿。

我们在前面已经说过，作为政治中心的关中，必须依赖关东这个经济中心，绝对不允许它与关中分裂。但是，像唐朝皇帝那样，在每年青黄不接的时候，宁愿带领群臣妃嫔就食于关东，以缓解长安城的粮食供应紧张局势，也没有将政治中心从关中迁移到关东。这个事实，至少说明了两个问题：其一，关中这块形胜之地，在万不得已的情况下，是不能轻易放弃的。其二，政治中心的选择，不能仅仅考虑经济因素，政治中心要依靠经济中心，但不一定非要建立在经济中心，因为它除了经济因素之外，还要考虑政治、军事方面的因素。所以，当政治中心和经济中心同在中原地区的隋唐以前，粮食漕运虽然有困难，但是凭借黄河水系还能暂时维持的时候，政治中心一般不会迁出关中。隋唐以后，经济中心由关东地区转移到南方江淮地区，这大大加长了粮食运输的距离，加剧了粮食漕运的困难。处于关中的政权无力解决漕运困难时，政治中心的转移，也就被提上了议事日程。因此，政治中心不一定非要建立在经济中心，但经济中心的变迁必然会导致政治中心的转移。

隋唐以前，政治中心对经济中心的依赖，就是关中对关东的依赖。唐代以后，随着经济中心的转移，就变成了北方对南方的依赖。与中原地区相比，南方江淮地区的开发是比较晚的。南方经济的开发，是以北方文化的输入为基础的，是以北方人才的南迁为前提的。而促使北人南流的主要原因，是发生在中原地区的四次大规模的动乱。第一，是东汉后期的“董卓之乱”，以及随之而来的三国纷争，孙权于江东建立吴国。北方成为三国纷争的主战场，相对稳定的江南地区成为中原人士逃避战乱的避难之所，这是中国历史上第一次大规模的人口南迁。第二，是“五胡乱华”，以及随之而来的“永嘉之乱”，导致晋室南渡。这是中国历史上第二次大规模的人口南迁。第三，唐朝天宝年间长达十年的“安史之乱”，中原地区成为主战场，导致大量北人南下避难。第四，是金人南下，以及随之而来的“靖康之乱”，致使宋室南迁。这几次大动乱，不仅破坏了关东地区的经济秩序，而且也逐渐动摇了关东地区的经济中心地位。更为重要的是，发生在北方的每一次大动乱，都导致了北方人口的大规模南迁。可以设想，在大动乱中，能够举家迁徙，能够举家从北方迁往南方的，肯定不是一般的平民之家，那多半是些世家大族，是一些文化素质较高的豪门贵族，因为一般老百姓没有这个经济实力做这种长途举家迁移。所以，因战乱而造成的人口南迁，实际上就是思想文化、科学知识和生产技术的输入，这为南方经济文化的开发奠定了坚实的文化背景，准备了充分的技术条件，因此很快就把南方江淮地区发展成为全国最富庶的地区。所以，战乱对于北方来说，当然是灾难；但是对于南方来说，却是福音。因为如果没有北方战乱的发生，南方的开发，可能还要晚一些。

在隋唐时期，南方江淮地区就已经取代北方关东地区，成为全国的经济中心。隋炀帝七下江南，流连忘返，说明江南在隋朝，就已经不再是卑湿的“丈夫早夭”之地，而是对中原人也有颇强吸引力的富庶之地。所以，《新唐书·食货志》说：“唐都长安，而关中号称沃野，然其土地狭，所出不足以给京师，备水旱，故常转漕东南。”如果说，在初、盛唐时期，关中还可以依赖关东以维持其生存；那么，在“安史之乱”后，关东是主战场，其经济秩序惨遭破坏，无法为关中提供必要的粮食供给。此时，关中不能再依靠关东，而只能依靠江南，所以，中唐文人韩愈说：“当今赋出于天下，江南居十九。”（《送陆员外刺歙州诗并序》）这应该是实情。“安史之乱”是中国历史上的重要转折点，我在第一讲中，已经详细讨论过这个问题。在这里，我要强调的是，以“安史之乱”为关键的经济中心由北向南的转移，导致了开元、天宝间“地气自西北转东北之变局”。前引赵翼的说法，是有历史依据的。

北方政治中心对南方经济中心依赖关系的实现，主要得力于隋炀帝开凿的京杭大运河。大运河通过纵横交错的水系，沟通黄河流域和长江流域，为南粮北运提供了便利的途径，使北方政治中心与南方经济中心的依赖关系变成现实。唐人李敬方诗说：“东南四十三州地，取尽脂膏是此河。”（《汴河直进船》）就反映了大运河在南粮北运中的重要作用。从此以后，有居于南方而不依赖北方的独立政权，如南宋，尽管它因为缺乏军事屏障，而最终被北方政权灭掉，但也毕竟独立生存了一百五十余年。这说明，南方政权在一定程度上可以脱离北方而独立存在。但是，北方离不开南方，北方政权如果没有足够的政治、军事力量控制南方，就必然会垮台。所以，“安史之乱”后，河朔割据，中原板荡，唐朝政权仍能维持一百五十余年，就是因为唐朝中央虽然无力控制关东，但是仍能紧紧控制江淮，有效利用大运河，及时而又畅通无阻地将江淮经济中心的赋税运到北方，解决中央王朝的财政支出和京都长安的粮食供给问题。后来，元、清少数民族政权占领中原后，还要渡江攻占江淮，其目的也是为了控制南方经济中心。元、明、清三代政权的生存，都不得不依赖大运河的漕运，所谓“天下大命，系此一河”，讲的就是这个情况。

大运河为南粮北运提供了重要的水上交通途径，但是，将南方赋税经由大运河运至开封，又由开封运到洛阳，再从洛阳转运到长安，仍然存在着诸多困难：

第一，运输线路大大地加长了，运费也随之激增，民间流传的“斗钱运斗米”谣谚，就真实地反映了这种运输困难的情况。

第二，更为重要的是，黄河三门峡一带的漕运困难，未能从根本上解决。三门峡是古代东西漕粮转输的必经之路，从秦始皇统一六国到唐朝末年，三门峡一直被人们视为畏途。这里水势湍急，有若干险滩、暗礁和漩涡，船只航行到这里，稍有不慎，就立即沉没。三门峡的南岸，崤山向南，依次接着熊耳、外方、伏牛等山，向北又和中条、太行、王屋等山相峙，这些崇山峻岭之间，只有黄河一线连接东西两方。同时，由于气候变迁，黄河中上游植被遭到破坏，水土流失严重，黄河和渭河里的泥沙大增，又都大量淤积在渭河与黄河的交叉口，这又进一步加剧了漕运的困难。

第三，随着经济和文化的发展，大批中外游客、商人、文人、学生、官员云集长安，这又加剧了长安的粮食供应负担，大大提高了长安对江南粮食的需求量。所以，在唐史中，我们经常见到唐天子在每年青黄不接的时候，率领文武官员赴洛阳东都就食的记载。甚至在唐德宗时，出现皇家仓库的存粮，不足十天食用的危机情况。

以上这些情况说明，关中平原已经失去了容纳国都城市的经济基础。这样，政治中心就不得不向东边移动，尽量接近运河，通过缩短粮食漕运距离，来降低粮食运输费用。因此，从唐朝至宋朝，政治中心逐渐由长安而洛阳，最后移至开封，基本靠近运河而接近经济中心。但是，从兵家的眼光来看，开封不如洛阳，洛阳不如长安。长安作为形胜之地，兵家很看重这里，但是因为它距离运河太远，解决粮食漕运问题有种种困难。开封接近运河，有经济优势，但是又没有天然的军事屏障。所以，北宋定都开封，虽然能够坐收江南之利，但是外患无穷，最终被金人赶到杭州。因为开封地处黄河下游平原，黄河下游两岸基本上没有任何军事屏障，所以，北方敌人一不小心就打到了开封城下。最后，连皇帝都被人家抢走了，这在中国历史上，真是破天荒的事情。这说明，开封这个地方，虽然靠近经济中心，有经济优势，但是没有军事优势，不适合作为都城。因此，宋朝以后，也就没有哪一个朝代再到这里来建都了。元、明、清定都北京，正是取长安、开封这两个城市的长处，而扬弃其短处。即北京既有长安那样的军事优势，也有开封那样的经济优势。因为北京处于京杭大运河的起点，具有开封一样的经济优势，可以在不转船卸装的情况下，直接将南方的赋税运抵北京。

另外，就北京的军事优势来讲，我在前面已经说过，政治中心由西北向东北的转移格局，不仅与经济中心的南迁有关，也与北方外患自西北向东北的转移有关。北方外患，从周、汉时西北的猃狁、匈奴，到唐、宋时北方的突厥、契丹、蒙古，到明末东北的满人，以及近代史上由东北入侵的日寇，呈现出由西北向东北的转移格局。为了适应外患的转移格局，为了有效控制北方敌人，政治中心的迁移也就成了必须的举措。在经济中心南迁和北方外患东移的情况下，北方政治中心的理想位置应该是在北京。因为北京位于东北平原、华北平原、内蒙古高原三大地理单元的交接处，具有长安一样的军事优势，是抵御自西北逐渐转移到东北的外患的最佳军事地势。

总之，中国古代政治中心由长安而洛阳而开封而北京的自西向东的转移格局，是由多方面原因所促成的，在军事上北方外患自西北向东北的转移，是其原因之一，更重要的原因，则是经济中心自北而南的迁移。

五、经济中心的南移与逐鹿策略的改变

唐代以前，关中地理与帝业成败的关系非常密切，在那个时期，“得关中而定天下”的逐鹿策略，之所以行之有效，是因为那时的政治中心（关中）和经济中心（关东）同在中原地区，定都关中的政权能够有效地控制关东经济中心。虽然在关中和关东的交通道路上，陆路有崤函之阻，水路有三门峡一带的急流险滩，粮食漕运有困难，但是，凭借黄河水系基本上还可以暂时克服。唐代以后，经济中心由关东转移到江淮，这大大加剧了粮食漕运的困难，加长了粮食运输的距离，定都关中的政权无力解决漕运困难时，政治中心的转移也就成了必须

的举措。所以，唐代以后，不再有建都关中的政权，都城地理格局呈现出自长安而洛阳而开封而北京的自西向东的转移趋势。这种经济中心的南移和政治中心的东迁，致使关中地理形势的重要性被大大削弱，关中地理与帝业成败的关系也被逐渐淡化。在这以后，逐鹿天下的策略，不再是“得关中而定天下”，而是“游兵江南”以获取经济中心，然后再伺机北上统一中原。

例如，在五代时期，南唐是南方大国，南唐烈祖也颇有统一天下的大志，如果他能够顺应经济中心南移而导致的逐鹿策略被改变的实际情况，把一统大业的立足点放在兼并闽、楚、吴、越等南方诸国上，采用“游兵江南”的策略，先占据经济中心，然后再伺机北伐以逐鹿中原的先南后北策略，则可能成功。但是，南唐烈祖不懂得这个道理，没有认识到由于经济中心的南移而导致的逐鹿策略的转变，仍然把关中、河洛视为风气聚会之所，墨守先祖李渊“速据关中，遂独成帝业”的逐鹿经验，反对“游兵江南”，哀叹自己地利不足，“未得处囊中”，结果一事无成。冯延巳说他“龊龊无大略”“不足以集大事”，是切实的批评。北宋立国之初，宋太祖赵匡胤吸取南唐烈祖一事无成的历史教训，提出并实施“先南后北”的统一策略。他认为：

> 中国自五代以来，兵祸连结，帑藏空虚。必先取巴蜀，次及广南、江南，即国用富饶矣。河东与契丹接境，若取之，则契丹之患，我当之也。姑存之以为我屏翰，俟富实则取之。（《东都事略》卷二十三）

宋太祖基于中原疲惫和经济中心南移的客观形势，提出这种“先南后北”的统一策略，一方面可使“国用富饶”，另一方面又可以暂避“契丹之患”（王育济《宋初“先南后北”统一策略的再探讨》，《东岳论丛》

1996 年第 1 期）。他的这个分析有道理，虽然他未能光复幽云十六州，但是，与南唐烈祖相比，他建立了统一国家，基本上完成了统一大业，这说明“先南后北”的逐鹿策略，在经济中心南移的情况下，是必需的，也是行之有效的。

还有，我认为，朱元璋逐鹿天下的成功，李自成和洪秀全起义的失败，也与能否有效执行“先南后北”的策略大有关系。朱元璋崛起江淮，在战术上采取“游兵江南”的策略，先打败割据南方的陈友谅、张士诚、方国珍、陈友定，占领元朝的经济中心，切断元朝的生命线，然后再北伐中原以灭亡之。朱元璋的成功，也说明“先南后北”的策略，是行之有效的。再说李自成，李自成起义失败的原因是多方面的，但因错误的地理观念而产生的错误战略，造成了最严重的后果，是他失败的主要原因。他不先取江南，夺取明朝的粮仓和钱袋，斩断明朝的生命线，反而西取关中，又迫不及待地进兵北京。李自成的这套逐鹿策略，在唐代以前，或许能够成功；在唐代以后，当失败无疑。另外，洪秀全的逐鹿策略也与李自成相似。他既都金陵，就立即打算率兵北伐，图谋中原。罗大纲对这个计划提出了反对意见，他认为：“欲图北，必先定河南，大驾驻河南，军乃渡河。……否则，先定南九省，无内顾忧，然后三路出师……会猎燕都。若悬军深入，犯险无后援，必败之道也。”罗大纲提出的“先定南九省”，再“会猎燕都”的建议，正是唐代以后逐鹿者惯用的“先南后北”策略，这是符合当时实际情况的正确建议。但是，在当时的太平军中，杨秀清专政军事，未予采纳。其后，洪秀全诏令军士说：“师出间道，疾趋燕都，无贪攻城夺地，靡时日。”这正是重蹈了李自成的覆辙，所以，罗大纲感慨说：“天下未定，乃欲安居此都，其能久乎？吾属无噍矣。”（《清史稿·洪秀全传》）如果当时洪秀全能够按照罗大纲的建议部署军事，太平军的结局可能会是另一幅面貌。

如果说，反对“游兵江南”，主张“速据中原”，是导致南唐烈祖一事无成的主要原因，是导致李自成、洪秀全终归失败的主要原因；那么，采取“游兵江南”以占据经济中心，然后伺机北上占领中原的“先南后北”的逐鹿策略，正是赵匡胤、朱元璋逐鹿天下获得成功的重要原因。我以为，李自成、洪秀全的策略，在唐代以前，或许能够成功；赵匡胤、朱元璋的策略，在唐代以前，当失败无疑。而这种逐鹿策略的转变时期，是在唐宋之际；导致逐鹿策略转变的关键，就是经济中心的南移。

在这里，还需要特别强调两点：

第一，我想强调的是，唐代以后的逐鹿策略，虽然必须要首先“游兵江南”，安定江淮地区，占领经济中心。但是，“游兵江南”不是目的，它只是北取中原的条件。也就是说，“游兵江南”的目的是为了北取中原。因此，唐代以后那些逐鹿成功的军事集团，通过“游兵江南”占领江淮经济中心后，都必须北上占领中原，才能完成统一大业。所以，经济中心的南移，虽然淡化了关中地理与帝业成败之间的密切关系，“得关中而定天下”的逐鹿策略也被“先南后北”的统一策略所取代。但是，这仍然未能从根本上动摇中原地理的正统中心地位，竞争天下的战争，仍然不妨概称为“逐鹿中原”。

第二，我要强调的是，经济中心的南移，决定政治中心不得不向东边迁移，尽量靠近大运河，以解决南粮北运的漕运困难。经济中心可以改变政治中心，但不能最终决定政治中心。或者说，政治中心可以在条件许可的情况下，尽可能地靠近经济中心，然而，不能完全屈从于经济因素而建立在经济中心。唐代以前，关中依赖关东，定都在关中的长安，以关东的洛阳为陪都，形成一个东西向的政治、经济、文化轴心带；唐代以后，北方依赖南方，定都在北方的北京，以南方的金陵（南京）为陪都，形成一个南北向的政治、经济、文化轴心带，这是经济中心的南移所导致的政治中心的东迁和政治、文化轴心带的变化。必须着重指出的是，经济中心的南移，政治中心可以牺牲部分政治、军事方面的利益，来接近经济中心。但是，政治中心为了政治、军事方面的利益，又不可能完全屈从于经济因素而建立在经济中心。当经济中心南移时，政治中心不能随之南迁，统一王朝主动放弃北方而定都南方，这在中国历史上是不曾发生过的，它只能由西向东，由长安而洛阳而开封而北京逐渐移动，这与北方地理的政治、军事条件密切相关，也是由华夏族人世代相守的“王都必即土中”的传统观念所决定的。

最后，还有一个问题需要提出来讨论。黄宗羲在《明夷待访录·建都篇》中，认为明朝的灭亡，在于“建都失算”。在他看来，明朝建都北京，“江南之民命竭于输挽，大府之金钱靡于河道，皆都燕之为害也”。他认为：继明而起的新王朝，应当建都金陵，才能避免重蹈明朝的覆辙。在他的《建都篇》中，有这样一段话：

> 或曰：有王者起，将复何都？曰：金陵。或曰：古之言形胜者，以关中为止，金陵不与焉，何也？曰：时不同也，秦、汉之时，关中风气会聚，田野开辟，人物殷胜。吴、越方脱蛮夷之号，风气朴略，故金陵不能与之争胜。今关中人物不及吴、会久矣，又经流寇之乱，烟火聚落，十无二三，生聚教训，故非一日之所能移也。而东南粟帛，灌输天下，天下之有吴、会，犹富室之有仓库匮箧也。今夫千金之子，其仓库匮箧必身亲守之，而门庭则以委之仆妾。舍金陵而勿都，是委仆妾以仓库匮箧；昔日之都燕，则身守夫门庭矣。曾谓治天下而智不及千金之子若与？

黄宗羲极力主张建都金陵，这个观点得到梁启超的高度肯定。梁启超在《中国地理大势论》一文中，表扬黄宗羲说："黄梨洲《明夷待访录》主建都金陵之议……可谓能知地运变迁之大原。顾亭林足迹遍天下，乃谓'秦地华阴绾谷关河之口，虽足不出户，而能见天下之人，闻天下之事。一旦有警，入山守险，不过百里之遥；若志在四方，一出关门，亦有建瓴之势'云云，自诩身历，而以此规梨洲，是犹汉、唐以上言，庸知地运之骎骎有自北而南者，今固有异于古所云也。"黄宗羲的那段文字，巧设喻譬，很雄辩，再加上得到梁启超的支持，建都金陵的说法，似乎已经成为不刊之定论。上述两段引文很复杂，头绪也多，况且涉及黄宗羲、顾炎武、梁启超这三位影响极大的思想家，不可掉以轻心。

依我看，他们的观点都有问题。首先，我认为，顾炎武的观点是错误的。关中形胜，得关中而定天下，这是汉唐时期的逐鹿策略，顾炎武以汉唐形势批评黄宗羲建都金陵的说法，的确是不明白地运变迁的大形势。其次，梁启超认为古代中国的地运变化，有自北而南的发展趋势，这也是不正确的。据前所论，古代中国的经济中心有自北而南的发展趋势，古代中国的政治中心却是呈现出自西向东的发展格局。比较而言，赵翼关于中国地气自西北向东北转移的说法，比梁启超这个自北而南的观点，更符合历史实际。我认为，梁启超和黄宗羲犯了同样的错误，就是没有搞清楚我在上面反复强调的那个问题，即政治中心与经济中心"不即不离"的关系问题。所以，梁启超虽然撰有《中国地理大势论》，实际上也是没有搞明白中国古代地理变迁的大形势。第三，按照我的观点，唐代以后，长安不适宜建都，金陵更不适宜。黄宗羲讨论唐代以后关中风气人物的凋敝和经济的衰败，是符合实际的。明朝定都北京，耗费了大量的人力和物力从江南运输粮食，也符合实情。他关于以北京为门庭、以金陵为府库的比喻，也大体恰当。问题是，千金之子应当身守府库而委仆妾于门庭，君王是不是也应该像千金之子那样，身守府库（金陵）而委仆妾于门庭（北京）？这是需要慎重考虑的。作为一国之君，是身守府库还是身守门庭？这实际上是一个关于政治中心与经济中心的关系问题。我以为，在可能的情况下，政治中心应该建立在经济中心，这样就可以避免“江南之民命竭于输挽，大府之金钱靡于河道”。但是，一国之君，毕竟不同于千金之子，千金之子所守者，不过是千金而已。一国之君所守者，除了千金府库外，还有更为重要的政治权力。换句话说，政治中心的建立，除了考虑经济因素外，还要考虑政治、军事因素。黄宗羲和梁启超都只是从经济因素着眼思考问题，才提出建都金陵的建议。如果从政治、经济和军事等方面综合考虑，建都金陵是绝对不合适的。因此，在明清政局上，金陵只能作为陪都，不能作为首都，黄宗羲以为明朝的灭亡，在于“建都失算”，是没有依据的。我认为，明朝灭亡的原因是多方面的，但是它把都城建在北京，却正是符合古代都城地理格局变迁的大势。如果按照黄宗羲的建议，明朝建都金陵，则不等清人入关，就早被他人灭亡了。

所以，我认为，中原是帝宅，北方是王里，古代是这样，现在是如此，将来恐怕也不会改变。

六、荆扬司牧，事同二陕：荆扬二州在南方政局中的地位和影响

我在前面反复说过，在唐代以后，起兵南方的逐鹿者，必须首先“游兵江南”，占领江淮经济中心。但是，不论是建都南方的政权，还是

起兵南方的逐鹿者，如果要统一中国，取得政权合法性，都必须北伐中原以占领中原中区。然而，对于起兵南方的逐鹿者来说，在北伐之前，必须做好稳定南方的工作。要稳定南方政局，对内能够有效控制篡逆者，对外能够有效抵御北方入侵者，除了政治上的有效措施外，从军事上讲，还必须得牢固把持南方的军事重镇。

南方的军事重镇，最重要的莫过于荆州和扬州。这两个地方，在政治、军事上的地位，相当于北方的关中、关东。所以，在古代就有“荆扬司牧，事同二陕”的说法（《宋书·何尚之传》）。荆州如同关中，是形胜之地，与南方政权成败的关系至为密切，军事家甚为看重。扬州如同关东，是经济中心，政治家特别重视这个地方。唐代以前，国家的统一和政治的稳定，端赖中央政权能否有效控制关中形胜之地和关东经济中心。如果关中形胜之地被他人占领，就必然导致政局动荡，乃至改朝换代。比如，隋唐政权的转移，就是一个典型例子；如果关东经济中心被他人占据，也必然危及关中政权，比如，秦末农民起义在关东爆发，不久便推翻了秦朝，汉初吴楚“七国之乱”一起，就出现了“天下成败未可知”的局面。同样，南方政局的稳定，也端赖南方政权能否有效控制荆州形胜之地和扬州经济中心。荆、扬二州是南方政权内平乱、外御敌的主要军事重镇。所以，自魏晋以来，建都南方的政权，或者起兵南方的逐鹿者，都把荆、扬二州视为得天下、守天下的根本。如，南朝刘宋大臣何尚之就说过：“荆、扬二州户口半天下，江左以来，扬州根本，委荆以阃外。”史家沈约的意见更有代表性：

江左以来，树根本于扬、越，任推毂于荆、楚。扬土自庐蠡以北，临海而极大江；荆部则包括沅湘，跨巫山而掩邓塞，民户境域，过半于天下。

晋世幼主在位，政归辅臣，荆扬司牧，事同二陕。宋室受命，权不能移，二州之重，咸归密戚。（《宋书·何尚之传》）

“荆扬司牧，事同二陕”，何尚之和沈约二人关于荆、扬二州地理形势的观察，是极有理据的。所谓“二州之重，咸归密戚”的说法，也符合江左以来的历史事实。

翻阅东晋南朝的史书，你会发现：当时那些有篡夺皇位之野心的人，一般都以荆、扬二州为根据地；中央政府为了稳定政局，保住天下，一般也是委派最亲近、最可靠的人做荆、扬二州的行政长官。比如，东晋建国之初，“王与马，共天下”，王氏之廙、敦、含、舒等人，先后掌握荆州十余年，培植起篡夺天下的政治资本，到王敦的时候，就有了“问鼎之心”。王敦失败后，陶侃掌握荆州近十年，拥有相当实力后，也是“潜有窥窬之志”。陶侃之后，庾亮、庾翼兄弟相继掌握荆州近十年，培育起自己的政治资本，所以敢于与在朝的当权派王导进行对抗。其后，桓氏据荆州达四十六年之久，形成“桓氏世莅西土”的局面，到桓玄的时候，便有了篡晋的资本和雄心。刘宋开国皇帝刘裕在篡位之前，总结东晋世族以荆州为根据地、通过控制上游强兵以夺取建康中央政权的经验教训，所以，他在准备篡夺晋朝皇权时，就先设计把荆州刺史刘毅杀掉，篡权成功之后，又委派宗室子弟镇守荆州。后来，齐、梁二朝都用刘裕的方法，也委派最亲近的宗室子弟镇守荆州。

淮南扬州为首都建康所在地，又是全国的经济中心，所以被称为国家的“根本”。比如，在东晋时，扬州刺史往往由宰相兼任。刘裕任扬州刺史十二年，最后篡夺晋朝皇权，篡权成功后，又委派最亲近的宗室子弟镇守扬州。其后，齐朝的萧道成、梁朝的萧衍、陈朝的陈霸先三人，在篡位前，都身任扬州刺史。在篡位后，也多委宗室子弟为扬州刺史。荆、扬二州与东晋南朝政治形势的关系，大致如此（周一良《魏晋南北朝史札记·〈晋书〉札记》之“东晋南朝地理形势与政治”条，中华书局1985年版）。

上面列举的东晋南朝政治形势的史实说明，建都南方的政权，要稳定政局，保住天下，必须牢固控制荆、扬二州。另外，南方政权为了抵御北人入侵，保持南北对峙的偏安局面，也必须以荆、扬二州为前沿防线。如果荆、扬二州为南方控制，就必然形成南北对峙的相持局面；如果它们被北人占据，南方政权的灭亡也就近在旦夕。因为，从军事方面看，在南北对峙中，南方一般处于守势。但是，为了弥补长江防线的不足，只能扩展自己的防区，在长江以北寻找一个缓冲地带，将前沿防线推进到淮河一线，或者更北的据点，和扼南北水陆交通要道的荆、襄一带。一旦北方入侵，淮南扬州和荆、襄等地，就能层层阻挡，消耗敌人的有生力量，敌人进攻到长江边上时，往往已成强弩之末，失去了战斗力。如果北人全面攻破了荆、襄缓冲区，就能稳操胜券；反之，如果北人只是孤军深入，并未有效控制这些缓冲区，往往就以失败告终。再从经济方面看，疆域与人口的大致平衡，是南北政权得以长期共存、保持相持局面的基础，以淮河和秦岭为界的划分，大致能使北方和南方拥有相当的经济实力。南方政权仅仅依靠江南，还不足以获得支撑，必须加上江淮之间，才能与北方势均力敌。如果南方政权推进到黄河一线，北方粮食产量就不足以养活它的人口；反之，如果北方政权推进到长江一线，南方政权也就难以与之对抗了（葛剑雄《天堑何尝限南北》，《读书》1995年第8期）。

所以，南方政权能否独立生存？南方政权能否与北方保持对峙局面？主要就看荆、扬二州落在谁的手里。比如，在三国鼎立时期，南方蜀国和吴国分别据有荆、扬二州，所以能够与北方的曹魏政权形成对峙局面。东晋、宋、齐、梁时期，荆、扬二州在南人手里，所以能保持南北对峙局面达二百五十年之久。到陈朝，荆、扬二州落在北人手里，南北对峙的局面也就宣告结束。再如，南宋偏安江左，与东晋南朝的形势很相似。所以，南宋李纲论守备之策，总结历代南方政权存亡的历史经验，也以荆、扬二州为东南屏障，他说：

> 守备之宜，则当料理淮南、荆襄，以为东南屏蔽。夫六朝之所以能保有江左者，以强兵、巨镇尽在淮南、荆襄间，故以魏武之雄，苻坚、石勒之众，宇文、拓跋之盛，卒不能窥江表。后唐李氏有淮南，则可以都金陵，其后淮南为周世宗所取，遂以削弱。近年以来，大将拥兵于江南，官吏守空城于江北，虽有天险而无战舰水军之利，故敌人得以侵扰窥伺。今当于淮之东南及荆襄置三大师，屯重兵以临之。（《宋史·李纲传》）

南宋政权之所以能与北方少数民族政权对峙而治，保持南北对峙局面达一百五十年之久，就在于南宋王朝中有志于恢复中原的仁人志士，时刻不忘经略荆、扬二州。其后，宋、元争夺荆、扬二州的战争，持续了数十年。当荆、扬二州失守，南宋政权也就灭亡在蒙古军的铁蹄之下了。

“荆扬司牧，事同二陕”，荆、扬二州在南方政局上的地位，相当于北方的关中、关东。从军事角度看，在唐代以前，关中是帝业成败的关键，是“帝王之渊囿”和“守国之利器”，所以有“得关中而定天下”的经验之谈。对于南方政权来说，对于起兵南方的逐鹿者来说，荆州如同关中，它扼南北水路交通的要道，是形胜之地，是用武之地，是南北相争的关键和咽喉。它与南方政权成败的关系，和唐代以前关中地理与帝业成败的关系，十分相似。所以，南朝人鉴于荆州形势与关中地理的相似之处，就有直接将荆州称为陕西的。顾炎武《日知录》卷三十一“陕西”条，就讨论到这个问题：

> 晋时以关中为陕西……东晋则以荆州为陕西。《南齐书》云：江左大镇，莫过荆扬。周世二伯总诸侯，周公主陕东，召公主陕西。故称荆州为陕西也。

荆州为南北关键，是南北相争的焦点。建都南方政权，或者起兵南方的逐鹿者，要稳定江南政局，或者企图进而恢复中原，就必须把荆州作为北伐的根据地。如，在三国时期，刘备打算光复中原，复兴汉室，诸葛亮就为他献策说：

> 荆州北据汉、沔，利尽南海，东连吴、会，西通巴、蜀。此用武之地，而其主不能守，此殆天所以授将军，将军岂有意乎？益州险塞，沃野千里，天府之土，高祖因之以成帝业。……将军既帝室之胄．……若跨有荆、益，和诸戎，南抚南越，外结好孙权，内修政理，天下有变，则命一上将将荆州之军以向宛洛，将军身率益州之众出于秦川，百姓熟不箪食壶浆以迎将军乎？诚如是，则霸业可成，汉室可兴也。（《三国志·诸葛亮传》）

这篇对策，是诸葛亮帮助刘备复兴汉室的总计划。按照对策，经营中原要以益州的安定为前提，荆州虽然是用武之地，但是必须要有益州作接应，才有可能稳操胜券。所以，诸葛亮以为，只有“跨有荆、益”，才能成就王业，复兴汉室。因此，当刘备率军西取益州，诸葛亮就亲自来守荆州，蜀国的重兵也留在荆州。可见荆州地理比益州重要，荆州是经营中原的关键和咽喉，益州只是一个不可缺少的接应。所以，后来的南方人士谈论经营策略，无不以荆、益并称，而又特别重视荆州。

就在刘备初得益州时，孙权夺取了荆州的长沙、零陵、桂阳三郡，刘备竟然不惮烦劳，亲自东下，来和孙权相争。后来关羽失败，荆州落入孙权之手，刘备又不顾一切，倾注全国的力量东征。野史小说中说刘备东征，是为兄弟报仇。其实，报仇是名，夺回荆州才是实（史念海《论诸葛亮的攻守策略》，见《河山集》，生活·读书·新知三联书店 1963 年版）。荆州地理在刘备复兴策略中的地位，于此可见一斑。

其实，以益州为接应，从荆州出兵经略中原，不仅仅是诸葛亮一个人的策略，就是周瑜，也何尝不想如此。当刘备还未攻取益州的时候，周瑜就劝告孙权说："乞与奋威俱进蜀，得蜀而并张鲁，因留奋威固守其地，好与马超结援，瑜还与将军据襄而蹴操，北方可图也。"（《三国志·周瑜传》）周瑜的经略计划，与诸葛亮的对策如出一辙。其后，孙吴乘关羽北伐的时候，偷袭荆州，占有了荆州，还编造了一个借荆州的说法，以表明他偷袭荆州而占有之，是合理合法的（赵翼《廿二史札记》卷七《借荆州之非》）。因此，在我看来，三国孙、刘之争的焦点是荆州，孙、刘之争，本质上就是荆州之争。

南宋时期，恢复中原是人心所向。至于如何恢复中原，讨论恢复策略的有识之士，都有一个共识，即以荆州为根据地恢复中原。如，在靖康大难之际，李纲上书讨论车驾巡幸之地说：

> 关中为上，襄阳次之，建康为下。陛下纵未能行上策，犹当且适襄、邓，示不忘故都，以系天下人心。不然，中原非复我有，车驾还阙无期，天下之势遂倾，不复振矣。（《宋史·李纲传》）

绍兴初年，李纲又再次向皇帝上书，阐明荆州地理与恢复成败的关系，说：

荆湖，国之上游，其地数千里，诸葛亮谓之用武之国。今朝廷保有东南，控驭西北，如鼎、澧、岳、鄂，若荆南一带，皆当屯宿重兵，倚为形势，使四川之号令可通，而襄、汉之声援可接，乃有恢复中原之渐。（《宋史·李纲传》）

当时，深知荆州地理与恢复成败的利害关系，并且能够身体力行以图恢复中原的人，当以赵鼎、岳飞为代表。如赵鼎说：

经营中原，当自关中始。经营关中，当自蜀始。欲幸蜀，当自荆州始。吴越介在一隅，非进取中原之地。荆襄左顾川陕，右控湖湘，而下瞰京洛，三国所必争。宜以公安为行阙，而屯重兵于襄阳，运江浙之粟以资川陕之兵，经营大业，计无出此。（《宋史·赵鼎传》）

另外，据《宋史·岳飞传》载：

（绍兴）四年，除兼荆南、鄂岳州制置使。飞奏：襄阳等六郡为恢复中原根本，今当先取六郡以除心膂之病，李成远遁，然后加兵湖湘，以殄群盗。帝以谕赵鼎，鼎曰：知上游利害，无如飞者。遂授黄复州、汉阳军、德安府制置使。……飞辞制置使，乞委重臣经画荆襄，不许。赵鼎奏：湖北鄂、岳最为上游利害，乞令飞屯鄂、岳，不惟江西籍其声势，湖、广、江、浙亦获安妥。乃以隋、郢、唐、邓、信阳为襄州府路，隶飞。……又奏：钱塘僻在海隅，非用武地，愿陛下建都上游，用汉光武故事，亲率六军，往来督战，庶将士知圣意所向，人人用命。未报。

绍兴年间，赵鼎、岳飞二人，一个主政于内，一个领兵于外，两人相得益彰，所以在抗金斗争中，屡建奇功。遗憾的是，两人又相继被奸臣斥逐迫害，致使恢复大业化为泡影。南宋朝廷中的有识之士，能够深知上游（即荆、益二州）利害的人，还真有不少，如张浚以为：“国家中兴，当自关陕始。”他担心金人取道陕西攻取益州，认为如果真是这样的话，“则东南不可保”，所以他“慷慨请行”，力保国家上游的安全（《宋史·张浚传》）。汪若海也认为：“天下者，常山蛇势也。秦蜀为首，东南为尾，中原为脊。今以东南为首，安能起天下之脊哉。将图恢复，必在川陕。”（《宋史·汪若海传》）宰相朱胜非也说：“襄阳，国之上游，不可不急取。”（《宋史·赵鼎传》）

南方政权欲恢复中原，成就霸业，必须以荆州为根据地。同样，北方政权要吞并南方，一统天下，也必须以荆州为咽喉。如三国之争，曹操听说孙权把荆州借给了刘备，据说，当时曹操正在写字，听到这个消息后，大受惊吓，连手中的笔掉在了地上，他都没有察觉。因为曹操深知：如果刘备得到荆州，辅车之势形成，他那兼并江南、统一中国的计划，势必要大受挫折，所以才有这样的失态之举。其后，曹操入据荆州，刘琮率众投降，孙权会见群臣，商讨抗曹大计，群臣惶恐不安，都说：“将军大势，可以拒操者，长江也。今操得荆州，奄有其地。刘表治水军，蒙冲斗舰，乃以千数，操悉浮以沿江，兼有步兵，水陆俱下，此为长江天险已与我共有之矣。而势力众寡，又不可论，愚谓大计不如迎之。”（《三国志·周瑜传》）孙吴群臣惊慌恐惧，都觉得不如投降算了。从这件事情，也可以看出荆州地理在南北战争中的重要地位。我在前面说过，孙、刘之争的焦点是在荆州。事实上，整个三国之争的焦点也是在荆州。

“王濬楼船下益州，金陵王气黯然收。”（刘禹锡《西塞·山怀古》）南方政权欲经略中原，必须“跨有荆、益”，以荆州主力北伐，再以益州兵力接应；北方政权欲兼并江南，也必须“跨有荆、益”，从关中进据益州，从益州东下攻取荆州。益州失守，荆州自然难保，荆、益二州为北方所据，江南政权的灭亡，也就指日可待。比如，西晋王朝兼并南土，采用的正是这种据益攻荆的策略。南北朝时期，北魏统治者打算席卷南土，统一天下，大臣如元英、邢峦、李苗等人，就提出了据益攻荆的建议，可惜没有被采纳。假如当时北朝据有巴蜀，那么，北方灭亡南朝，一统天下，可能就不会等到八十年后了（周一良《魏晋南北朝史札记·〈魏书〉札记》之“魏宣武帝元恪”条）。八十年后，陈朝的灭亡，不仅仅是因为它在北方失去了江淮，划江而守；也还在于上游的荆、益二州，已经落入北朝之手。在南宋、辽、金时期，金人南越江淮以追高宗，也另外派遣劲兵强将，西取陕西以窥荆、益。元军图谋南土，也先定据益攻荆之计。其后，元军与宋军争夺荆襄的战争，持续了数十年，荆襄失守，元军占据了长江上游，就立即分道东下，沿江各地纷纷投降，都城建康也就暴露在敌人的铁蹄之下。再如，太平军攻战武昌，清政府派曾国藩率军援救，罗泽南建议说：“欲制九江之命，宜从武昌而下；欲解武昌之围，宜从崇通而入。……由武昌以规江左，东南全局庶有转机。”（《湘军志》卷三）胡林翼上书，论守备之策，也说：“自古用武之地，荆襄为南北关键，武汉为荆襄咽喉。武汉有警，则邻疆胥震。”他认为：“夫善斗者必扼其吭，善兵者必审其势。今于武汉设重镇，则水陆东征之师恃为根本，军火米粮委输不绝，伤痍疾病休养得所。平吴之策必在先保鄂明矣，保鄂必先保汉阳，湖北之失在汉阳无备，下游小挫，贼遂长驱直入，应请于武汉设陆师八千，水师三千，日夜训练。”（《清史稿·胡林翼传》）罗泽南和胡林翼的建议极有理据，可谓能知地理形势之大要。

综上，我们认为，中国古代的逐鹿策略，以唐宋之际为界，存在着明显的阶段性特征。在前期，“得关中而定天下”是逐鹿者的基本策略；在后期，“游兵江南”以占据经济中心，然后伺机北上占领中原，进而统一天下，是逐鹿者的基本方略。发生逐鹿策略变化之关键，是唐宋之际中原经济中心的南移。中国古代都城地理格局，存在着自西而东的变迁格局，即由西安而洛阳而开封而北京的迁转趋势，而导致都城地理格局变迁之关键，也是唐宋之际中原经济中心的南移。总之，无论是逐鹿策略之变化，还是都城地理格局之变迁，但有一点是从未发生变易的，即自古以来，中国的政治中心在北方而不在南方。古代是这样，现在是如此，将来恐怕也不会改变。

第七讲 中国人的经典意识

——经典阅读与国民精神之重建

内容提要：尊重经典是中国人的文化传统，引经据典是中国人的言说习惯。本讲讨论中国人的经典意识，认为经典具有内涵上的丰富性和超越性，思想上的独创性和阅读上的无限性。民族经典培育民族精神，民族精神支撑民族生命的生存和发展。“四书五经”是中华民族的文化元典，它培育成中华民族博大、均衡、健康、纯正的民族精神，这种精神是推动中华民族发展前进的精神动力，是维系中华民族延续两三千年不衰败的精神支柱。在当代，通过推进中华优秀传统文化的创造性发展和创新性转化，重构国人对民族人文和历史的温情和敬意，坚定文化自信，重建国民精神，是实现中华民族伟大复兴的基础和前提。

西方人做学问，喜欢小题大做，如埃利阿斯《文明的进程》那样的著作，通过研究琐碎的日常生活细节，如吐口水、上厕所、就餐习惯等，讨论西方文明的进程，很是新奇，很能给人启发。后来看到西方学者研究毛发、研究放屁、研究沐浴、研究乳房、研究眼泪等，都能写成博大精深的专门著作，很是让人佩服。其实，学问就应该这样做，这样的学问才是真学问。与西方人相反，近现代以来的中国人做学问，喜欢大题小做，所以，常常是空话连篇，往往不得要领。今天我拈出“中国人的经典意识”这样一个大得不能再大的问题来讨论，可能大家已经在心里嘲笑我大题小做了吧。所以，我要声明一下，我是从经典阅读的角度，讨论中华民族的文化凝聚力，讨论中华民族的文化正统观念；联系当下开展的儿童读经活动，以及逐渐形成的全民阅读风尚，讨论国民精神的重建问题。

在全民阅读渐成风尚的今天，读书不再仅仅是为了获取知识，增长见闻，读书已经成为一种生活方式，即由功利性的阅读发展成消遣式的阅读。在这种背景下，我们来讨论经典阅读问题，也许对大家的阅读选择是有借鉴意义的。再说，在国民精神渐趋西化而远离传统的当代，在政府当局日趋重视文化软实力建设和发展的今天，讨论民族文化凝聚力和华夏文化正统观念，讨论经典阅读与国民精神的重建，也是有现实意义的。

我是一位文化守成论者，我坚信每一位有文化的中国人，每一位有民族感情的中国人，都应该阅读传统中国经典。阅读传统经典，是为了传承民族文化，承续民族精神命脉；是为了提升国民的人文素质，培育健康纯正的国民精神。这是我的主要观点，也是我的基本立场。

一、经典：恒久之至道，不刊之鸿教

讨论经典意识和经典阅读，我想先谈谈什么是经典？经典是如何形成的？堪称经典的著作有什么共同特点？

何谓“经典”？《说文》说：“经，织也。”段玉裁注：“织之从丝谓之经。必先有经，而后有纬，是故三纲、五常、六艺谓之天地之常经。”“经”的本义是“从丝”，即纵丝，就是织布用的纵向丝线。古人织布，先经后纬，经线是根本，犹如三纲、五常、六艺是天地之根本。刘熙解释说：“经，径也，常典也，如径路无所不通，可常用也。”（《释名·释典艺》）“经”就是径路，就是可以通达任何目的的径路。所以，引申开来说，文本中的“经”，就是可常用的“常典”，这正如刘勰所说：“经也者，恒久之至道，不刊之鸿教也。”（《文心雕龙·宗经》）具体地说，在一个民族的精神生活中，经典具有至高无上的地位，是民族文化精神史上的元典、大典，是民族精神中“恒久之至道，不刊之鸿教”，是历久弥新的，是颠扑不破的。它的最大特点，就是权威性，是一个民族日常生活的最高法则。

中国人写文章或讲道理，有一个很明显的特征，就是喜欢引经据典，充斥着“子曰诗云”之类的言辞。据我的考察，这种引经据典的写作或言说习惯，在《孟子》书中就很常见，孟子讲道理，在做结论时，总要来一两句《诗》云什么什么的，似乎引用一两句《诗经》中的句子，就能证明他的观点是有依据的，是正确的。这种引经据典的写作方法或言说方式，在汉代更是一种很普遍的习惯。汉人写政论文章或奏章，基本上都是依经立义，往往都要在文章的开头列举一大通经典中的名言，然后才亮出自己的观点。不仅是写文章，汉人说话也是这个腔调。比如，那个陆贾，喜欢在高祖面前称引《诗》《书》，搞得刘邦很不高兴，骂他说：“乃公居马上得之，安事《诗》《书》？”还有，那位“武夫天性，不便文学”的将军周勃，根本就受不了儒生那套引经据典、高谈阔论的习惯，当然他也听不懂。所以，每当有儒生来向他汇报工作，他总是要先打招呼：“趣为我语，无甚高论。”意思是说：你有话就直说，不要高谈阔论，不必引经据典。汉人写文章打报告是依经立义，甚至还以《春秋》为准则来判案，即所谓的“《春秋》决狱”。

经典著作在汉人心目中的权威性，可想而知。

产生于孟子而普及于汉代的这种引经据典的写作习惯和言说方式，基本上积淀成为中国人的一种民族习性，历经两千余年的沧海桑田而无大的改变。当代那些写政论文章或者作政治报告的学者或官员们，不是也常常把马恩列斯毛邓的语录挂在嘴边吗？这和汉儒的做法没有多大区别。十多年前，我读张贤亮的《男人的一半是女人》，看到文中的那位男主人公，在写的结婚申请书上，第一句便是毛主席语录，当时觉得特别奇怪，老百姓申请结婚，也要到毛主席他老人家的语录里去找依据吗？结婚的合法性还要毛主席语录的权威性来支持吗？前些年，我留心搜集中华人民共和国成立以来的结婚证和毕业证，发现自 50 年代至 70 年代的结婚证和毕业证上，一般都印有毛主席语录，这印证了张贤亮那部小说的写法是有现实依据的。由此可见，中国人引经据典的习惯，是根深蒂固的，申请结婚也必须要有经典的依据。当然，这也说明，中国人的经典意识，不仅根深蒂固，而且源远流长。古今的区别仅在于，古人崇拜“四书五经”，说话做事写文章，都要到“四书五经”里找依据；今人推崇马恩经典，所以，做报告写文章，也要到马恩列斯毛邓的语录里找支撑。总之，经典的权威性不可置疑，有经典语录的支撑，做的事才有合法性，讲的话才有合理性。

在民族文化生活中，经典著作具有至高无上的权威地位。但是，经典的崇高地位和权威性，不是与生俱来的。经典是逐渐形成的，是被逐渐建构起来的。经典的形成，常常需要漫长的历史时间来检验，大多数经典著作，都是在经过若干时代的阅读、阐释和淘洗之后，才存留下来的，那些只经过少数人或者一两代人认可的著作，是很难成为经典的。衡量一部作品是否是经典著作，时间是一个很重要的因素。我们这个时代，人心普遍功利，世风不免浮躁，因而也是“大师”辈出、“经典”泛滥的时代。其实，真正堪称大师的，又有几位？能否成为经典？不是借助媒体炒作而成的，也不是我们今天说了就算数的。我以为，大师与经典是合二为一的关系，大师必须有经典传世，经典必须是大师的写作。在某个领域里写几篇文章，或者出版过一两种小册子，就自命为大师，或者被吹捧为大师；随随便便一本迎合时尚的畅销书，就被称为经典。这样的书，上个月还在书店里成为畅销书，下个月就下架打包送纸浆厂，经典哪有这样短命的？在我看来，至少两三百年后还有大量读者认真拜读的作品，才堪称经典；至少要能写出传世两三百年还不过时的作品的作者，才堪称大师。所以，大家以后要慎用“经典”和“大师”这类特别高贵的词汇，也不要轻易相信媒体上那些滥用的“经典”和“大师”的称号。

衡量一部著作是不是经典，除了要经得起时间的检验外，还应当具备以下几个方面的特征：

第一，内涵上的丰富性和先进性。堪称经典的著作，必须具备特别丰富的思想内涵，包含人类社会、历史、文化、自然和宇宙等领域的一些重大的思想和观念。而且，这些思想和观念，具有先进性和普适性，能够促进人类文明的进步和社会文化的发展，可以极大地丰富和有益于人类生活，并且能够成为人类社会生活的行动指南和行为准则。思想平庸、内容单调、情趣低俗、观念反动的著作，绝对不能成为经典。

第二，时空上的超越性。经典著作虽然产生于特定的时代和社会，但是它总能超越其历史局限性和阶级局限性。也就是说，经典必须具有普世价值。它虽然是过去的著作，它必须是过去的著作，因为它至少得经过两三百年的历史时间的检验。我特别反感那种作者还在世时，作品就被吹捧为经典的做法，甚至昨天才出版上市的书，今天就被吹捧为经典的做法。经典一定是过去了几百年的著作，但它又总是与当下的现实生活密切相关。过去任何时代的经典，其旺盛的生命力，总是表现在它的现在时，总是与当代社会生活息息相通。套用法国年鉴学派的那句名言，“一切历史都是当代史”，可以说，“一切经典都是当代的经典”。一般而言，产生于特定时代特定作者之手的作品，都不可避免地具有时代局限性和个人局限性。但是，优秀的著作，必然能够超越时代局限，而与当下的生活息息相通；传世的经典，必须能够超越作者个人的喜怒哀乐，而表现人类普遍存在的问题，或者人类某种共同的感情。所以，经典的超越性，常常是指经典作品在内容上的超越性，在思想上的普世价值。

第三，思想上的原创性。经典著作不仅在内涵上具有丰富性，而且在思想上也具有原创性。这种原创性，不仅是独一无二的，无可取代的，而且还必须是历久弥新的，它能够在不同的历史条件下，焕发出适应新时代的思想内容。

第四，阅读上的无限性。经典著作应当经得起反复阅读，不仅要经得起少数人阅读，而且要经得起多数人阅读；不仅要经得起一个时代的读者阅读，而且要经得起若干时代的读者阅读；不仅要经得起本民族本国家的读者阅读，而且还要经得起世界各民族各国家的读者阅读。也就是说，不同时代、不同阶层、不同民族、不同年龄、不同文化背景的读者，都能从中获得启发和教益。甚至同一个读者在不同时间、不同心境下阅读，也能获得不同的感受。经典著作必须经得起读者的反复折腾，正如诗人冯至在评价杜甫诗歌时所说的：“杜诗含变态，一读一回新。”杜诗当然不会变，杜诗之所以“含变态”，是因为杜诗在思想内容上具有丰富性，因此在阅读上具有无限性，因而经得起读者的反复折腾，一读再读，所以是“一读一回新”。那种匆匆读过一遍，就不想再阅读的书，肯定不是经典。

总之，经典是“恒久之至道，不刊之鸿教”，是一个民族的日常生活的最高法则。引经据典是中国人的一个源远流长的书写方式和言说习惯。经典必须是大师的写作，大师必须有经典传世。经典具有内涵上的丰富性、内容上的先进性、时空上的超越性、思想上的原创性和阅读上的无限性等特征。

二、“四书五经”：中华民族的文化元典

在世界历史上，任何一个历史悠久的伟大民族，都有自己的文化元典，如印度的“吠陀”（包括《梨俱吠陀》《娑摩吠陀》《耶柔吠陀》和《阿闼婆吠陀》）和“佛经”，古希腊的《荷马史诗》和亚里士多德、柏拉图的著作；希伯来的《旧约全书》和《新约全书》，中华民族的“四书五经”，等等。

在我看来，任何一个能延续上千年的民族，必定有一种博大、均衡、健康、纯正的民族精神作支撑。民族精神就是一个民族的联系纽带和发展动力，直接决定这个民族的生存现状和发展前景。这种精神力量是如何培养起来的呢？我坚信，就是靠这个民族世代相传、世代尊奉的文化元典涵孕培育起来的。概括地说，文化元典培育民族精神，民族精神支撑民族生命的生存和发展。一个没有全民族共同尊奉的经典的民族，就是没有民族精神的民族，就是没有前途的民族。一个不懂得尊重民族文化元典的民族，就是精神不健全、凝聚力不强大的民族，就是没有前景的民族。“四书五经”是中华民族共同尊奉的文化元典，中华民族是一个懂得尊重民族文化元典的民族，中国人最重经典的权威性，历来便有引经据典的思维习惯。“四书五经”涵孕培育成中华

民族博大、均衡、健康、纯正的民族精神，这种民族精神不仅成为联系华夏各族的精神纽带，而且也是推动中华民族发展前进的精神动力，同时也是维系中华民族延续两三千年不衰败的精神支柱。

经典是有层次分别的，有领域经典和文化元典之分。在每一个学科领域，都有其代表性、开创性的领域经典，如有政治学经典，有法学经典，有文学经典，有哲学经典，有伦理学经典，等等。比如，在中华文化史上，有很多领域经典，如哲学上的《周易》《老子》，史学上的《史记》《汉书》，文学上的马迁文、相如赋、李杜诗、苏辛词，医学上的《本草纲目》、书学上的王羲之书法、画学上的顾恺之画，等等。但是，对塑造中华民族的文化心理和民族精神起决定作用，在中华民族发展史上起着精神支柱作用的，则是“四书五经”。“四书五经”是经典中的经典，是中华民族的文化元典。“元典”这个词不是我的发明，是著名学者冯天瑜先生的创制。“元典”这个词很有意思，我很喜欢。冯天瑜先生的学问做得好，我特别佩服他的《中华元典精神》和《中华文化史》这两部书，可谓博大精深，自成体系。我在十余年前，写过一本名叫《正统论——发现东方政治智慧》的书，就直接受益于他的《中华文化史》的启发。冯先生认为：并非一切古老的、重要的书籍，都可以被称为“元典”，只是那些具有深刻而广阔的原创性意蕴，又在某一文明民族的历史上，长期发挥精神支柱作用的书籍，才可以称之为“元典”；首次系统的而不是零碎的、深刻的而不是肤浅的、辩证的而不是刻板的表达出对于宇宙、社会和人生的观察和思考，用典籍形式，将该民族的“基本精神”或者“元精神”加以定型，这种典籍，就可以称之为“文化元典”。大家想想，在中华文化史上，能够堪此“元典”之称的，有哪些典籍？我以为，这非“四书五经”莫属。冯先生用“中华元典”一词称“经书”，称“四书五经”，非常准确，特别形象，很有概括性。总之，以“四书五经”为主的中华元典，可与印度元典、西方元典鼎足而三，成为人类社会最具原创性、最具影响力的三大精神支柱。

“四书五经”作为中华民族的文化元典，也有一个在解读与诠释过程中，逐渐经典化的过程。大体上讲，在宋代以前，在政治权力的支撑下，经过历代学者的解读、诠释与建构，“五经”逐渐完成了它的经典化过程。其实，在先秦时期，“五经”是诸子百家共同的学术资源，非仅儒家所独有。只不过在解读与诠释“五经”的工作中，儒家学者最为擅长，最为热心，所取得的成就也最大。“五经”并非儒家所独有，但确为儒家所独擅。因此，这种在先秦时期为诸子百家共同拥有的学术文化资源，逐渐成为儒家学者独占的学术资源。经过汉武帝“罢黜百家，独尊儒术”，立五经博士，“五经”便成为儒家独有的经典。“四书”的经典化过程发端于朱熹，他将《礼记》中的《大学》《中庸》两篇单独提出，与《论语》《孟子》合在一起，命名为“四书”，并进行全面系统的诠释和研究，建构起所谓的“心性之学”，又称“内圣之学”。儒家学说统称为“内圣外王之学”，“四书”是“内圣之学”，“五经”是“外王之学”。朱熹等理学家表彰“四书”，将“四书”经典化，发掘“四书”中的“内圣之学”，是由于他们很敏锐地看到，汉唐时期侧重发展的以“五经”为中心的“外王之学”，缺乏一种内在支撑和精神依据。因此，他们表彰心性之学，强调“内圣之学”，目的就是为了以内圣开出外王，用以“四书”为代表的内圣之学，支撑以“五经”为核心的“外王之学”。所以，“四书”的经典化过程，起始于朱熹，发展于宋元，形成于明清。当然，必须承认的是，在“四书”的经典化过程中，科举制度的推动之功是不可忽略的。总之，在传统中国独尊儒学的政治、文化、思想背景上，

“四书五经”凭借着政治权力的支撑，而逐渐意识形态化；通过历代学者的精心建构，经过道德家的努力提倡，而逐渐经典化；成为华夏族人的行动指南、思想准则、道德教科书和入仕的敲门砖，对中华民族的文化心理和民族精神，产生了决定性的影响。

“四书五经”的经典化过程，也并不是一帆风顺的。我以为，中华民族的文化元典在历史上经历过三次大的劫难，并且一次比一次来得猛烈，一次比一次来得沉重。

第一次，是秦始皇的“焚书坑儒”。秦始皇的“焚书坑儒”，完全是出于政治上统一思想的需要。秦王朝以法家思想为政治统治思想，认为儒家是“以文乱法”，自然就要焚你的书，坑你的人。关于这个问题，我一直强调，我们应该对秦始皇持一种“同情之理解”的态度，秦始皇的“焚书坑儒”，也是不得已而为之。因为国家的统一，政治的稳定，最重要的一个前提，就是思想上的统一。秦始皇的“焚书坑儒”，汉武帝的“罢黜百家，独尊儒术”，乃至于我们今天坚持马列主义，实际上是一回事，就是要统一思想。思想的统一，对于国家社会、团体公司，甚至家庭，都是非常重要的。心往一处想，劲才能往一处使，这个道理很简单，大家都明白。我总觉得我们过去对秦始皇的“焚书坑儒”，给予了太多的责难和批评，实际上这是不公平的。再说，秦始皇的“焚书坑儒”，它的破坏性也是很有限的，虽然烧了多少书我们不清楚，但坑的人却是有案可查的，才四百余人。和“文革”中冤死的人数相比，那仅仅是一个极小极小的零头。

第二次，是“五四”时期的打倒“孔家店”。在“五四”时期激进的反传统思潮中，一大批激进的思想家，提倡科学与民主，对中国传统的儒家思想进行尖锐的批判，“四书五经”被视为封建流毒，遭到沉重打击，“孔家店”成为当时激进思想家的众矢之的。其实，我一直认为，“五四”思想家的反传统，有着现实的目的，主要是为了思想解放斗争的需要，是用评价性的批评代替真正的学术研究，把学术研究当作思想斗争的武器，所以，一开始就带着矫枉反正的目的，甚至为了思想解放斗争的需要，凭借印象和经验，建构起一些与历史事实不完全吻合的观点。例如，男尊女卑观念就是一个典型，它基本上就是反封建的思想家，出于提倡妇女解放，反抗封建礼教的需要，而建构起来的一种历史观念。因此，其学理常常是粗疏的，其结论往往是预设的。

另外，关于“五四”的反传统思潮，有两点值得注意：其一，“五四”时期的打倒“孔家店”，与秦始皇完全出于政治目的的“焚书坑儒”不同，与“文革”时期红卫兵的野蛮做法也不一样。它是由一批既有深厚国学功底又受到过严格科学精神训练的思想家发起的，他们反传统，虽然很激进，但总体上还是保持着理性，他们既没有“焚书”，也没有“坑儒”，只是耍耍嘴皮子，动动笔杆子，在思想意识领域里兴风作浪而已。事实上，他们也深知精神传统对民族发展的重要性，所以，他们反传统，只是出于现实需要的权宜之计。其二，虽然是权宜之计，但是其影响却是相当地深远。可以说，它是从根本上改变了中国人的精神传统，从根本上在中国人的心中树立起传统与现代化的矛盾对立关系。所以，直到今日，中国人保守传统者，往往反对现代化；主张现代化者，常常就要反传统。传统与现代化在当代中国人的观念中，常常是水火不容，势不两立，这不能不说是“五四”思想家的责任。因此，当代思想家鉴于当代国民的这种“五四”阴影，就提出传统思想的现代性转化和创新性发展新课题，以弥补“五四”的偏激，以清理“五四”的阴影。我觉得，反思“五四”，仍然是当代思想家必须面对的一项重要课题。

第三次，是“文革”时期的“破四旧”，打倒“孔老二”和“批林批孔”。老实说，我不喜欢“孔老二”这个词，如果说“孔家店”这个词对孔子还有几分敬意的话，那么，“孔老二”这个称呼则是对孔子的大不敬，还有几分戏谑意味。如果说“五四”时期的反传统反封建，批判“四书五经”，是思想家为了解放思想的需要，还有一定的学理依据。那么，“文革”时期的反传统反封建，则是一帮无知识无修养的红卫兵的无理取闹，他们对传统儒家思想的打击，尤具破坏性和毁灭性。这与当时世界性的反传统思潮有密切关系。

但是，以“四书五经”为代表的传统中国文化元典，可谓是打而不倒，毁而不灭。在近些年，它不仅复活了，而且还有复兴之势。比如，近些年，以政府行为推动的规模宏大的祭孔活动，以国家名义在海外建立的孔子学院，都足以说明在国家政府层面上对儒学和中华文化元典的重视。另外，从 20 世纪 90 年代以来，发起于台湾、风靡于世界华人社会的中华经典诵读活动，成为一个引人注目的现象，也足以说明民间社会对儒学和中华文化元典的重新认同。还有，在全国高校大量出现的国学班或国学讲习所，中央电视台的“百家讲坛”，各地方电视台的国学论坛，等等，都足以说明以传统中华文化元典为核心的国学，的确存在着复兴之势。在当下，中华优秀传统文化与中国革命文化、社会主义先进文化，一并成为新时代中国特色社会主义文化的重要组成部分，中华优秀传统文化的创造化转化和创新性发展，更是成为理论界和知识界关注的重大文化建设问题。因为实现中华民族的伟大复兴，实际上就是实现中华优秀传统文化的伟大复兴。

自近现代以来，在“五四”反封建反传统思潮的影响下，“四书五经”一度成为封建糟粕的同义语。我不这样看，我特别认同和坚决支持近年来在华人社会开展起来的传统经典诵读活动。儿童经典诵读活动是台中师范大学王财贵教授发起的，这项活动自 1994 年起，从台湾开始，迅速影响到东南亚，乃至欧美华人社会。1998 年，在南怀瑾先生的推动下，中国青少年发展基金会决定在大陆推广这一活动，并定名为“古诗文诵读工程”，提出“读千古美文，做少年君子”的口号。经典阅读运动的发起人王财贵教授认为：一个人在十三岁以前，要“读尽世间名篇，听尽世间名曲，看尽世间名画”，才可能造就成新一代学贯中西的创造性人才。王财贵先生作为新儒学大师牟宗三的弟子，自有新儒家常有的偏执的一面，然而，他提倡的读经活动，值得任何一位意欲复兴中华优秀传统文化的读书人关注和支持。我在前面说过：一个民族的发展壮大，需要一种博大、均衡、健康、纯正的民族精神作支撑。而一个伟大的民族，她的民族精神，就是靠几部千古流传的民族文化元典培育起来的。中华民族的文化元典，就是“四书五经”。离开“四书五经”的涵孕，中华民族精神将成为空中楼阁，无本之木，无源之水。鲁迅先生说得对：“惟有民魂是最宝贵的，惟有它发扬起来，中国才有真进步。”（鲁迅《华盖集续编·学界的三魂》，人民文学出版社 1973 年版）我们的“民魂”在哪里？我认为，中华民族的“民魂”就在“四书五经”中。所以，我觉得，作为祖国的栋梁之材，作为中华民族精神的传承者，都应该认真精读细读这几部民族文化元典。

最后，需要声明的是，我是一位文化守成论者，对于传统儒学在当代的复兴之势，自然很是欢欣鼓舞，我也在很多场合宣传经典诵读，对儿童读经活动持积极支持态度。但是，我对蒋庆、康晓光等人提出全面儒化当代中国社会，以儒教为当代中国国教的观点，持保留态度。在 20 世纪 90 年代中后期，以蒋庆、陈明、康晓光、盛洪为代表的一批自称“大陆新儒家”的学者，经过十多年的酝酿和发展，于 2004

年7月，在贵阳阳明精舍举行的“中国文化保守主义峰会”上高调出场，整合成以“南蒋北陈”为代表的“大陆新儒家学派”，提出“儒化中国”的远景目标，致力于儒学的政治化和宗教化。他们认为：“五四”新文化后患无穷，自由民主祸国殃民，马克思主义失灵了，社会主义不行了，能够救中国的只有儒家。主张以儒教为国教，以儒化全中国、儒化中国共产党、儒化中国政治文化教育、儒化整个中国社会、儒化全世界为己任。如果说“港台新儒家”已经有一定的偏执特征，那么，“大陆新儒家”则是更为偏激，在学理上更加粗疏，在语言表述和逻辑论证上，存在着过度约化和以偏概全的问题（张世保主编《大陆新儒学评论》，线装书局2007年版）。因此，我欢欣于儒学在当代的复兴，认同和支持当下的儿童经典诵读活动，也致力中华优秀传统文化的创造性转化和创新性发展工作，但是，对于“大陆新儒家学派”的极端观点，却不能苟同。

三、以文化认同促进民族凝聚：古代中国的社会特征

“四书五经”是中华民族的文化元典，儒家思想渗透了传统中国人的政治生活和日常生活的方方面面。古代中国人的国家认同，实际上就是文化认同；古代中国社会的民族凝聚力，实质上是就是文化向心力。

在近现代，关于古代中国的国家性质问题，一度成为学术界讨论的热门话题。梁漱溟在他的名著《中国文化要义》一书中，专门写过一章叫“中国是否一国家”，讨论古代中国的国家性质。他的结论是：“中国非一般国家类型中之一国家，而是超国家类型的。”在他看来，古代中国之所以不像国家，一是因为它缺乏国家应有的功能，二是因

为它缺乏国际对抗性，三是古代中国人极度缺乏国家观念。

我想追问的是，古代中国人既然如此缺乏国家观念，古代中国既然不像一个国家，那么，到底是一种什么样的力量支撑着这个庞大帝国，使之维持二三千年的历史而不衰败，至今仍然以一个特别稳定和统一的强大姿态，屹立于世界民族之林？

关于古代中国社会的特点，西方哲学家罗素有一句话，说得特别精辟："中国实为一文化体而非国家。"现代史学家雷海宗也认为：中国是"一个具有松散政治形态的大文化区"。请注意，他们和梁漱溟一样，都认为古代中国不像一个国家，古代中国是一个"文化体"，古代中国社会是一个"大文化区"，都强调古代中国文化重于国家的特点。我以为，这是关于古代中国国家性质和社会特点的真知灼见。的确，古代中国是一个以共同的文化信仰维系着的人类共同体，共同的文化信仰所激发出来的感召力和凝聚力，大大超过国家和国家权力执行者的意志力。在古代中国，国家的灭亡是次要的，最可怕的是文化的灭亡，反对异族入侵的卫国战争，实际上就是捍卫民族文化、反对异族文化侵蚀文化正统的战争。文化代表国家，文化的灭亡也就标志着国家的灭亡。所以，《礼记·礼运》说："故坏国丧家之人，必先去其礼。"西周王朝的崩溃，也被史家称为"礼崩乐坏"。可以说，一部中国古代政治兴衰史，就是一部礼仁文化的演变史。文化关乎国家的兴亡，在世界史上，古代中国是独一无二的。

古代中国是一个以礼仁文化为核心的文化共同体，从历代学者对"中国""中华"等名词的解释，从顾炎武在《日知录》卷十三《正始》中对"亡国"和"亡天下"的区分，对"国"与"天下"的区别，可以证明这个说法。关于这个问题，我在第二讲"中国人的家国观念"中，已有详细的讨论，兹不赘述。

古代中国是一个以儒家礼仁文化为核心的大文化区，礼仁文化是华夏各族之间的黏结剂，文化认同是民族凝聚力的基础和前提。所谓民族认同，甚至国家认同，实际上就是一个文化认同问题。因为古代中国的夷夏之辨，主要是在文化上的区分，而不是种族与血统的区分。所以，荀子认为："居楚而楚，居越而越，居夏而夏，是非天性也，积靡使然也。"（《荀子·儒效》）也就是说，人在天性和血统上，并没有夷夏之别。夷夏之别是由后天的文化教养造成的，文化的区别才是划分华夏、夷狄的主要标准。康有为的说法是正确的："夷狄中国，论德不论地。"（《万木草堂口说·春秋繁露》）即夷夏之别的是"德"之别而不是"地"之别。所以，我很赞同冯友兰的观点："从先秦以来，中国人鲜明的区分'中国'或'华夏'与'夷狄'，这当然是事实，但是这种区分是从文化上来强调的，不是从种族上来强调的。"（冯友兰《中国哲学简史》第221页，北京大学出版社1985年版）即华夏族人之间的相处，主要是在文化上求同，不过分在族类上立异。即使在族类的区别上，文化也较血统重要，凡汉化之人即为汉人，胡化之人即为胡人，其血统如何，在所不论。班固说："夷者，蹲也，言无礼仪。"（《白虎通德论·礼乐篇》）有无礼仪是夷夏之辨的分水岭。文明程度高，有礼仪者，谓之华；文明程度低，无礼仪者，谓之夷。夷夏之辨就是野蛮与文明的区别。

文化认同是民族认同的核心，共同的文化信仰是维持华夏各族之间的向心力和凝聚力的重要纽带。国家的统一以文化的统一为前提，因此，古代中国尤其注重以文化的统一来促成国家的统一，以文化的普及作为权力推移的背景，以夏变夷，以先进的华族文化改造后进的夷族文化，以共同的文化信仰吸引异族归附中央王朝。"远人不服，修文德以来之"（《论语·季氏》），这是古代中国王道政治的统一策略。如《史记·五帝本纪》说：

> 流共工于幽陵以变北狄，放驩兜于崇山以变南蛮，迁三苗于三危以变西戎，殛鲧于羽山以变东夷。

迁徙文明程度较高、有礼仪的华人，到夷狄蛮戎之地，通过这种方式，影响其风俗，改进其文化，为日后的权力推移和政治统一奠定文化背景，这是中原王朝势力扩张的一贯策略。所以，在古代，中原政权对周边地区的扩张，成功与否，或速度之快与慢，很大程度上就取决于能否成功地实施移民，以及最终能使多少移民稳定地居留。因为军事征服自不用说，即使是开发性的占据，也必然会引起当地民众的不满，没有相当数量的华族移民作支撑，没有较为深厚的文化认同背景，新的地方行政机构往往就无法生存（葛剑雄《统一与分裂——中国历史的启示》第132页，生活·读书·新知三联书店1994年版）。因此，统治者向周边夷族地区移民，以华族文化影响和改进夷族文化，其目的就是为中央政权的扩张，奠定文化心理背景。例如，秦朝将山东六国的民众，迁徙到巴蜀地区，这些来自礼仪之邦的、文明程度较高的六国遗民到巴蜀后，通过他们的影响，使巴蜀文化逐渐华化，这为后来汉武帝开发西南夷奠定了坚实的文化心理背景。又如，河西走廊地区，气候湿润温和，适合于从事农业生产，当中原发生动乱时，这个地方往往就成为中原流民的避难所。所以，它的居民多是中原移民，它的文化整体水平不亚于中原地区，它与中原地区有共同的文化心理背景，所以，它的政治倾向一直是向着中原王朝的。

夷夏之辨实际上体现的就是古代中国人的民族观念，在这种观念中，固然有以自我为中心的民族主义思想，然而，更为重要的是，它特别重视精神文化的价值。在古代中国，“民族”这个概念，与其说是个种族概念，不如说是个文化概念，它以文化为基础，文化意义高于种族意义，强调的是文化正统的本位性和不可替代性，是一种文化民族主义。所以，在古代中国，虽然也有强烈的民族意识，但是，它没有陷入西方种族主义那样的偏执，它是一种具有浓厚人文精神的民族主义。至于在近代史上，章太炎等人的民族思想，乃近于西方的民族主义，是受了西方种族观念的影响而产生的以血统为标征的种族主义思想，它与古代中国的文化民族主义，大有区别。

这种以文化为标征的民族观念，为异族入主中原，为汉族儒生服务于入主中原的少数民族政权，提供了理论依据。一般认为，凡异族入主中原，只要他认同华夏礼仁文化的正统地位，其政权就有合法性和正统性。如在北魏，崔浩和高允就依据“能行中国之道则中国之主”的原则，论证北魏政权的合法性（《魏书》卷一八一《礼志》）。又如，辽朝道宗时期，有汉人在朝廷上讲《论语》，讲到“夷狄之有君”一句，“疾读不敢讲”。为什么呢？因为这句话的全文是“夷狄之有君，不如诸夏之无君”，明显有轻视周边少数民族的意思。辽朝是少数民族政权，汉人讲到这里，当然就不敢往下讲了，所以只有“疾读”，想蒙混过去。这个时候，身为少数民族的辽道宗说话了：“上世獯鬻猃狁，荡无礼法，故谓之夷。吾修文物，彬彬不异于中原，何歉之有？”所以，辽道宗“卒令讲之”（洪皓《松漠纪闻》）。身为夷族的辽道宗，也以是否认同礼仁文化为华夷之别的标准。在元朝，汉族儒生也劝统治者学习汉文化，如徐世隆就劝告忽必烈说：“陛下帝中国，当行中国之道。”（《元史·徐世隆传》）许衡也说：“国朝土宇旷远，诸民相杂，俗既不同，论难遽定，考之前代，北方奄有中夏，必行汉法，可以长久，故后魏、辽、金历年最多，其他不能行汉法，皆乱亡相继，史册具载，昭昭可见也。”（《时事五事》，《元文类》卷十三《奏议》）郝经也认为：“今日能用中国之士而能行中国之道，则中国之主也。”（《与宋两淮制置使书》，《郝文忠集》卷三十七）总之，文化关乎国家政权的合法性，文化系乎文人仕宦之取舍，在世界文化史上，古代中国是独一无二的。

综上，我们认为：传统中国的国家是一个文化共同体，传统中国的民族是以文化为核心的文化民族。传统中国的国家观念和民族观念，皆是以文化为中心的观念，文化认同是国家认同和民族凝聚的基础和前提，国家认同感和民族凝聚力实际上就是一种文化向心力。

四、君子与淑女：国民精神的理想楷模

下面，我想联系当代青年学生的读书现状，谈谈读书的品位，说说阅读活动与气质培养的关系，讨论经典阅读与国民精神的重建问题。

我总觉得现在的青年人，读书太少，读书面太窄，读书的功利目的太强，这是很不好的现象，也是颇令人担忧的问题。为着各门功课的考试而读书，仅读那几本教材和课堂笔记；为着各种证书考试而读书，仅读那几本考试参考资料。其结果是考试有高分，证书一大堆，但却没有获得真正的读书乐趣。所以，我常常告诫我的学生：你必须要有硬着头皮一字一句地去啃几部高深的经典著作的勇气和恒心，否则，你的学问没有根本，你的人格缺乏支撑。

我甚至劝告我的学生，去读一些眼下看来“无用”的书，如中外文学名著，如“四书五经”。因为目前我们的学生读书，太讲求实用了。我以为：“无用”之用，才是真正最有用的，才是“大用”。我们现在都在口口声声地讲素质教育，可很多人并不清楚什么是一个人真正的素质？著名物理学家劳厄说：“素质就是把你所学的知识统统忘光

以后剩下的东西。”作为一位文化人，你想一想，把你所有的证书和文凭都拿掉，把你赖以谋生的专业技术都拿掉，你还剩下什么？如果什么都没有剩下，你还算是有高素质的人吗？读书的目的是什么？古人说：“读书明理。”即读书的目的，是为了学习做人的道理。学问的目的是什么？孟子说：“学问之道无他，求其放心而已。”（《孟子·告子上》）即学问的目的，是找回善性，培育善心。今人读书、学问的目的是什么？是为谋生，是为上大学，是为出国留学，是为高薪收入……

面对一位充满理想、立志成才的青年人，我能奉献的唯一忠告就是：读书、多读书、读好书、读圣贤书。我认为：作为一位华夏子孙，你必须要对中华民族几千年来的历史文化积淀，有一个深切的理解，保持一份特别的温情和敬意。否则，你可能成为一位对社会有贡献的人才，但你不能成为一位合格的华夏传人。关于这个问题，钱穆在《国史大纲》开篇的那段“告读者书”，值得我们认真体味：

> 凡读本书请先具下列诸信念：一、当信任何一国之国民，尤其是自称知识在水平线以上之国民，对其本国已往历史，应该略有所知（双行小字略，下同）。二、所谓对其本国已往历史略有所知者，尤必附随一种对其本国已往历史之温情与敬意。三、所谓对其本国已往历史有一种温情与敬意者，至少不会对其本国已往历史抱一种偏激的虚无主义，亦至少不会感到现在我们是站在已往历史最高之顶点，而将我们当身种种罪恶与弱点，一切诿卸于古人。四、当信每一国家必待其国民备具上列诸条件者比数渐多，其国家乃再有向前发展之希望。（钱穆《国史大纲》卷首，商务印书馆1996年版）

最后一条尤其重要，一国之国民皆当对其本国之历史保持温情与敬意，

“其国家乃再有向前发展之希望”。他在该书的“引论”中还有进一步的阐释：

> 凡对于已往历史抱一种革命的蔑视者，此皆一切真正进步之劲敌也。惟藉过去乃可认识现在，亦惟对现在有真实之认识，乃能对现在有真实之改进。故所贵于历史智识者，又不仅于鉴古而知今，乃将为未来精神尽其一部分孕育与向导之责也。……若一民族对其已往历史无所了知，此必为无文化之民族。此民族中之分子，对其民族，必无甚深之爱，必不能为其民族真奋斗而牺牲，此民族终将无争存于并世之力量。今国人方蔑弃其本国已往之历史，以为无足重视；既已对其民族已往文化，懵无所知，而犹空呼爱国。此其为爱，仅当于一种商业之爱，如农人之爱其牛。彼仅知彼之身家地位有所赖于是，彼岂复于其国家有逾此以往之深爱乎！凡今之断脰决胸而不顾，以效死于前敌者，彼则尚于其国家民族已往历史，有其一段真诚之深爱；彼固以为我神州华裔之生存食息于天壤之间，实自有其不可侮者在也。故欲其国民对国家有深厚之爱情，必先使其国民对国家已往历史有深厚的认识。欲其国民对国家当前有真实之改进，必先使其国民对国家已往历史有真实之了解。我人今日所需之历史智识，其要在此。（钱穆《国史大纲》第 2 ～ 3 页，商务印书馆 1996 年版）

以历史为核心内容的人文传统，不仅具有“鉴古而知今”的作用，更为重要的是它对“未来精神”之“孕育”与“向导”，即指示民族思想和启发民族力量之功效。因此，缺乏深厚悠久的人文传统，或者既有丰厚的人文传统而践踏之，蔑视之，则其民族精神将无所依托，或者根本无法凝聚成全民族共有的精神力量。拥有深厚的人文传统，或者其人文传统并不深厚，而有识之士刻意建构之，用心张扬之，使其民族或国家之分子涵孕其中，受其陶染，而培育其对民族或国家的热爱之情，并凝聚成推动民族或国家发展进步的民族力量或民族精神。这段文字，值得我们反复诵读。钱穆在国难之际，正是持着“对本国已往历史之温情与敬意”，撰写成这部史学名著《国史大纲》。

作为一位从事中国传统文化教学与研究的学者，我坚信：读书、读好书、读圣贤书，对于一个人的精神情操的培养，具有特别重要的意义。一般而言，一个人的精神气质是天生的，后天的努力很难改变。但是，有一种活动，可以部分地改变你的精神气质，提升你的生活品味，这种活动，就是读书、读好书、读圣贤书。我以为：一个人的心灵，如果长时间地沉浸在圣贤的高尚生活境界中，他一定会变得高尚起来，他的气质一定会得到相应地提升。所以，我常常劝告我的学生，一定要读读“四书五经”，一定要经常诵读《楚辞》、唐诗。我也这样要求我的孩子。我相信：学校不仅是学习知识的地方，也是培养气质的地方，更是获得成长快乐的地方。读书是改变气质的重要途径。读《论语》，提升你的道德情操；读《史记》，培育你的历史意识；读杜诗，涵育你的家国责任意识。对于男青年，我强烈要求你读《孟子》，读《孟子》，可以培养你的大丈夫气概，这是我们的男青年在成长过程中特别需要的精神。老实说，我总是觉得我们今天那种油头粉面的小男生太多，普遍缺乏孟子所理想的那种“富贵不能淫，贫贱不能移，威武不能屈”的大丈夫气概。对于女学生，我建议常读唐诗，读唐诗可以提升你的生活情趣和生活品位。我反对女学生一味地沉浸在宋词的境界里，因为它太低沉，太哀婉，这不利于女性心智的健康成长。

我欣赏那种学有所长的学生，赞赏那种富有创造精神的学生，我乐于与那种好读书、善读书、读好书的学生交流。我以为：学习当有兴趣，读书则要有品位。那种在课堂上看小报、翻微信、读通俗杂志的学生，我从内心里替他们惋惜；那种在课堂上背英语单词、钻研各种证书考试资料的学生，我从内心里向他们表示同情。我始终觉得：那种小报、通俗杂志，放在枕头边，作入睡前的催眠可以；蹲在厕所里消磨时光，作排便之助力可以，但万万不可带入课堂，因为它与课堂上讲学论道的氛围，太不协调。大学生读书应该有点品位，所以，我常常对我的学生说：你在我的课堂上，看小报，翻微信，读通俗杂志，我鄙视；你在我的课堂上，读《论语》，看《孟子》，钻研萨特或者海德格尔的著作，我敬佩。

高等教育应当以尊重和满足人的本质需要、促进学生心灵的健康发展、引导学生树立积极的人生观和价值观为出发点。通过四年的本科高等教育，不仅要使学生掌握系统全面的专业基础知识，更要培育他们，使他们养成健全的知性和才性，养成博大宽阔的心胸和均衡康健的情怀，以及充满浪漫激情的理想主义精神。而且后者更为重要。本科高等教育应该如蔡元培所说，要“融通文理两科之界线”；或者如梅贻琦所说，要以“通识为本，专识为末”，实现以“发展整个的人格”为核心的教育理想。当前的高等教育，过分强调面向市场，过分强调学生的专业基础知识，着力培养实用型人才，致使一些高等院校，特别是一些地方性大学，基本上丧失了大学应有的精神与理念，办成了职业技术学校。因而导致学生在人文知识和人文修养等方面的严重欠缺，其结果便是心态失衡，性格畸形，心胸狭窄，急功近利，缺乏生活激情和超越理想。因此，在高等院校推行人文素质教育，培养学生博大均衡的知性与才性，培育学生健康积极的兴趣和性情，是当务之急，也是一位高等教育工作者义不容辞的职责。

我觉得，现在的青年学生缺乏浪漫激情，过于世故，过于平庸；我也认为，现在的青年学生缺乏理想主义精神，缺乏仰望星空的热情，过于功利，过于现实；我也发现，现在的青年学生缺乏人文修养和人文精神，过于西化，过于浮浅。所以，在大学校园里，培育人文氛围，推行素质教育，促进学生人格精神的健康发展，是当务之急。

培育人文精神和提升人文素质的最佳途径，是推广经典教育和普及文学教育。在这个问题上，我特别欣赏儒家的“诗教说”。“诗教说”把诗歌作为政治教化的工具，这固然于诗歌的本质特征颇相背离。但是，这种极富理想主义色彩的教化理论，对传统中国政治社会的稳定，发挥过极其重要的作用，并且，它对当代的政治思想工作，也有重要的借鉴意义。因为，文学艺术那种直指人心、直接感发心灵意志的教化影响，比起抽象的政治信念和简单的道德教条，对人心的影响，要大得多，要深刻得多，而且更容易被接受，更能产生深入持久的影响。所以，我常常对青年学生说：假如你想提高你的道德境界，你不可不读《论语》《孟子》；假如你想提升你的精神趣味和生活品位，你当常常诵读《诗经》、唐诗；假如你是一位共产党员，为了保持对党的绝对忠诚和坚定信念，你应当常常在心中默诵《共产党宣言》。

我总觉得，现在的青年人身上，缺乏一种纯正、雅致的气质，传统文化的根基太浅，西化现象严重而又不得要领。或者说，当下的国民精神呈现出远离传统而渐趋西化的趋势，远离传统做得比较彻底，渐趋西化而又未得西方文化的精髓。因此，当下的国民精神实际上是一种不中不西、不土不洋的状态。绝非危言耸听，确是肺腑之言，这种状态真的很危险，真的很致命。说得过激一点，就是现在有些男青年身上的邪气太重，像嬉皮士；部分女青年身上的妖气太重，像妖精。放在中国传统文化的背景上来考察，这都不美，是异端。我还是比较赞同温柔敦厚、文质彬彬的中和之美。我认为，这是传统文化与现代化二者之间，在传承与创新问题上出了毛病，从而导致审美态度上的偏差。“五四”以来，我们在传统文化与现代化的关系问题上，总是走极端。坚持复兴传统文化者，总认为现代化就是背叛传统，因此，他们往往就会反对现代化；坚持走现代化道路者，总认为传统文化是现代化的绊脚石，往往又会尖锐地批判传统文化。这种非此即彼的极端观念，我以为是“五四”新文化运动的产物，是“五四”时期从西方输入的以一分为二为特点的矛盾对立观念的产物，它完全违背了传统中国人一向坚守的中庸之道和中和观念。它影响深远，在一定程度上完全颠覆了传统中国的国民心理，矛盾斗争和对立冲突，取代了和谐中庸。“文革”时期片面的阶级斗争，极端的对立冲突，其根源也在这里。这个问题很复杂，很敏感，需要做专门的研究和讨论。我想强调的是，我们今天强调文化自信，通过文化自信促进中华民族的伟大复兴；我们现在以中华优秀传统文化作为新时代中国特色社会主义文化体系的重要组成部分，致力于中华优秀传统文化的创造性转化和创新性发展，致力于中华传统文化与现代化的融合发展。这正是一条传承中华优秀文化和复兴中华民族的正确路径。

在这里，我还想建议大家，真的应该认真学学韩国人，将儒家传统文化与西方现代文化结合得如此天衣无缝，这真是韩国人在文化史上创造的一个奇迹。也就是说，在中国人这里水火不容的东西；在人家韩国人那里，却是做得水乳交融，天衣无缝。我想，我们真的应该好好反省一下。好像是张颐武先生说过：中国美女明星的眼神，大多是刁钻的，古怪的，像妖精；韩国美女明星的眼神，则是平静的，柔顺的，是淑女。我认为，这是由传统文化底蕴的深浅不同所导致。这话说得很深刻，也很切合实情。

人文精神的失落，审美态度上偏差，是当代青年普遍存在的问题。作为一位从事文学研究与教学的工作者，作为一位中国传统文化的传播者和研究者，我以为，我们目前最迫切的工作，就是为当代青年树立一种纯正、雅致的审美观念。通过人文素质教育，通过经典阅读，通过有品位的阅读，提升人文精神，树立纯正的审美观念，清除其身上的邪气，使之成为君子；荡涤其身上的妖气，使之成为淑女。如果天下的男子都被培育成君子，天下的女子都被培养成淑女，那么，由君子、淑女组成的世界，就必将是一个人人安居、个个乐业的大同世界，这大概也就是马克思主义者所理想的共产主义社会吧！

第八讲 中国人的诗学理想

——兼论中国古典诗学的女性化特征

内容提要: 古代中国是一个诗歌氛围特别浓厚的国度，因而有“诗性中国”之称。本讲讨论中国人的诗学理想，认为温柔敦厚是中国古典诗学的理想品格，也是传统中国人理想的人生品格。温柔敦厚的诗学理想，要求诗歌题材上之雅与洁，诗歌风格上之厚与纯，诗歌情感上之真与正。诗学上的温柔敦厚，与美学上的中和之美，与处世上的中庸之道，是互为表里、相互渗透的关系。温柔敦厚的诗学理想品格，具有明显的女性化特征。在传统中国人的审美观念中，女人如诗，诗似女人。传统中国文人按照诗歌的美学标准，设计女性的气质神韵；女性的气质神韵，影响着古典诗学的审美趣味。传统中国女性最能体现传统中国文人的诗学趣味和审美理想；传统中国文人的诗学理想最能说明传统中国女性的气质特征。

以今天的眼光来看，一份刊物或报纸的头版头条，应当是本刊或本报的重头文章，所以居于首位，以示醒目，以表重视。以今律古，作为群经之首的《诗经》，以《关雎》置于书首，应当有其重要目的。

或者说，《诗经》以《关雎》开篇，即便《诗经》编纂者并无深意，而《诗经》诠释者也要尽力诠释出其中的深意来。综合历代《诗经》诠释者的观点，依我之见，《诗经》以《关雎》开篇，当有两层意义：一是标示诗学理想的意义，即孔子所谓“《关雎》乐而不淫，哀而不伤”是也；二是体现伦理秩序的意义，即《礼记》所谓“君子之道造端乎夫妇”是也。

“乐而不淫，哀而不伤”，或者说温柔敦厚，是中国古典诗学的理想品格。温柔敦厚的诗学理想，要求诗歌在题材上具有雅与洁的特点，在风格上具有厚与纯的特征，在情感上具有真与正的特点。诗学上的温柔敦厚，与美学上的中和之美，以及处世上的中庸之道，是互为表里、相互渗透、彼此影响的关系。

一、温柔敦厚：中国人的诗学理想

孔子说：“入其国，其教可知也。其为人也，温柔敦厚，诗教也。”（《礼记·经解》）按照孔子的意思，一个国家的国民，其为人温柔敦厚，是由于诗歌教化的结果。诗歌教化能使一国之民温柔敦厚，是因为诗歌本身具有温柔敦厚的品格。或者说，温柔敦厚的诗人写出温柔敦厚的诗歌，温柔敦厚的诗歌教化出温柔敦厚的国民。

何谓“温柔敦厚”？据孔颖达解释说：“温谓颜色温润，柔谓性情柔和。诗依违讽谏，不指切事情，故云温柔敦厚，是诗教也。”（《礼记正义》）这段解释文字，也适用于国民性格、诗人感情和诗学品格。即诗人具有温柔敦厚的感情，发而为诗，成为温柔敦厚的语言和韵律，形成温柔敦厚的诗歌品格，再以温柔敦厚的诗歌教化民众，形成温柔敦厚的国民精神。在传统儒家学者看来，温柔敦厚既是理想的诗歌境界，又是理想的国民精神。作为群经之首的《诗经》，所标示的正是这种理想的诗歌品格。因此，孔子说："《诗三百》，一言以蔽之，曰：思无邪。"（《论语·为政》）淮南王说："国风好色而不淫，小雅怨诽而不乱。"（《史记·屈原贾生列传》）而作为《诗经》之首篇的《关雎》，就是这种诗学理想品格的典范，所以，孔子说："《关雎》乐而不淫，哀而不伤。"（《论语·八佾》）

当然，在《诗经》中，确有不少并不温柔敦厚的诗篇。比如，在郑卫之音中，就基本上是男女言情之作；在《小雅》中，也不乏"指切事情"的诗篇。在这样一部经过圣人删定的经书中，居然还保存着这样多的男女言情之作，而孔子又说它是"无邪"的，这是不是自相矛盾呢？老实说，这的确也是让后世学者颇感困惑的问题。于是，学者就纷纷提出解释。例如，汉儒提出"美刺说"为之辩护，认为"二南"中有关两性情爱的作品，全在"美诗"之列；"变风"中的两性情爱诗篇，则是"刺淫"或"伤时"之作。到宋代，朱熹发现汉儒的"刺淫"说有点牵强附会，难以令人信服，他又提出"淫诗"说，承认《诗经》中确有不少"男女淫奔期会之诗"，但是，他要求读者以无邪之思去读有邪的作品。或者说，汉儒强调《诗经》中的言情之作，作者创作的目的是"刺淫"，读者当以批评的态度阅读；朱熹强调它本身就是"淫诗"，读者当以拒淫之心去读有淫之作。所以，我推测，《诗经》的编纂者也许并不完全是为了标示温柔敦厚的诗歌理想，《诗经》是提倡温柔敦厚的诗学理想品格的儒家学者，选择的一个诠释文本。因此，它不一定完全符合温柔敦厚的诗学理想品格，而解经者为了维护经典的权威地位，为了宣扬温柔敦厚的诗歌理想品格，采用"六经注我"的办法，甚至不惜牵强附会，曲为己说，使之迁就自己的诗学理想。所以，对于解经者来说，温柔敦厚仍然只是一种理想的诗学品格。

不过，大体而言，与汉魏以后的诗歌相比，《诗经》中的大多数诗篇，基本上与上古三代纯朴厚重的民情风俗相吻合，还是比较符合温柔敦厚的诗歌理想。实际上，从《关雎》到《陌上桑》，从《诗经》到汉乐府，我们确实能够体认到民情变迁的过程，感觉到世风日下的趋势。

举个例子来说吧。大家应该读过《诗经》中的《伯兮》《君子于役》，汉乐府中的《陌上桑》和《古诗十九首》中的《行行重行行》，我想用这几首诗为例，说明从周代到汉末，民情是如何变迁的？世风是如何日下的？

《伯兮》和《君子于役》这两首诗，描述的是思妇对征人的思念之情。在《伯兮》诗中，丈夫远出，为国征战，“伯兮朅兮，邦之桀兮。伯也执殳，为王前驱”。思妇对丈夫情深意长，为丈夫的地位、勇气和武艺而倍感自豪，甘愿承受独处闺中的思念之苦，以及因思念而带来的体肤之痛，所以是“愿言思伯，甘心首疾”，“愿言思伯，使我心痗”。“女为悦己者容”，丈夫外出为国征战，思妇独处闺中，无心妆扮，是“首如飞蓬”，即头上的乱发如飞散的蓬草。“岂无膏沐，谁適为容”，难道家中没有油膏和汤沐之类的化妆品吗？只是因为夫君不在家，修饰容貌也就显得毫无意义。也就是说，思妇家中是有膏沐的，当丈夫家居时，思妇定当常常以汤沐洗发，用油膏润发，来取悦夫君。因此，这首诗中的思妇，对丈夫不仅感情强烈，而且忠贞不渝。再说《君子于役》，写妇人怀念久役在外的丈夫。丈夫从军在外，不仅是“不日不月”，时间漫长，而且还是“不知其期”，回家的日子遥遥无期。妇人思念心切，埋怨夫君：“君子于役，如之何勿思”。但是，妇人并没有因为夫君迟迟不归而心怀他想，反而是很关心夫君的饮食起居和身体健康：“君子于役，苟无饥渴”。所以，从《伯兮》和《君子于役》这两首诗，我们确实能够感觉到《诗经》时代纯朴敦厚的民风。

到了东汉后期，民情和世风就发生了变化。《陌上桑》中的罗敷，就与《伯兮》诗中的思妇形象截然不同。从《陌上桑》的内容看，罗敷是有夫之妇，其夫君“白马从骊驹，青丝系马尾，黄金络马头。腰中鹿卢剑，可直千万余。十五府小吏，二十朝大夫。三十侍中郎，四十专城居。为人洁白皙，鬑鬑颇有须。盈盈公府步，冉冉府中趋”，是一位风流倜傥、功成名就、英俊潇洒的美丈夫。据诗中所述，罗敷的丈夫是外出做官，罗敷是独守闺中。按照传统观念，罗敷应当“首如飞蓬”，足不出户，独守空闺。可是，且看诗中的罗敷：“青丝为笼系，桂枝为笼钩。头上倭堕髻，耳中明月珠。湘绮为下裙，紫绮为上襦。”康正果先生说得对：“在《陌上桑》之前，从来还没有把良家妇女作为迷人的对象去描绘的作品。”而《陌上桑》是一个开端，它不仅把罗敷这位良家妇女作为迷人的对象来描写，而且还将罗敷这位本该“首如飞蓬”的有夫之妇的美貌，展示在众人面前。按照班昭《女诫》的要求，妇人不该“出则窈窕作态”，应当“出无冶容”。但是，罗敷在丈夫外出的情况下，穿着华贵，装扮时髦，还公然出现在南来北往的城南这个交通要道的桑田里采桑叶，引来各色男子驻足观赏。罗敷的行为，与《伯兮》诗中的思妇迥然不同，她虽然没有流于放荡和低级趣味，但是，在她的身上，确实隐含着“调情”的意味（康正果《风骚与艳情》第100页，上海文艺出版社2001年版）。所以，从《伯兮》到《陌上桑》，一定程度上体现了周汉时期社会风尚的变迁。

再看《古诗十九首》中的《行行重行行》，这首诗描述女子思念远行异乡的情人，女子对远行的情人情深意长，所以是“相去日已远，衣带日已缓”。情人远行不归，女子不免有埋怨之情，“胡马依北风，越鸟巢南枝”，描述的就是这种埋怨之情。不过，这也正常，《君子于役》诗中的女子，不是也埋怨夫君“如之何勿思”吗？！但是，与《君子于役》不同的是，《行行重行行》诗中，不仅有埋怨，还有猜忌，猜忌情人久出不归的原因，可能是在外地另有新欢了，“浮云蔽白日，游子不顾反”，说的就是这个意思。《诗经》时代，民风淳朴，人心忠诚，彼此信任，所以，即使丈夫久出不归，妻子也只有思念，没有猜忌。汉魏时期，人心不古，世风日下，人与人之间的信任度和忠诚度减小，猜忌也就由此而生。还有，《君子于役》诗中，妻子虽然埋怨丈夫久出不归，但是，她在心里还是很关心她的丈夫：“君子于役，苟无饥渴”。然而，在《行行重行行》诗中，女子不再关心情人的饥渴，而是勉励自己：“弃捐勿复道，努力加餐饭”。意思是说：别去想他了，好好吃饭，把自己的身体养好，才是最重要的事情。所以，我觉得，《君子于役》诗中的女子，为夫君考虑，是为人的；《行行重行行》诗中的女子，为自己的身体考虑，则是为己的。另外，因为“思君令人老，岁月忽已晚”，所以才是“弃捐勿复道，努力加餐饭”，从这里，我总是能够隐约地感觉到诗中女子的内心深处，有一种守与不守的矛盾和挣扎，这是《伯兮》和《君子于役》这两首诗中没有的感情。所以，从《君子于役》到《行行重行行》，一定程度上也体现了周汉时期社会风尚的变迁。

儒家学者以“乐而不淫，哀而不伤”的《诗经》为诗歌典范，追求温柔敦厚的诗歌理想品格，这与他们在审美观念上追求中和之美，在人生行为方式上崇尚中庸之道，是互为表里、相互渗透、彼此影响的。或者说，儒家学者因为在人生行为方式上崇尚中庸之道，所以在审美观念上重视中和之美，因而在诗学理想上追求温柔敦厚。因此，这种诗学理想并非空穴来风，它实在是建立在当时社会人们的处世方式和审美观念之基础上的。由于儒家思想被树立为二千年中国古代社会的统治思想，有政治权力支撑的儒家观念，在传统中国社会占据主流地位，与之相联系的温柔敦厚的诗学精神，也就成为传统社会影响最广泛的诗学理想，成为中国古典诗学追求的最佳理想品格。

温柔敦厚诗歌理想品格的形成，是以传统中国人的中和观念为理论背景的。传统中国人以和为贵，以中为美，反对一切极端倾向和偏激观点，认为任何极端和偏激的言行，都有背于中，有害于和，有乖于美。甚至那种特别高昂和过于低沉的情绪，也没有美感，因为它有失温柔，不够敦厚。那种特别富有刺激性的声音和物象，也不美，因为它既不中，也不和。在这样的文化背景上形成的诗歌审美理想，固然应当以温柔敦厚为宗旨。比如，在诗歌表达的情感上，它的典范，应当是孔子所称道的《关雎》那种“乐而不淫，哀而不伤”式的。那种特别高昂的情绪，不免有粗豪之嫌；那种过分悲伤的情绪，则不免有低沉之弊。在诗歌的题材上，春、江、花、月、夜，最适合于诗，不仅因为它们美，而且也因为它们有温柔敦厚的特点，或者说，因为它们是温柔敦厚的，所以是美的。再如，一年四季中，春、秋适合于诗，冬、夏则不适合于诗。因为春、秋二季温柔敦厚，冬、夏二季，或者温度太低，或者温度太高，太富于刺激性，既不中，也不和，更不温柔敦厚，所以不适合于诗。因此，古代中国诗人写冬天的雪景，往往用春天的温煦来调节它，如岑参“忽如一夜春风来，千树万树梨花开”（《白雪歌送武判官归京》），就是一个典型的例子；写夏天的炎热，往往用冷色调来冲淡它，如杨万里“芭蕉分绿与窗纱”（《闲居初夏午睡起》），就是一个典型的例子。又如，太阳与月亮，月亮适合于诗，因为它有柔顺和闲静的特点，符合温柔敦厚之旨；太阳不适合于诗，特别是夏天中午的炎炎烈日，因为它太有刺激性，如李贺以“羲和敲日玻璃声”（《秦王饮酒》）写日光，的确很新奇，但不美。符合温柔敦厚之旨的日光，是夕阳和朝阳。所以，古代诗人写太阳，不是写朝阳，便是写夕阳，极少有写正午烈日的。还有，以人伦入诗，友情（朋友）和爱情（情人）题材占有极大的比重，其次是母子之情，兄弟、父子之情的抒写就比较少，对于君臣之义，又常常是转化成情人关系来表现。似乎友情和爱情更有诗意，更适合于诗，母子之情次之，而兄弟、父子、君臣则不适合于诗。再说，中唐韩孟诗派中的孟郊、贾岛，有“郊寒岛瘦”之称，他们的诗歌，虽然新奇，但不美，因为它不和谐，不敦厚。至于当时的险怪诗人，以蛇、臭虫、跳蚤、粪蛆、老而丑的妓女入诗，就更是等而下之，不足称道。所以，钱锺书说得对：

> 与西洋诗相比较，中国诗显得感情不奔放，说话不唠叨，嗓门儿不提得那么高，力气不使得那么狠，颜色不着得那么浓。在中国诗里算是浪漫的，和西洋诗一比，只能算是古典的，至多是半个浪漫的；在中国算是最痛快的，在西方看来仍然太含蓄。（转引自卢忠仁《审美之维——美学二十八说》第 243 页，海天出版社 2007 年版）

中国古典诗歌崇尚温柔敦厚，反对嚣张跋扈，因而最讲含蓄蕴藉，特别强调诗歌的言外之意，韵外之味，味外之旨，以“言有尽而意无穷”为诗歌的最佳境界。所谓含蓄，就是含虚积实，含隐蓄秀。用司空图《二十四诗品》的话说，就是“不著一字，尽得风流”，或者说，是“心头无限意，尽在不言中”。追求含蓄蕴藉，讲求言外之意，主张无言之美，是传统中国人的重要审美趣味之一，也是传统中国艺术区别于西方艺术的显著特征之一。如欧阳修认为，诗歌要“含不尽之意，见于言外”（欧阳修《六一诗话》）。姜夔说：“诗贵含蓄。东坡云：‘言有尽而意无穷者，天下之至言也。’若句中无余字，篇中无长语，非善之善者也。句中有余味，篇中有余意，善之善者也。”（姜夔《白石道人说诗》）叶燮说："诗之至处，妙在含蓄无垠。"（《原诗》）刘熙载也认为，诗文"妙在言虽止而意无穷"（《艺概》）。所以，中国古典诗学虽然并不完全反对直抒胸臆，铺陈其事，但却总是以含蓄蕴藉为艺术的最佳境界。在这个问题上，我很认同朱光潜的说法：

> 无穷之意，达之以有尽之言，所以有许多意，尽在不言中。文学之所以美，不仅在有尽之言，而尤在无穷之意。推广地说，美术作品之所以美，不只是在已表现的一部分，尤其在未表现而含蓄无穷的一大部分。（朱光潜《无言之美》，见《朱光潜美学文学论文选集》，湖南人民出版社 1980 年版）

举个例子来说吧。盛唐著名诗人王昌龄，有"七绝圣手"之称，他的《出塞》"秦时明月汉时关"这首诗，被后人推尊为盛唐七绝的压卷之作。老实说，我一直不明白人们为何特别推崇这首诗。让我判断，我觉得他的《宿建德江》都比这首诗好。这首诗的前两句不错，"秦时明月汉时关，万里长征人未还"，很大气，可谓起势不凡，也很有诗意。后两句"但使龙城飞将在，不教胡马度阴山"，我不太喜欢，为什么呢？我觉得，它虽然表达了人们对和平的愿望，但是，它把话说得太实，因而就死了，显得不含蓄，不空灵，没有给读者留下想象的空间，所以，诗歌就没有了言外之意和韵外之味，不符合中国古典诗歌"言有尽而意无穷"的理想追求。《宿建德江》就不一样，诗歌的最后两句说："洛阳亲友如相问，一片冰心在玉壶。"这就显得很空灵了，能够引起读者的无限联想，或者说，诗人有意为读者留下了一个想象的空间，让读者去想象"一片冰心在玉壶"的寓意，这样，诗歌就显得很含蓄，有了言外之意，韵外之味。所以，我认为，就一般情况来说，诗歌的最后两句特别重要，是决定一首诗歌成败的关键。

因为一首诗歌有无言外之意和韵外之味，往往就是由这最后两句诗决定。还有，我以为，诗歌的最后两句，一定要写得空灵一点，含蓄一点，不宜把话说实说死，不宜直抒胸臆。因为直抒胸臆，必然就有失空灵，有失含蓄，就是把话说实了，也就说死了。《出塞》就有这个毛病。王维的《山居秋暝》也有这个问题，这首诗的前半部分，我很喜欢，你看："明月松间照，清泉石上流。竹喧归浣女，莲动下渔舟。"很有诗情画意，我就是不喜欢最后那两句："随意春芳歇，王孙自可留。"为什么呢？因为它在这个最能表现诗歌言外之意和韵外之味的地方，把话说实了，也就把诗写死了。因此，相对来说，我更喜欢《鸟鸣涧》《鹿柴》《竹里馆》这些诗歌，因为它们结尾两句都写得很空灵，也很含蓄，如"月出惊山鸟，时鸣春涧中""返景入深林，复照青苔上""深林人不知，明月来相照"等等，能够引人产生无限联想。《春江花月夜》的结尾也很好："不知乘月几人归，落月摇情满江树。"给你留下了想象的空间。把诗歌最后两句写得空灵的办法很多，我最不欣赏的是直抒胸臆，我比较欣赏的是"以景结情"。如王勃的诗歌《山中》："长江悲已滞，万里念将归。况属高风晚，山山黄叶飞。"就是一个典型的例子，诗歌以"高风晚""黄叶飞"写思乡之情，并以此景结束全诗，真的是"言有尽而意无穷"。所以，沈义父说得对："结句须要放开，含有余不尽之意，以景结情最好。"（《乐府指迷》）

诗贵含蓄。做到含蓄，最简便的办法，就是不要把话说完。概括地说，就是说半截话，就是点到为止。这里，我想通过孟浩然的《春晓》和李清照的《如梦令》"昨夜雨疏风骤"这两篇作品的比较，来说明这个问题。这两篇作品有比较的基础，因为它们表达的感情一样，抒情的层次结构也很相似，我甚至怀疑李清照在写作《昨夜雨疏风骤》时，就参考过孟浩然的《春晓》，不然不会如此相似。这两篇作品的句子，可分成三组来比较：一是《春晓》中的“春眠不觉晓”与《昨夜雨疏风骤》中的“浓睡不消残酒”。二是《春晓》中的“夜来风雨声”与《昨夜雨疏风骤》中的“昨夜雨疏风骤”。三是《春晓》中的“花落知多少”与《昨夜雨疏风骤》中的“试问卷帘人，却道海棠依旧。知否？知否？应是绿肥红瘦”。通过对这三组句子的比较，你会发现，诗中的句子都是概括性的，词中的句子都是细致的、细腻的。比如，诗中说“春眠不觉晓”，并未交代“不觉晓”的原因，也没有说明睡态。在词句中，却对此作了一一交代，睡态是“浓睡”，“浓睡”的原因是“不消残酒”。再看第二组句子，诗中只是概括地说，昨天晚上下雨了，刮风了，即“夜来风雨声”。但是，多大的雨？多大的风？诗人都没有说。在词句中就很具体了，雨是“疏”风是“骤”，是“雨疏风骤”。第三组句子的区别就更显著。在诗中，诗人只是随随便便地问了一句“花落知多少”，问的神态啥样？没说明。问的是谁？不知道。对方如何回答？不知道。对方回答后诗人的感受如何？不知道。可这些没说明和不知道的内容，在词句里都有明确的交代。词人是“试问”，一个“试”字，把词人想问又不想问、想问又不敢问的神态，非常形象逼真地描绘出来了。词人想问，是想知道海棠花到底怎么样啦？词人不想问，是因为“雨疏风骤”，海棠花肯定是“绿肥红瘦”，不问也知道结果，问了也等于白问。词人想问又不敢问，明知是“绿肥红瘦”，但又害怕从“卷帘人”那里听到这个事实，词人在心底里还在企盼着意外，但她又明知这个意外是不可能发生的。所以，一个“试”字，把词人犹豫不决、矛盾复杂的心态充分地表现出来了。词人问的是“卷帘人”，卷帘人回答的是“海棠依旧”，听到卷帘人的回答后，词人的感情是“知否？知否？应是绿肥红瘦”。通过以上比较，两篇作品的区别，便显而易见，即诗句都是概括性的，点到为止；词句都是细致的，深入的。因此，诗句都是含蓄的，词句往往是直白的。特别是第三组，分别作为两篇作品结尾的句子，其效果完全不一样，诗句中留下了很大的想象空间，让读者通过联想来充实弥补诗歌内容，所以显得很含蓄，有言外之意，是典型的“言有尽而意无穷”。而在词句中，却是一股脑儿地全道出来了，基本上没有给读者留下想象空间，所以，在言外之意这一点上，词作就不如诗歌。再说，两篇作品表达的感情一样，都是对花的飘零、美好事物的消失而发生的感伤情绪，但是，情感的程度却大有区别。在诗中，诗人只是轻描淡写地问了一句“花落知多少”，他有感伤，要不然，他不会大清早醒来，第一件事就问“花落知多少”。但是，他的感伤程度是有限的，他只是这么轻描淡写地问了一下，好像并不是很关心结果。所以，我以为：《春晓》诗里表现的，主要是一种无所关心的满足。这是一种典型的诗歌情绪，一种符合中国古典诗学温柔敦厚理想品格的感情。但是，在《昨夜雨疏风骤》里，词人的感情就要细腻得多，强烈得多，听到卷帘人的回答后，词人的反应是“知否？知否？应是绿肥红瘦”，很激动，很生气。一般来说，人在情绪特别激动的时候，说话就会结巴。“知否？知否？”表现的就是词人在情绪特别激动时，说话结巴的状态。不是“海棠依旧”，“应是绿肥红瘦”，看得出词人很生气的样子。所以，《昨夜雨疏风骤》里表达的感情，不是温柔敦厚的，因此，这种感情，不是诗歌的，而是词的。实际上，我们在上述比较中看到的差别，不仅仅是孟浩然的《春晓》和李清照的《昨夜雨疏风骤》这两篇作品的差别，而且也是诗和词这两种文体的区别。

总之，中国古典诗学以温柔敦厚为宗，以含蓄蕴藉为径。中国古典诗学为体现温柔敦厚之旨，特别强调诗歌的含蓄蕴藉。或者说，含蓄蕴藉是实现温柔敦厚的手段。

中国古典诗学温柔敦厚的理想品格，自明清以来，就遭到异端思想家的尖锐批评，特别是近现代以来，受到反封建礼教的激进思想家的强烈攻击。其原因，我认为，主要有以下三个方面。首先，在于历代儒家特别是宋元以来的儒家，对温柔敦厚的过度阐释，以及在层层累积的阐释中，叠加在温柔敦厚之上的政治性的功利因素，使温柔敦厚成为儒家政治功利的宣传品，而淹没了最初的意义。所以，明清以来尚真重情的文人，斥责温柔敦厚，甚至否定它是孔子的思想，如袁枚就说过："孔子论诗，可信者兴观群怨，不可信者温柔敦厚也。"（《答李鹤书》）其次，在近现代以来，激进思想家提倡科学与民主，反对封建礼教，儒家践行的中和之美和中庸之道，受到强烈攻击，而建立在这个基础上的温柔敦厚的诗学理想，也被视为反动落后的文学观念。最后，特别是在近现代全盘西化潮流的影响下，西方文学作品和文学理论的输入，在西方文艺思想的比照之下，温柔敦厚的诗学理想与之迥然有别，所以也就相形见绌，因而也就遭到严厉的批评。

其实，我认为，这都是因为没有对温柔敦厚的本义进行深入研究，而做出的轻率批评。徐复观对这个问题做过专门考察，我很赞同他的观点。他认为：温柔敦厚是指诗人流注于诗中的感情来说的。诗人将温柔敦厚的感情，发而为温柔敦厚的语言和韵律，这便形成了温柔敦厚的诗歌风格。什么叫"温柔敦厚"？在他看来：不太冷，也不太热，就是温。温的感情以适当的时间为条件，不远不近的适当时间距离的感情，是不太热不太冷的温的感情，这正是创作诗的基盘感情。温的感情最适合于诗，为什么呢？首先，温的感情有柔的特点。太热的感情是刚烈的性格，太冷的感情是僵冻的性格。这都没有弹性，因此也没有吸引力，是一种不容易使人亲近的感情。在太热与太冷之间的温的感情，自然是有弹性的，有吸引力的，容易使人亲近的、柔和的感情。

其次，温的感情有敦厚的特点，敦厚指的是富于深度、富有远意的感情，也可以说是有多层次，乃至有无限层次的感情。太热与太冷的情感，不管多么强硬，常常只有一个层次、突破了这一层次，便空无所有。而温柔的感情，是千层万层重叠起来的敦厚的感情。这种敦厚的感情，就像一个大的磁场，它含有永恒的感染力（徐复观《释诗的温柔敦厚》，见《中国文学精神》第35～37页，华东师范大学出版社2004年版）。这是目前为止，我读到的对“温柔敦厚”一词的含义，做出的最通达最明确的解释。

在我看来，温柔敦厚是人生的正常状态，也是人生的理想状态；太热或太冷的情感，都不是正常状态的情感，也不是理想状态的情感。太热或太冷的感情，都是因为人受到某种外界因素的强烈刺激，而导致的情感失衡状态。当外界因素的强烈刺激消失以后，人的情感又回复到温柔敦厚的正常状态。所以，温柔敦厚是人生的正常状态。进一步说，外界因素的强烈刺激，无论是使人高兴的刺激，还是使人悲痛的刺激，它总是使人处于紧张、焦躁、不安的状态，但是，从内心深处的本能需求来说，人类总是更喜欢平静、安闲的生活，追求闲适、安逸的情感状态。所以，温柔敦厚也是人生的理想状态。在现实生活中，我们有时的确不免于金刚怒目，或者愤世嫉俗，或者悲痛欲绝，或者欢天喜地，但是，在通常情况下，我们是温柔敦厚的，是安静平和的。相对于紧张、焦躁、不安，人类从本能上更倾向于安静、和平、闲适。从人类文明的进程看，金刚怒目或愤世嫉俗，都是刚性的、强硬的，因而也是野性的；温柔敦厚是柔性的，是敦厚的，是经过文明洗礼的，因而也是文明的，所以也是人类理想的情感状态。

总之，按照徐复观的说法，温的感情是柔性的，因而有弹性，有吸引力，有感觉柔和、使人亲近的特点；温的感情是敦厚的，因而富于深度，富有远意，是有无限层次的情感。我则进一步认为：温柔敦厚是人生的正常状态，也是人生的理想状态。诗歌是情动于中的产物，诗歌固然可以表现人生的异常状态，但更应该表现人生的正常状态。所以，温柔敦厚是人生的理想状态，也是中国古典诗学的理想境界。《诗经》首篇《关雎》，孔子说它“乐而不淫，哀而不伤”，符合温柔敦厚的诗学理想。因此，《诗经》以《关雎》开篇，在编辑者或诠释者看来，它在中国古典诗学史上，是有典范意义的作品。

二、由真情至正情：中国古典诗歌的理想品格

中国古典诗学的理想品格是温柔敦厚，它包括诗歌题材上的雅与洁，诗歌形式上的温与润，以及诗歌情感上的真与正。就诗歌情感来说，无论是真情还是正情，都是以温柔敦厚为特征，虽然其中也有主次、轻重之分。

中国古典诗学中的诗歌本质论，既有言志、缘情的区分，也有诗本情志的通说。对于情志的取向，既有侧重于情志之正大光明者，如以德、功、道、事和忠、孝、节、义为情志之正，如儒家学者；也有侧重于情志之真切自然者，如以自然性灵为情志之真，如道家学者。在唐宋以来的古典诗学理论家看来，无论是真情还是正情，都是温柔敦厚的，是“乐而不淫，哀而不伤”的，都可以统之于诗本情志说，都以“诗三百”为典范。换句话说，“诗三百”中的性情，具有“思无邪”的特点，是“好色而不淫，怨诽而不乱”。主张诗情正和提倡诗情真者，都渊源于“诗三百”。“诗三百”是中国古典诗学的经典范例，代表中国古典诗学的理想品格。

一般地说，真情是自然的，正情是社会的。真情通过社会改造而

成为正情，虽然正情仍要以真情为基础，但是它已经渗透了为社会秩序的整合而建构起来的道德观念和价值观念；虽然它逐渐远离了人性的本真状态，但是因为它更能适应文明社会秩序整合的需要，所以也能得到学者的赞同和提倡。特别是儒家学者，他们所提倡的“乐而不淫，哀而不伤”的温柔敦厚的“诗教”，就是以正情为依归的。正情与真情的区别，在万大章的下面这段话中说得很清楚：

> 师友感事寄兴，情真语挚，悲壮淋漓，辄爱不释手，且不费诵习而自能历久不忘，以视六经四史，时时入览，犹不能掩卷终篇者，乃觉劳逸殊形，得失异致。若是乎声音之道感人深矣！（《〈畅园诗草〉序》，《贵州通志·艺文志》卷十七）

因“感事寄兴”而创作的诗篇，之所以比“六经四史”感人至深，而且不需要特别费劲，随便看看，随意翻翻，就能历久不忘，原因就在于它的“感事寄兴，情真语挚”，最契合于人的性灵本真。“情真语挚”的诗篇与“六经四史”的这种赏读效果的差别，或许显示的便是情真与情正的不同。“情真语挚”的诗篇，显示的是人的真情，“六经四史”展示的是人的正情。真情是人性的本真状态，正情则是本真人性通过社会改造后的状态。真情是自然性的，正情是社会性的。因此，社会性的正情比起自然性的真情，它与人性的原初状态终究有一层隔膜。所以，它作用于人心，比起自然性的真情来，就略显迟钝。

“诗言志”要求诗歌中表现正情，即“诗道情正”；“诗缘情”要求诗歌中表现真情，即“诗本情真”。“诗道情正”与“诗本情真”并非两种矛盾对立的诗学理论，也很难说它们之间有高下等级之分。我认为，真情是自然性的，是为己的，是个人性的，颇有浪漫色彩；正情是社会性的，是为人的，重视现实关怀。对于批评家来说，如果强调诗篇的光彩照人，独立不羁，感人至深，就特别看重诗歌中的真情；如果偏重诗篇的政治教化，强调诗歌劝善惩恶的功能，就尤其看重诗歌中的正情。简单地说，情真动人，情正育人。因为这个原因，现实精神强烈的学者，在这两者之间，便有高下轩轾。如傅龙光说：

汉晋以来，为诗者多矣，得性情之正而合于古人言志之旨者，不数数也。其或执一偏之性，纵一往之情，而不觉乖于性情之正者，有矣，然犹有性情者存也。又或摹仿声调，襞积故实，则为古人所役；或趋赴俗尚，谀悦人情，则为今人所役；或雕刻木石，搜讨虫鱼，则并为万物所役，安在有性情与志乎？（《〈吟我诗集〉序》，《贵州通志 · 艺文志》卷十四）

傅龙光以“诗本情性”为准则，将诗歌区分为三品：上品是情正者，即“得性情之正而合于古人言志之旨者”；中品是情真者，即“执一偏之性，纵一往之情，而不觉乖于性情之正者”；下品则是无情无性者，即情性为古人、今人、万物所奴役而不能彰显者。

平心而论，正情与真情并无高下之分，育人与动人皆为社会人生之所必需。一个没有明显偏激情绪和怪癖行为的人，其发自性灵的真情，必定与社会群体公认的正情，是相通相融的；社会群体公认的正情，首先必须是真情，伪诈矫揉绝对不是正情。据徐复观说：

照中国传统的看法，感情之愈近于纯粹而很少杂有特殊个人利害打算关系在内的，这便愈近于感情的“原型”，便愈能表达共同人性的某一方面，因而其本身也有其社会的共同性。所以“性情之真”，必然会近于“性情之正”。（徐复观《传统文学思想中诗的个性与社会性问题》，见《中国文学精神》第 4 页，上海书店出版社 2004 年版）

因此，要在真情与正情之间，划分高下等级，实在是因为论者所取的视角不同而已。如儒家为人，所以重正情；道家为己，所以重真情。浪漫作家其情真，现实作家其情正。

从实际情况来看，真情往往是个性化的，常常会陷入个人的偏爱和一己之私情；正情常常是社会性的，往往有不痛不痒的冬烘乡愿气象。不过，从理想状态来说，诗人的个性与社会性是可以统一的，性情之真与性情之正是可以合一的。徐复观认为："伟大诗人的个性便是社会性。"他说：

> 诗人先经历了一个把"一国之意""天下之心"，内在化而形成自己的心，形成自己的个性的历程，于是诗人的心、诗人的个性，不是以个人为中心的心，不是纯主观的个性，而是经过提炼升华后的社会的心，是先由客观转为主观，因而在主观中蕴蓄着客观的，主客合一的个性。所以，一个伟大的诗人，他的精神总是笼罩着整个的天下、国家，把天下、国家的悲欢忧乐凝注于诗人的心，以形成诗人的悲欢忧乐，再挟带着自己的血肉把它表达出来，于是使读者随诗人之所悲而悲，随诗人之所乐而乐，作者的感情和读者的感情，通过作品而融合在一起。（徐复观《传统文学思想中诗的个性与社会性问题》，见《中国文学精神》第2页，上海书店出版社2004年版）

即通过道德心的培养，使诗人得"性情之正"，以打通个性与社会性中间的壁障。这样，于诗人来说，是表现性情之真；对作品而言，则是体现性情之正。性情之真与性情之正由此走向统一，所以，真情与正情之间，并无截然显明的区分界限。按照古代学者的说法，真情之歌与正情之诗，皆源于"诗三百"。如傅玉书说：

> 古诗与唐诗体裁各异，且各有盛衰偏全之分，而要必源于"三百"，

归于“三百”，则其义一也。古诗正始于苏、李，盛于建安、晋、宋，衰于梁、陈。方其盛也，班、张、曹、刘、阮、郭、颜、谢，各有所长，而得其全者靖节也。唐诗正始于陈伯玉，盛于开、宝之际，及中、晚而渐衰。然就其盛时，曲江、太白、王、韦、高、岑、东川、道州之徒，亦与中、晚诸家各擅其胜，而得其全者少陵也。故必知陶而后可与读《文选》，必知杜而后可与读《全唐》。间以斯意求宋、元、明诗，十仅一二得。（《黔风旧闻录》，《黔诗纪略》卷二十六）

陶渊明和杜甫，分别是古诗和唐诗创作的集大成者，虽然以情真、情正概指古诗、唐诗，未必完全准确，但是，说陶渊明是情真之诗的代表，杜甫是情正之诗的典型，则大体不差。而且，他们都“源于‘三百’，归于‘三百’”。据此可说，作为中国古典诗歌之总源的“诗三百”，实际上是兼备了真情与正情这两个方面。

《诗经》是真情与正情相统一的典范之作。就具体作品而言，虽然它表达的是诗人的真情，但是，这种真情又与“乐而不淫，哀而不伤”的宗旨相吻合，是“无邪”的，是温柔敦厚的，因而也就是正情。《诗经》中的大部分作品的确是如此，即便是那少数“淫奔”之作，解读者也是力求从真情与正情相统一的角度，进行诠释和辩护，以维护《诗经》的经典地位。所以，康正果的观点值得注意：《诗经》时代是风情与风教统一（即男女之爱与夫妇之爱合一）的时代；汉代以后，随着礼教的兴起，便进入了风情与风教分离（即夫妇之爱与情人之爱分离）的时代。在汉乐府中，风教多了，风情少了，是风教胜于风情。在南朝乐府中，风情多了，风教少了，是风情胜于风教（康正果《风骚与艳情》第一至四章，上海文艺出版社2001年版）。《诗经》是风情与风教的统一，也就是真情与正情的合二为一，所以成为中国古典诗学的最高典范。

《诗经》以后，能够将真情与正情融合为一体的，是杜甫其人其诗。叶嘉莹认为：杜甫之所以能够成为“集大成之时代的集大成之诗人”，在于他“生而禀有一种极为难得的健全的才性——那就是他的博大、均衡与正常”。这种才性表现在两个方面：其一，他是一位“感性与知性兼长并美的诗人，他一方面具有极大且极强的感性，可以深入于他所接触到的任何事物之中，而把握住他所欲攫取的事物之精华；而另一方面，他又有着极清明周至的理性，足以脱出一切事物的蒙蔽与局限之外，做到博观兼采而无所偏失”。其二，是他于“严肃中之幽默与担荷中之欣赏”，他一方面有极主观的深入的感情，另一方面又有极客观的从容的观赏，面对悲苦有极强大的正视态度与担荷力量。在我看来，杜甫的这种才性，实际上就是真情（感情）与正情（知性）的有机统一，体现在他的诗歌中，就是“诗人之感情与世人之道德的合一”，即真情与正情的合一。通过杜甫与韩愈、白居易的比较，叶嘉莹指出：

在我国传统之文学批评中，往往将文艺之价值依附于道德价值之上，而纯诗人的境界反而往往为人所轻视鄙薄。……以为这种作品“无一言经国，无纤意奖善”（李涪《释怪》）。而另外一方面，那些以“经国”“奖善”相标榜的作品，则又往往虚浮空泛，只流为口头之说教，而却缺乏一份诗人之锐感深情。即以唐代最著名的两位作者韩昌黎与白乐天而言，昌黎载道之文与乐天讽谕之诗，他们的作品中所有的道德，也往往仅只是出于一种理性的是非善恶之辨而已。而杜甫诗中所流露的道德感则不然，那不是出于理性的是非善恶之辨，而是出于感情的自然深厚之情。……所以昌黎载道之文与乐天讽谕之诗，在千载而下之今日读之，于时移世变之余，就不免会使人感到其中有一些极浅薄无谓的话，而杜甫诗中所表现的忠爱仁厚之情，则仍然是满纸血泪、千古常新，其震撼人心的力量，并未因时间相去之久远而稍为减退，那就因为杜甫诗中所表现的忠爱仁厚之情，自读者看来，固然有合于世人之道德，而在作者杜甫而言，则并非如韩、白之为道德而道德，而是出于诗人之感情的自然之流露。……这种诗人之感情与世人之道德相合一的境界，在诗人最为难得。（叶嘉莹《论杜甫之七律之演进及其承先启后之成就》，见《杜甫秋兴八首集说》之《代序》，河北教育出版社 1997 年版）

一般情况下，“纯诗人的境界”是真的境界，其情真而不正，所以遭到轻视；以“经国”“奖善”相标榜的境界是正的境界，其情正而不真，所以浅薄无谓。只有杜甫的诗歌，是诗人之感情与世人之道德的相合为一。在诗人是真情的抒发，在作品是正情的体现，在读者则是正情的体认，是真情与正情的合二为一。因此，杜诗最符合中国古典诗学的理想品格；所以，杜甫才享有独一无二的“诗圣”之称。

学者以为，宋元以来的诗歌，得《诗经》真情、正情之精义者，“十仅一二”，也就是百分之一二十罢了，所以，宋元以来是中国古典诗歌理想品格的沦丧期。这种说法，虽有传统诗论家的偏见，但是，就中国古典诗歌固有的理想品格来看，宋元以来确有古典诗学精神沦丧的迹象。这就是为什么中华人民共和国成立前出版的《中国文学史》，大多详于唐宋以前而略于唐宋以后的主要原因。中华人民共和国成立前大学中文系的教授，讲授中国文学史，也往往只讲到唐宋。例如，王瑶回忆说：“以前北京大学中文系标榜所谓‘余杭章氏之学’，入学后先修文字声韵之学，即从小学入手。小学是为了通经的，所以中国文学史也讲到唐代就差不多了，元明清可以不讲，更何况‘五四’以后。”（王瑶《“鲁迅研究”教学的回顾与瞻望——在“鲁迅研究教学研讨会”上的发言》，《鲁迅研究动态》1988 年第 8 期）陆侃如回忆他中华人民共和国成立前的文学史教学工作时，也说：“我教过二十年的‘中国文学史’，都是详于周秦，略于唐宋，至明清就根本不讲了。我所认识的担任这门课的朋友们，讲授的进度都一样。”（《关于大学中文系问题》，《人民教育》1952年2月19日）鲁迅先生也说过：“我以为一切好诗，到唐已被做完，此后倘非能翻出如来掌心之‘齐天大圣’，大可不必动手。”〔鲁迅《鲁迅书信集·致杨霁云（1934年12月20日）》，人民文学出版社1976年版〕如此看来，这并非个别学者的偏见，而是部分传统学者的共识。

诗本情真，诗道情正。或有情本真纯，却因尘世的浸染，而渐为虚伪者；因利欲之熏心，而渐为邪恶者。如何规避情性的虚伪和邪恶，而使之重返纯真，渐趋雅正，这是道德家和文学理论家共同关注的问题。

培育真情和锻炼正情，各依其情感的特点而采用不同的方式。真情的属性是自然性的，所以培育真情，最好借助于自然之山水，古人所谓文人创作“得江山之助”，说的就是这个意思；正情的属性是社会性的，所以锻炼正情，最好借助于学与行，古人所谓“文本学行”，讲的就是这个道理。传统观念以为：一位真正的文人，必须具备“读万卷书，行万里路”的阅读经历和生活阅历。这与我们下面即将讨论的培育真情和锻炼正情的两种方式，颇相契合，可相互参证。

先就真情的培育一面来说。对于传统社会性善、性恶二论的分辨，这里不再赘言。不过，就人的天性纯真这一点而言，我深信不疑。我坚信：婴幼儿的性情，绝对纯朴本真。我们常常以“天真”指称儿童性情，就是这个意思。随着孩子涉世渐深，种种尘俗观念逐渐蒙蔽其真心，其伪变巧诈的虚情就日益增生。童心即诗心，真情即诗情。真情泯灭，诗情也就渐趋枯竭。因此，理论家认为，诗人的可贵，在其有童心，在其能时时屏蔽外在尘俗观念的渗透，以保持其童心；在其能常常俯身于孩童，学习其童心。培育真情的途径，除俯身于儿童的童心，以求返璞归真外。另一条重要途径，就是畅游山水以求此心与彼境的合二为一，以彼境的天然本真洗涤此心的尘俗伪变。这应该是传统诗人乐山乐水的主要目的，也是传统文学中山水文学特别兴盛的重要原因。关于这个问题，我在第五讲“中国人的山水情怀”中，有详细的讨论，这里就不再赘说。

再说正情的锻炼。正情是善的，是社会性的，虽然它仍然要以真情为基础，但是，很明显，它已经渗透了为整合社会秩序而建构起来的道德观念和价值内涵。锻炼正情，虽然也有“乐山乐水”的途径，但是，我以为，最重要的办法，还是学行的修为。所以，孟子说：“学问之道无他，求其放心而已矣。”（《孟子·告子上》）古代学者尤其重视教学，提出“教学为先”的思想。先秦两汉的儒家著作，或以儒学为宗旨的子书，多有专篇讨论学行，并且常常是把讨论学行的篇章，置于全书之首，如《荀子》之《劝学》，《法言》之《学行》，《潜夫论》之《谠学》，《中论》之《治学》，《孔子集语》之《劝学》等等。这也体现了古代学者特别是儒家学者，以学问收拾善心，以学行锻炼正情的良苦用心。

总之，中国古典诗学的理想品格是中正平和，是“乐而不淫，哀而不伤”，是温柔敦厚。中和为贵，和谐为美，古典诗学的核心主旨是和。春花秋月、小桥流水，其乐融融，是其最佳境界。大喜大悲，尖酸刻薄，皆非佳境，也非诗情。童心即诗心，真情即诗情，情真则诗真，情正即诗正。而由真至正，做到“随心所欲不逾矩”，方为人心诗心之佳境。或者说，真也美，善也美。但是，传统中国人认为，美的最高境界，是在真的基础上进入善境，在善的基础上进入的美境。

三、女人如诗：传统中国社会的女性美特征

中国古典诗学以温柔敦厚为理想品格，这种理想品格具有明显的女性化特征。实际上，在传统中国文人的心目中，女人如诗，诗似女人。传统中国文人“爱诗如爱色”“选诗如选色”。或者说，传统中国文人是按照诗歌的美学标准，来设计女性的气质神韵；传统中国女性的气质神韵，也影响着传统诗学的审美趣味。传统中国女性，最能体现文人的诗学趣味和审美理想；传统中国文人的诗学理想，最能说明女性的气质特征。总之，中国古典诗学具有明显的女性化特征。因此，讨论中国古典诗学的女性化特征，我想从传统中国文人关于女性气质的设计说起。

传统中国文人关于女性气质的设计，最引人注目的，是女性的柔顺、闲静、媚态、羞怯和韵趣等几个方面的特征。

先说女性的柔顺特点。讨论传统中国女性的柔顺特点，当从班昭说起，因为她是第一个比较全面系统地界定女性柔性气质的学者。她在《女诫》一书中讨论妇德，以“敬”为宗，以“柔”“顺”为德，认为“男以强为贵，女以弱为美”。“弱”是其内在品质，“顺”是其外在表现。女性以柔弱为美，不仅指性情上的柔顺，也包括体态上的柔弱。比如，在先秦时期，虽然强调女性的硕大之美，但也特别重视硕大中的柔弱之态；即便是在以肥大健壮为美的唐代，理想中的女性体态也仍然是“骨细肌丰”。在古代中国，柔弱娇态是女性美的重要标准。据说，东坡先生有一次在一豪士家里饮酒，豪士请出绝色侍姬十余人来陪酒，其中有一位善舞者，名叫媚儿，“容质虽丽，而躯干甚伟”，可豪士就喜欢这种魁伟的女人，还让她向东坡先生求诗。一向喜欢开玩笑的东坡先生，随口回应说：“舞袖蹁跹，影摇千尺龙

蛇动；歌喉宛转，声撼半天风雨寒。”结果“妓赧然不悦而去”。媚儿为何“赧然不悦而去”？原来苏轼借用石曼卿《咏松》中的诗句转赠媚儿，嘲谑她若松树之伟岸，没有一般女性的柔弱之美。本来“躯干甚伟”的媚儿，也忌讳别人说她如松树般伟岸，可见女性自身对柔弱体态的追求和重视（胡仔《苕溪渔隐丛话·前集》卷六十“媚儿”条引《遯斋闲览》）。

柔顺者必闲静，或者说，女性因柔而静，因静而柔。所以，静也成为女性必备的美德。如《诗经》有《静女》一篇，所谓“静女”，即贞静之女，强调女性的闲静之美。而古今中国人喜欢用“静”字为女孩子命名，也体现了人们对女性闲静特质的认同。

再说女性的媚态。《说文》说：“媚，说也。”段玉裁注：“说，今悦字也。《大雅》毛传曰：媚，爱也。”“媚”之所以令人爱、让人悦，是因其有美好、娇艳的特点，所以，《广雅·释诂一》说：“媚，好也。”《小尔雅·广诂》说：“媚，美也。”汉语里以“媚”为词根构成的词，大致有三个特点：一是多与女性有关，二是多用指女性优美的体态和动人的气质，三是用指奉承逢迎、巴结讨好的行为。“媚”字从女，所以，它的义项都与女性相关。“媚”的初义是美好，引申指女性美丽动人的体态气质，因其美丽动人的体态气质惹人喜爱，所以又引申为悦或爱。在传统社会，“女为悦己者容”，女性精心妆饰容貌，是为迎合男性的审美趣味，为取悦男性。所以，“媚”的词义又进一步向贬义引申，指以色迷人，以态惑人。事实上，“媚”的本义，就是指女性美丽动人的体态气质，其贬义引申是道德家的伦理偏见。女性的性别特征就是“媚”，“媚”是女性特有的性别魅力。在古代，“媚”与“魅”通，《列子·力命》说：“鬼媚不能欺。”殷敬顺等《释文》说：“媚，或作魅。”朱骏声《说文通训定声·履部》说：“媚，假借为魅。”因此，女性的“媚”，不妨释作女性特有的魅力。女性立世的资本之一就是其性别魅力，就是“媚”。

还有就是女性的羞怯。女性的羞怯，是在现实生活环境中培育起来的，是在社会习惯势力和男性审美趣味的影响下养成的。因为在传统社会，家庭对女子的管教总是严于男性，社会舆论也是薄责于男性而苛求于女性。所以，在一般情况下，男性往往是外向的、大胆的；女性则常常是羞怯的、胆小的。羞怯是传统中国女性的主要特征，如白居易《琵琶行》中的琵琶女，“犹抱琵琶半遮面”，是为羞怯。古代画家所画的仕女图，古代戏曲小说中的女性出场，或者以扇遮面，或者长袂拂面，或者侧目而视，或者低头侧身，都是因为羞怯。实际上，对于女性来说，羞怯是一种美，是柔顺和闲静气质的一种呈显。这正如丹麦哲学家克尔凯戈尔所说：“少女身上这种羞赧更是美妙绝伦，令人如醉如痴，因为它展示了如花似玉的豆蔻年华，表露了少女的惊诧与羞怯。随着年纪渐渐增长，这类羞怯亦日渐稀少。”他断言：“女子的羞怯便一向是最可爱的媚态。”（克尔凯戈尔《勾引者手记》第79、52页，余灵灵等译，九洲图书出版社1998年版）女性的羞怯，对女性自身来说，既是一种回避男性好色冲动的手段，又是献媚于男性的方式；对男性来说，既增加了求爱的难度，又刺激了好色的欲望。与大胆、开放的女性相比，羞怯的女性对男性更有诱惑力。所以，就女性羞怯行为产生的效果看，实际上就是欲擒故纵，拒绝是为了诱惑。女性的羞怯是一种若即若离、半推半就的献媚或诱惑手段。如《大招》写美人“长袂拂面，善留客止”，就是用长长的舞袖半掩羞颜，做出羞怯忸怩之态，以达到吸引异性（“留客”）的目的。

最后说说女性的韵趣。传统中国文人对女性的韵与趣的欣赏，始于宋代，盛行于明清，特别是在当时的名士圈子中，成为一种普遍风气。

举个例子说，如韦妃曾经问宋徽宗为何喜欢李师师？宋徽宗说："无他，但令尔等百人，改艳妆，服玄素，令此娃杂处其中，迥然自别。其一种幽姿逸韵，要在容色之外耳。"（《香艳丛书》二集卷四）言下之意是说，李师师的容貌可能不及你们，或者与你们差不多，但她的"幽姿逸韵"却是你们赶不上的。宋徽宗醉心于李师师的，正是这种"幽姿逸韵"。又如，李渔论女性美，特重"态度"，以为女性的内在气质美，就在"态度"，并且"态度"胜于"颜色"，他说："世人不知，以为美色，乌知颜色虽美，是一物也，乌足移人，加之以态，则物而尤矣。""态度之于颜色，犹不止于一倍，当两倍也。"（《笠翁偶集摘录》，见《香艳丛书》二十集卷一）以韵品美人，在明清时期成为一种时尚，当时的名士，称青楼为"韵楼"，称青楼名妓为"韵人"。把美人的"韵致"置于美色之上，认为"韵致"比美色更有诱惑力。

另外，金圣叹对美人之趣的解说，尤其是关于美人之憨趣的说法，最耐人寻味。他说：

> 写女郎写来美是俗笔，写来淫是恶笔，必要写来憨方是妙笔。
>
> 写女郎憨，写女郎自道憨是俗笔，写女郎要人道其憨是恶笔，必要写女郎憨而极不自以为憨方是妙笔。

这些话，初听起来有点不近人情，可是，仔细想想，还真是这么回事。我们常说某人"憨态可掬"，憨真是一种美，特别是用在女孩子身上。此中深意，需要细细体会。所以，民国文人何海鸣盛赞金氏妙论，还引申说：

> 今之小说家谁解此者？女子中何以有称美人者？美人又必具何要素？予断言曰：憨也。未有美人而不憨者也，如徒求外观，则天下妖姬多矣，

美人之称又何足贵？读小说至《红楼梦》绝无有心许王熙凤为美人者，即是理也。又如《西厢记》写红娘阅书者，每注意红娘而少注意莺莺者，亦是红娘传书递简不知为着何来，而自又不知其憨也。（何海鸣《求幸福斋随笔》第 10 页，上海书店出版社 1997 年版）

事实上，金圣叹所说的憨，不是愚笨的意思，而是指美人的真性情。装憨就不美了，因为它不真。红娘憨，林黛玉憨，是因为她们有真性情。王熙凤、薛宝钗，美则美矣，但缺乏憨趣，因为她们太精明，缺乏真性情，所以，她们虽然可敬，但是不可爱。比如，《聊斋志异》卷二《婴宁》中的女狐婴宁，她最突出的性格特征，就是憨与痴。她之所以惹人爱恋，也正在于她的憨与痴。在憨痴中呈现一片浑然天成的真性情，所以妩媚可爱，这与红娘、黛玉之憨痴，正相接近。而自作聪明的女郎，装憨卖痴，讨好卖乖，体现在文艺作品中，就正是金圣叹所说的“俗笔”和“恶笔”。

以上，我们从柔顺、闲静、媚态、羞怯和韵趣等几个方面，讨论了传统中国文人关于女性气质的设计。那么，培养女性这种气质神韵，又有什么办法或者手段呢？我认为，这办法或手段，主要有二：一是深藏，二是缠足。

先说深藏。传统中国社会强调女性的深藏与遮掩，如，要求“女子出门，必拥蔽其面”（《礼记 · 内则》），“妇人送迎不出门”（《左传 · 僖公二十二年》），都是为了深藏，并因此而逐渐形成以深藏为美的女性美观念。林语堂先生就注意到这个问题，他说：“女人的深藏，在吾人的美的理想上，在典型女性的理想上，女人教育的理想上，以至恋爱求婚的形式上都有一种确定不移的势力。”（林语堂《吾国与吾民》第 132 页，陕西师范大学出版社 2002 年版）传统中国女性的深居简出，以深藏为美，并非宋、元以来礼教深入影响后才发生的现象。因为即使在汉、唐这段中国历史上比较开放的时期，良家妇女也仍然是深藏着的，社会习俗也仍然以深藏的女性为理想女性。比如，汉武帝的姑母以阿娇许之，武帝应诺当以“金屋藏娇”。一个“藏”字，颇堪玩味，意味将阿娇深藏起来，秘不示人，以示爱慕之意。所以，这个“藏”，并不是禁锢、拘限或束缚的意思，而是爱之护之宝之贵之。再说，风流佚荡的卓文君，也并非抛头露面之辈，在她的家庭宴会上，她也是深处闺中，遥闻司马相如的琴声，她也只能是“窃从户窥之，心悦而好之”（《史记·司马相如列传》）。这与我们从电视上看到的，民国时期十里洋场的上海大亨们的家庭宴会上，太太和小姐出来做交际花，应酬客人，那是很不一样的风气。唐代女性依然以深藏为美，如白居易《长恨歌》说杨贵妃：“杨家有女初长成，养在深闺人未识。”良家妇女都养在深闺之中，不宜抛头露面。就如白居易《琵琶行》中的琵琶女，也是深居简出；接受诗人的邀请，也是“千呼万唤始出来，犹抱琵琶半遮面”。这与近代以来倚门卖笑的风尘女子的气质，是很不一样的。

道德家和世俗社会要求女性深藏，与文人雅士要求女性深藏，有着不同的动机。前者有更多的道德目的，后者则主要是艺术审美的目的。或者说，前者是为了防微杜渐，预防男女淫乱，重在男女大防。而后者则主要是通过深藏的手段，来培育女性的柔顺品格和闲静气质，有明显的艺术化、审美化倾向。相对而言，后者更接近传统社会深藏女性的本意，前者可视为深藏女性的引申义。后者是本，前者是末。因为我们注意到，在礼教比较松弛的时代，也讲求女性的深藏，如汉唐时期。在本来比较风流浪漫的人物身上，也讲求深藏，如卓文君；甚至风尘女子也要深藏，如《琵琶行》中的琵琶女。还有，礼教根本未曾建立的《诗经》和《楚辞》时代，也讲求女性的深藏，如《离骚》说：

"闺中既以邃远兮，哲王又不寤。""邃远"，深邃而幽远，意思是说，美人住在深远的闺中，无法追求，君王又不觉悟。在这里，美人也是深藏于"邃远"之闺中。又如《诗经·关雎》诗中，让君子"辗转反侧"和"寤寐思服"的女子，是一位"窈窕淑女"。何谓"窈窕淑女"？据《毛传》说："窈窕，幽闲也。淑，善也。是幽闲贞专之善女，宜为君子之好匹。"朱熹《诗集传》也以"幽闲贞静之德"解释"窈窕"。可知，这个女子因"窈窕"而美善，所以有"淑女"之称。或者说，这个女子因"幽闲贞静"而称"淑女"，所以特别有魅力，致使君子"辗转反侧"和"寤寐思服"。那么，"窈窕"与"幽闲贞静"有何关系呢？我发现，现在很多教材和《诗经》选本，对"窈窕"的解释，都不准确。我倒是比较赞同清代两位《诗经》研究者姚际恒和崔述的观点，如姚际恒说："'窈窕'字从'穴'，犹后世深闺之意。"（《诗经通论》卷一）崔述说："窈窕，洞穴之深曲者，故字从穴，喻其深居幽邃，而不得轻见也。妇当从人，女贵自重，故以深居幽邃、贞静自守为贤。"（《读风偶识》）虽然崔述的观点，未免道德家的头巾气。但是，姚、崔二人指出"窈窕"的本义是"洞穴之深曲者"，"犹后世深闺之意"，则是值得注意的。依照这种解释，女子因为处于"窈窕"（即深闺）之中，而具有"幽闲贞静之德"；因其有"幽闲贞静之德"，而成为君子"辗转反侧"和"寤寐思服"的"淑女"。换句话说，女子必须通过深藏的途径，才能变成"淑女"，"淑女"必然是深藏的。如果不是这样的话，就是荡女，就是妖女。

所以，在我看来，传统中国女性以柔顺、闲静为美，深藏正是培育这种内在气质的重要途径。正如强调女性的柔顺、闲静，并不含有压迫女性的意图，也没有性别歧视的意义；提倡女性的深藏，也没有限制女性的动机，束缚女性的目的。至少文人雅士的初衷是如此，至于后起的道学家的意见，那就应该另当别论了。

深藏是为了培育女性的柔顺品格和闲静气质。那么，传统社会女性缠足的动机又是什么呢？我认为，女性以小脚取悦男性，男性欣赏女子的三寸金莲，这与传统社会男性的审美趣味有关，是由传统男权社会的女性美观念决定的。事实上，缠足之初起，在我看来，并无有意迫害和禁锢女性的动机，它是在传统中国以温柔敦厚为美的文化背景上，在男性对女性纤巧身姿和轻灵舞姿的爱好和崇尚的前提下，在男性关于女性之柔顺、闲静、媚态、羞怯和韵趣等理想气质的设计中，产生的一种习俗现象。自秦汉以来，在以柔顺和闲静为女性美的文化背景上，柔弱和舒缓被设计为女性的特有气质和性别特征，纤纤细步被设定为女性特有的步态。女性于纤纤细步中，显现其特有的柔情与闲静，呈示出动人的媚态与趣味，因而对男性有特别的诱惑力。如《史记·货殖列传》说“临淄女弹弦缠纵”，又说“今夫赵女郑姬，设形容，揳鸣琴，揄长袂，蹑利屣，目挑心招”，《汉书·地理志》说“赵女弹弦跕躧”。总之，小脚利屣，才有纤纤细步的柔美之态和婀娜之姿。赵女郑姬以色事人，以态媚人，她们作如此妆扮，正体现了汉魏时期的男性对女性柔美体态的欣赏心理。即使良家妇女，也当作如此步态，如《孔雀东南飞》中的刘兰芝，是“足下蹑丝履……纤纤作细步，精妙世无双”。所以，袁枚《缠足谈》断言：“大抵妇人之步，贵乎舒迟。”（《香艳丛书》二集卷四）这种情况，在古代社会确有普遍性，如宋玉《神女赋》说神女“步裔裔乎曜殿堂”，《长门赋》说佳人“步逍遥以自虞”，曹植《洛神赋》说洛神“步踟蹰于山隅”。“裔裔”“逍遥”和“踟蹰”，皆形容女性步态的轻缓。尖尖小脚在步行时，在舞蹈中，的确有增加妍媚柔美和亭亭玉姿的神奇效果。男性欣赏女性的小脚，就是迷恋小脚女性婀娜的步态，以及柔美气质；女性不遗余力地缠足，又在于迎合男性审美的需要。因此，简单地说缠足是对女性的迫害和禁锢，有失谨慎。

总之，传统中国女性以柔顺、闲静、羞怯、媚态、韵趣为美，深藏和缠足是培育这种内在气质美的重要手段。这种女性气质是文人设计的，因而也体现了他们的审美趣味。

四、诗似女人：传统中国诗学的女性化特征

在传统中国文化背景上，女性就是诗性，女心就是诗心。在传统中国文人看来，美人“以诗词为心”。他们关于女性气质的设计，与他们关于诗歌的美学理想，基本上是如出一辙。或者说，传统中国文人是按照诗歌美学理想，来设计女性气质；传统中国的女性气质，影响着诗歌美学特点的形成。传统中国文人像经营诗歌那样设计美人，像设计美人那般经营诗歌。一言以蔽之，美人如诗，诗似美人。

中国古典诗学以温柔敦厚为宗，以风流媚趣为归，以含蓄蕴藉为径。中国古典诗学的三大基本特征，与传统中国文人关于女性气质的设计，正相吻合。首先，传统中国文人以柔情和闲静为女性的基本品质，这与中国古典诗学温柔敦厚的理想品格正相吻合，即都是以柔婉为基本特点。其次，传统中国文人关于女性的媚态与韵趣的设计，与诗学上追求趣与韵正相吻合。最后，在诗学中，为体现温柔敦厚之旨，追求诗歌的韵与趣，特别强调诗歌的含蓄蕴藉。含蓄蕴藉是实现温柔敦厚和风流媚趣的手段。同样，在女性气质设计中，为使女性变得柔情和闲静，为使女性具有媚态和韵趣，就特别强调女性的深藏和遮掩。缠足也是为了深藏和遮掩，而深藏和遮掩是为了使女性更加温柔，更加闲静，更有媚趣。正如在诗学中讲含蓄蕴藉，是为了实现温柔敦厚

和风流媚趣。所以，诗学上的含蓄蕴藉和女性气质设计上的深藏遮掩，是为着大体相近的目标而采取的大体相似的手段。

因此，从某种程度上讲，在传统中国，女人如诗，诗似女人。传统中国文人“爱诗如爱色”（袁枚《小仓山房尺牍》卷八《答彭贲园先生》），“选诗如选色”（袁枚《随园诗话补遗》卷一）。传统中国女性的气质神韵，最能体现文人的审美趣味和诗学理想；传统中国文人的诗学理想，最能说明女性的气质特征。在传统中国，无论是诗学理想，还是审美趣味，大体都有女性化的特点。反过来说，传统中国人的女性美观念，又有艺术化、诗意化的特征。

传统中国文人在诗学理想和审美趣味上的女性化特点，是由其心性特征和思维方式决定的。林语堂对这个问题有很好的意见，值得参考，他说：

> 中国人的心灵的确有许多方面是近乎女性的。“女性型”这个名词为唯一足以统括各方面情况的称呼法。心性灵巧与女性理性的性质，即为中国人之心之性质。中国人的头脑近乎女性的神经机构，充满着“普通的感性”，而缺少抽象的辞语，象妇人的口吻，中国人的思考方法是综合的，具体的而且惯用俗语的，象妇人的对话。他们从来未有固有的比较高级的数学，脱离算术的阶段还不远，象许多受大学教育的妇女，除了获得奖学金的少数例外。妇女天生稳健之本能高于男子，而中国人之稳健性高于任何民族。中国人解释宇宙之神秘，大部依赖其直觉，此同样之直觉或“第六感觉”，使许多妇女深信某一事物之所以然，由某某故。最后，中国人之逻辑是高度的属“人”的，有似妇女之逻辑。（林语堂《吾国与吾民》第64～65页，陕西师范大学出版社2002年版）

在林语堂看来，传统中国人的心灵、头脑以及思考方式、稳健性格和逻辑思维，甚至语言和语法，都显示出女性化的特点。在这种心性特征和思维方式的影响下形成的审美趣味，也必然具有极其显著的女性化特征。所以，潘知常说：

> 中国美感心态的深层结构的基本特色其实又可以称之为女性情结。说得更形象一些，在中国美感心态的深层结构中，我们不难体味到一种充满女性魅力的“永恒的微笑”。（潘知常《众妙之门——中国美感的深层结构》第126页，黄河文艺出版社1989年版）

樊美筠对“中国传统美学中的女性意识”进行过专门探讨，她认为：在中国文化的诸多领域中，中国传统美学领域具有女性意识的人最多，是女性意识的云集荟萃之地。女性意识不仅体现在美学家、文学家、艺术家的思想和意识中，而且还凝结在中国传统美学的一系列基本概念、范畴和命题中（樊美筠《中国传统美学的当代阐释》第95页，北京大学出版社2006年版）。甚至如潘光旦所说：传统中国人心目中的美男子也有女性化特点，“日常经验里，不但男子称誉与注视女子的美，女子见了美的女子，也不断地注视与称赞。假如一般人或女子特别注视或称赞一个美男，那美男之美大概是近乎女性的美”（潘光旦《性心理学译注》第63页，上海三联书店2006年版）。

从源头上看，传统中国人的美感心态和心灵世界的女性化特点，可能与古代中国审美观念的起源有关。日本汉学家笠原仲二就认为，中国人初期阶段的美意识，首先起源于对食物的某种特殊味道的感受，其次与男女两性在性方面的视觉、触觉有密切关系。因此，在他看来：“中国人的美意识，在其初期阶段，与由女性特有的多方面的性的魅力而引起的视觉感受性也有深深的关系。”（笠原仲二《古代中国人的美意识》第9、10页，魏常海译，北京大学出版社1987年版）由于早期中国人的审美意识与女性的性魅力有关，因此而形成的审美观念，也就有女性化特点，甚至将美与女性等同起来，美的就是女性的，女性的就是美的。如《说文》“好”字段注说：“好本谓女子，引申为凡美之称。”在古代中国文献中，“好”即“美”，“美”即“好”，“美”与“好”常常互文使用。因此，汉语中有美好、美满含义的词，大多以“女”为形符。当然，也有不少以“女”为形符的字词，含有丑恶、奸邪的意义，这与传统中国人对女性这个美丽“尤物”的矛盾观念有关。这是另外一个问题，兹不赘论。

这种把美与女性等同起来的观念，在世界其他民族中也普遍存在，非仅中国如此。例如，在古希腊，人们把美神、爱神、艺术之神塑造成女性形象。在世界上许多民族约定俗成的词汇中，“女人”与“美人”几乎是同义词，人们一提到美人，都与男人无关，几乎都是指美女。这正如叶舒宪所说：

> 把爱欲和美的主题对象化到女性身上，构想成主管爱和美的女神，这绝不只是个别文化中的个别现象，而是一种相当普遍的人类现象。大凡发展到父权制文明早期阶段的民族国家，都在不同程度上具有产生类似观念与信仰的现实条件。（叶舒宪《高唐神女与维纳斯》第 312 页，中国社会科学出版社 1997 年版）

美是女人的专利。权力掌握在男子手中，美的桂冠却戴在女性的头上。因此，性心理学家蔼理士说：

> 美根本是女子的一个特质，可以供男子的低徊思慕，就是女子所低徊思慕的也不外是别人中间的一些女性的美；反转来，通常的女子对于男子的美却不如是其景仰崇拜。男子何尝不美？其美又何尝不及女子？不过男子之美所能打动的只有两种人，一是美术家和美学家，一是有同

性恋的倾向的男子。

在蔼理士看来，“女子所爱的与其说是男子的美，毋宁说是男子的力”，“男子爱女子，是因为女子美”，“女子爱男子，是因为男子有力”（蔼理士《性心理学》第51页，潘光旦译注，上海三联书店2006年版）。所以，审美观念上的女性化倾向，在古代社会是一个世界性的现象，古代中国尤其突出。

女人如诗，美人即女人。女性与艺术审美之间的亲密关系，远远大于男性与艺术审美的关系。丹麦哲学家克尔凯戈尔的观点颇有启发性，他说：

> 对我来说，女人是取之不尽、用之不竭的思维材料，是供我观察的永恒对象。在我看来，一个男人如果没有热情去研究女人，那么在这个世界上，你说他是什么都有可能，只是惟独不能说他是一位美学家。美学的光辉与神圣恰恰在于它只与美的事物有关。在本质上，美学只与美文学和女性相关。（索伦·克尔凯戈尔《爱之诱惑》第268页，王才勇译，上海社会科学院出版社2002年版）

中国当代女作家王安忆，在谈创作体会时，也发表过大致类似的看法，她说：“我还是喜欢写女性，她有审美的东西，男性也写，但写得很少，而且不如女性，我觉得女性更加像一种动物，再造的东西少了，后天的东西少了。”“男性审美的东西少一些”，“男性不是一种情感的动物，我觉得女性特别是一种情感动物，当我想到女性是一种情感的动物时，我就觉得她特别可爱，她为了情感，他是什么都可以不顾的”（王安忆《我是女性主义者吗？》，见李小江等著《文学、艺术与性别》第38、45、46页，江苏人民出版社2002年版）。具体而言，女性与艺术审美的亲密关系，主要表现在以下几个方面：

第一，女性是最具审美意味的艺术题材。考察古今中外以人为对象的艺术品，女性出场的频率远远高于男性。西方自中世纪以来，以展示人体美为目的的人物画，绝大部分是以裸体女性为题材。古代中国唐宋以来的人物画，也以女性为主。之所以如此，在我看来，是因为女人就是美人，女性就是美的呈现。艺术为了展示美，就必然要以女性为题材。所以，朱自清说得对："最宜于艺术的国土的，物中有杨柳和燕子，人中便有儿童和女子。"（《〈子恺画集〉跋》）当代作家王安忆之所以喜欢写女性，就是因为"她有审美的东西"。正因为女性"有审美的东西"，所以她才成为艺术家喜欢选取的题材。

第二，女性是天生的艺术家。在一般情况下，女性被认为是最具诗人气质的性别。所谓的诗人气质或艺术能力，主要包括三项内容：一是直觉能力，二是敏锐的感觉，三是想象能力。女性在这三个方面的能力，都远远超过男性。一般而言，女性都有很强的直觉能力，女性对温度、色彩、声音、气味的敏感，远远超过男性。如果说男性是现实的、功利的、世俗的，那么女性则是浪漫的、诗性的、超越的。因此，女性的想象能力往往比男性发达。相对于男性，女性具备发达的直觉、敏锐的感觉和丰富的想象。所以，中外理论家都承认：女性是天生的艺术家，女性适合于作诗。清人周际华就说过：

> 夫天地清淑之气，岂独钟于男子？倘使女子从师，其聪明洞达，必能较胜于男子。盖其心静，其气恬，故其记诵为较易。惜乎以其非所尚务而舍之者众耳。〔《枣香山房诗集序》，（民国）《贵州通志·艺文志》卷十八〕

"心静""气恬"，不仅便于记忆，而且也是艺术创作必须具备的条件，这与刘勰《文心雕龙·养气》篇中提出的"率志委和"说，颇为近似。所以，孙康宜指出：在传统中国，女性成了诗性的象征，女性被认为是最具有诗人气质的性别，"由于缺乏吟诗属文的严格训练，反而保持了诗的感性；由于在现实生活领域的局限性，反而有更丰富的想象；被隔离的处境反而造成了她们在精神、情感上的单纯、纯净。这一切都使她们更能接近'真'境界"（孙康宜《走向"男女双性"的理想——女性诗人在明清文人中的地位》，见叶舒宪主编《性别诗学》第 13 ～ 14 页，社会科学文献出版社 1999 年版）。真的境界，就是诗的境界。

第三，女性是艺术创作灵感的源泉。在中外文化史上，有一个引人注目的现象，就是哲学家多与女性无关，他们要么是独身主义者，要么极端憎恶女性，或者轻贱女性，如笛卡尔、霍布士、莱布尼兹、康德、休谟、洛克、尼采、叔本华等等。而艺术家则与女性有千丝万缕的关系。因此，有学者指出："艺术家与女性的关系，也就是艺术家与艺术的关系。女性的诱惑，也就是艺术的诱惑。"（肖关鸿《诱惑与冲突——关于艺术与女性的札记》第 15 页，学林出版社 2001 年版）艺术家与女性的关系，就是追求美与展现美的关系。美作为一个中介，吸引艺术家与女性走到了一起。女性美在艺术家的创作中得以呈现，艺术家在对女性美的鉴赏中获得灵感。

所以，王铚《默记》认为，晏几道的小词，"妙在得于妇人"。也就是说，晏词创作的灵感，得自于妇人的启发。另外，袁中道在《代少年谢狎妓书》中，替一位因狎妓而招致父兄责骂的新安少年辩解说：

文有仗景生情，托物寄兴。丽人燃烛，远山磨墨，千古一道。弟每枯坐，文思不属。微闻香泽，倚马万言，出神入鬼，惊天动地，两仪发耀于行中，列星迸落于纸上。

这篇文章虽然是游戏之笔，但说得确实很有道理，即在诱发文思和激发灵感方面，美人与山水有同样的效果。还有，《悦容编·借资》也说：

美人有文韵，有诗意，有禅机，非独捧砚拂笺，足以助致。即一颦一笑，皆可以开畅元想。彼临去秋波那一转，正今时举业之宗门。能参透者，文无头巾气，诗无学究气，禅亦无香火气。（《香艳丛书》一集卷二）

与这个意思相近的，还有《红楼梦》第二回中，甄宝玉对冷子兴说的那段话："必得两个女儿伴着我读书，我方能认得字，心里也明白，不然我自己心里糊涂。"在传统中国文人的心目中，女性独得天地山川清灵之气，如宋人谢希孟说："自逊、抗、机、云之死，而天地英灵之气，不钟于男子而钟于女子。"（《宋艳》卷五引《豪谱》）如贾宝玉说："原来天生人为万物之灵，凡山川日月之精秀，只钟于女儿，须眉男子不过是些渣滓浊沫而已。"因此，面对美人，就是面对天地英灵之气，使人神清气爽，心智开通，悟性增强，灵感迸发。总之，女性带给艺术家的，无论是西方学者强调的"性机能的轻度兴奋"，还是传统中国文人强调的心灵愉悦，其共同点就是：神清气爽，悟性增强，灵感迸发。

在传统中国文人的精神世界里，诗、酒、山林，都是不可或缺的。他们以诗抒怀，以酒颐情，以山林养性。当然，还有一件非常重要的东西，就是美人。美人如诗，美人如酒，美人如山林，美人有怡情养性的精神营养作用。所以，醇酒、美人、山林，是传统中国文人心灵的桃花源。当他们在穷途末路之时，或者在委顿失意之际，酒馆、青楼、山林便成为他们创伤心灵的避难所。

醇酒成为中国文人生活中不可或缺的精神寄托之物，应该是从魏晋名士开始的。魏晋名士关于酒的见解，也颇能代表传统中国文人的一般看法。在他们看来，饮酒与吃药、游赏山水一样，不是为了解愁，而是为了培育一种人生境界。刘伶在《酒德颂》中描述过这种人生境界：

> 无思无虑，其乐陶陶，兀然而醉，豁然而醒，静听不闻雷霆之声，熟视不睹泰山之形，不觉寒暑之切肤，利欲之感情。俯观万物扰扰，焉如江汉之载浮萍。（《文选》卷四十七）

这是一种超然物外、绝对自由的人生至境。实际上，在现实生活中，我们每一个人都处在各种束缚和限制之中，都会感觉到或轻或重的压抑和拘限，都不免戴着一副或明或暗的面纱生活。当我们略有酒意，或者醉酒之时，会感觉到无比的自由，可以随心所欲地说话和做事。同时，在旁人眼里，也更显真实，更觉自然。也许，这正是传统中国文人热衷饮酒的真实原因。

自然山水成为传统中国文人的心灵避难所，也是从魏晋时期开始的。魏晋名士关于山水的种种见解，也足以代表传统中国文人的一般看法。纵情山水是魏晋名士一时之时尚，崇尚自然是导致魏晋名士纵情山水的直接原因。魏晋名士崇尚自然，以自然为人生的最高境界，以自然为人格本体。在他们看来，“山水质有而趣灵”（宗炳《画山水序》，《全宋文》卷二十），最能体现自然之道；“山水，性分之所适”（谢灵运《游名山志》，《全宋文》卷三十二），最适合人的自然本性。所以，畅游山水，隐居山林，通过与山水的亲和，追求自然之性，颐情养性。因此，他们或者“屡借山水，以化其郁结”（孙绰《三月三日兰亭诗序》，见《全晋文》卷六十一）。或者通过观赏山水，“悟幽人之玄览，达恒物之大情”（慧远《庐山诸道人游石门诗序》，《全晋文》卷一六七）。或者通过山水之游，达到“畅神”的目的（宗炳《画山水序》，《全宋文》卷二十）。总之，都是力图通过山水陶冶性情。

醇酒和山林，是传统中国文人的精神寄托之所，情性颐养之物。所以，追求独立自由精神的文人，仕途委顿失意的文人，或者隐于醇酒，或者居于山林。隐于山林和沉于醇酒可获得超于物外的精神享受。值得注意的是，明清名士还提出隐于美色的“色隐”说。这种观点，虽然让人很诧异，但是仔细想想，也还是很有道理的。如卫泳《悦容编·招隐》说：

> 古未闻以色隐者。然宜隐孰有如色哉！一遇冶客，令人名利心俱淡，视世之奔蜗角蝇头者，殆胸中无癖，怅怅靡托者也。真英雄豪杰，能把臂入林，借一个红粉佳人作知己，将白日消磨。……须知色有桃源，绝胜寻真绝欲，以视买山而隐者何如。（《香艳丛书》一集卷二）

这种“色隐”论，实为中国文化史上别开生面的创说，真可让道学家大跌眼镜。但是，平心而论，这种说法也颇切情理，即隐于色与隐于山、沉于酒有同样的功效：“令人名利心俱淡”，获得超然物外的审美享受。

传统中国文人兴于诗、醉于酒、隐于山、沉于色。诗、酒、山、色，其名虽四，其实则一。美人如诗，美人如酒，美人如山水。美人、醇酒、山林、诗歌，是传统中国文人心灵的桃花源。

第九讲 中国人的诗教传统

——兼论中国人的诗性精神

内容提要： 古代中国人以诗学修养为人生的基本素养，以诗歌作为政治教化的工具，以学诗作为教育教学的主要内容，因而有“诗教中国”之称。本讲讨论中国人的诗教传统，认为中国文化的秘密和中国国民精神的特质，都与诗性文化和诗性精神有关。古代中国人以诗歌代替宗教，通过诗歌净化心灵、美化生活，一般人都有艺术癖。中国人的国民性格和文化心性的养成，皆与儒家诗教说密切相关。儒家诗教以诗乐作为教化之工具，近似于康德的审美教育论，与蔡元培提倡的美育相似。这种教育的效果，虽然不能立竿见影，但的确是行之有效。诗教说作为一种国民教育理论，对于当代重德育而轻美育的国民教育现状，有相当重要的参考价值。

在前一讲，我们讨论“中国人的诗学理想”，着重谈论传统中国人温柔敦厚的诗学理想，以及在这种诗学理想影响下，形成的古代中国人的女性美观念和中国古典诗学的女性化特征。接下来，我们讨论“中国人的诗教传统”，兼论中国人的诗性精神。实际上，温柔敦厚的诗学理想与诗教说是彼此关联的。诗教说要求诗歌必须是温柔敦厚的，只有温柔敦厚的诗歌，才能担当得起诗教功能。诗教传统孕育出传统中国社会浓郁的人文氛围，培育出传统中国人浓厚的诗性精神，使华夏民族成为热爱诗歌、尊重才子、推崇诗人的民族。概括地说，诗教说培育了中国古典诗学理想，锻炼了传统中国人的诗性精神。

我认为，传统中国文化的源远流长，传统中国国民性格的温柔敦厚和温良恭俭，都与儒家诗教的长期浸润和影响密切相关。儒家诗教说作为一种国民教育学说，在古代社会行之有效，在当代社会仍有相当重要的借鉴价值，它不仅有其重要的历史意义，而且也有相当重要的现代价值。或者说，它对我们今天的思想教育工作，也有重要的借鉴意义。因为，诗性精神的失落和人文素质的缺失，是当代国民精神中的一种普遍现象。提升国民的人文素质，重塑国民的诗性精神，是当代人文教育的重要任务。这就是我们今天讨论这个话题的主要目的。

一、诗意栖居：传统中国人的诗性精神

诗性精神是人类特有的一种精神状态，也是人类与生俱来的一种精神品质。今人往往把诗性精神理解得太抽象，想象得太高深，其实不是那么回事。因为并非只有诗人才具备这种精神，平民百姓、凡夫俗子都有诗性。只是与诗人相比，有轻重强弱的不同而已。事实上，就像人人都具备成为圣人的素质一样，人人都有成为诗人的先天条件，只不过由于种种原因，这种潜在的基质没有能够充分地展现，这种先天条件没有得到充分地利用。而诗人则是将这种潜在基质和先天条件充分展示和利用了的人群。所以，在一般情况下，

诗人才是最富诗性精神的人群。

“诗性精神”一词，最早见于意大利哲学家维柯的《新科学》一书中。所谓的“诗性精神”，是指人类原初的一种思维方式，恩斯特·卡西尔称之为“神话思维”，列维·斯特劳斯称之为“原始思维”。根据维柯《新科学》所揭示的观点：没有任何经验的儿童的活动，必然是诗的活动。原始民族作为人类的儿童，他们创造的文化，包括诗歌、宗教、语言和制度等，都是通过形象思维而不是抽象思维形成的，因而都带有创造和虚构的性质。人类最初的创造，完全是诗性的创造，是以诗性的方式对待世界上的一切。因此，他们的活动是诗性的活动，他们创造的文化是诗性的文化。人类进入抽象思维时代，也就由童年期进入成年期，形象思维受制于抽象思维，诗也就失去了原先那种强旺的生命力（朱光潜《西方美学史》上卷第 334 页，人民文学出版社 1979 年版）。的确，童心就是诗心，具有童心的原始民族的诗性精神往往是最强烈的、最浓郁的。因此，西方文学理论家常常认为，儿童是天生的艺术家；传统中国学者讲创作，也尤其重视“童心”。明白了这一点，以下的问题就好回答了，如为什么古今中外文学大家的代表作，常常是创作于早期，而不是晚期？为什么中国文学史上大部分独创性极强，富于浪漫精神和诗性精神，能开创一代新风气的作家，多来自文化相对落后的民间或边省，而不是文化相对发达的中心地区？少数民族地区是歌舞的海洋，少数族人以诗传情，以歌叙事，以舞娱神，为什么少数民族的诗性精神，往往较文化发达地区的汉族人更强烈、更充沛？

传统中国是一个诗的世界，是一个诗人的国度。与以叙事文学为主流的西方文学相反，中国文学以抒情文学为主体。西方文学自古希腊、罗马以来，一直以史诗、戏剧、小说等叙事性文学为主体，抒情诗则是随着18世纪的浪漫主义思潮而兴起的。中国文学自先秦以来，一直以抒情诗为主流，戏曲、小说等叙事文学的发展，则是元、明以来的事情。

中西方文学的这种截然相反的发展轨迹，一定程度上体现了中西方人在文化心理和审美取向的差别。一般而言，叙事文学孕育出的是理性精神，抒情传统孕育出的是感性精神。理性精神强烈的人，长于叙事；感性精神充沛的人，惯于抒情。钱穆曾经说过：西方人是用脑思考，中国人是用心思考；用脑思考的人理智、冷静，用心思考的人激情、浪漫。用心思考的民族，长于抒情文学；用脑思考的民族，长于叙事文学。林语堂也有大致类似的说法，他认为：传统中国社会有适合于诗的发展条件，其中一个重要条件，就是中国人常常以情感来思考，而不是用分析的方法来进行理论的思考。因为中国人往往把肚皮视为包藏一切学问知识的地方，所以有“满腹文章”或“满腹经纶”的说法。另外，据说西方的心理学家已经证明，人的腹部为蓄藏情感的地方。中西方人用来思考问题的器官不同，在英语中，一个人作文时的苦思冥想，被称作“搜索脑筋”，所以，西方人是用脑筋来思考。但是，在中国话里，则叫作“搜索枯肠”。他断言：“中国人之所以能写好诗，就因为他们用肚肠来思想。”（林语堂《吾国与吾民》第227～228页，陕西师范大学出版社2002年版）林语堂的这个说法很有意思，也很有启发性，与钱穆的观点不谋而合。

综合起来说：西方人用脑思考，中国人用心思考；西方人长于抽象思维，中国人善于形象思维。因此，与西方人相比，中国人更富于诗性精神。钱穆说：

余尝谓中国史如一首诗，西洋史如一本剧。亦可谓中国乃诗的人生，西方则为戏剧人生。即以双方文学证之即见。古诗三百首为中国三千年来文学鼻祖，上自国家宗庙一切大典礼，下至民间婚丧喜庆，悲欢离中，尽纳入诗中。（钱穆《诗与剧》，见《中国文学论丛》第131页，生活·读书·新知三联书店2002年版）

吾尝谓中国史乃如一首诗。余又谓中国传统文化，乃一最富艺术性之文化。故中国人之理想人品，必求其诗味艺术味。（钱穆《品与味》，见《中国文学论丛》第221页，生活·读书·新知三联书店2002年版）

甚至有人认为："中国文化的根本秘密正在于中国诗学之中。"（刘士林《中国诗性文化》之《内容提要》，江苏人民出版社1999年版）

中国文化的秘密和中国国民精神的特质，都体现在诗性文化上。林语堂下面这段话，很值得我们参考：

吾觉得中国的诗在中国代替了宗教的任务，盖宗教的意义为人类性灵的发抒，为宇宙的微妙与美的感觉，为对于人类与生的仁爱与悲悯。宗教无非是一种灵感，或活跃的情愫。中国人在他们的宗教里头未曾寻获此灵感或活跃的情愫，宗教对于他们不过为装饰点缀物，用以遮盖人生之里面者，大体上与疾病死亡发生密切关系而已。可是中国人却在诗里头寻获了这灵感与活跃的情愫。

诗又曾教导中国人以一种人生观，这人生观经由俗谚和诗卷的影响力，已深深渗透一般社会而给予他们一种慈悲的意识，一种丰富的爱好自然和艺术家风度的忍受人生。经由它的对自然之感觉，常能治疗一些心灵上的创痕，复经由它的享乐简单生活的教训，它替中国文化保持了圣洁的理想。……在这样的意境中，诗很可称为中国人的宗教。吾几将不信，中国人倘没有他们的诗——生活习惯的诗和文字的诗一样——还能生存迄于今日否？（林语堂《吾国与吾民》第226～227页，陕西师范大学出版社2002年版）

的确，传统中国人的宗教意识比较淡薄。对于大多数中国人来说，往往是见到庙就烧香，看到菩萨就磕头，不管是道家的道观，还是佛教的寺庙，抑或是天主教的教堂，他们都是一视同仁，不加区别，甚至见到路边的一块古怪的石头，或者参天的古树，他们也不妨烧香磕头。这在西方人看来，是完全不可理解的。对西方人来说，信佛的就不会进道观，信天主教的就不会到你佛教寺庙里去。西方人的宗教信仰很虔诚，很执着；而中国人的宗教信仰，可以说是泛宗教主义的。我向来很尊重有信仰的人，宗教信仰可以净化心灵，美化生活，陶冶人类悲天悯人的意识。因此，有信仰的人，其为人虔诚，其生活执着，心中悬着一个远大的目标，生活就不会偏离方向，这种人当然值得尊重。但是，也有问题，即这种有虔诚宗教信仰的人，或者有共同宗教信仰的民族，往往都很偏执。因此，西方社会常常发生以宗教相号召的战争。传统中国人宗教意识比较淡薄，这类争端就比较少见。所以，与西方文化相比，中国文化不是宗教文化，而是一种诗性文化，传统中国的文化精神不是宗教精神，而是一种诗性精神。传统中国人以诗歌取代宗教，通过诗歌净化心灵，美化生活，陶冶人类悲天悯人的意识。林语堂的言论，十分精当。

可与林语堂的观点相印证的，是丰华瞻关于“中国人的艺术癖”的说法，他认为：

> 艺术的欣赏，在中国较在西洋为普遍。在西洋，艺术往往是专家的事，是少数人的事。一般的民众大都不会欣赏艺术，不爱好艺术。在中国就不然，中国人对艺术的嗜好是很普遍的。不但士大夫阶级，就是一般的平民，甚至生活在水准线以下的人，也爱好艺术而染上一些艺术癖。

在中国，诗歌深入社会，深入民间，诗的精神弥漫在传统中国社会的每一个角落，中国人的诗性精神不分场合、不论时间，处处皆能自然释放。在很简陋的饭馆、酒家、茶店、理发店里，在极偏僻的乡村院落里，在庙宇中，在陵墓上，在荒山上，或者古路旁的小亭子里，也有题诗，或者张挂着对联，都弥漫着浓郁的诗意氛围。在贺喜或吊丧时，在新年里，对联都是必不可少的。在最缺乏诗意的法律事件中，“诗竟侵入法的范围，使法律被诗所‘陶冶’而软化，法庭受诗的影响而诗意化，法官也变为风雅之士”，甚至古代中国的那些风雅之士，还把法律文书写成了文艺作品（丰华瞻《中国人的艺术癖》，见《中西诗歌比较》第 223 ～ 227 页，生活 · 读书 · 新知三联书店 1987 年版）。这种状况，在世界法制史上，可能也是绝无仅有。

需要特别指出的是，虽然我们在这里借用维柯的“诗性精神”一词，来概括传统中国人的文化心理特征，但是，我们这里使用的“诗性精神”概念，则是基于传统中国人对诗性的理解和诠释，与维柯基于原始民族或儿童思维特征提出的“诗性精神”概念，则略有不同。虽然，传统中国人的诗性精神，也包括了如维柯所说的那种以“诗意地”方式对待世界的特点。但是，中国人的诗性精神，则不完全是基于原始思维而发生，它也并未因为中国人步入文明时代而消减。也许，与维柯所谓的“诗性精神”相比，这是一种特殊的精神现象。当然，我们也可以把它看作是传统中国人对诗性的独特理解和深刻感悟，称之为中国化的诗性精神。

概括地说，中国化的诗性精神，是在原始神话思维的基础上，在传统农耕文明的涵孕下，在儒道两家思想的渗透下，在日常生活的感悟中，逐渐凝练而成的一种人生智慧。它的核心内容是安、足、静、定，是宁静与祥和。它与西方式的浪漫精神不同，它崇尚的是“乐而不淫，哀而不伤”，是拈花微笑，是在祥和与宁静的心境中，感受平淡无奇的生活细节的美感，体味若有若无的诗意流淌，是淡淡的忧伤，有轻轻的喜悦。它拒绝欣喜若狂，也抗议悲痛欲绝。它强调创造力，但不欣赏打倒一切的破坏性。它惯于以温和的手段去改变对象。它崇尚真，更推崇正。它诱导人们由真入正，由正而雅。它喜欢和风细雨，不喜欢狂风暴雨。它热爱春、秋而拒绝冬、夏。它是自由的、平等的，情人之爱、母子之爱、朋友之情是它的挚友，君臣、父子、兄弟伦理则与它的精神格格不入。它欣赏清风明月、鸟语花香、山清水秀，鄙薄月黑风高、穷山恶水。如“海上生明月，天涯共此时”“春江潮水连海平，海上明月共潮生”“绿树村边合，青山廓外斜”“明月松间照，清泉石上流”……总之，温柔敦厚，文质彬彬，既是传统中国人的诗歌美学理想，也是中国化的诗性精神的基本内涵。

富于诗性精神的民族必定热爱诗歌，爱好诗歌的民族当然拥有充沛的诗性精神。热爱诗歌而又富于诗性精神的传统中国人，其精神状态是诗性的，其生活方式也是诗性的。海德格尔所谓的“诗意地栖居”，最能说明传统中国人的生存状态。

在世界民族史上，也许找不到第二个民族，能像传统中国人那样，对诗歌有着如此狂热的偏爱和热忱。传统中国是诗的世界，是诗人的国度，诗歌渗透到社会生活的方方面面，传统中国实际上可称为“诗教中国”，传统中国人的民族精神可叫作“诗性精神”，传统中国文化可名为“诗性文化”。

在这种崇尚诗歌的文化背景上，在这种弥漫着诗性精神的社会背景上，以诗歌为中心的文学和以诗人为核心的文人群体，就得到社会各阶层的普遍推崇和高度重视。

举几个例子来说吧。在唐朝开元年间，唐玄宗诏令宫女为边防将士制作军衣。其中有一位士兵，在领取到的短袍中得诗一首，诗云：“沙场征戍客，寒苦若为眠。战袍经手作，知落阿谁边？蓄意多添线，含情更著绵。今生已过也，重结后身缘。”我们能够想象这位宫女制作军衣时的心境，也能够想象士兵读到这首诗时的心情。不知是出于什么心理，这位士兵居然将这首诗呈给了将军，将军又层层上报，送到了皇帝那儿。唐玄宗收到这首诗后，打算追查此事，就让人把诗歌遍示六宫，还说：“有作者勿隐，吾不罪汝。”结果，那位作诗的宫女“自言万死”，承认了。唐玄宗的态度，有些让我们感到意外，他不但没有责罚那位宫女，反而是“深悯之”，居然还把这位宫女嫁给了那位得诗的士兵，并且还对这位宫女说：“我与汝结今身缘。”（孟棨《本事诗·情感》）这个故事本身的真实性很难断定。不过，值得注意的是，成全兵士与宫女“今身缘”的，不是其他，而是诗。与其说唐玄宗是同情宫女和兵士的怨旷，不如说是欣赏宫女的诗才，因赞赏宫女的诗才而成全宫女与兵士的“今身缘”。诗歌成为这桩姻缘的触媒，热爱诗歌的唐玄宗成全了这桩姻缘。

与这个故事相类似的，在宋代，还有关于宋祁的一段风流佳话。据说，宋祁有一天路过繁台街，碰上从宫内出来的几辆车子，来不及回避。这时，车内有一位女子拉开车帘，娇滴滴地叫了一声“小宋也”。宋祁“惊讶不已”，回到家里，魂不守舍，想入非非，便赋词一首，其词云：“画毂雕鞍狭路逢，一声肠断绣帘中。身无彩凤双飞翼，心有灵犀一点通。金作屋，玉为栊，车如流水马如龙。刘郎已恨蓬山远，更隔蓬山一万重。”文人都是这样，喜欢自作多情，想象力太发达，一声“小宋也”，就让他“肠断”，让他魂不守舍，想入非非。这首词传到宫中，宋仁宗知道后，立即下令清查在大街上叫“小宋也”的那位宫女。这时，那位冒失的宫女，自知无法遮掩，就坦白说：“顷因内宴，见宣翰林学士，左右内臣皆曰‘小宋’，时在车中偶见之，呼一声尔。”于是，仁宗召见宋祁，查问此事虚实。据说宋祁是“惶悚无地”，惊惶失措，无地自容。仁宗笑着说：“蓬山不远。”当即就把这位宫女赐予宋祁（《本事词》卷上）。这个故事，明显有模仿唐代“宫女兵士”故事的痕迹，因此，其真实性也很值得怀疑。不过，文人热衷于编撰这类故事，也颇能说明他们的一种普遍心理：诗词是爱情的触媒，才子获得佳人青睐的法宝，是手中的诗笔，皇帝面对诗人手中的诗笔，也得忍痛割爱，妥协退让。这当然是文人的白日梦，但也是文人的一种普遍心理，从一个侧面反映了古代上层社会对诗词的热爱和对诗人的推崇。

又如，唐朝大历年间，才子文茂与邻家女郎晁采，青梅竹马，两相情悦，“约为伉俪”。文茂富于才，精于诗，“时寄诗书，通情采”，并借机接近晁采，偷偷欢合。晁采母亲得知此事，大发感慨说：“才子佳人，自应有此。”于是就把女儿嫁给了文茂（《全唐诗》卷八〇〇）。晁母成全女儿与文茂的姻缘，是因为文茂是才子，是诗人。是文茂的诗人身份，获得了晁母的欣赏和谅解，成全了他与女儿的姻缘。这个故事，反映了古代下层社会对诗歌的热衷和对诗人的推崇。

这种因诗歌获得佳人青睐，并进而成就美满姻缘的风流佳话，在唐宋时期广泛流传，不妨再举几个。如中唐时期，李司空罢官居京，闲来无事，附庸风雅，追慕刘禹锡的诗名，把他请到府中，盛情款待。在酒宴上，李司空命家妓出来唱歌陪酒，刘禹锡在酒酣耳热之际，情欲高涨，诗兴大发，便赋诗一首：“鬢髯梳头宫样妆，春风一曲杜韦娘。司空见惯浑闲事，断尽江南刺史肠。”这就是大家熟知的“司空见惯”这个成语的出处。据说，李司空非常欣赏刘禹锡这首诗，就将家妓慷慨相赠。刘禹锡因诗获妓，一时传为佳话（孟棨《本事诗·情感》）。又如，韩晋公镇浙西，诗人戎昱为浙西某郡刺史，深爱一绝色酒妓。

而浙西乐将很看重那位酒妓的诗乐才能，请示晋公并征得同意后，就将她召置乐籍中。戎昱于湖上设宴为酒妓送行，并以诗相赠，嘱咐她入乐籍后，就唱这首诗。酒妓至乐籍，按照戎昱的嘱咐，在韩晋公面前唱戎昱送她的这首诗。韩晋公知道其中必有隐情，就命人鞭打乐将，查问实情，然后赠送酒妓细绢百匹，即刻将她送还给戎昱（孟棨《本事诗·情感》）。像这类故事，在唐宋以来的笔记小说中，俯拾即是。它的广泛流传，反映了传统中国人崇尚诗歌和推崇诗人的普遍文化心态。黄家遵指出传统社会对待诗人的两点态度：

> 第一，调戏人家妇女，在唐宋时自然是一种妨害风化而应受处罚的事，可是如果他是一个书生，他是一个能诗者，他们就可以任意胡为，不受责罚，甚至反要加赏。第二，才子佳人好像是天生的配偶，所以统治者遇到才子佳人私奔或单恋的案件，却反要替他们撮合，好像这是替天行道。这种现象是当时社会制度上的矛盾，这种矛盾显示着礼教对于性的禁压的无用。（黄家遵著、卞恩才整理《中国古代婚姻史研究》第339～340页，广东人民出版社1995年版）

这话虽然说得有点夸张，但大体还是比较符合当时的实际情况。

传统中国社会对文学的高度重视，还从选举考试的内容上得到最直接的体现。中国古代选举考试的主要内容不外乎经学（家法、帖经墨义、经疑、经义）与文学（诗赋）。在察举时代，经学、文学稍有分途；到科举时代，常常是以经学为里，以文学为表，是经学与文学的一种结合。这在客观上促进了人们对文学的重视，虽然优秀的文学作品一般都不是产生在科场上，但它的确刺激了人们对文学的兴趣，促进人们对文学技艺的学习和探讨，大大地有助于文学的发展。以文学作为选举考试的重要内容，以诗词歌赋的写作才能作为遴选官员的重要依据，这在世界史上恐怕也是极为罕见。同时，这些通过科举考试步入仕途的学子，作为政府官员分散在全国各地的衙门里，也就进一步将这种重文风尚推广到全国各个地区。它所造成的直接结果，就是提高了文人和文学的社会地位，在整个社会营造出一种适合文人成长和文学发展的社会氛围。

所以，在传统中国社会，创作和赏玩文学艺术，不仅仅是艺术家的事，一般民众都有欣赏艺术的癖好。诗歌创作不是诗人的专利，而是文化人最基本的素质。甚至作为一位官员，也必须能写作诗歌，欣赏诗歌，优待诗人，否则，就极有可能被视作缺乏教养，没有文化。因此，我很赞同丰华瞻的说法："中国的艺术风气很普遍，一般人受艺术的熏陶很深，都有些艺术癖。"（丰华瞻《中国人的艺术癖》，见《中西诗歌比较》第 223 ～ 227 页，生活 · 读书 · 新知三联书店 1987 年版）

古今社会风尚的差别，的确是显而易见。在中国，诗性精神的失落是现当代的事情，特别是在当代市场经济背景下，物质欲望的追求，成为人们的主要生活内容之一，物质欲望的膨胀和诗性精神的失落，成为一种普遍的精神现象。在当代，诗人成为穷困潦倒的代名词，写诗的人比读诗的人多。在中国历史上，诗人的处境，也许从来没有如现在这般难堪和尴尬。在今天，冷不丁冒出一位能写诗的官员，则会成为文化界的一大奇特之事。可是，众所周知，在古代中国，政府官员甚至地方或基层的一些文职人员，都能写诗，一般都有诗集出版。在传统中国，诗人的地位相当高，诗人得到社会各阶层人的尊重和热爱，上至皇帝，下至地方县令，不仅自己能写诗，而且也常常愿意为诗人的写作和出行，提供支持和帮助。明白了这一点，你就能够解释：在古代中国，为什么一个穷困潦倒的诗人，居然可以浪游天下，四海为家？

二、诗教中国：儒家诗教说的历史意义与现代价值

自周秦以来，古代中国人就有崇尚诗歌的传统，风雅情趣和诗骚精神，浸润中国人的心灵和涵育中国文化达数千年，培育出传统中国人浓郁的诗性精神。推本溯源，我以为，这种精神传统的形成，与儒家的“诗教”说密切相关。

所谓“诗教”，简单地说，就是以诗歌作为政治教化的工具。《毛诗序》说：“故正得失，动天地，感鬼神，莫近于诗。先王以是经夫妇，成孝敬，厚人伦，美教化，移风俗。”这是关于诗歌教化功能的经典表达。儒家诗教，作为传统中国社会的一种重要教育形式，自先秦两汉以来，即遭到其他学派的批评指责。如墨家反对儒家的“诗教”，认为诗歌无益于教化，墨子说：“或以不丧之间，诵诗三百，弦诗三百，歌诗三百，舞诗三百。若用子（公孟）之言，则君子何日以听治，庶人何日以从事？”（《墨子·公孟》）在墨子看来，诗歌不仅无益于教化，还耽误日常工作。按照他的说法，你整天都去“诵诗”“弦诗”“歌诗”“舞诗”去了，哪有时间来干工作啊。法家主张以法为教，以吏为师，批评儒家“以文乱法”，将儒家列为“五蠹”之一，认为儒家提倡的诗乐教化有害无益。道家崇尚自然，提倡超越功利道德的审美观念，批评儒家的礼乐教化思想，对儒家以“诗教”为核心的功利主义艺术观，持否定态度。魏晋以来，文学自觉精神逐渐产生，审美超越观念渐趋形成，文学逐渐从道德教化的藩篱中分离出来，文学家逐渐从政治家、道德家的身份中独立出来，走向自觉发展的道路，儒家那种具有浓厚功利色彩的“诗教”说，也遭到严肃的批判。特别是近现代以来，在“为艺术而艺术”的纯文学观念的影响下，儒家“诗教”说便被视为阻碍文学进步和发展的落后文学观念。

不过，需要说明的是，儒家“诗教”说被彻底地推翻和打倒，是近现代以来的事情。在中国古代社会，它可以说是打而不倒，摧而不毁，具有很顽强的生命力。并且，近现代以来，推翻和打倒儒学“诗教”说的，不仅是鼓吹“为艺术而艺术”、提倡纯文学观念的文学家的功劳，而主要是因为“诗教”说赖以生存的儒家思想支柱和以儒学为政治统治思想的政治权力被推翻了，传统文化背景不存在了，“诗教”说也就失去了立身之地。另外，在古代中国，道、法、墨三家反对“诗教”说，但他们反对的出发点，又不完全相同。墨、法两家是重实用的功利主义者，对于儒家提倡的“无用”的诗乐，自然是持否定态度。道家是审美观念上的超功利主义者，对于有明显功利色彩的“诗教”说，当然也是持否定态度。换句话说，“诗教”说是功利的，所以超功利的道家批评它；“诗教”说是功利的，但它的功利效果不是立竿见影，而是潜移默化，因此追求立竿见影的实用功能的法、墨二家反对它。不过，值得注意的是，在传统中国这个大文化背景没有改变的前提下，在儒家思想作为政治统治思想的独尊地位没有动摇的条件下，“诗教”说一直保持着旺盛的生命力，贯穿和影响着自先秦至清朝的整个中国古代社会。直到黄遵宪提出的“诗界革命”，我们都还可以看到儒家“诗教”说的直接影响。

传统中国的“诗教”说，之所以一直保持着旺盛的生命力，除了儒家思想及其以儒家为统治思想的政治权力之支撑外，更重要的原因，还在于“诗教”说自身具有的合理性因素。在今人看来，把诗歌当成政治教科书，以诗歌作为政治教化的工具，真是太理想化了，也是太功利了。不过，我认为，“诗教”说的确体现了儒家学者的理想主义精神。从艺术角度看，它是功利性的，不符合艺术规律。但是，从政治教化角度看，它的确又有相当程度的合理性。

在古代中国，对政治统治和政治权力影响最大的是儒家和法家。一般而言，儒家长于守而短于攻，或者说，儒家擅长守天下而不擅长打天下。所以，在逐鹿天下的时候，儒家颇受轻视。如孔子周游天下，宣扬他的仁义之道，结果是“惶惶如丧家之犬”，在陈国的时候，还饿得面黄肌瘦，“面有菜色”，搞得很狼狈，很难堪。孟子周游列国，宣传他的“仁政”。与孔子的难堪处境相比，孟子的情况似乎要好一些，因为他富于辩才，口才极好，他那三寸不烂之舌，说得那些诸侯王不得不服。但是，那些诸侯王也是当面一套背后一套，孟子最终也是不得不退而与万章之徒著书立说。楚汉战争时期，儒家的处境也很糟糕。刘邦宁愿接见一位高阳酒徒，也不愿见一个儒生。他甚至还撒尿在儒生的帽子里，以示对儒生的轻视。直到天下统一，国家稳定后，刘邦才逐渐接受陆贾等人的建议，兼容儒家，对儒生表示一定的敬意。直到汉武帝时代，实现“罢黜百家，独尊儒术”，儒家的政治地位和社会影响才得到大幅度的提升。法家是长于攻而短于守，擅长打天下而不擅长守天下。所以，以法家治国的秦国，他的军队的战争力就特别地强，秦国被东方六国称为“虎狼之国”，秦国的军队被称为“虎狼之师”，秦国的军队在战场上，往往是“一以当十”。秦国之所以能够迅速结束战国纷争的局面，建立起高度集中的中央集权制国家，就是法家思想起了作用。秦王朝之所以二世而亡，也与主张以武力统治天下的法家思想有关。造成这种显著区别的原因，是由于两家对政治教化的不同理解。大体上说，法家以军功奖励后进，鼓励耕战，所以，以法家作为政治统治思想，其军队的战斗力极强，长于打天下；法家以法为教，以吏为师，实行愚民政策，忽视对国民的道德教化和精神培养，因此，法家的守天下，是以强大的国家机器为支柱，实行的是高压政策。当国家机器的强力逐渐疲软，民众的揭竿而起便是势所必然。儒家宣讲的仁义道德和提倡的礼乐文化，虽然在逐鹿天下的时候，往往被视为迂阔而不切于实际。但是，儒家提倡的礼仁文化，及其为建构这种文化传统而采取的诗乐教化手段，在守天下的时期，就可以弥补法家愚民政策的不足。

儒家讲礼，法家讲法，从根本上讲，这两家是相通的，礼和法就是一回事，讲的都是社会规范，也就是我们常说的法律法规和规章制度。礼法制度是整合社会秩序的基础和前提，“不依规矩，不成方圆”，讲的就是这个道理。所以，从整合社会秩序这一点看，儒法两家是相通的，儒家的礼和法家的法，就是整合社会秩序的工具。明白了这一点，你就能理解：为什么法家的两位极其重要的人物韩非子和李斯，居然都出自于先秦儒学思想的集大成者荀子的门下？我认为，儒家讲礼，法家讲法，在整合社会秩序的工具上，是相通的。但是，在如何要求民众遵守礼法这个问题上，儒法两家的分歧，就明显地表现出来了。

大体上说，礼和仁是儒家文化的两个重要层面，礼是外在的社会规范，是维持社会秩序和稳定政治局面的规章制度；仁是内在的道德修养和精神情操。儒家学者所追求的，不是像法家那样，以强大的国家机器为支柱的强制性的愚民政策，而是通过诗乐教化手段，去培育人的内在心性，提升人的道德境界、精神情操和仁爱心性，进而使之主动地、自觉地遵守外在的社会规范（即“礼”）。也就是如李泽厚所说，儒家是把人们对外在社会规范的遵守转化为个体内在的自觉（李泽厚《孔子再评价》，见《中国古代思想史论》，人民出版社1986年版）。

诗乐教化是儒家政治教化的基本手段。按照儒家的观点，诗可以“经夫妇，成孝敬，厚人伦，美教化，移风俗”，诗歌可以维系夫妇关系，培养孝敬之心，敦厚人际伦理，有移风易俗的作用。孔子说：“入其国其教可知也。其为人也温柔敦厚，诗教也。”（《礼记·经解》）

一国之民，“其为人也温柔敦厚”，就正是诗乐教化的结果。应该特别指出的是，儒家选择的这种诗乐教化手段，相当于席勒的“审美教育”，近似于现当代学者提倡的“美育”，是有远见的卓识。因为诗乐教化不同于一般的政治教化。一般的政治教化可以说是晓之以理，而具有“审美教育”或“美育”性质的诗乐教化，则是动之以情，直接作用于人的心灵深处，因而其影响是直接的、深刻的、持久的，它是从重建一个人的道德观念和精神情操入手，从根本上改变一个人的内心世界，从而将之纳入现实的社会秩序中。所以，儒家的“诗教”说，作为一种潜移默化的教育方式，虽然极具理想主义色彩，不能产生立竿见影的效果。但是，作为一种理想和追求，它在学理上是有依据的，从实际操作层面上讲，在经过相当长一段时间的实践之后，它必能克服法家功利主义的缺陷，产生持久而深入的影响。

从纯文学的角度看，儒家“诗教”说把诗歌作为政治教化的工具，强调诗歌为政治服务，是一种功利主义观点。但是，儒家学者在强调诗歌的教化功能时，并未完全放弃对诗歌审美价值的追求。同时，为了实现诗歌的教化功能，为了从心灵深处改变一个人，培育其高尚的道德情操和雅正的伦理观念，儒家学者不仅强调晓之以理，更重视动之以情。因此，他们也比较注重诗歌直接作用人心的“感发志意”的功能，即审美功能。

一般而言，文学艺术具有审美功能、教育功能和认识功能，其中，审美功能是最基本的功能。文学艺术区别于其他学科，就在于它具有独特的审美功能，而且，它的教育功能和认识功能的实现，也必须通过审美功能。或者说，文学艺术是通过其审美价值来实现其教育价值和认识价值。早期儒家学者对此已有相当明确的认识，如孔子说：

> 小子何莫学乎诗？诗可以兴，可以观，可以群，可以怨。迩之事父，远之事君，多识于鸟兽草木之名。（《论语·阳货》）

孔子这段话，涉及诗歌的三大功能。“观”“群”“怨”和“事父”“事君”“多识于鸟兽草木之名”，相当于教育功能和认识功能。“兴”，是指诗歌启发鼓舞的感染作用，即朱熹所说的“感发志意”的作用。诗歌的“感发”作用，相当于审美功能。值得注意的是，孔子将“兴”置于首位，即把诗歌“感发志意”的审美功能，视为文学的基本功能，通过“兴”（审美功能）实现“观”（认识功能）和“群”“怨”（教育功能）。这是孔子一贯的观点，因为他还提出过这样的说法：“兴于诗，立于礼，成于乐。”（《论语·泰伯》）他所说的“兴于诗”，与他提出的“兴观群怨”说，完全一致。可以说，孔子的观点与当代文艺理论家的看法基本相近。

总之，儒家的“诗教”说，作为一种功利性质的文学观念，它并不排斥艺术的审美作用，而是很重视艺术的审美功能，并通过审美功能实现其教育价值和认识价值。因此，它的积极意义是显而易见的。就政治方面说，它弥补了法家高压、愚民政策的不足，通过营造人文氛围，锻炼人文精神，为政治权力的推行创造文化背景。就文学方面说，它不仅为文学直面现实人生社会提供了理论依据，而且也为文学艺术的健康发展指明了方向。当然，它最直接的贡献，是孕育了传统中国人的诗性精神，开启了传统中国社会的人文传统，营造了传统中国社会浓郁丰厚的人文氛围，培育了传统中国人热爱诗歌和推崇诗人的人文品格。

中国古典诗学以中和为核心，以雅正为准则。这种诗学品格的形成，与儒家“诗教”说的影响密切相关。儒家“诗教”说，赋予诗歌“经夫妇，成孝敬，厚人伦，美教化，移风俗”的重大社会使命（《毛诗序》），把诗歌作为政治教化的工具，通过诗歌的“兴观群怨”作用，实现对人心的浸润陶染，使其由伪归真，由邪入正，提高民众的道德水准，进而为整合社会秩序、实现天下的长治久安奠定基础。诗歌要能完成如此重要的社会使命，成为国家政治统治的道德基础和意识形态载体，必须以端庄典雅、严正中和为准则，任何标新立异、求真求奇，都有可能妨碍它的教化功能的实现。所以，在诗教中国的文化背景上，诗歌美学必须以中和雅正为最高准则。

儒家的“诗教”说，在中国古典诗学领域发生了特别重要的影响，对中国古代社会秩序的整合也有很重要的意义，对传统中国文化品格的形成和国民精神的塑造，都发生过持久而深入的影响。但是，自近代以来，随着西方文化的输入，随着反传统思潮的开展，儒家“诗教”说受到特别严厉的批判，甚至被树立为反面诗学观念而被全盘否定。我们认为：儒家“诗教”说不仅具有历史影响，而且还有当代价值。今日学者应当以“同情之理解”的态度，重新论定“诗教”说的理论价值和历史意义，揭示其对当国民教育的借鉴意义。

三、重德育而轻美育：当代国民教育之现状与困境

概括地说，儒家“诗教”说，意在通过审美教育来达到情感教育的目的。“诗教”就是审美教育，就是美育。所谓美育，据近代教育家蔡元培解释说：“美育者，应用美学之理论于教育，以陶养情感为目的者也。”（《教育大辞典》，商务印书馆1930年版）《中国大百科全书·哲学卷》认为，“通过艺术手段对人们进行教育”，就是“审美教育”，就是“美育”。这些界定，与儒家“诗教”说的内涵，完

全吻合。

在近代中国改造国民性、塑造新国民活动中，审美教育、艺术教育和情感教育引起学者的高度重视。比如，在梁启超的“新民说”中，通过艺术教育以实现情感教育，进而达到“新民”的目的，是他的一贯主张。他说：“情感教育最大的利器，就是艺术：音乐、美术、文学这三件法宝，把‘情感秘密’的钥匙都掌住了。”（梁启超《中国韵文里头表现的情感》，见《中国现代学术经典·梁启超卷》第616页，河北教育出版社1996年版）在他的艺术教育观中，小说受到高度重视。他认为：民族性格和社会风气，都是由小说造成的，“今日欲改良群治，必自小说界革命始；欲新民，必自新小说始”。他著有《论小说与群治之关系》一文，讨论小说在国民情感教育中的熏、浸、刺、提等作用。这与孔子提出的兴、观、群、怨的观点，是很相似的。为了实现“造就完全人格”的新民目标，蔡元培主张德、知、体、美并重，并提出以美育代替宗教的观点。他认为：“所谓健全人格，分为德育、体育、知育、美育四项。”为了培养健全人格，他以为美育必不可少，至关重要，“提出美育，因为美感是普遍性，可以破人我彼此的偏见；美感是超越性，可以破生死利害的顾忌，在教育上应特别注重”（蔡元培《我在教育界的经验》，见《蔡元培谈教育》，辽宁人民出版社2015年版）。美感的自由性超越宗教的强制性，美育的进步性超越宗教的保守性，美育的普及性超越宗教的有界性。因此，他主张以美育代替宗教，认为美育是所有教育的最高境界。我们认为，蔡元培先生以美育代替宗教的观点，实在是基于中国文化特质而设计出来的一套符合中国国情的国民教育方案。因为中国文化不是宗教文化而是诗性文化，中国人的精神不是宗教精神而是诗性精神。或者如林语堂所说，“中国的诗在中国代替了宗教的任务”，“诗很可称为中国人的宗教”（林语堂《吾国与吾民》第226、227页，陕西师范大学出版社2002年版）。所以，我觉得，蔡元培的“美育”说，梁启超的“小说群治”论，与古代中国的“诗教”说一样，在本质上都是一种艺术教育论或审美教育说，是一种符合传统中国国情的国民教育方式。

美育之被忽略或被轻视，是中华人民共和国成立以后的事情，并且是随着阶级斗争的渐趋深入而逐步加重。其实，在1951年3月第一次全国中等教育工作会议上，会议提出：“普通中学的宗旨和培养目标是使青年一代在智育、德育、体育、美育各方面获得全面发展，使之成为新民主主义社会的自觉的成员。”这是继承蔡元培的观点，是德、智、体、美并重。可是，毛泽东主席于1957年2月在扩大的最高国务会议上所作的《关于正确处理人民内部矛盾的问题》的讲话中说：“我们的教育方针，应该使受教育者在德育、智育、体育几方面都得到发展，成为有社会主义觉悟的有文化的劳动者。”很明显，美育从教育方针中被删除了。在教育方针中删除美育，是与当时的阶级斗争形势相适应的。因为据蔡元培说，美育是普遍性的，是超越性的，是自由性的。这种观点，与当时以阶级斗争为纲的政治形势相违背。直到“文革”后，阶级斗争的热潮降温，教育部于1978年1月颁布的《全日制十年制中小学教育计划》（试行草案）中，才又恢复重视美育的传统。

“文革”后，重视美育的传统虽然在官方的教育文件得到恢复，一系列重视美育的规划和措施相继出台，但是，它的执行情况却不尽如人意。事实上，在我看来，中华人民共和国成立以后的国民教育，一直存在着两个比较严重的问题：

一是重视德育而轻视美育，将德育和美育截然分离。特别重视道德教育，将道德教育和审美教育分离开来，其结果就是使道德教育变成空泛的道德教条和抽象的理论说教，使道德教育流于形式，难以产生深入人心的影响。我认为，道德教育的最终目的，是将道德教条转化为内心法则。而要将道德教条转化为内心法则，将道德情操转化为内心需求，一个重要的途径，就是实施情感教育，通过情感教育来开展道德教育。按照蔡元培的观点，“情感教育最大的利器，就是艺术”，也就是说，情感教育的最佳方式是审美教育。因此，要使道德教育发生直指人心的影响，使道德教条转化为内心法则，审美教育是一个必不可少的手段。通过美育来开展德育，德育才能发生真正的效果。回头去看看古代中国，看看早期未经意识形态化的儒家“诗教”说，正是这种将德育与美育密切结合起来的做法，通过审美教育来实现情感教育，通过情感教育来实现道德教育。如孔子所谓“兴观群怨”说，孔子提出的“兴于诗，立于礼，成于乐”，都体现了美育与德育的结合、以美育渗透德育的教育理念。这是我们今日实施国民教育，开展德育工作，应当特别注意的问题。

二是将德育等同于政治思想教育。袁济喜说得对：

> 从我们的学校的道德品质教育来说，也有一个重大的不足之处，甚至可以说是误区的地方，这就是长期以来过分强调政治思想教育，忽略道德品质作为人格教育的存在价值，没有将审美教育与道德教育有机地结合起来。（袁济喜《传统美育与当代人格》第 479 页，人民文学出版社 2002 年版）

按照我的理解，德育就是人格教育，应该以发展整个的人格为目的，应当以培养人的健全人格为目标，应当包含道德人格教育和政治人格教育等方面内容。把德育等同于政治思想教育，实际上就是将人简单地政治化，把人视为政治的动物，忽略了人之所以成为人的本质属性。

这种观念，是在“极左”思潮影响下的政治运动的产物。但是，问题是，在“拨乱反正”之后，这种狭隘的观点，还没有得到根本的肃清，至今仍有相当多的人依然认为德育就是政治思想教育，把德育课讲成政治理论课和思想教育课。

将德育等同于政治思想教育，最直接的后果有两个：一是培养出一批政治觉悟高、政治素质强而道德素质低、人格品位差的人才，老实说，这是非常危险的事情，对国家的稳定和社会的发展，都极为不利。二是以政治思想教育取代德育，致使政治思想教育变成政治说教，内容空洞，形式单调，非但不能达到思想教育的目的，反而使受教育者产生逆反心理，弃学厌学现象严重，即使认真学习，也往往带着某种功利目的。邓小平曾经说过：长期以来，我们最大的失误是教育。我们认为：我们在教育上最大的失误是忽视美育，是德育教育上的偏差，是政治思想教育上的不得法。对青年学生的政治思想教育，我们一直非常重视，从小学到中学到大学到研究生学习，乃至在各种形式的团校和党校，我们一遍又一遍地学习马列主义哲学、政治经济学、毛泽东思想、邓小平理论等政治理论课程，我们投入了大量的时间、人力和物力来对我们的青少年开展政治思想教育工作，可是，教育的效果到底怎么样？这是很令人怀疑的。至少可以说，我们的教育成效与教育投入不成正比例，我们的巨大投入并没有产生预期的效果。

将德育与美育分离开来，偏重德育而轻视美育，最直接的后果也有两个：一是德育离开了美育，就变成了空洞的道德说教，无法将德育变成情感教育，不能产生直指人心的影响，道德教条无法转化为内心法则，不能从根本上提升人的道德素养和人格品位，德育也就变成了一句空话。二是审美教育的被轻视和被忽略，导致国民普遍缺乏基本的文学素养和审美观念，致使国民素质中诗性精神和人文精神的普遍失落，完全以功利化、世俗化、物质化的眼光对待社会和人生，过分关注形而下的物质追求，缺乏形而上的超越性的精神追求，导致审美与人生关系的分离、艺术与人格关系的淡化。记得温家宝总理在视察国家图书馆时说过这样一句话：一个民族如果没有一批仰望星空的人，那么这个民族的前途是相当危险的。这句话值得我们教育工作者认真思考。

诗性精神的失落，人文素养的欠缺，是当代中国国民素质教育面临的严峻问题。我始终认为：诗性精神是人类特有的一种精神状态，也是人类必需的一种精神品质。人之所以成为人，人之所以区别于动物，就在于他不仅仅是一种物质性的存在，更主要是一种精神性的存在。或者说，人不仅要满足形而下的物质欲望的追求，更需要满足形而上的精神欲望的追求。因此，儒家提出的“诗教”说，德国哲学家席勒提出的“审美教育”论，现代教育家蔡元培提倡的“美育”，可以为当代中国的国民教育提供启示和借鉴。

就当代中国国民素质中的诗性精神来说，我以为：处于边省地区的少数民族，在诗性精神上，往往比处于政治、经济、文化中心地区的汉族人，更强烈，更充沛，更浓郁。多年前的几段亲身经历，使我对这种现象有颇深的感触。

大概是在十年前的一个暑假，我被学校派遣到贵州的一个比较偏僻的少数民族地区，开展为期二十天的中小学师资培训工作，讲授《大学语文》课程。少数民族人民能歌善舞，少数民族地区是歌舞的海洋，在这为期二十天的培训工作中，我是深有体会，感触很深，因为我正赶上他们的一个传统节日活动，有机会近距离地欣赏他们的歌舞，还有幸被邀请参与他们的饮酒狂欢。碰巧那段日子我正在讲授沈从文的《箱子岩》一文，文章中所讲的内容与我当时的所见所闻交织在一起，发出了许多感慨。

沈从文的《箱子岩》，讲述的是湘西箱子岩苗族同胞的日常生活。据文章所述，十四年前的大端阳节，沈从文去到箱子岩，目睹了当地苗族同胞的玩龙舟活动，活动的热闹场面，男女老少的欢乐激情，从早到晚的尽情玩船，从傍晚到深夜的饮酒狂欢，给沈从文留下了深刻印象。他在文章中感叹说："提起这件事，使我重新感到人类文字语言的贫俭。那一派声音，那一种情调，真不是用文字语言可以形容的事情。""我可以说的，只是自从我把这次水上所领略的印象保留到心上后，一切书本上的动人记载，皆看得平平常常，不至于发生惊讶了。"十四年后，沈从文再次去到箱子岩，又遇见了那"一群会寻快乐的乡下人"。他发现："这些人根本上又似乎与历史毫无关系。从他们应付生存的方法与排泄感情的娱乐上看来，竟好像今古相同，不分彼此。""这些人生活都仿佛同自然已相融合，从容的各在那里尽其性命之理，与其他无生命物质一样，唯在日日升降寒暑交替中放射、分解。"

看到箱子岩的苗族同胞在十四年的时间里，还是那样"按照一定的分定，很简单的把日子过下去"，生活并无显著变化，沈从文说他的"心中有点忧郁起来了"。为什么呢？他认为，与箱子岩"这些不辜负自然的人，与自然妥协，对历史毫无负担，活在这无人知道的地方"的苗族同胞不一样，"另外尚有一批人，与自然毫不妥协，想到种种办法来支配自然，违反自然的习惯"，这是一批"改变历史，创造历史"的人。相比较而言，沈从文虽然欣赏箱子岩苗族同胞与自然和谐、与历史毫无关系的生活方式，但是，此时此境，他似乎更欣赏"改变历史，创造历史"的人，更推崇用自己的双手努力劳动、勤奋工作，改造自然环境、提升生活水平的人。为此，他颇为沉重地发表了下面这段言论：

> 我们用什么方法，就可以使这些人心中感觉一种“惶恐”，且放弃过去对自然和平的态度，重新来一股劲儿，用划龙舟的精神活下去？这些人在娱乐上的狂热，就证明这种狂热，使他们还配在世界上占据一片土地，活得更愉快更长久一些。不过有什么办法，可以改造这些人的狂热到一件新的竞争方面去？（沈从文《湘行散记》，北京十月文艺出版社 2008 年版）

沈从文的这段言论，可以语重心长，发人深省。箱子岩的苗族同胞有狂热的生命激情，他们玩一整天的龙船也不觉得劳累，喝一整夜的酒也不尽兴，这说明他们的生命精神非常强健。但是，人不仅仅是精神性的存在，而且也是物质性的存在，甚至可以说，只有在物质生活达到相当水准后，精神生活的水平才有相应的提高。箱子岩的苗族同胞在节日娱乐时有狂热激情，但是在日常生活中，在“改变历史，创造历史”的工作中，特别是在改造自然，创造财富的活动中，却是“与自然妥协，对历史毫无负担”，仿佛失去了生命激情。沈从文先生的“忧郁”，实际上是他对箱子岩苗族同胞现实物质生活处境的担忧和同情。

在那二十天的师资培训工作中，我参与了民族同胞的节日狂欢，欣赏着他们的歌与舞，体验着他们的日常生活，同时又在课堂上讲授着沈从文先生的《箱子岩》。老实说，我的心情与沈从文先生一样，也“有点忧郁起来了”，也产生了类似于沈从文先生那样的感慨。在先声明我本人也是少数民族，本着民族反省的动机，并无民族偏见和民族歧视的意图，取得大家的理解之后，我与同学们做了一次推心置腹的交谈，发表了下面这段言论：

少数民族同胞富有生命激情，热衷于唱歌跳舞，具有充沛的娱乐激情和诗性精神，这是值得肯定的，这是人之所以为人的一种基本精神。但是，毋庸讳言的是，在勤勉劳作和节俭生活方面，与汉族同胞相比，少数民族同胞是有欠缺的。诸位有机会去汉族聚居区看看，那里的农民真勤劳，庄稼种得很好，田边地角的杂草除得干干净净，所以农业收成好，生活当然过得就比较丰裕。诸位看看，我们有些少数民族地区的农民，那庄稼种得真是不好，田边地角杂草丛生，那庄稼地里，真像陶渊明说的那样，“草盛豆苗稀”。这样的庄稼，收成肯定不好，生活当然也就不丰裕。再说，我们有些少数民族，那节日真多，那节日的气氛真热烈，杀猪宰牛，几天几夜地喝酒，那阵势，好像是要把家里所有的好东西都吃光喝光，才善罢甘休。汉族同胞的节日没这么多，节日的气氛虽然也热烈，但是他们总是想着省吃俭用过日子，即使在节日里，也不至于如此铺张。他们的日子过得很匀称，好东西细水长流，留着慢慢享用。所以，我觉得，我们少数民族同胞应该向汉族同胞学习，学习他们那样勤奋地劳作，俭约地生活。

这是我那段日子的真实想法，这种想法在当时也获得同学们的普遍认同。不过，感动人的事情经常在发生，自我反思的工作也在不断地进行。往后的两段亲身经历，又在不断地改变着我的看法，深化着我的反省，并使我逐渐认识到：少数民族同胞在勤俭节约的生活方式上，应向汉族同胞学习；汉族同胞在诗意栖居的生活方式上，得向少数民族同胞学习。

大约是在八年前的一个暑假，我在公园里邂逅一场少数民族歌唱大赛，据说那是民间机构自发组织的一场布依族民歌大赛。邂逅这场民歌大赛，少数民族同胞那种充沛的诗性精神和强烈的娱乐激情，使我深深感动。据了解，参加比赛的表演者，大多数是来自数十里，乃至百余里之外的布依族同胞，他们为了这场比赛，已经在家中忙里偷闲练习了两个多月，如今又是放下家中的农活，专程赶来参加比赛。据说，无论是赛前两个多月的练习，还是当天的比赛，都是没有任何报酬的，即使获奖，那奖品和奖金也非常微薄。或者说，他们以饱满的激情为比赛做准备，不辞辛劳远道而来参与比赛，完全是因为他们从内心深处对歌舞的热爱，对娱乐的向往。或者说，是他们内心深处那强烈的诗性精神驱使着他们热情洋溢地参加这种艺术活动。其中，尤其令我感动的，是一位年迈的老太婆，她的年龄已经大到不能独自登上舞台了，她的身体已经衰老到不能独自站立着唱歌了，可她还是从百余里之外的布依山寨赶到这里，由几位年轻的妇女扶着上了舞台，由两位姑娘扶着歌唱，她居然独自清唱了二十多分钟。这虽然算不上是我这辈子听到的最动听的歌声，但一定是我这辈子听到的最动情的歌声，所有在场的人都被她深深地感动。很长一段时间，那老太婆的歌声一直萦绕在我的耳际，那一群容光焕发、风姿绰约的中年妇女的舞台表演，一直浮现在我的眼前。虽然我也是少数民族，也生长在少数民族地区，可是，在我那基本上已经完全汉化的家乡，这样的唱歌比赛，我从来没有见到过。家乡的父老乡亲们似乎都变得很实际，青年男女忙着打工挣钱，中年男女忙着持家种地，太公太婆们或带孙子，或做家务，也不闲着。唱歌跳舞这些娱乐活动，压根儿就与他们没有任何关系。一位中年妇女不认真操持家务，不好好种地，打扮得花枝招展，跑出去唱歌跳舞，放在我的家乡，那一定要遭到父老乡亲的指责和批评，那一定要被人轻视。我的一位同事告诉我，他的母亲因为到外地去参加一场少数民族歌会，顺便访亲拜友，与歌友切磋交流，前后达半月之久，耽误了一年播种庄稼的时节，结果那一年家里粮食颗粒无收。这种事情，如果发生在我的家乡，那一定要被人骂得一辈子都抬不起头。通过这件事情，我对少数民族同胞的诗性精神和娱乐激情，发自内心的欣赏和赞叹；对汉族同胞渐趋丧失诗性精神和娱乐激情，“心中有点忧郁起来了”。

还有一件事情，也让我深深感动。那是七年前的一个秋天，一位布依族学生，家住城郊的布依族村寨里，他家里建了新房，备办酒席，邀请亲朋好友、左邻右舍前去吃酒，我们几位老师也被请去了。酒席办得很丰盛，来的宾朋也相当地多，喝酒的场面也特别热烈。夕阳西下，在酒席即将散去的时候，院子里响起了悠扬婉转的歌声。那学生告诉我们，歌会即将开始。只见客人们很快自动分成两派，或坐或站，在院子里摆开了山歌对唱的架势，我们也加入其中，一边唱歌，一边喝酒，不分男女，不论老少，不讲尊卑，你一首来我一首，歌声或激情高昂，或悠扬婉转，人人都很激情，个个都很快乐，欢声笑语连成一片，气氛非常热烈。一直唱到深夜，也一直喝到深夜。那一夜，我们沾了布依族同胞的光，也非常快乐地唱歌喝酒。我又不禁想起我的家乡来，在我的家乡，也常常有这种“办酒”“吃酒”的事情，可是，我发现，人们喝酒的气氛不热烈，总是匆匆而来，匆匆而去。酒宴散尽之后，你听到的不是高亢激情的歌声，而是稀里哗啦的麻将声，或者玩扑克牌赌钱的吆喝声。人们热衷于赌博不喜欢唱歌，这种民风民情，很令人担心。我再一次对少数民族同胞的诗性精神和娱乐激情肃然起敬，这个布依族村寨位于省会城市的郊区，在高度发达的现代城市文明的冲击下，还依然保持着如此淳朴的民风民情，你就不能不感叹少数民族同胞诗性精神和娱乐精神的根深蒂固。我也再一次对汉族同胞诗性精神和娱乐激情的丧失，“心中有点忧郁起来了”。

所以，十年前在少数民族地区讲授沈从文先生的《箱子岩》，像沈从文先生那样，我对少数民族同胞狂热地娱乐和与世无争的生活，“心中有点忧郁”，因此，我希望他们向汉族同胞学习，勤奋劳作，俭朴生活。七八年前观赏少数民族同胞的歌会和亲历布依族同胞的民歌对唱，我对他们的诗性精神和娱乐激情，肃然起敬，由衷赞赏，而对汉族同胞过分功利化、物质化的生活方式，也“心中有点忧郁”。因此，善意的建议是：少数民族同胞向汉族同胞学习勤俭节约，汉族同胞向少数民族同胞学习诗性娱乐。勤俭节约是物质性的安顿，诗性娱乐是精神性的需求。人不仅是物质性的存在，而且也是精神性的存在。物质性的存在，是功利的，是世俗的，是形而下的；精神性的存在，是审美的，是超越的，是形而上的。功利与审美的结合，世俗与超越的结合，在追求形而下的物质享受时，时时不忘对形而上的精神娱乐的向往，才是人生的理想境界。因此，将诗性娱乐的精神追求与勤劳俭朴的物质安顿有机地结合起来，是今后国民教育的主要工作方向。

第十讲 中国人的英雄崇拜

——以项羽为个案的讨论

内容提要： 英雄崇拜，作为一种文化现象，存在于世界各民族的文化传统中。本讲讨论中国人的英雄崇拜，探讨中国人的英雄观念，意欲从英雄崇拜观念窥探中国人的文化心理。中国人的英雄崇拜之自觉意识，形成于魏晋时期，具有英、雄并重的艺术化特征。至性与真情是英雄本色，最能体现这种英雄本色的是项羽。自刎乌江和霸王别姬，尽显项羽至性与真情的英雄本色。英雄本色就是诗性精神，英雄美人和才子佳人的心心相印，就在于他们共同的诗性人格和共有的诗性精神。所以，英雄自有美人伴，有美人陪伴的英雄才是真英雄，有英雄眷恋的美人才是真美人。

以项羽为个案，讨论传统中国人的英雄崇拜观念，这是一个挺有意思的话题，也是讨论中国人的精神传统的一个重要切入点。一说到英雄，一提到项羽，什么“英雄美人”“霸王别姬”、江湖豪侠、甚至武侠小说，这些东西都会立即涌上你心头，呈现在你眼前，这已经是中国人的一种习惯性的思维定式。同时，这也是一个涉及传统中国人的文化心理和精神传统的大问题，通过英雄崇拜观念，透过人们对刘邦、项羽、曹操、关羽、周瑜等这些英雄人物的褒贬态度，你会从中窥探到传统中国人的文化心理中最隐秘的部位，发现这种精神传统形成过程中的很多有意味的文化现象，增进你对中国传统文化的认识和理解。

一、英雄兼备与重英轻雄：中国人心目中的英雄特征

英雄崇拜，作为一种文化现象，存在于世界各民族的文化传统中，存在于每一个人的心目中。每一个人的心目中都有自己崇拜的英雄偶像，每一个民族都有自己的民族英雄，以及与这种英雄崇拜相适应的英雄观念。所以，讨论中国人的英雄崇拜，我们首先从传统中国人的英雄观念说起。

“英雄”一词，今天已成为一个常用词，并且已经被滥用了。我们在这里讲的“英雄”，应当是一个特定的称谓，我们所说的中国人的英雄崇拜，也有它的特定内涵。据我的考察，在中国古代，“英雄”作为一种特殊的人物类型，受到社会各阶层的关注和重视，是在汉魏转折之际，也就是三国时期。诸位读《三国演义》，都知道曹操和刘备“煮酒论英雄”，这是有历史依据的，“英雄”这个词就出现在这个时期。在那时，曹操、刘备、孙权、周瑜和孔融，都被人们称作“英雄”。著名诗人王粲，还写过一本《英雄记》，可惜已经散佚了，从流传下来的佚文看，这是一本记录当时英雄人物事迹的书。可以说，三国时期是一个英雄辈出的时代，理论家也热心于英雄人物的研究，如刘劭在他那本人才学专著《人物志》里，讨论到“英雄”这种人物类型。特别值得我们注意的是，在《人物志》里，刘劭讨论了十余种

人物类型，但唯独著《英雄》一篇，专门讨论“英雄”这种人物类型的质性特点。这说明什么？说明“英雄”是当时大家关注的焦点，是时尚人物。嵇康也写过一篇《明胆论》，讨论与“英雄”直接相关的明、胆问题。“明”即“英”，刘劭说：“聪明者，英之分也。”（《人物志·英雄》）“胆”即“雄”，刘劭说：“胆力者，雄之分也。”（《人物志·英雄》）所以，我认为，中国人的英雄崇拜观念产生于三国时期，当时人们特别关注这个人物类型，并从理论上认真研究这个人物群体，从观念上自觉地将他们作为一种人物类型加以审视。虽然商周秦汉时期也不乏英雄人物，也有对英雄的崇拜。但是，作为一种人物类型的形成，作为一种自觉意识之产生，并奠定传统中国人英雄崇拜观念之基础的，则是在三国时期。

讨论中国人的英雄崇拜观念，我们必须得引用刘劭《人物志·英雄》解说“英雄”的一段文字：

> 夫草之精秀者为英，兽之特群者为雄。故人之文武茂异，取名于此。是故聪明秀出谓之英，胆力过人谓之雄，此其大体之别名也……夫聪明者，英之分也，不得雄之胆，则说不行。胆力者，雄之分也，不得英之智，则事不立。是故英以其聪谋始，以其明见机，待雄之胆行之。雄以其力服众，以其勇排难，待英之智成之。然后乃能各济其所长也……故英雄异名，然皆偏至之材，人臣之任也。故英可以为相，雄可以为将。若一人之身兼有英、雄，则能长世，高祖、项羽是也。然英之分以多于雄，而英不可以少也。英分少，则智者去之。故项羽气力盖世，明能合变，而不能听采奇异，有一范增不用，是以陈平之徒皆亡归。高祖英分多，故群雄服之，英材归之。两得其用，故能吞秦破楚，宅有天下。……故一人之身，兼有英、雄，乃能役英与雄。能役英与雄，故能成大业也。

这段文字的重要性，首先在于它很具体很全面地界定了“英雄”的特征，其次在于它对传统中国人的英雄崇拜观念产生过比较重要的影响。

考察刘劭这段文字，有下面三个问题值得注意：

第一，刘劭认为“英雄”是由“英”和“雄”两种质性构成。所谓“英”，是指“聪明秀出”；所谓“雄”，是指“胆力过人”。这与嵇康《明胆论》的说法是一致的。简单地说，“英”是指才学、智慧，是“明”；“雄”是指武功、胆识、胸怀，是“胆”。这是当时社会评价英雄人物的共识，如三国赵孔曜在向冀州刺史裴徽推荐管辂时，说管辂“雅性宽大，与世无忌，可为士雄”，又说他“仰观天文，则能同妙甘公、石申；俯览《周易》，则能思齐司马季主，游步道术，开神无穷，可为士英”（《荐管辂于冀州刺史裴徽》，《全三国文》卷四十四）。概括地说，管辂既有胸怀，又有才学，所以是位“英雄”，值得推荐，也值得重用。

第二，刘劭认为“英雄”必须同时兼备英才和雄分，只有英才或只有雄分，都是“偏至之才”，即偏才。只有兼备英才和雄分，才是“英雄”，才能成就大业。或者说，英可以为相，雄可以为将，只有“英雄”才能统领将相，成就大业。英才和雄分相互配合，才能做成大事业。有英才而无雄胆，“则说不行”，即干不成事，正如嵇康所说，“专明无胆，则虽见不断”。有雄胆而无英才，“则事不业”，即会坏事，正如嵇康《明胆论》所说：“专胆无明，则违理失机。”

第三，也是最重要的一点。即“英雄”必须兼备英才和雄分，但英才又特别重要。虽然刘劭一再强调英才和雄分对于“英雄”来说都不可或缺，但他还是对英才和雄分作了轻重主次之分，特别提出“英之分以多于雄，而英不可少”的观点，并举刘邦、项羽的得失成败为例，说明英才的重要性，明显有重英轻雄或者英主雄次的倾向。指出这一点很重要，因为后来中国人的英雄崇拜观念正是朝着这个方向发展的。

三国时期的英雄崇拜观念，明显有重英轻雄的倾向。我想从以下几个方面来讨论这个问题。

第一，刘劭讲“雄”，着重于武功，是“以其力服众，以其勇排难”，强调的是“力”和“勇”。嵇康讲“胆”，近似于刘劭讲的“雄”，但他没有特别强调武功和勇力，而是说“胆以决断”，是一种决策能力，略近于“识”，相当于我们讲的胆识。也就是说，在刘劭的英雄观念中，是英、雄并重，而略有重英轻雄的倾向。但是，到了嵇康这里，重英轻雄的倾向就更加明显。另外，我以为，魏晋时期英雄观念中的重英轻雄倾向，还与当时社会的“贵智尚艺”时代风尚密切相关。徐幹《中论》专门讨论过这种风尚，张岱年先生在《中国哲学史大纲》中也涉及这个问题。

第二，英雄崇拜观念中的重英轻雄倾向，也与当时社会的重文轻武风尚密切相关。大家可能会觉得奇怪，魏晋是个乱世，应当是一个以武力相尚的时代，事实上，这的确也是一个以武力相尚的时代，但又确实有一种明显的重文轻武的风尚。所以，即使身为武官，也要附庸风雅，追随名士风流。例如，三国猛将张飞投宿到刘巴家里，刘巴瞧不起他，连话都懒得与他说，搞得张飞很不高兴，诸葛亮劝告刘巴礼遇张飞，可是刘巴却说：“大丈夫处世，当交四海英雄，如何与兵子共语乎？”（《三国志·刘巴传》裴注引《零陵先贤传》）刘巴这话说得很明白，兵子不是“英雄”。因为兵子有匹夫之勇，而乏文采风流。又如，史称王睿与孙坚共同带兵平息零桂动乱，王睿“以坚武官，言颇轻之”（《三国志·孙坚传》裴注引《吴录》）。还有，晋武帝娶手下大将胡奋的女儿为贵妃，可晋武帝就是打心底瞧不起这个“将种”出身的胡贵妃（《晋书·后妃传》）。还有一件事情，东晋大将军桓温想娶名士王述的孙女为儿媳妇，王述毫不客气地拒绝了这桩婚事，他的理由很简单：“兵，那可嫁女与之。”（《世说新语·方正》）因此，在魏晋六朝时期，即使出身行伍的武士，为免于被名士轻视，也追逐时尚，附庸风雅。如“本无学术”的刘裕，也伪装出“颇慕风流”的样子，《宋书·刘穆之传》记载有刘裕学书法的事情，《宋书·郑鲜之传》记载有刘裕谈玄的事情，皆可视为追逐时尚，其实他内心里对这些东西一点兴趣都没有。我甚至认为，传统中国人身上比较普遍的附庸风雅的习性，也是从这个时候开始形成的。曹文柱先生的论文《六朝时期江南社会风气的变迁》（《历史研究》1988 年第 2 期），从文化心理和宗教哲学方面探讨过六朝人重文轻武的原因。

第三，著名学者贺昌群先生在《英雄与名士》一文中说过：魏晋时期，“英雄”有时也可以称作“名士”。这话有根据，如曹操，人们都说他是“英雄”，他本人也以“英雄”自居，但也有称他为“名士”的，如以知人著称的太尉桥玄，就曾对曹操说：“吾见天下名士多矣，未有若君者也，君善自持。吾老矣，愿以妻子为托。”（《三国志·武帝纪》裴注引《魏书》）“英雄”可以称为“名士”，正说明“英雄”也具备“名士”的文采风流，其“英”的一面受到特别重视。曹操正是这样一位颇有文采风流的“名士”，他在诗文方面的水平很高，在音乐、书法、棋艺等方面的造诣，也堪称一流。据张华《博物志》载：“汉世，安平崔瑗、瑗子寔，弘农张芝、芝弟昶，并善草书，而太祖亚之。桓谭、蔡邕善音乐；冯翊山子道、王九真、郭凯等善围棋，太祖皆能与之埒能。”据此可见，魏晋人崇拜的“英雄”，具有艺术化人格的特点，这一点在后世的英雄崇拜观念中，表现得更加明显。

通过以上的讨论，我们可以得出这样一个结论：中国人英雄崇拜的自觉观念，形成于魏晋时期；魏晋时期的英雄崇拜，虽然强调文武茂异，英雄并重，明胆相生，但也有明显的重英轻雄、重文轻武的特点；

魏晋人崇拜的英雄人格，具有明显的艺术化特征；魏晋人的英雄崇拜，奠定了中国人的英雄崇拜观念的基础。

二、至性与真情：英雄本色

在传统中国文化语境中，我们一提到英雄，就会想到美人；一讲到英雄美人，便会延伸到才子佳人。这种延伸或联想，是由文化积淀而形成的心理定式，因为传统中国人从心底里就把他们看作是同一类型的人。就说英雄和才子，表面看来，英雄、才子，一文一武，大相径庭。其实，他们在本质上是相通的。与才子相比，英雄虽以雄气为优，但在英才方面也不亚于才子。因为中国人崇拜的英雄有明显的重英轻雄、重文轻武的特点，有明显的艺术化倾向。更为重要的是，他们在精神上是相通的，都是性情中人。英雄之可敬，才子之可爱，就在于他们都有真性情。其实，英才也好，雄气也罢，皆与情相通。那位自称“潇湘馆侍者”的文人在评论《青楼梦》时，说过这样一句极有道理的话：“有情必有才，才若疏，则情不挚。”才子常常多情善感，是情种，甚至像梁启超评价杜甫那样，是“情圣”。有大才的人必定是深于情的人，深于情的人往往有大才。才与情相通，所以有“才情”之说。雄于气者也一定是深于情者，气雄则情挚，气疏则情伪。情以真挚为贵，无论是才子，还是英雄，都崇尚真情，贬斥虚伪，都是性情中人。

文人崇尚真情，反对虚伪做作。文人真情的自然流露，在封建时代，往往被道德家指责为“文人无行”。可见，真情有时候是不能随便流露的，就像刀郎唱的那首歌《冲动的惩罚》，我挺喜欢这首歌。冲动是真情的自然流露，可随着冲动而来的是惩罚，看来真情在有些时候还是需要掩饰一下的。

还有，大家想想，这个世界上什么人最喜欢喝酒？什么人最能喝酒？如果认真评评，我以为应该是才子和英雄。才子和英雄都喜欢喝酒，而且一般酒量都不小。即便是天生喝不了酒的文人，或者酒量不大的文人，也要来凑凑热闹，像苏东坡那样，或者“把盏为乐”，或者“喜人饮酒”。东坡先生在《和陶饮酒二十首引》中，说过这样两句极有意思的话：“吾饮酒至少，常以把盏为乐。”喝不了酒，也要捧着酒杯过过酒瘾，“把盏为乐”，这真是一种很美妙、很有诗意的人生境界，我想也应该是饮酒的最高境界。苏东坡很崇拜陶渊明，学陶渊明学得真像，他的“把盏为乐”，与陶渊明弹无弦琴，与孙绰卧游天台山，其内在精神特别相似，这一系列事件，很能反映出中国文化或中国文人心理中一种不可言说的境界。东坡先生还有一个癖好，就是喜欢欣赏别人饮酒。他在《书东皋子传后》里说：我的酒量很小，但我“喜人饮酒”，即喜欢看别人喝酒，特别喜欢看别人喝得醉醺醺的样子。我们不要以为苏轼是别有用心，把自己的快乐建立在别人的痛苦之上，因为喝酒醉了有时是很痛苦的。就像我们有的人喝酒，老是想把别人搞醉，以搞醉别人为快乐。东坡先生不会这样下作，他的“喜人饮酒”，还是像他的“把盏为乐”一样，是对酒的欣赏，是对酒趣的向往。古代中国人对酒的精神理解得最深最透的，可能要算魏晋名士。大家读过刘伶的那篇《酒德颂》吗？我想，会喝酒的人和不会喝酒的人，都应该读读这篇文章，特别是会喝酒的人和喜欢喝酒的人，更应该仔细读读，酒馆或酒吧里也不妨请书法家把它写出来挂在墙上。现在的酒风很坏，很多人酒德很差，大多数狂喝滥饮的人，根本就不懂酒的精神。所以，我觉得，现在是急需提升国民酒德、加强酒文化教育和宣传酒文化精神的时候了。

鲁迅先生写过一篇文章，名叫《魏晋风度与文章及药与酒之关系》，标题就说得很清楚：要读懂魏晋文章，就必须要了解魏晋风度；要理解魏晋风度，就必须要了解魏晋名士的喝酒和吃药。其实，在魏晋时代，做个名士并不难，只要会喝酒，酒量大，就算半个名士。进一步说，假如你要深入理解魏晋文章，用心感悟魏晋风度，你要读懂陶渊明，你首先得学会喝酒，最好有过醉酒的经历。要不然，你对魏晋风度和魏晋文章的理解，总是有隔鞭搔痒的感觉，你会觉得要酒不要命的陶渊明有点莫名其妙。

酒的精神就是一种求真的精神，酒的境界就是一种任真的境界，喝酒的目的是为了去伪存真，魏晋名士对这个问题的理解很深刻，如王忱说："三日不饮酒，觉形神不复相亲。"（《世说新语·任诞》）三天不喝酒，这个人就像行尸走肉，了无生气，失去了自我。后来，黄庭坚模仿这句说也说过一句名言："三日不读《汉书》，便觉俗气逼人。"不喝酒，便觉形神分离；看来喝酒的目的是为了形神相亲。陶渊明对酒中趣味也有真切的理解，他说："酒中有真味。"他在《孟府君传》里说："（桓温）常问君：酒有何好？而卿嗜之。君笑而答曰：明公但不得酒中趣耳。"这话说得有点玄，其实，说明白点，这个酒中趣味，就是王忱说的形神相亲的境界。所以，王瑶先生解释说：酒中趣味，酒中真味，就是自然，就是任真，就是超脱现实世界的束缚而进入到一个本真、自然的人生境界（王瑶《文人与酒》，见《中古文学史论集》第34～35页，古典文学出版社1956年版）。说得更明白一点，就是对至性真情的追求，就是去伪存真。醉过酒的人，对这个问题都应该有体会。老实说，在现实生活中，我们每一个人都免不了有点虚伪，戴着面纱过日子，真想说的话不敢说，真想做的事不敢做，因为害怕"冲动"后的"惩罚"。但是，当我们喝醉酒的时候，酒后吐真言，平时不敢说的，不敢做的，都敢说敢做了。别人怪罪下来，“对不起，喝多啦”，可以很轻松地推脱过去。你看，酒这东西真好，既可以让你的至性真情得到自然流露，又可以作为讲真话做真事的挡箭牌。魏晋名士有许多关于酒的至理名言，如王荟说：“酒正自引人著胜地。”王蕴说：“酒正使人人自远。”（《世说新语·任诞》）沈约说：“慢形之具，非酒不可。”（《七贤论》，《全梁文》卷二十九）会喝酒的人和不会喝酒的人，都应该认真体会一下这些至理名言的深刻意义。

明白了酒的精神和趣味，我们便能理解，才子和英雄为什么都喜欢喝酒？为什么最能喝酒？原来，才子和英雄都是一些追求至性真情的性情中人，他们以酒为“慢形之具”，通过喝酒来摆脱世俗社会虚情假意的束缚，通过喝酒来追求至性真情的自然流露。

才子和英雄都是追求至性真情的性情中人，不过，比较而言，虽然文人才子都崇尚真情，但有时也不免虚伪作态，无病呻吟。这是我们需要特别注意的，否则，你就会上当受骗。举几个例子来说吧，还是先举陶渊明，他在《示庞主簿邓治中》诗中，有这样两句：“造夕思鸡鸣，及晨愿乌迁”，意思是说，到了天黑的时候，我就希望鸡快点叫，盼望天快点亮，鸡一叫就预示着天快亮了，为什么呢？家里穷啊，晚上睡觉，没被子盖，冷，天一亮下床活动，就不冷。可是，到了早上，我又盼望着天快点黑，那又为啥呢？原来还是因为家里穷，没吃的，饿，天黑上床睡觉就不饿了。如此看来，陶渊明这日子还真是饥寒交迫，生不如死。说实在的，我真不相信他会穷到这个份上。虽然他的耕作技术的确不好，尽管费了力，也常常是“草盛豆苗稀”，杂草长得比庄稼好，收成自然就不高。但他毕竟是著名的“浔阳三隐”，好多人赞助着他呢，如颜延之就捐赠了他一万钱。所以，我怀疑他在这里极有可能是无病呻吟，故意叫苦叫穷。说实在的，古代中国文人就有这个传统，明明是吃香的喝辣的，甚至穿金戴银，可是，他们一提笔写诗，就要摆出一副穷酸相，做出可怜兮兮、生不如死的样子。比如贾岛，他官至长江县主簿，职位虽然不高，大概相当于今天的县政府秘书，那可是个肥缺，跟在县令的屁股后面，虽然不能做到日进斗金，搞个十万雪花银，但绝对应该是一家人衣食无忧。你猜张籍说他是如何过日子的，“拄杖傍田寻野菜，封书乞米趁时炊”（《赠贾岛》），大清早起来，拄着拐杖到田边地角去挖野菜，有了野菜做菜羹，可没有米做饭，又急忙修书一封，让小儿到邻家去借米下锅。长江县主簿的日子过到这个份上，你相信吗？我绝对不相信，那是张籍在为朋友哭穷叫苦。所以，我提醒大家，不要轻信古代诗人那些哭穷叫苦的文字，我觉得还是鲁迅先生说得好：

> 我们从来没见过候补的饿殍在沟壑边吟哦，鞭扑底下的囚徒所发出来的不过是直声的叫喊，决不会用一篇妃红俪白的骈体文来诉痛苦的。所以待到磨墨吮笔，说什么“履穿踵决”时，脚上也许早已经是丝袜，高吟“饥来驱我去”的陶征士，其时或者偏已很有些酒意了。（鲁迅《“碰壁”之后》，见《华盖集》，人民文学出版社 1973 年版）

这话虽然说得有点刻薄，但大体上也是切中要害。宋代诗人不是常常这样说吗：“少年不识愁滋味，爱上层楼。爱上层楼，为赋新词强说愁”（辛弃疾《丑奴儿·书博山道中壁》），青春少年，风华正茂，朝气蓬勃，根本就不知道忧愁是啥滋味，可是一提笔写诗，就得装着愁眉苦脸的样子，要“强说愁”。“诗人多事惹闲情，闭门自造愁如许”（范成大《陆务观作春愁曲悲甚，作诗反之》），这是大实话，那些哀怨愁绪，原来是“闭门自造”的。当然，我们也不能说古代诗人全都是虚情假意，古代诗歌全都是无病呻吟。我只是提醒大家，谨防上当受骗，大家在运用“知人论世”方法解读古代诗文时，一定要保持高度警惕。再说，这种叫苦叫穷创作风尚的形成，也不能全怪诗人，可以说这是古代中国诗歌创作的一个传统，因为中国人相信“诗穷而后工”，认为“欢愉之辞难工，穷苦之言易好”（韩愈《荆谭唱和诗序》），“文词不怨思抑扬，则流淡无味”（王微《与从弟僧绰书》）。简单地说，不哭穷叫苦，就写不好诗，好诗都是哭穷的，都是叫苦的。钱锺书先生在日本早稻田大学有一个著名的演讲报告《诗可以怨》，收在他的《七缀集》里，对这个问题有很深入的讨论。

所以，我觉得，才子虽然也是崇尚至性真情的性情中人，但做得还不彻底。最堪称性情中人的，恐怕还是只有英雄。清代文学家文康在《儿女英雄传》里，假借天尊之口，对英雄的至性真情发表过一段很好的议论。他认为，当时人们把“儿女英雄”这四个字理解错了，即错误地把他们当成两种人，其实他们在精神上是相通的，是一类人。人们“误把些使用气力好勇斗狠的，认作英雄；又把些调脂弄粉断袖余桃的，认作儿女”。换句话说，英雄不仅仅是心狠手辣、好勇斗猛的粗人；美人也不是调脂弄粉、凭借美色搔首弄姿的俗女。“有了英雄至性，才成就得儿女心肠；有了儿女真情，才作得出英雄事业”。英雄和美人，都有至性，都有真情，都是追求至性真情的性情中人。

谈论英雄的至性真情，还是要回到文人的话题上来。一般来说，保持童心，是成就一位文人的前提条件。晚明文人袁中道、李贽在文学上提出“童心说”，认为优秀的创作来源于作者纯朴而真淳的童心。德国哲学家席勒认为：“甚至最伟大的天才在趣味的领域也得放弃自己的高位，亲切地俯就儿童的理解。”（席勒《美育书简》第96页，人民文学出版社 1963 年版）英雄也应当具有这种童心，或者赤子之心，如拿破仑曰：“凡属英雄，每日必作小儿之举动二次以上。”这话说得极为生动简明。用民国文人何海鸣的话说，英雄应当是兴之所至，想干什么就干什么，那些“越想矫作英雄越不是英雄，越不想矫作英雄却自然而然的是英雄”，英雄应当是情之所适，本色天真自然显现，“偶然思饮则入醉乡，偶然好色则入情海，聊以消遣，岂有成心？虽属游戏，又见性灵”（何海鸣《求幸福斋随笔》第 69 页，上海书店出版社 1997 年版）。所以，酒色之徒不是英雄，刻意远离酒色者也不是英雄。英雄呈显天真，注重本色，其生活方式是“兴之所至，情之所适”。所谓“英雄本色”，就当作如此理解。简言之，至性真情就是英雄本色。

三、自刎乌江与霸王别姬：尽显项羽英雄本色

至性与真情是英雄本色。中国历史上的英雄人物，层出不穷，历代皆有。依我看，最具英雄之本色者，当首推项羽。

毛泽东评点《史记·项羽本纪》，有两句极精审的评语：“项羽非政治家，汉王则为一高明的政治家。”汉王刘邦虽然也是历代文人称许的英雄，刘劭《人物志》就有这种说法。但是，在至性与真情的英雄本色上，作为政治家的刘邦，以及自许为英雄的曹操，与“非政治家”的项羽相比，皆格格不入，也大为逊色。传统中国文人最心仪的英雄是项羽，而不是刘邦和曹操。这与传统中国文人的两种文化心理有关系。

首先，传统中国文人对待政治家，就像对待商人一样，向来不怀好感。虽然势位富贵对任何人都有诱惑力，但天性清高孤傲的传统中

国文人，一方面尽可以不遗余力地去追求势位富贵，另一方面却又常常表现出对势位富贵的不屑。也许，政治家角逐于权力场域，不免勾心斗角，往往阴险狡诈，常常矫揉做作，缺乏以至性和真情为特点的英雄本色。刘邦之伪，曹操之奸，就是如此。因此，传统中国文人常常不以成败论英雄，对具有至性和真情的英雄项羽，往往倍加推崇和赞赏，在文学作品中塑造成正面人物。对刘邦和曹操，则常常是口诛笔伐，塑造成反面人物。如元代睢景臣《哨遍·高祖还乡》中的刘邦，就是一位虚伪狡诈、矫揉做作的无赖之徒。京剧中的曹操，也永远是一个黑脸。

其次，传统中国文人不以成败论英雄，似乎更推崇失败的英雄，不大欣赏成功的英雄；更推崇悲剧，不大喜欢喜剧；更热衷悲情，不大喜欢喜情。就像我在前面说的，他们写诗的时候，更喜欢写愁苦之情，不乐于写欢悦之辞。所以，在英雄崇拜观念上，更推崇悲剧英雄，对成功英雄总有几分不屑。在楚汉战争中，假如项羽打败了刘邦，做了新王朝的开国皇帝，人们或许会推崇刘邦而贬抑项羽，这也说不定。这的确是一种非常隐秘的文化心理。你说是人们同情弱者的心理吧，这也不像，因为英雄是不需要同情的。我也说不清楚，我只是感觉到中国人崇拜的英雄大多是悲剧英雄，这一定与传统中国人的某种文化心理有关，悟透了这一点，你就悟透了中国文化与中国文人。

上述两种文化心理是显而易见，但是要解释这两种文化心理的成因却是比较困难，这不是我今天要讨论的问题，所以按下不表。我想说的是，在这两种文化心理的影响下，刘邦和曹操作为英雄都要大打折扣，只有至性真情的项羽，才能成为传统中国文人最心仪的英雄。项羽至性与真情的英雄本色，主要表现在以下几个方面：

第一，在鸿门宴上，项羽拥兵四十万，刘邦仅有区区十万人马，刘、项兵力之悬殊，天地之差，如同霄壤。这个时候，项羽如果想置刘邦于死地，铲除这个最具危险性的竞争对手，则易如反掌，唾手可得。项羽放弃了这个千载难逢的好机会，差不多是故意留下机会让刘邦逃跑了。有人认为，项羽在鸿门宴上放走刘邦，是出于“妇人之仁”。我不这样看，我认为这件事情，正显示了项羽作为一位英雄的至性风采。何海鸣对这件事有一个很好的评说：

> 人谓关羽天人也，予曰项羽亦天人也。许猎欲杀，华容则饶，人谓关羽把阿瞒作小儿，然而鸿门宴中项羽又何曾正眼觑刘亭长来？况大丈夫作事，不凌弱，不乘人之危，窃知千军万马中枪对枪、刀对刀，项羽与关羽均能把刘邦、曹操杀却，鸿门、华容，刘、曹已成俎上之肉，杀之无丈夫气，论交谊犹其次也。（何海鸣《求幸福斋随笔》第1页，上海书店出版社1997年版）

我认为，就英雄本色而论，关羽仍次于项羽，项羽才是文人心目中理想的英雄，我在后面再说这个问题。在鸿门宴上，项羽不杀刘邦，的确体现的是项羽“不凌弱，不乘人之危”的英雄本色，因为“杀之无丈夫气”。假如项羽乘人之危，在鸿门宴上杀了刘邦，则其英雄本色定当锐减。意思是说，我要杀你，我肯定要把你灭掉，但我不能在你软弱无力的时候把你杀掉，因为那叫以强欺弱，杀了你也没有人佩服；我要在你与我势均力敌的时候干掉你，那才叫人佩服，那样才有丈夫气，那才是英雄干的事。比如，项羽杀卿子冠军宋义，就叫人佩服，因为那是以弱凌强，决断于危急之际，杀之更显英雄本色。我觉得，项羽在鸿门宴上表现出来的是英雄本色，刘邦表现出来的则是政治家忍辱负重的风采。政治家可以忍辱负重，英雄则不能。请允许我做一个假设，假如刘邦与项羽在鸿门宴上交换角色，刘邦必杀项羽。作为政治家的刘邦，才不管你什么丈夫气不丈夫气，不管能不能成为人们心目中崇拜的英雄，为达目的，不择手段，胜者为王，败者为寇，该出手时就出手，这是政治家的逻辑，也是政治家的谋略。项羽也不会像刘邦那样忍辱负重，偷偷逃跑。寻找机会偷偷逃跑，这不是英雄干的事情。宁死也不会苟且偷生，就像在垓下拒绝乌江亭长的好意一样，英雄本色定当如此。所以，在诗人笔下，项羽在鸿门宴上的表现令人崇敬，刘邦的表现则让人鄙弃。

第二，项羽俘获刘邦的父亲太公，以此要挟刘邦投降。在这件事情上，也体现了项羽的英雄本色，展现了刘邦的政治家风度。据司马迁《史记·项羽本纪》，项羽俘虏了刘邦的父亲太公，派人带信给刘邦说："今不急下，吾烹太公。"你看，刘邦是怎么回复的？他说：我曾经与你结拜为兄弟，"吾翁即若翁，必欲烹而翁，则幸分我一杯羹"。真是厚颜无耻，连这种话都说得出口。所以，文康在《儿女英雄传》中，就拿这件事做文章，说刘邦不配称英雄。按照文康的意思，此时此境，刘邦若想做英雄的话，有两条路可走：一是"重视太公，轻视天下，学那窃父而逃，遵海滨而处，终身欣然，乐而忘天下的故事"。不愿放弃天下，想赌一把的话，那还有一条路，就是"布告天下，问罪兴师，和项王大战一场，成败在所不计，也还不失为能屈能伸的大丈夫本色"。可是，刘邦放弃了成就英雄美名的两条路不走，却厚着脸皮说："我爹就是你爹，你若是想把你爹杀了熬汤喝，到时别忘了分我一碗。"这真是丧尽天良，典型的无赖习性。怪不得文康很愤慨地说："这都因汉高祖没有儿女真情，枉作了英雄事业，才遗笑千古英雄。"（文康《儿女英雄传》第6～7页，春风文艺出版社1994年版）刘邦不配称英雄，实在是因为他缺乏真情与至性，为了江山事业，竟然置父子血缘亲情而不顾。江山事业重于父子亲情，这是政治家的胸怀。不仅仅对父亲太公是这样，刘邦也把江山事业看得比儿女的生命还重要。据《史记·高祖本纪》，有一次刘邦带着一对儿女，在夏侯婴的护卫下，驾着马车逃避项羽的追杀。追兵将至，刘邦为了轻车逃跑，几次将儿女推下车去。幸得夏侯婴数次下车相救，方才幸免于难。江山事业在刘邦心目中的重要性，于此可见。

项羽用太公的性命要挟刘邦，其实是用自己的英雄本色来看刘邦，以为刘邦与自己一样，都是有至性真情的性情中人。哪知刘邦是政治家，缺乏的就是这种英雄至性和真情，根本就不买账，他要的是江山社稷，所以，项羽这个要挟，最终也就落空了。不过，在这件事情上，倒是很充分地显示了项羽的英雄本色，因为他并不真想杀太公，仅仅是一个要挟手段而已。你还真得佩服刘邦的老奸巨猾，他就是掐住了项羽的死穴，认准你项羽不会杀我爹。但是，这个做法也确实太不近人情。所以，何海鸣说得很正确：

> 烹其父所以胁其子之降也，子无不爱父，以己推人，人当以此降我，此项羽之近人情处也，不得谓曰残忍。“幸分我一杯羹”，此为亘古最不近人情一句话，亏刘邦道得出口，然如此愈足以见项羽之可爱。嗟夫！国人读史专崇拜一种奸巧阴鸷之小人为英雄，予欲大哭。（何海鸣《求幸福斋随笔》第 1 页，上海书店出版社 1997 年版）

项羽近人情，因此可爱，所以是英雄；刘邦不近人情，因此可恶，所以是“奸巧阴鸷之小人”。因此，项羽虽然是一位失败的英雄，但是却能够得到人们的尊重和爱戴，因为他可爱。刘邦虽然是一位成功的政治家，但是却常常遭到文人的鄙薄和厌恶，因为他可恶。这就是人们常说的“不以成败论英雄”。

第三，自刎乌江，尽显项羽英雄本色。英雄不仅是至性的，深情的，而且往往还是敏感的，脆弱的，甚至有点神经过敏，与诗人的性格很相似。据《史记·项羽本纪》记载，项羽于垓下经过奋力拼搏，在走投无路之际：

> 于是项王乃欲东渡乌江，乌江亭长檥船待。谓项王曰："江东虽小，地方千里，众数十万人，亦足王也，愿大王急渡！今独臣有船，汉军至，无以渡。"项王笑曰："天之亡我，我何渡为？……"

请允许我首先做一个假设：如果是刘邦遭遇这种处境，碰上"乌江亭长檥船待"，那可谓是求之不得，正中其怀，他一定会毫不犹豫地渡江；即便没有"乌江亭长檥船待"，他也会想方设法渡江，这是政治家的本色。其实，项羽也"欲东渡乌江"，可是当他碰上"乌江亭长檥船待"，却毅然放弃了渡江打算，决定自刎乌江。项羽何以如此变化多端？我认为：这是由项羽的英雄气质——敏感、短气或神经过敏——决定的。乌江亭长的一番好意，却产生了相反的效果。他刺伤了项羽的自尊心，使项羽意识到自己处于被人同情的地位，受人施舍的处境。英雄不需要同情，也不能接受施舍。心高气傲的项羽不愿接受这种同情，宁肯自刎也不能接受这种施舍。强烈的自尊，极度的神经过敏，使他的决策发生了重大变化。我们常说的"英雄气短"，大概指的就是这种情况。实际上，敏感和短气，正是英雄本色。英雄之可爱，也正在于此。

后人往往惋惜项羽不肯过江，失去了东山再起的机会，如李清照说："至今思项羽，不肯过江东。"（《夏日绝句》）或曰："江东子弟多才俊，卷土重来未可知。"（杜牧《题乌江亭》）其实，这些都是未能体贴项羽的肤廓之论。英雄之所以成为英雄，往往就在于他不按常理出牌，经常做一些出人意料的事情。他本想渡江，可突然又改变了主意。你说他应该渡江，可他偏偏就不按你的想法去做，不按常理办事。还是前面多次提到的那位民国怪才何海鸣，他很能理解项羽的英雄心肠。他说："七十二战战无不利，一旦丧却八千子弟，何以为情？项羽之死不得已也。胜得败不得自有一种可取处，何必劝项羽学勾践乎？"（何海鸣《求幸福斋随笔》第1页，上海书店出版社1997年版）按照何海鸣的说法，项羽必须得死，项羽必须自刎乌江，"项羽之死不得已也"，实乃英雄气使然。自刎乌江，成就了项羽的英雄美名。假如项羽学勾践卧薪尝胆，学刘邦忍辱负重，委曲求全，则反而无甚特趣，也不能引起后世文人的唏嘘感叹。项羽临终之际说的那几句话，颇堪注意：

天之亡我，我何渡为？且籍与江东子弟八千人渡江而西，今无一人还。纵江东父兄怜而王我，我何面目见之？纵彼不言，籍独不愧于心乎？（《史记·项羽本纪》）

英雄本色，至性深情，甚至意气用事，不愿委曲求全，不肯苟且偷生。项羽之言，乃英雄之语，深情之言。因为无颜见江东父老，因为愧对江东父老而饮剑自刎，项羽的这种选择，虽然缺乏政治家忍辱负重的精神，但却充分昭显了至性深情的英雄本色。总之，项羽必须自刎于乌江，这是项羽的宿命，也是传统中国文人的期待。

第四，项羽军壁垓下，四面楚歌，腹背受敌，饮别虞姬于帐中，英雄末路之际，仍是人间真情与至性，尽显英雄本色，这是项羽最为后人感慨和佩服的地方。

有一段时间，我很冲动，特别想做霸王别姬故事的接受史研究，因为研究这个故事的接受史和传播史，可以从一个侧面窥探传统中国文人在霸王别姬故事的诗意想象中，呈现出来的某种隐秘的文化心理。我还专门搜集过这方面的资料，从这些资料中，我发现人们比较关注这样一些问题：是霸王别姬还是姬别霸王？是虞姬自杀还是项羽杀了虞姬？项羽自刎之前杀掉虞姬的真实意图是什么？有种观点认为：项羽杀虞姬，是担心自己死了之后，美人虞姬落入刘邦之手。或者认为：虞姬在项羽自刎之前自杀，是表忠贞，打消项羽的顾虑。不知大家对这种观点做何感想，我虽然说不上是义愤填膺，但总是感觉特别的不爽，怎么能这样糟蹋我们心目中至性与真情的英雄呢？再说，霸王别姬的故事，在《项羽本纪》中的记录本是相当简约，差不多大部分是我们后人建构起来的，想象出来的。而如此猜测，实在是有损于我们想象或建构起来的诗性英雄形象。

谈论霸王别姬，说到英雄美人，人们常常是刘、项并提，如《金瓶梅》开篇即说：

> 丈夫只手把吴钩，欲斩万人头。如何铁石打成心性，刬为花柔。请看项籍与刘季，一似使人愁。只因撞着虞姬戚氏，豪杰都休。

其实，我还是认为，在英雄本色上，刘邦不能与项羽相提并论；甚至在对待女人的态度上，刘邦之与戚氏，也不能跟项羽之与虞姬等量齐观。一个明显的现象，就是项羽和虞姬的爱情，能够成为英雄美人爱情的原型，能够成为后世戏曲小说中爱情故事的经典题材，至今仍是京剧、川剧等传统戏曲中经久不衰的上演剧目。而刘邦与戚氏的故事，却不能得到这样的重视，这说明什么？我想：只能说明这两个故事在文化意蕴上是不同的，在文人心目中的地位是有差别的。江山美人，孰重孰轻？对刘邦、项羽来说，是不言自明的。项羽至性深情，你看他在垓下四面楚歌、腹背受敌的危急之际，“宝区血庙，了不经意，唯眷眷一妇人”（张燧《千百年眼》卷四“虞美人、戚姬”条），这才是真正的英雄本色，英雄就应该如此深情。对于刘邦来说，江山重于美人，甚至比亲情还重要。当江山与亲情冲突时，刘邦选择江山；当江山与美人冲突时，刘邦定会选择江山而抛弃美人，这是政治家的本色。所以，项羽在垓下军帐中，为虞姬悲歌的那一幕，足以让刘邦那所有值得夸耀的人生体验，都黯然失色。

四、英雄自有美人伴：有美人陪伴的英雄才是真英雄

一般而言，说到古代中国的爱情故事，大家都会不约而同地想到才子佳人和英雄美人。的确，古代中国人的爱情理想有两个：一是才子佳人，二是英雄美人。才子佳人相倾相慕的根本，是诗性精神。英雄美人相通相感的基础，也是诗性精神。

至性和真情是英雄本色，英雄本色就是诗性精神。虽然英雄不一定都擅长写诗，但传统中国人崇拜的英雄，以“文武茂异”为特点，有重英轻雄的特点，有重文轻武的倾向，有明显的艺术化人格特征。所以，像张飞、李逵那样的人，虽说勇猛无比，但并非中国人理想中的英雄。传统中国人崇拜的英雄，往往是至性的，深情的，敏感的，短气的，甚至有点神经过敏，还喜欢意气用事，这些都与诗人的气质个性很接近。所以，英雄与才子，虽然有一文一武的区别，但是他们的精神本质是相通的。我们说英雄本色就是诗性精神，并不说英雄就是诗人，而是说英雄的气质特点近似于诗人。

我曾经专门讨论过“传统中国文人关于女性气质的设计”（汪文

学《诗性风月——中国古典文学中的情爱》第 220 页，中央编译出版社 2011 年版），发现在传统中国文人的心目中，美人如诗，女性即诗性，女心即诗心。如此看来，英雄、才子与美人，虽然有男女之别，或有文武之分，或有尊卑之差，但是他们的气质个性是相近的，内在精神是相通的，都是如海德格尔所说的，是追求“诗意地栖居”的人物群体。新儒学大师牟宗三先生对英雄、美人和才子三者之间的关系，有一个极精辟的阐释，他说：

> 从草莽中起而打天下的英雄人物，其背后精神，吾曾名之曰“综合的尽气之精神”。尽才尽情尽气，这是一串。尽心尽性尽伦尽制这一串代表中国文化的理性世界，而尽才尽情尽气，则代表天才世界。诗人、情人、江湖义侠，以至于打天下的草莽英雄，都是天才世界中的人物。……这是一种艺术性的人格表现。与“综合的尽理之精神”下的圣贤人格相反。这两种基本精神笼罩了中国的整个文化生命。（牟宗三《中国文化的特质》，见《道德理想主义的重建》第 60 页，中国广播电视出版社 1993 年版）

牟氏之论，高屋建瓴，很深刻地指出了才、情、气三者的相通之处，以及诗人、情人和英雄的艺术性人格特征。分而言之，才子代表才，情人代表情，英雄代表气。才、情、气相通，故才子、情人、英雄三者之间具有天然的亲和力。合而言之，才、情、气三者都是具有诗性精神的品格，才子、情人、英雄身上都具有这种综合的诗性精神，因而也较其他群体更能彼此亲近。“英雄美人”的爱情理想，与“才子佳人”一样，充分展示了古代中国人的诗性精神。

诗性精神是人类天性中的一种终极关怀，富有诗性精神的美人，也就成为男性精神皈依之家园。男性群体中最富诗性精神的才子和英雄，总能得到佳人、美女的青睐。而他们对佳人、美女，也自有一种挥之不去的眷恋情节。才子配佳人，英雄恋美人，中国古代文学中的“美人幻像”，就体现了才子和英雄对佳人所代表的诗性精神的不懈追求。在传统文化精神的感召下，才子、英雄的人生定位是治国平天下。但在治国平天下的过程中，也时时不忘对美人的眷顾与思念。当治国平天下的雄心受挫时，美人也就常常成为他们精神皈依的家园。所以，屈原在“美政”理想受挫时，出国求女的愿望就非常强烈。辛弃疾也是在保家卫国的抗金愿望受挫时，才“红巾翠袖，揾英雄泪”（《水龙吟·登建康赏心亭》）。龚自珍也说：“设想英雄垂暮日，温柔不住住何乡。”（《己亥杂诗》）

记得袁枚说过这样一段话：“惜玉怜香而不心动者，圣也；惜玉怜香而心动者，人也；不知玉不知香者，禽兽也。”（《子不语》卷十一）这话说得很在理，大家自评一下，你属于哪一种人？与这段话有异曲同工之妙的，是何海鸣下面这段话：“不悦佳人者固决非才子，然则不悦才子者亦决非佳人。盖佳人所悦者始为才子，才子所悦者始为佳人。”（何海鸣《求幸福斋随笔》第 8 ～ 9 页，上海书店出版社 1997 年版）不为佳人所悦者，就不是才子；不为才子所恋者，就不是佳人。这段话也可以借用来评说英雄美人。英雄美人和才子佳人一样，是相辅相成、相互依存、相依为命的。只有英雄才配得上美人，只有美人才配得上英雄；不悦美人者就不是英雄，不恋英雄者就不是美人；为美人所恋者始为英雄，为英雄所悦者始为美人。

读过金庸、古龙或者梁羽生武侠小说的读者，一定会注意到，那里边的江湖豪侠或者武林高手，一般都是多情种子，大多数都有一个或几个绝世美人追随。再说，历史上的英雄也不例外，比如，项羽和关羽，关羽虽然无然愧于英雄之名，然而，不近女色的关羽，让人油然而生的是敬畏之感，而不觉得可爱。张飞、李逵也是这样的人物。或者说，关羽是让人不可亲近的偶像，而项羽则是活生生的人，是有血有肉、有情有义的人。作为文学形象，项羽比关羽更鲜活，更人性化，更有诗意。大家崇拜英雄，在关羽和项羽二人中只能选择一个，你选择谁？我肯定选择项羽，因为他可爱可亲可近。项羽之可爱可亲，就在于他的风流情性，就在于他对虞姬的一往情深，就在于他的人生中有虞姬的点缀。所以，有人说："没个虞姬垓下在，项王佳话岂能传。"（何海鸣《佳话》，见《求幸福斋随笔》，上海书店出版社 1997 年版）项羽英雄佳话的流传，虞姬还帮了大忙呢！在我看来，在项羽的人生中，如果没有虞姬相伴；在垓下之围中，如果没有饮别虞姬的细节，项羽作为一个文学形象，必将黯然失色。再说周瑜，他那儒雅风流的英雄形象，在相当程度上，就是因为他的人生中有了小乔的点缀，是小乔成就了周瑜的英雄美名。因此，苏轼的《念奴娇·赤壁怀古》，描绘周瑜儒雅风流的英雄形象，于"雄姿英发，羽扇纶巾，谈笑间，强虏灰飞烟灭"外，特别强调"小乔初嫁"。"谈笑间，强虏灰飞烟灭"，是他的事功；"羽扇纶巾"，表其儒雅；于事功和儒雅之外，加上"小乔初嫁"的点缀，其"雄姿英发"的英雄形象，就显得更加鲜活灵动。

英雄自有美人伴，因为真正的英雄可以获得美人的青睐；英雄必有美人伴，因为有美人陪伴的英雄，才是真正的英雄。不识人间烟火，视美人如祸水，任何时候都黑着个脸，什么事情都方寸不乱的豪杰，如关羽；始终不近女色，只知道以力服众，以勇排难，只知道使用力气，好勇斗狠，如张飞、李逵。这些人固然令人肃然起敬，然而，我总觉得他们不是英雄，或者说在英雄人格上有欠缺。英雄当然不能沉醉于醇酒妇人，但真正的英雄确实需要醇酒的滋养和美人的点缀。所以，何海鸣说："醇酒妇人，人道是英雄末路所作之事，其实亦不尽然，此四字固可作消磨潦倒观，然亦可作风流跌宕观。且徒然不近酒色亦算不得即是英雄，而英雄之为物又非泥雕木塑来者，徒于不近酒色上作工夫，天下亦无此酸臭之英雄也。”（何海鸣《求幸福斋随笔》第 69 页，上海书店出版社 1997 年版）因此，我觉得，像关羽、张飞、李逵这样的豪杰，在人格上是有缺陷的。传统中国人讲人格上的理想境界，是刚柔相济，阴阳互补。关羽之类的豪杰，是刚性有余，柔性不足。而项羽、周瑜之类的英雄，因为身边有美人陪伴，便能够形成一种刚柔相济的理想人格。

讲到这里，我联想到欧洲中世纪骑士贵妇的爱情故事。在欧洲中世纪，作为一位骑士，必须选择一位贵妇作为自己的梦中情人，并矢死不渝地追求她。虽然他们深知这种追求是没有结果的，事实上他们也不希望有什么结果，甚至拒绝世俗社会那种肉体的交欢，或者以婚姻为目标的结果。但是，他们绝不会放弃艰苦卓绝、锲而不舍的追求，甚至冒着生命危险去实践这个追求过程。在当时人们看来，作为贵妇，没有骑士的追求，是很没面子的。作为骑士，没有一位心仪的贵妇，作为自己的梦中情人，也是很不光彩的。骑士贵妇，犹如英雄美人，才子佳人，是相得益彰、相辅相成的。再说，当时的骑士坚信：为贵妇服务，为贵妇效力，是他们一生中最大的荣誉；骑士真正的光荣与幸福，只能通过为一位高贵、美丽的贵妇效忠而获得，骑士应该把自己的忠诚、才华和荣誉，献给自己所爱的女人，必须在梦中情人面前表现得谦逊和顺从。为贵妇效忠，是骑士的人生理想。这一点，也很接近于英雄对美人的一往情深。还有，很奇特的是，骑士往往是有妇之夫，贵妇当然是有夫之妇，但这并不妨碍他们之间的爱情。据说，当妻子得知自己的那位身为骑士的丈夫，在效忠和追求某位贵妇人时，她会感到自豪，她不会嫉妒，她甚至会支持他的行为。为什么呢？因为效忠贵妇，会使她的丈夫变得更加高尚和勇敢，更加才华横溢，更加雄姿英发。当丈夫得知自己的妻子被某位骑士追求和效忠时，他也不会难过，他甚至会感到高兴，因为骑士的效忠追求，会使他的妻子变得更加高贵和典雅。在这方面，也与英雄美人很相似。我在前面说过，不悦美人者就不是英雄，不恋英雄者就不是美人。同样，不效忠贵妇就不是骑士，不被骑士追求就不是贵妇。英雄因为有美人的点缀而更加鲜活灵动，骑士因为有贵妇的陪衬而更加光彩照人。

英雄美人，相得益彰。英雄美人，一往情深。所以，历史上常有"冲冠一怒为红颜"的事情发生。不过，英雄为红颜冲冠而怒，必须是在不妨碍事功的前提下，才算得上是真英雄。否则，就会成为道德家"红颜祸水"论的口实，吴三桂就是一个典型例子。吴三桂的爱妾被李自成抢占，吴三桂"冲冠一怒"，放清兵入关，葬送了大明王朝的大好河山，也葬送了自己的英雄美名，还让陈圆圆背上了祸水红颜的骂名。老实说，吴三桂的"冲冠一怒"，也体现了他对陈圆圆的一往深情，也体现了至性与真情的英雄本色，这方面可与项羽相提并论。但是，他的一往深情，妨碍了国家安全和民族危亡，所以只能背上千古骂名。而项羽与虞姬的爱情悲剧，仅限于他们二人之间，项羽的败亡与虞姬无直接关系，至少司马迁是这样告诉我们的。再说，英羽于垓下危急之际，"宝区血庙，了不经意，唯眷眷一妇人"，那是因为江山转手，宝区易人，项羽已无回天之力，只有"眷眷一妇人"。项羽"眷眷一妇人"，与他的江山易手无直接关系。又如周瑜与小乔，据说，诸葛亮为了与东吴联盟，共同抵御曹操，佯装不明二乔来历，谎称曹操南下是欲揽二乔北上，置于新落成的铜雀台以寻欢作乐，致使周瑜也"冲冠一怒为红颜"，即刻与诸葛亮订下联合抗曹大计。这当然也体现了周瑜那至性与深情的英雄本色。不过，这事真的很玄，周瑜真的很冒险。幸好他与蜀汉联合抗曹的赤壁之战大获全胜。大家想一想，假如这场赤壁大战以吴蜀联军的失败而告终，那结局会怎样？按我说，小乔一定会成为祸水红颜，周瑜的英雄形象也将黯然失色，落得与吴三桂同样的下场。所以，我的结论是：忘于情者非英雄，溺于情者也不是英雄。

第十一讲 中国人的师道传统

——兼论中国人的友道精神

内容提要： 教学为先，尊师重教，是中国人的优良传统。本讲讨论中国人的师道传统，兼论与之相关的友道精神。在古代中国，“建国君民，教学为先”，重教敬学，受到国家社会的普遍重视。“疾学在于尊师”，即因敬学而尊师，师之地位与天、地、君、亲同尊。“师严然后道尊”，即师以道尊，道因师显，师、道之间共生共荣。师徒关系介于师父与师友之间，或者说，师徒伦理介于父子伦理与朋友伦理之间。从礼仪上讲，师徒如父子；从学问道德的讲求上看，师徒如朋友。朋友伦理处于五伦之末而又有纲纪五伦的意义，以文会友和以友辅仁是传统中国友道的核心要义。朋而成党是必然的，古代中国有发展政党政治的潜力，却不具备这种可能。

作为一名从教二十余年的教师，来与大家讨论师道传统和师道尊严，是我很乐意做的事情。老实说，倒不完全是因为我的教师身份，我才在这里不遗余力地提倡师道精神，鼓吹师道尊严。更重要的，还是出于现实的需要。绝非耸人听闻，而是感同身受，当代社会是一个师道传统渐趋丧失的时代，是一个师道尊严逐渐沦丧的时代。所以，我以为，当代教育的重要任务之一，就是重建师道传统，重树师道尊严。“师严然后道尊，道尊然后民知敬学”（《礼记·学记》），这是千真万确的，每一位为师者和为学者，都应该牢记于心。师以道贵，道以师尊，学以师重。师不严则道不贵，道不贵则学不重。所以，今日讨论师道传统，为重建师道精神，重树师道尊严，提供一些制度资源和精神传统，这大概也算是古为今用吧！

一、疾学在于尊师：尊师的社会背景

在古代中国社会，尊师重教是一个浓厚而悠久的传统。我们小时候在农村老家的木屋里，看到堂屋正中的香火上，排列着祭奠的神位，居于正中的，是“天地君亲师位”，左右两边，除排列祖宗的神位外，书香之家则列“孔圣先师之位”，木工技艺之家则列“鲁班先师之位”。在这里，老师不仅获得与君、父同尊的地位，而且也获得与天、地同贵的尊荣。这样的观念，在传统意识传承较好的当代农村地区，仍有广泛影响。老师的位置列于香火，与天、地、君、亲并尊，受到与天、地、君、亲同等规格的祭奠，其尊贵地位可想而知。以我们自己的经历来说，自从跨入学堂那天开始，老师就在我们心目中有特别崇高的地位，我们尊敬老师，我们惧怕老师，往往甚于我们的父母。现在的小孩子也是这样，他们可以不听家长的话，但是特别听老师的话。他们可以跟父母赌气，但是，他们对老师却是言听计从。以我自己为例，作为一位文学教授，自认为辅导中小学生的语文课程，应该没有问题。可是，当我在家里辅导我那读小学六年级的女儿做语文作业时，老是发生问题，总会产生争执，孩子总是用她老师的话来反驳我，还说我讲的不对，老师说的才是正确的。我无言以对，但心怀喜悦。为什么呢？

我觉得，孩子知道尊师，就说明她在“疾学”，因为“疾学在于尊师”，懂得尊师的学生，就会好好学习。事实上，我有时觉得她的老师真的讲错了，但我只能委婉地告诉她，这个问题可能还有另外的讲法，我不想当着孩子的面，说她老师讲的不对。为什么呢？因为“师严然后道尊”，我们必须得维护老师的尊严。

在传统中国人的心目中，老师与天、地、君、亲并列并尊，这是有悠久传统和历史依据的。中国有一句古话，叫“民生于三，事之如一”。什么意思呢？古人认为：

> 父生之，师教之，君食之。非父不生，非食不长，非教不知生之族也，故壹事之。（《国语·晋语一》）

这话说得很明白，父母生我，君王养我，老师教育我；没有父母，我不能降生；没有君王，我不能成长；没有老师，我不能成人。三者缺一不可，所以说“民生于三，事之如一”。这种观念在古代很普遍，如荀子说：

> 礼有三本：天地者，生之本也；先祖者，类之本也；君师者，治之本也。无天地恶生，无先祖恶出，无君师恶治。三者偏亡焉，无安人。故礼上事天，下事地，尊先祖而隆君师，是礼之三本也。（《荀子·礼论》）

班固也说：

> 天道莫不成于三：天有三光，日、月、星；地有三形，高、下、平；人有三尊，君、父、师。（《白虎通德论·封公侯》）

章学诚也说：

> 知师之说者，其知天乎。盖人皆听命于天者也，天无声臭，而俾君治之。人皆天所生也，天不物物而生，而亲则生之。人皆学于天者也，天不谆谆而诲，而师则教之。然则君子而思事天也，亦在谨事三者而已矣。（《文史通义·师说》）

在师道精神和师道尊严已经逐渐丧失的今天，古代社会这种特别浓厚的尊师传统，反而变得让人不易理解了。因此，我们需要首先讨论的问题是，古代中国人为何如此尊重老师？

在传统中国社会，自先秦以来，就有特别浓厚的尊师、重教、敬学、隆道的人文传统。其实，在尊师、重教、敬学、隆道四者之间，有密切的因果关系，即敬学必须重教，重教在于尊师，师严然后道尊，道尊然后知敬学。换句话说，重教是为了敬学，敬学必然要尊师，尊师是为了隆道，隆道必然使民众知敬学。

重教敬学，就是重视教和学。由于儒家政治教化观念的影响，古代中国是一个特别重视教与学的社会，甚至把教与学视为立国之首务和治国之根本。如《论语·学而》开篇就提出："学而时习之，不亦说乎。"把学习视为人生中的乐事。《礼记·学记》更是鲜明提出"教学为先"的思想：

> 君子如欲化民成俗，其必由学乎。玉不琢，不成器；人不学，不知道。是故古之王者，建国君民，教学为先。兑命曰：念终始典于学，其此之谓乎！

无论是君王的"化民成俗"，还是个人的体道修身，都必须走"教学为先"的路径。因此，古代学者，无论是讨论政治问题，还是阐发人生哲学，都特别重视教与学。先秦诸子，如《荀子》《吕氏春秋》皆专列《劝学篇》；汉魏诸子，如贾谊《新书》有《劝学篇》，扬雄《法言》有《学行篇》，王符《潜夫论》有《谠学篇》，徐斡《中论》有《治学篇》，葛洪《抱朴子》和颜之推《颜氏家训》有《勉学篇》，等等；其他诸子，虽然没有标名“劝学”“勉学”的专门篇章，但是，对于教和学的重要性，也多有论述。另外，古代诸子著作中列“劝学”或“勉学”篇目者，又多置于全书之卷首，这也同样显示了古代社会“教学为先”的社会风尚。

孟子说：“学问之道无他，求其放心而已矣。”（《孟子·告子上》）学习的目的是为了收拾放佚的善心。孟子认为，人在本性上都是善的，只不过在后来的社会实践中，因受各种外界因素的影响或诱惑，这种善性便逐渐失去了，最后就变成了恶人。因此，人必须要学习，必须通过学习才能找回善心。荀子在人性论上，与孟子的观点相反，他认为人的本性都是恶的。但是，在如何使人弃恶从善这个问题上，他与孟子一样，也主张学习，通过学习培育善心，使人弃恶从善，所以，他在《荀子》一书的开篇，就写下《劝学》。可以说，儒家思想的根本，就是教人如何做人，教人做君子、淑女。因为只有正心诚意，只有修身，才能齐家治国平天下；正心诚意和修身，是齐家治国平天下的前提和基础。而修身之首务，在于学习。通过学习，使人正心诚意，或者“求其放心”，或者让人弃恶从善。所以，我们认为，在以儒家思想为统治思想的古代中国社会，实际上就近似于我们现在力图建设的“学习型社会”。

“疾学在于尊师”（《吕氏春秋·劝学》）。在学习过程中，学者常会遇到各种难题，作为老师，如韩愈所说，是“传道授业解惑”的人，是解决各种难题的指路人。所以，扬雄说：“师哉！师哉！桐子之命也，务学不如务求师。”（《法言·学行》）特别是在学问主要靠口耳相传的古代，求学者必须亲承其师之音旨，才能解惑悟道。因此，在求学中，老师的作用就特别重要。“古之圣王未有不尊师者也”（《吕氏春秋·劝学》），古代学者往往将尊师重教与国家兴亡联系起来，如《尚书·商书·仲虺之诰》说：“予闻曰：能自得师者王，谓人莫己若者亡。好问则裕，自用则小。”荀子说：“国将兴，必贵师而重傅。贵师而重傅，则法度存。”“国将衰，必贱师而轻傅。贱师而轻傅，则人有快。人有快，则法度坏。”（《荀子·大略》）“与师为国者帝，与友为国者王。”（《荀子·官人》）郭隗先生曰：“帝者与师处，王者与友处，霸者与臣处，亡国与役处。”（《战国策·燕策》）尊师重教与国家兴亡，既有如此密切的关系，所以，传统中国人将老师与天、地、君、亲并列，同尊共祭，就是情理之中的事情。

按照韩愈的定义，老师的职责是传道、授业、解惑。老师的地位尊贵，他所传的道也才尊贵。换句话说，师以道贵，道以师尊，学以师重。关于重教、敬学、尊师、隆道四者之间的关系，欧阳修在《答祖择之书》一文中，有很详尽的阐释，他认为：“古之学者，必严其师，师严然后道尊，道尊然后笃敬，笃敬然后能自守，能自守然后果于用，果于用然后不畏而不迁。”这基本上还是在演绎《学记》的话。值得注意的是，他把学校的兴废、师道的尊严与社会的兴衰联系起来考察：

> 三代之衰，学校废，至两汉，师道尚存，故其学者各守其经以自用，是以汉之政理文章，与当其时之事，后世莫及者，其所从来深矣。后世师法渐坏，而今世无师，则学者不尊严，故自轻其道，轻之则不能至，不至则不能笃信，信不笃则不知所守，守不固则有所畏而物可移，是故学者惟俯仰徇时，以希禄利为急，至于忘本趋末，流而不返。夫以不信不固之心，守不至之学，虽欲果于自用，莫知其所以用之之道，又况有

禄利之诱，刑祸之惧以迁之哉！（《居士外集》卷十八）

在欧阳修看来，重教和敬学是手段，尊师是中介，隆道是目的。无尊师这个中介，则学不重、教不行而道不隆。所以，在师道尚存的汉代，其“政理文章与当时之事”，皆存三代之遗风。师道沦丧的后代，则是学轻而道贱。

《礼记·学记》说：“凡学之道，严师为难。师严然后道尊，道尊然后民知敬学。”我想，《学记》中的这几句话，凡是为学者，为师者，为家长者，兴学办校者，都应该牢记于心，身体力行。

二、师严然后道尊：尊师的学术背景

在古代中国读书人的心目中，道是宇宙人间的真理，体道和悟道是学者的终极目标；以道自任，是传统中国读书人最重要的道义责任；践道者或卫道者，是他们的自我角色定位。他们以践道、卫道的身份出仕，以“道尊于势”的理念抗拒王侯，傲视权贵，与君王分庭抗礼。

这种理念，在先秦儒家士人群体中，表现得尤其强烈。如，孔子就将士的角色特征，定位为“志于道”（《论语·述而》）。他要求士人“笃信善学，守死善道”（《论语·泰伯》），坚定地相信终极目标——道，努力学习它，用生命来保全它。要求“君子谋道不谋食”，“君子忧道不忧贫”（《论语·卫灵公》），不要去谋取衣食财物，要以“谋道”“忧道”为己任。在他看来，“士志于道，而耻恶衣恶食者，未足与议也”（《论语·里仁》）。因此，士人要以“朝闻道，夕死可矣”（《论语·里仁》）的态度去捍卫道。在出处问题上，他主张：“天下有道则见，无道则隐。邦有道，贫且贱焉，耻也；邦无

道，富且贵焉，耻也。”（《论语 · 泰伯》）“邦有道，则仕；邦无道，则可卷而怀之。”（《论语 · 卫灵公》）

孟子对“士志于道”的理念，进行了更为细密的阐述。在他看来，士人的最高职责是“尚志”。所谓“尚志”，用他的话说，就是“仁义而已矣”，就是守道固穷。君子的一举一动都应当“居仁由义”（《孟子 · 尽心上》），以守道卫道为职志。他一再要求士人，要做到“穷不失义，达不离道”，要做到“天下有道，以道殉身；天下无道，以身殉道”（《孟子 · 尽心上》）。可以说，在先秦诸子百家中，就对道的坚守而言，孟子的立场最坚定，态度最执着。就对“道尊于势”理念的执行来说，孟子最彻底。就对中国读书人独立人格精神的影响而言，孟子的影响也是最大的。

先秦儒家的最后一位大师荀子，由于他处在大一统政治建立的前夕，多少已经感觉到政治上的无形压力，所以他对“道尊于势”的理念，执行得不如孟子那么彻底，对道的坚守立场，也不如孔孟那么坚定。他的“志于道”的观念，也相应地变得高度的政治化了。但是，他也没有完全丧失儒家的基本立场，仍然认为儒者之所以可贵，就在于他所持之道。在他的观念中，守道、信道，仍然是读书人安身立命的精神支柱（余英时《古代知识阶层的兴起与发展》，见《士与中国文化》第 28 ～ 29 页，上海人民出版社 2003 年版）。

以儒家学者为代表的先秦士人，坚持“笃信善学，守死善道”的价值立场，将自我角色定位在“志于道”，坚守“道尊于势”和“从道不从人”的观念，以道的权威性制约君主权力。如孔子，他以文化传承者和批判者的立场，参政议政，为了守道卫道，他主张“有道则见，无道则隐”，“危邦不入，乱邦不居”（《论语 · 泰伯》），把士人参政的角色地位，定位为“为学兼为仕的君子”。孟子张大其说，进一步强调士人的守道贵道立场，明确昭示“道尊于势”的观点，把士人参政议政的角色地位，定位为“帝王师”或“帝王友”。与孔子一样，他主张士人由道入仕，他说：“古之人未尝不欲仕也，又恶其不由其道。不由其道而往也，与钻穴隙之类也。”（《孟子·滕文公下》）意思是说，人人都想入仕做官，这无可厚非，但必须要“由其道而往”，要由道入仕。不然，就与世俗男女钻洞扒门，干偷鸡摸狗的事情，没什么区别。他坚信“道尊于势”，他说：

> 古之贤王好善而忘势，古之贤士何独不然？乐其道而忘人之势，故王公不致敬尽礼，则不得亟见之。见且由不得亟，而况得而臣之乎？（《孟子·尽心上》）

在他看来，士人应当坚守“乐其道而忘人之势”的立场。如果王公大人对道没有足够的恭敬和诚意，不仅不能去做他的大臣，连见面都不要去。所以，他告诫士人，在面对有权有势的君王时，必须坚守这样的立场：“以位，则子君也，我臣也，何敢与君友？以德，则子事我者，奚可以与我友？”（《孟子·万章下》）因为有道的支撑和凭借，孟子对于“势”，总能持一种平视态度，甚至以“道统”藐视“势统”，他主张：“说大人，则藐之，勿视其巍巍然。”（《孟子·尽心下》）意思是说，向有权有势的君王进言，从心里要轻视他，要把他当作什么都不懂的小学生看待，不要把他那高高在上的权势地位放在眼里。因为我所持的道，比他所持的势，要高贵得多。孟子的这种观点，明末吕坤说得更清楚：

> 故天地间惟理与势为最尊。虽然，理又尊之尊也。庙堂之上言理，则天子不得以势相夺。既夺焉，而理则常伸于天下万世。故势者，帝王

之权也；理者，圣人之权也。帝王无圣人之理，则其权有时而屈。然则理也者，又势之所恃以为存亡者也。以莫大之权，无僭窃之禁，此儒者之所不辞，而敢于任斯道之南面也。（《呻吟语》卷一）

我觉得，吕坤这几句话，是从孟子的观点延伸出来的，天地间的读书人都应该牢记于心。老实说，我特别欣赏孟子对知识分子人格的坚守，这一点正是我们今天的读书人特别欠缺的，就是孔子在这个问题上，也比不上孟子，他似乎比较滑头，他去拜访了他本来不愿意拜见的南子，就说明他对读书人人格立场的坚守，不如孟子那样坚定。

在《孟子·公孙丑下》中，记录着一个很有趣的故事，颇能见出孟子对读书人独立人格精神的坚守。据说，孟子有一天准备好要去见齐王，当他还没有出门的时候，恰巧齐王派了一个人到他家里来，对他说：我本来应该来看你，不巧的是，我感冒了，不能吹风。如果你愿意来朝，我就临朝办公。不知你能否让我在朝廷里见到你？关于齐王患感冒，或是事实，或是托辞。我猜想是托辞的可能性大，因为齐王大概也不想屈尊去见孟子。孟子本来已经准备好去见齐王，恰巧齐王派人来召见他。这触动了孟子高自标持的自尊神经，你猜他怎么说：不幸得很，我也有病，不能到朝廷去。这件事，与项羽不肯渡江很相似。项羽在走投无路之际，本来打算东渡乌江，以图东山再起，可是，当他碰上“乌江亭长檥船待”时，却毅然放弃了渡江打算，决定自刎乌江。项羽为何如此变化多端呢？我认为：这是由项羽的英雄气质——敏感、短气或神经过敏——决定的。乌江亭长的一番好意，却产生了相反的效果。它刺伤了项羽的自尊心，使项羽意识到自己处于被人同情、受人施舍的处境。英雄不需要同情，也不能接受施舍。心高气傲的项羽不愿意接受这种同情，宁肯自刎，也不能接受这种施舍。强烈的自尊，极度的神经过敏，使他的决策发生了重大变化。我们常说的“英雄气短”，大概指的就是这种情况。读书人也是这样，你不来招我，我还真去了，你来招我，我就是不去。所以，在我看来，孟子和项羽一样，都是颇富诗人气质的人。这事还没完。第二天，孟子要到东郭大夫家里去吊丧。他的弟子觉得不妥，说：昨天您托病谢绝齐王的召见，今天又去吊丧，大概是不可以吧！孟子说：我昨天生了病，今天好了，有什么不可以的。其实，明眼人都知道，齐王称病不能去见孟子，孟子也称病不能去见齐王，这都是在装病，孟子和齐王本人都很明白这一点，就是在斗气，齐王不愿屈势之尊，孟子不愿屈道之尊。所以，齐王不服气，心想：你既然生病了，我就派人去问病，还带医生去给你看病，看你怎么办？这下可真不好办了，因为孟子已经上路吊丧去了。于是，孟仲子应付说：昨天王有命令来，他得了小病，不能奉命上朝廷去。今天刚刚好了一点，已经上朝廷去了，但是我不知道他能够到达不？接着，孟仲子赶快派了几个人，分别在孟子归家的路上去拦截孟子，并告诉他不要回家，一定赶快去朝廷。你猜孟子怎么着，他就是不去朝廷，但又不便回家，没有办法，只得躲到景丑家去歇宿。景丑批评孟子的行为与礼不合。孟子解释说：天下最尊贵的东西有三样，一个是爵位，一个是年龄，一个是道德。在朝廷上先论爵位，在乡党中先论年龄，而辅助君主统治百姓，当以德为上。他哪能拿他的爵位，来轻视我的年龄和道德呢？所以，大有作为的君主，一定有他不能召唤的臣子，如果有什么事要商量，就应该亲自到臣子那里去。孟子的意思很明显，士可就学，不可召往；德重于爵，道尊于势。君王应当屈尊以就道，士人不可以屈道以就势。

读书人的这种高自标持，在儒家内部已成为一个传统。据《孟子·万章下》载：鲁缪公多次去访问子思，对子思说：“古千乘之国以友士，何如？”鲁缪公这句话别有用心，意思是说：像我这样拥有千辆兵车的君主，与你交朋友，怎么样？言下之意是说：我屈尊与你交朋友，你应该引以为自豪吧？据说，子思也听出了鲁缪公的话外之意，弦外之音，他很不高兴地对鲁缪公说：“事之云乎？岂曰友之云乎？”子思的意思是说：古人说的是国君应当以士为师，不是说的与士人交友。很明显，在鲁缪公面前，子思要的是师的位置，而不是友的角色。孟子在这里借题发挥，讨论“天子不召师”的问题，说：“以位，则子君也，我臣也，何敢与君为友；以德，则子事我者也，奚可以与我友。”君王和士人各有倚重，君王所持的是势，是位；士人所持的是道。道尊于位，道重于势，士人所持之道高于君王所据之位。因此，君主与士人的关系，应当是师徒关系，而不是朋友关系。

对于高自标持、以道自任的士人来说，由于他们坚持道尊于势、道重于位的理念，所以他们自始即以平视态度对待君权，视君臣关系为一种平等关系。如孟子对齐宣王说：

> 君之视臣如手足，则臣视君如腹心。君之视臣如犬马，则臣视君若国人；君之视臣如土芥，则臣视君如寇仇。（《孟子·滕文公上》）

他们决意不肯做君王之臣妾，他们理想中的君主与士人的关系是在师友之间。在他们看来，士人与君王关系的最高境界，是如同师徒，士人以“帝王师”的身份入仕参政。做不成“帝王师”，退而求其次，也当如同朋友，以“帝王友”的身份入仕参政。所以，齐王派人来召他，他称病不往，东躲西藏，不愿上朝拜见齐王，这正是恪守“礼有来学，义无往教”的古训，坚持以师友之谊对待君主与士人的关系。

道尊于位，道重于势。古代士人为了维护道的尊严，坚守“以身殉道”和“屈身信道”的理念，秉持“礼有来学，义无往教”的原则。据《韩诗外传》载：孟尝君意欲向闵子学习，派人驾车前去迎接闵子，闵子说：“礼有来学，而无往教。致师而学，不能学；往教，则不能化君也。君所谓不能学者也，臣所谓不能化者也。”意思是说，按照礼节，只有学生前来向老师学习，没有老师去学生那儿教导的。召请老师来向他学习，是学不好的。老师到学生门上去教导，是教不好学生的。所以，你不是善于求学的人，我也不是善于教学的人。言外之意是，你也别向我学习了，我也不会教你的。这话里边，隐约透露出一股怨气，怨孟尝君不懂求学之礼；流露出一股傲气，士人高自标持、道尊于势的傲气。所以，孟尝君听了这番话后，赶紧派人去说：“敬闻命矣。”第二天便恭恭敬敬地上门求学去了。

作为老师，应当像闵子那样，自觉维护师道的尊严，坚持“义无往教”的原则，不可屈于势位而上门授学。作为弟子，应当像醒悟过来的孟尝君那样，尊师重教，坚持“礼有来学”原则，亲自到老师门上请学受业。所以，班固说：“天子太子，诸侯世子，皆就师于外，尊师重先生之道也。”（《白虎通德论·辟雍》）即使贵为太子，或者世子，也当“就师于外”，目的是为了“尊师重先生之道”。据《后汉书·郭宪传》载：王仲子为西汉末年大儒，王莽为大司马，有一天，王莽派人召王仲子问学，王仲子当时正在为弟子讲学，得到王莽的召见，很是高兴，便欣然准备马上前往。他的弟子郭宪认为为师此事欠妥，便劝告他说：“礼有来学，无有往教之义。今君贱道畏贵，窃所不取。”王仲子回答说：“王公至重，不敢违之。”在弟子郭宪看来，是道尊于势；在老师王仲子看来，是势尊于道。所以，师徒之间有了分歧。怎么办呢？郭宪说：“今正临讲业，且当讫事。”意思是说，您现在正在为我们讲学，再怎么样也得讲完了再去吧。“仲子从之，日晏乃往”，想来王仲子也是挺难为情的。王仲子去晚了，王莽问他：“君来何迟？”史称“仲子具以宪言对，莽阴奇之”。道以师存，师以道尊。道不可屈，而师也不可屈。而王仲子“贱道畏贵”，有损师道之尊严，所以遭到弟子的批评。而王莽“阴奇之”，看来贵为大司马的王莽，也还是明白尊师重教这个传统的。

作为老师，他代表的是道，他的身份是传道者。师徒之间所授受者在道，师徒之间所争论者也在道。师以道尊，不论富贵贫贱；弟子以问道为业，不以权势凌驾于师之上，即古人所谓“尊师则不论其贵贱贫富”。如孔子提出的“有教无类”的教学思想，就是指老师不以贫贱富贵取舍弟子。《吕氏春秋·劝学》说：

> 尊师则不论其贵贱贫富矣，若此，则名号显矣，德行彰矣。故师之教也，不争轻重尊卑贫富，而争于道。其人苟可，其事无不可。

韩愈也说：“无贵无贱，无长无少，道之所存，师之所存也。”（《师说》，《韩昌黎全集》卷十二《杂著二》）即弟子以道择师，不以少长贵贱求师。学者求师，如果持“位卑则足羞，官盛则近谀”的态度，则必然导致“师道之不复”。据《世说补》载：郑玄有一次在袁绍家做客，当时汝南应劭已归顺于袁绍，也在场，于是他站起来自报家门：“故泰山太守应仲远北面称弟子，何如？”看到这句话，我立即想到鲁缪公对子思说的那句话：“古千乘之国以友士，何如？”意思是说，我一个泰山太守给你做弟子，怎么样？话里玄机，一定有以官阀炫耀师门的意思。言下之意是说，收下我这么一个当大官的弟子，作为老师的你也应该感到自豪吧！可是，郑玄却笑着说：“仲尼之门，考以四科，回赐之徒，不称官阀。”据说，应劭听了郑玄的这番话后，惭愧得无地自容。应劭既欲拜郑玄为师，而在自报家门时自称官阀，似有以官阀炫耀师门的意思，所以遭到郑玄的嘲笑。身居官场的人，不可以官阀炫耀于师门。即使贵为天子，对待老师，也应该待以不臣之礼。所以，《礼记·学记》说：

> 凡学之道，严师为难，师严然后道尊，道尊然后民知敬学。是故君之所不臣于其臣者二：当其为尸，则弗臣也；当其为师，则弗臣也。大学之礼，虽诏于天子，无北面，所以尊师也。

《吕氏春秋·劝学》也说："天子入太学，祭先臣，则齿尝为师者，弗臣，所以见敬学与尊师也。"普天之下，莫非王臣。虽然君王对为尸者也有不臣之礼，但仅限于为尸之时。而君王对于为师者，则是终身待以不臣之礼。

总之，无论是"礼有来学，义无往教"的古训，还是主张师徒交往"不论贵贱贫富"，其目的都是为了尊师隆道。《吕氏春秋·劝学》中有一段话，对我们以上讨论的问题，有一个很好总结：

> 疾学在于尊师，师尊则言信矣，道论矣。故往教者不化，召师者不化，自卑者不听，卑师者不听。师操不化不听之术，而以强教之，欲道之行，身之尊也，不亦远乎。学者处不化不听之势，而以自行，欲名之显，身之安也，是怀腐而欲香也，是入水而恶濡也。

这段话，也值得我们所有求学者和为师者，牢记于心。

先秦士人以"帝王师"自居，其背后所持的资本是道，是"道尊于势"的理念。然而，即使是在以礼贤下士著称的魏文侯和鲁缪公时代，"道"与"势"之间就已经发生了一种微妙而紧张的关系。对于士人来说，是“道尊于势”；对于君王来说，是“势尊于道”。礼贤下士的君主虽然可以对“道”表现出一定的尊重，对以道自任的士人表现出一定的礼遇。但是，为了维护“势”的尊严，他们也不太愿意接受“道尊于势”的观点，如鲁缪公与子思之间关于师徒和朋友关系的纠纷，就是这种矛盾关系的展现；齐王和孟子都不愿意主动上门拜会对方，也是这种紧张关系的体现。

三、师父与师友：含混而模糊的师徒伦理

在人际交往所发生的各种关系中，师徒关系是一种很特殊的人际关系。班固就曾经谈到过这种关系的特殊性，他说：

> 师弟子之道有三：《论语》曰：有朋自远方来。朋友之道也。又曰：回也，视予犹父也。父子之道。以君臣之义教之。君臣之义也。（《白虎通德论·辟雍》）

在他看来，师徒关系包含朋友之道、父子之道和君臣之义。一方面，师徒如父子，所谓“一日为师，终身为父”，讲的就是这个意思。所以，师待徒如子，徒视师如父；师称徒曰弟子，徒称师曰师父，师徒关系被界定为如同父子一样的上下等级关系。另一方面，师徒如朋友，切磋道艺，责善辅仁，教学相长，故有“师友”之称。在这里，师徒关系又被界定为如同朋友一样的平等关系。但是，师徒如父子，而又不能完全等同于父子，所以“服不及师”。师徒如朋友，而又超越朋友，所以又有事师如事父的礼俗。因此，我认为，师徒关系是一种具有含糊性和不稳定性的特殊人际关系。

首先，我们来看看师徒关系与父子关系的异同。

在传统社会，师徒如父子，师、父同尊，弟子称老师曰“师父”，就是师、父同尊的明证。俗语说：“一日为师，终身为父。”传统社会普遍称呼老师为“先生”，“先生”这个词，从字面上看，是指先我而生之人，或者指始生之子，即家中的长子，如《诗·大雅·生民》说：“诞弥厥月，先生如达。”朱熹解释说：“先生，首生也。”（《诗集传》）但是，在古代，作为一个专用名词，“先生”多指父兄，或者是年长有学问的人，如《论语·为政》说：“有酒食，先生馔。”朱熹解释说：“先生，父兄也。”（《论语集注》）《孟子·告子下》说：“先生将何之？”赵岐解释说：“学士年长者，故谓之先生。”（《孟子章句》）而作为老师的称呼，则是一个更为广泛的用法。《礼记·曲礼上》说：“从于先生，不越路而与人言。”陈澔《集说》引吕氏云：“先生者，父兄之称。有德齿可为人师者，犹父兄也，故亦称先生。以师为父兄，则学者自比于子弟，故称弟子。”“先生”这个词，由父兄之称引申为老师之称，吕氏讲得很清楚，就是因为老师同尊于父兄，所以其称号自可转换。学者以老师为父兄，相应地，老师便以学者为弟子。老师与弟子的关系，基本上等同于父子关系或兄弟关系。需要说明的是，师徒如父子，也如同兄弟，所以师称徒为“弟子”或者“徒弟”。但是，在古代中国，“长兄如父”，兄长的角色地位与父亲相近，父子关系可包容兄弟关系。所以，师徒如兄弟，实际上还是父子关系的一种延伸。

老师对待学者，如子如弟；学者对待老师，如父如兄。如《礼记·曲礼上》说：

> 从于先生，不越路而与人言。遭先生于道，趋而进，正立拱手。先生与之言，则对。不与之言，则趋而退。……先生书策琴瑟在前，坐而迁之，

戒勿越。……侍坐于先生，先生问焉，终则对，请业则起，请益则起。父召无诺，先生召无诺，唯而起。

这种侍候先生的礼仪，与侍候父兄，基本上没有区别。李昌黎说：

> 苟欲尽夫为父为师之道者，无他，惟严与正而已。治之以严，教之以正，罔不尽善，虽文王为父，仲尼为师，不过如是也。苟欲尽夫事父事师之道者，无他，惟敬与顺而已。敬之以礼，顺其教命，则罔有不令，虽曾参之为子，颜回之为弟子，不过如是。盖父犹天也，师犹父也，其势虽殊，其尊一也。（《乐善录·严正》）

另外，据《论语·先进》载：颜渊是孔子的得意门生，颜渊视孔子如父，孔子也待颜渊如子。颜渊死后，孔子提出用安葬儿子伯鱼的规格安葬颜渊。孔子安葬伯鱼，有棺而无椁。因此，当颜渊的父亲颜路请求孔子卖车为颜渊买椁时，被孔子拒绝了。接下来，颜渊的那帮同学想厚葬颜渊，孔子也不同意。同学们仍然执意厚葬了颜渊。孔子知道后，很感伤地说："回也视予犹父也，予不得视犹子也。非我也，夫二三子也。"意思是说，颜回呀！你把我当成父亲一样看待，我却没能把你当成儿子一样对待，这种违背规矩的安葬，不是我的主意，是你那帮同学干的。这件事情，也很能说明师徒关系与父子关系的一致性。

古代学者以师、父同尊，将师徒关系诠释为父子关系，其目的就是为了有效地传道授业。弟子事师如父如兄，则师所代表的道，就自然尊隆。师待学者如弟如子，则师对弟子自有一种如父亲般如兄长般的无限负责精神。这样，既能保持道的尊隆地位，也能使传道工作有效展开。所以，古代学者将师徒关系诠释为父子关系，正体现了他们敬学隆道的良苦用心。清人唐甄说：

> 教者贵亲，亲则易知；承教者也贵亲，亲则易化。煦妪覆者，如鸡之伏卵子，而后教可施焉。（《潜书·讲学》）

将师徒关系诠释为父子关系，正是“教者贵亲”思想的具体要求。“亲则易知”“亲则易化”，与我们常说的“以情动人”“以情育人”教学原则，正相吻合。因此，人类学家陈其南在《老师的社会角色》一文中指出：老师不仅是一项职业，也是一项良心工作，其身份相当于我们社会的母亲；老师与弟子的关系，是契约性与情感取向相混合的关系。

师父同尊，师徒如父子。这是师徒关系与父子关系相近似的一面。进一步考察，我们发现它们之间也有不同的地方。

首先，在古代社会，君子不亲教其子，往往是易子而教，或者是设塾聘师教之。由此可知，为父与为师、为徒与为子，还是有区别的。关于这个问题，我将在下一讲讨论父子关系时再讨论，这里就不再赘述。

其次，从丧服制度上看，师徒关系与父子关系的区别，表现得尤其明显。据《礼记·檀弓上》说：

> 孔子之丧，门人疑所服。子贡曰：昔者夫子之丧颜渊，若丧子而无服。丧子路亦然。请丧夫子若丧父而无服。

师丧弟子，若丧子而无服；弟子丧师，若丧父而无服。这说明，在丧服制度上，师徒与父子确有区别，师徒关系与父子关系有不能等同的地方。古代学者在“师不立服”问题上，有大体一致的看法。如《性理会通·人伦》引程子曰：

> 师不立服，不可立也。当以情之厚薄、事之大小处之，如颜闵于孔子，虽斩衰三年可也，其成己之功与君父并。其次各有浅深，称其情而已。下至曲艺，莫不有师，岂可一概制服。
>
> 圣人不制师之服，师无定体，如何是师？见彼之善而己效之，便是师也。故有得其一言一义如朋友者，有相亲炙而如兄弟者，有成就己身而恩如天地父母者，此岂可一概服之。故圣人不制其服，心丧之可也。孔子死，门人一时心丧，又岂可责其一概，以传道久近而各尽衰之隆杀，如子夏独居三年，然后归。

据此可知，古代“师不立服”，是由师徒关系的特殊性和含糊性决定的。就师之类别来说，有道师，有业师，有一字之师；就师徒关系言，有如父子者，有如兄弟者，有如朋友者，未可一概而论，所以是“师服无定体”。这在一定程度上也体现了师徒关系与父子关系的区别。

最后，师徒关系与父子关系的区别，还体现在弟子事亲与事师的不同态度上。据《礼记·檀弓上》说：

> 事亲有隐而无犯，左右就养无方，服勤至死，致丧三年。事君有犯而无隐，左右就养有方，服勤至死，方丧三年。事师无犯无隐，左右就养无方，服勤至死，心丧三年。

就事亲与事师二者来说，相同的地方，有“左右就养无方”和“服勤至死”两项。不同的地方，也有两项：其一是“有隐而无犯”（事亲）和“无犯而无隐”（事师）的区别。为什么会有这样的区别呢？陈澔《集说》引朱氏曰：

亲者，仁之所在，故有隐而无犯。君者，义之所在，故有犯而无隐。师者，道之所在，故无犯而无隐也。

又引刘氏曰：

父子主恩，犯则为责善而伤恩，故几谏而不可犯颜。君臣主义，隐则是畏威阿容而害义，故匡救其恶，勿欺也而犯之。师生处恩义之间，而师者道之所在，谏必不见拒，不必犯也；过则当疑问，不必隐也。

即父处于恩、仁之间，故“有隐而无犯”；师处于恩、义之间，故“无犯而无隐”。其二是“致丧”（事亲）与“心丧”（事师）的区别。所谓“致丧”，“极其哀毁之节也”；所谓“心丧”，“身无衰麻之服，而心有哀戚之情，所谓若丧父而无服也”（陈澔《礼记集说》引刘氏言）。这段文字，是古代礼书中关于师徒关系与父子关系之异同的一个比较全面的总结。

接下来，我们讨论师徒关系与朋友关系的异同。

有一个问题，不知道大家是否注意到？就是：古代中国重视教学，强调“教学为先”，提倡尊师重教，把老师的位置提升到与天、地、君、亲同尊并重的地位。可为什么在人际五伦中，没师徒伦理？这的确是一个令人费解的问题。关于这个问题，《同话录》解释说：“人之五伦，朋友寓焉，而不言师。三人行，必有我师焉。是师寓于朋友中矣。”朱熹解释说：“师之义，即朋友，而分则与君父等。朋友多而师少，以其多者言之。”（《朱子语类·力行》）原来是因为师徒关系寓于朋友伦理之中，或者说，因师徒关系与朋友关系很相似，所以，人际五伦不及师徒，而以朋友涵盖之。我想，这是大致中肯的解说，这也说明师徒关系与朋友关系，确有比较近似地方。具体而言，主要体现在以下几个方面。

首先，道之所存，师之所存。师徒关系，就是传道与受道的关系。师徒之间的交结，着眼于道德学问的修为讲习上。朋友交结也是如此，如曾子说："君子以文会友，以友辅仁。"（《论语·颜渊》）这个"文"，就是学问道德，就是道。朋友交结，与师徒相交一样，是以道相合，以道求友。所以，荀子说："友者，所以相有也，道不同何以为友？"（《荀子·大略》）郑玄说："朋友虽无亲，有同道之恩。"（《仪礼注》）从这个意义上看，师徒与朋友，其连接点都在于道，的确是比较近似的人际关系。

其次，我在下面将要详细说到，古代学者特别是早期儒家学者，对友道的界定，大致都着眼于同门生徒之间互相佑助的意义上。或者认为"同师曰朋，同志曰友"，或者说"同门为朋，同志为友"。简单地说，朋友关系就是以志同道合为核心的同学关系。这种同学关系虽然与师徒关系不同，但是，它们都是在教学过程中发生的人际关系，所以也有类似的性质。

最后，我在前面讲到，师徒关系近似于父子而又不完全等同于父子。父子相处，"有隐而无犯"，所以，孟子说："父子责善，贼恩之大者。"（《孟子·离娄下》）师徒相处，"无犯无隐"，道之所在，师之所存，"谏必不见拒，不必犯也；过则当疑问，不必隐也"（陈澔《礼记集说·檀弓上》引刘氏言）。师徒之间的相处之道，异于父子，而近于朋友。因为朋友交结，责善辅仁，孟子说："责善，朋友之道也。"（《孟子·离娄下》）孔子也说："朋友切切偲偲。"（《论语·子路》）所谓"切切偲偲"，据马融说，是"相切责之貌"（何晏《论语集解》引）。可以说，责善辅仁，是朋友和师徒的共同伦理法则。

师徒关系与朋友伦理的相近之处，有上述三点。朋友可以涵盖师徒，人伦有五，包括朋友而不及师徒，其原因就在于此。正是因为师徒关系与朋友伦理有上面讲的几点相近之处，所以，在古代文献中，往往“师友”并称。

正像师徒关系与父子伦理是同中有异一样，师徒与朋友，也存在着同中有异的问题。“师之义，即朋友，而分则与君父等”（《朱子语类·力行》），在学问道德的研习修为上，师徒关系等同于朋友伦理；但是在尊卑等级上，师徒关系则与君臣、父子相类。这种不同，是由传统社会敬学、隆道的观念决定的。同时，也与老师、朋友在学问道德的修为上所起的不同作用有关。如孔子说：“学而时习之，不亦说乎；有朋自远方来，不亦乐乎。”（《论语·学而》）这句话与《礼记·学记》“安其学而亲其师，乐其友而信其道”相同，都体现了这样一个修为过程：先择师学道，略通其道之后，再与朋友讲习，在讲习中巩固对道的理解和认识，在讲习中获得体道悟道的乐趣。所以，在学问道德的研习修为上，师、友之别，不仅有先后之别（师先教之，友后增之），而且还有主次之别，轻重之别，宽严之别。如荀子认为：“非我而当者吾师也，是我而当者吾友也。”（《荀子·劝学》）就有师严友宽的意思。荀子说：“与师为国者帝，与友为国者王。”（《荀子·官人》）郭隗先生也说：“帝者与师处，王者与友处。”（《战国策·燕策》）表达的是师重友轻的意思。所以，在对待师与友的问题上，古代学者隆师亲友，以师为第一位，等同于君父而敬之；以友为第二位，等同于兄弟而亲之。这是由师、友在学问道德之研习修为上所起的不同作用决定的。

总之，师徒关系的不确定性，主要表现在两个方面：一是它近似于父子关系，师视徒如子，徒事师如父；二是它类似于朋友关系，师徒彼此视对方为朋友。或者说，师徒关系是一种介于父子与朋友之间的人际关系。师徒如父子，师视徒如子，徒事师如父，这是师徒之间相互的负责态度在礼仪上的表现。但是，师徒又不同于父子，师徒之间的联系纽带是道，徒对师的角色期待是道的化身，师对徒的角色期待是对道的体悟者和实践者。而对道的研习与体悟，又当如朋友之间那样“切切偲偲”。所以，从礼仪上讲，师徒如父子；从学问道德的研习修为上讲，师徒如朋友。

四、以文会友、以友辅仁——中国人的友道传统

下面，我们在这里附带讨论一下传统中国人的友道传统。

讨论中国人的友道传统，我想从朋友伦理的特殊性说起。因为在纲纪人类社会的五大基本伦理中，朋友伦理处于一个很特殊的地位。

首先，与五伦中的前四伦相比，朋友关系是一种始终游离在家族伦理之外的人伦关系。五伦的分类标准是双重的，或以人类群体关系的产生方式为依据，认为父子、兄弟是“天属”关系，夫妇、君臣、朋友是“人合”关系；或以血缘亲疏为依据，认为父子、兄弟、夫妇是家族伦理，君臣、朋友是社会伦理。无论是用哪一种标准分类，与人际五伦中的前四伦相比，朋友一伦总是显得相对疏远，比较特殊。它在五伦中的位置，大体与君臣伦理相近，是一种社会伦理和“人合”关系。但是，古代学者，特别是儒家学者，为着整合社会秩序的需要，为了论证君权的合法性和权威性，一直在努力从理论上将君臣关系家族化，以孝释忠，以父子伦理诠释君臣伦理。这项工作经过学者的不断努力，至迟在秦汉时期已经完成，并且取得了深入人心的影响。君臣伦理的家族化在秦汉时期已基本完成，因此，君臣伦理可视为家族伦理。这样，在人际五伦中，只有朋友伦理独立于家族伦理之外，或

者说，五伦中真正具有社会伦理特色的，只有朋友伦理。当然，我们也发现，古代学者特别是儒家学者，也曾企图将朋友伦理家族化，以兄弟关系诠释朋友伦理，就体现了他们在这方面的努力。如子夏认为“四海之内，皆兄弟”（《论语·颜渊》），这是后代学者以兄弟关系诠释朋友伦理的经典依据。以兄弟诠释朋友，把朋友关系等同于兄弟关系，这在传统社会是比较普遍的现象。这种情况，正如冯友兰先生所说：

> 传统的五种社会关系：君臣、父子、兄弟、夫妇、朋友，其中有三种是家族关系。其余两种，虽然不是家族关系，也可以按照家族来理解。君臣关系可以按照父子关系来理解，朋友关系可以按照兄弟关系来理解。在通常人们也真的是这样来理解的。（冯友兰《中国哲学简史》第 27 页，北京大学出版社 1985 年版）

但是，古代学者的这种努力并没有达到预期效果，虽然从古到今，人们常常以兄弟称朋友，把朋友视为兄弟（这也许是中国特有的），但它并没有完全像君臣伦理那样家族化，仍然有比较浓厚的社会伦理特色。这一方面与朋友伦理的特殊性有关，另一方面是因为它缺乏君臣伦理家族化的权力支撑和制度保证。所以，在人际五伦中，朋友伦理始终游离于家族伦理之外，成为五伦中有特殊意义的一种人际关系。

其次，朋友伦理不仅始终游离在家族伦理之外，而且与五伦中的其他四伦相比，它还有势轻、名小、亲疏的特点。最明显的例证，就是朋友伦理居于五伦之末，而且古代学者在历数人际五伦时，往往是前四伦并提，而略去朋友一伦。以朋友一伦居于五伦之末，大概就隐含了它与前四伦不伦不类的意思，也显示其势轻、名小、亲疏的特点。因为人际五伦按照君臣、父子、夫妇、兄弟、朋友的顺序排列，就有明显的轻重主次之分。古代学者往往前四伦并提，而忽略朋友一伦，大概也有轻贱朋友一伦的意思。朋友伦理有势轻、名小、亲疏的特点，所以，宋元以来，学者往往有友道衰微的感叹，如朱熹说："朋友乃彝伦之一，今人不知有朋友之义者，只缘但知有四个要紧，而不知朋友亦不可阙。"（《朱子语类·力行》）再说，古代儒家主张"以文会友"，如曾子说："君子以文会友，以友辅仁。"（《论语·颜渊》）而"文"在儒学中又处于相对次要的位置，如孔子说："行有余力，则以学文。"（《论语·学而》）这说明，朋友伦理在仁道的修炼过程中，只起辅助作用，因而在五伦中处于相对次要的位置。

最后，朋友伦理在五伦中的特殊性，还在于它的包容性。明人钟惺说："人与人相与也，虽君臣、父子、夫妇、兄弟中，亦何尝无朋友哉？然必专立朋友之名与数者而五，何也？"（《策问》）这个发问很有意思。按照现代的观点考察，君臣、父子、夫妇、兄弟的最佳相处方式是朋友之道，或者说，它们之中都应包含友道的因素。朱光潜先生在《谈交友》一文中就谈到过这个问题：

> 如果我们把人与人中间的好感称为友谊，则无论是君臣、父子、夫妇或是兄弟之中，都绝对不能没有友谊。就字源说，在中西文里"友"字都含有"爱"的意义。无爱不成友，无爱也不成君臣、父子、夫妇或兄弟。换句话说，无论那一伦，都非有朋友的要素不可，朋友是一切人伦的基础。懂得处友，就懂得处人；懂得处人，就懂得做人。一个人在处友方面如果有亏缺，他的生活不但不能是快乐的，而且也决不能是善的。（叶作盛编《说朋道友》第82页，江苏文艺出版社1996年版）

"朋友是一切人伦的基础"，这说明朋友伦理具有极强的包容性，人际五伦中的前四种人际关系的和谐相处，在一定程度上都必须以友道为基础。

总之，朋友伦理，与人际五伦中的前四伦相比，是唯一一种具有社会特色的伦理，有势轻、名小、亲疏的特点。在五伦中，它不仅具有相当明显的特殊性，而且还处于相对次要的地位。或者说，是处于一个相对敏感的位置。这是最要紧的问题，我在下面将会详细讨论它。

朋友伦理在人际五伦中处于相对特殊和次要的位置。其实，进一步考察，我们发现，古代儒家学者对朋友伦理的态度，也未可一概而论。可以说，他们对朋友伦理是持着一种相当微妙而复杂的态度。从家族取向以及重视家族伦理的观念出发，他们贱视朋友伦理；从对“朋而成党”的高度警觉出发，他们警视朋友伦理。但从学问道德的修为和“责善辅仁”的作用上，他们又特别重视朋友伦理，认识到朋友伦理在人际五伦中的重要性。

古代学者很看重朋友伦理在学问道德之讲习上的佑助之功，他们以朋友关系诠释师徒关系，以师友并称，就足以说明朋友伦理在学问道德之讲习上的重要性。他们以朋友相处为乐，也是看重朋友在学问道德之修为上的佑助之功。所以，《诗经·小雅·棠棣》说：“虽有兄弟，不如友生。”看到朋友伦理在兄弟伦理之外存在的重要性和必要性。朋友交结，不仅对学问道德的讲习有特别重要的作用，而且还是“人伦之本务，王道之大义”，是维持整个人类社会秩序的根本。《性理会通·人伦》说：

> 必欲君臣、父子、兄弟、夫妇之间，交尽其道而无悖焉，非有朋友以责其善、辅其仁，其孰能使之然哉！故朋友之于人伦，其势若轻而所系为甚重，其分若疏而所关为至亲，其名若小而所职为甚大。此古之圣人修道立教所以必重于此，而不敢忽焉者也。
>
> 夫人伦有五，而其理则一。朋友者，又所籍以维持是理而不使悖焉

者也。由乎四者之不求尽道，而朋友以无用废，然则朋友之道尽废，而责善辅仁之职不举，彼乎四者又安得独立而久存哉！

这两段话道尽了朋友伦理的重要性。所以，古人常常认为朋友是“人伦之本务，王道之大义”，甚至把它视为“纲纪人伦”和“维持是理”之根基。

总之，古代学者重视朋友在学问道德之讲习上的佑助之功，认为它是“人伦之本务，王道之大义”，是维持整个人伦秩序的基础。那么，朋友伦理何以有如此重要的作用呢？我认为：这是由朋友伦理修身养性的功能决定的。大家知道，儒家修为的步骤是修身、齐家、治国、平天下，其中，修身是齐家、治国、平天下的基础。如果说，五伦中的父子、兄弟、夫妇伦理的功能是齐家，君臣伦理的功能是治国、平天下，那么，朋友伦理的功能则是修身养性。如此，儒家创设和阐释的五伦，就正好与它提倡的修为步骤，合若符契。而朋友伦理的基础和主干地位，也在此明显地体现出来了。

朋友伦理在人际五伦中的基础和主干地位，是由朋友伦理的修身养性功能决定的。考察古人特别是早期儒家学者对友道的界定，就可明白这一点。古代学者特别是早期儒家学者对友道的界定，都着眼于道德学问的修为方面，甚至是局限于同门生徒之间互相帮助的意义上。如孔子说：“学而时习之，不亦说乎！有朋自远方来，不亦乐乎！”（《论语·学而》）包咸说：“同门曰朋。”（何晏《集解》引）郑玄说：“同师曰朋，同志曰友。”（邢昺《疏》引郑玄注《大司徒》）班固也说：“同门曰朋，同志曰友。”（《白虎通德论·三纲六纪》引《礼记》）总之，“朋”是同门生徒的意思，相当于我们今天说的同学。再说“友”字，“友”的初义，当是兄弟之间互相佑助的意思。友者，有也，佑也，助也。古代学者多以“有”释“友”，如荀子说：“友者，所以相有也。”（《荀子·大略》）班固说：“友者，有也。”（《白虎通德论·三纲六纪》）友、有、佑三词，在古代声近义通，可以互通互释。因此，“朋友”的本义，应当是指同门生徒之间互相保有、相互佑助的意思。

同门生徒之间的互相帮助，包括物质财富和道德学问两方面。就物质财富而言，古人认为朋友之间有“通财之义”，即共享财物。如《论语·乡党》说：“朋友死，无所归。曰：于我殡。”意思是用自己的财物帮助朋友办丧事。又说：“朋友之馈，虽车马，非祭肉，不拜。”意思是说，朋友的赠品，即使是车马，只要不是祭肉，在接受时都不行礼。言下之意，就是可以心安理得地接受。所以，孔安国解释说：“不拜者，有通财之义。”（何晏《集解》引）朱熹也认为：“朋友有通财之义，故虽车马之重，不拜。祭肉则拜者，敬其祖考，同于己亲也。”（《集说》）又，子路说：“愿车马衣轻裘，与朋友共，敝之而无憾。”（《论语·公冶长》）愿意把我的车马衣服与朋友共同享用，即使用坏了，也无所谓。墨子说：“据财不能以分人，不足与友。”（《墨子·修身》）班固说朋友相处，“货则通而不计，共忧患而相救”（《白虎通德论·三纲六纪》），“朋友之际，五常之道，有通财之义，赈穷救急之意”（《白虎通德论·文质》），这些都是对朋友之间“通财之义”的阐释。

同门生徒之间的互相佑助，主要还是体现在学问道德上。如早期儒家学者讲友道，多集中在同门生徒之间以责善辅仁和直谅多闻为主要内容的道德学问之修为上。如《论语》开篇讲“有朋自远方来”，就是指同门生徒之间讲习学问的乐趣。《诗经·小雅·棠棣》说：“虽有兄弟，不如友生。”不是说兄弟不如朋友亲近，而是说朋友比之兄弟，更有利于学问道德的切磋琢磨，所以，《毛传》解释说：“朋友之义，切切然。”孔颖达《疏》也说：“朋友之交则以义，其聚集切切节节然，相劝竞以道德，相勉励以立身，使日有所得，故兄弟不如友生也。”古代学者特别是儒家学者，在讨论学问道德的学习和锻炼时，没有不提及友道的。同时，值得注意的，还有早期儒家学者提出的“以文会友”问题。如曾子说：“君子以文会友，以友辅仁。”（《论语·颜渊》）孔安国解释说：“友以文德合。”（何晏《集解》引）这个“文”或“文德”，就是学问道德，就是道。朋友相交，以道相合，以文会友，以道会友。

总之，古代学者特别是早期儒家学者，大致皆把友道界定在同门生徒之间相互佑助的意义上，而又主要把朋友伦理理解为“责善辅仁”的修身伦理。

最后，我们谈谈朋而成党的问题。

古代学者特别是儒家学者，一方面认为朋友伦理有势轻、亲疏、名小的特点，另一方面又认为它是“纲纪人伦”的根基，是“人伦之本务，王道之大义”。这个表面上看起来自相矛盾的观点，实际上体现了古代学者对待朋友伦理所持的一种相当微妙而复杂的态度。他们提倡交友，是因为看到朋友交结在“责善辅仁”、修身养性方面的重要作用，这是其他人伦无法取代的。但是，他们又特别担心朋而成党的问题。孔子对此就表现出高度的警觉，因此，他一再强调：“君子矜而不争，群而不党。”（《论语·卫灵公》）“君子周而不比，小人比而不周。”（《论语·为政》）“君子和而不同，小人同而不合。”（《论语·子路》）先秦儒家学者，把朋友置于五伦之末，古代学者讨论人伦，多重前四伦而忽略朋友一伦，任其淹没，甚至发展到如朱熹所说的“今人不知有朋友之义者”的情形，这在一定程度上就说明，古人因担心朋而成党，而不大提倡朋友交结。再说，古代学者讲友道，往往将之局限在“责善辅仁”的学问道德之切磋上，这也说明他们不愿意看到朋友交结越出切磋道德学问的范围，向其他如政治方向发展。同样，古人以兄弟诠释朋友，正像他们以父子诠释君臣，将君臣关系纳入家族伦理范畴一样，也企图将朋友关系家族伦理化，从而达到限制朋友交结越界发展的目的。总之，古代学者在阐释和界定朋友伦理时所做的种种努力，皆流露出他们对朋而成党的高度警觉。

我认为：朋而成党，是一个必然的趋势。友道的选择性、平等性和诚信原则，以及志同道合和“责善辅仁”的特点，使他们能够组成一个具有向心力、凝聚力和战斗力的群体。与那种需要礼法等外力作用来维持的群体关系相比，朋友关系虽然缺乏制度上的保证，但是，他们有共同理想、追求或利益的驱使，构成党派的可能性就极大。因此，无论是儒家，还是法家，都表现出对朋而成党的高度警觉。如，汉末朱穆目睹当时“浮华交会”渐成朋党的形势，著《绝交论》，重申古代朋徒讲习的友道。这种对古代友道的重申，实际上就是对当代朋党局面的担忧。意味深长的是，在古代中国，朋党虽然被严厉禁止，但很多改革活动（包括政治改革和文学革新），却又都是借着朋党的力量来完成的，组成朋党的成员，又多是同门生徒或门生故吏。对此，侯外庐先生的说法值得重视：“这种师弟关系的密切，与经学家法的笃守……是封建制度在中国特有的一种官僚系统所表现出来的现象，一直沿袭到后来的书院制。封建制的党争常是拿这种学派作号召的。”（侯外庐《中国思想通史》第二卷，第354页，人民出版社1957年版）

据说，有共同理想、追求和利益的人群，结成朋党性质的“战友关系”，是产生政党政治和阶级政治的基础和前提。古希腊罗马城邦制度的建立，就是依赖城邦公民在海外殖民活动中，自动建立起来的有共同政治利益和经济利益的“战友同盟”。顾准认为，这就是古代西方政党政治的原型，之后的阶级政治和民主政治都是在这个基础上形成的（《希腊城邦制度——读希腊史笔记》，见《顾准文集》，贵州人民出版社 1994 年版）。在古代中国，朋友联盟理应具备这种发展潜力，汉末党人运动就初步显示了这种发展的可能性。然而，古代中国是一个家族取向的社会，朋友关系早已被涂上浓厚的家族色彩；古代中国也是一个道德取向的社会，朋友关系也完全被道德所浸润。因此，它不可能发展成为制度化、组织化的“战友同盟”，汉末党人运动无组织、无纪律的松散特点，就是一个典型例子。所以，古代中国有发展出政党政治的潜力，却不具备这种可能。这是由古代中国社会的家族性质和道德特点决定的。

第十二讲 中国人的父子伦理

——兼论传统社会的孝敬观念和家庭教育

内容提要： 父子伦理是中国古代宗法伦理之核心。本讲讨论中国人的父子伦理，兼论传统社会的孝敬观念和家庭教育。在传统社会，“父怀敬，母怀爱”，普遍存在着父子疏离、母子亲近的人伦现象。“君子远其子”是一种普遍存在的社会礼俗，具体体现在“君子不亲教子”“父子不同席”“父子不同位”“父子异宫”等礼仪中。父子之间的对立矛盾，在中外民间文本中有比较普遍的反映。父子之间的疏远和对立，是由他们彼此对对方不切实际的角色期待所造成。孝道即父子之道，孝道主要是用来维持父子关系的伦理原则。母子关系和祖孙关系比较亲近，因为他们之间没有不切实际的角色期待。母教是培育人类健康、均衡、博大、宽容之爱心的主要途径。而以祖教孙的隔代教育，则是弊大于利，往往导致社会发展呈现出前进一步便后退半步的态势。

讨论父子伦理，是一个雅俗共赏的大众话题，因为我们每一个人都生活在父子伦理秩序中，因此，这个话题与每个人的日常生活密切相关。虽然我们每一个人每天都生活在父子伦理秩序中，但并不见得就能完全理解或者解释其中发生的人伦现象，甚至可以说，其中的许多人伦现象是鲜为人知的。因此，本讲的目的，在于揭示父子之间许多隐而不显的人伦现象，并对这些人伦现象做出合理的解释。由此使我们每一个生活在父子伦理秩序中的读者，成为伦理生活的明白人。

在以宗法制为特点的传统中国社会，父子伦理受到特别重视。父子关系居于家庭伦理的中心地位，一切家庭人伦和亲属称谓，都围绕着父子伦理展开，甚至像君臣、朋友、师徒、邻里等具有社会伦理特色的人伦关系，也在不同程度上受到父子伦理的支配和影响。尽管学者在历数人际五伦时，总是习惯沿着君臣、父子、夫妇、兄弟、朋友的顺序排列，似乎君臣关系因居于首位而显得特别重要。事实上，君臣伦理是由父子伦理推衍而成，臣对君的忠，是从子对父的孝的意义上演绎而来；君王用来治理国家的方法，也是对父亲治理家庭的方法的借鉴。所以，就父子、君臣二伦来说，父子是体，君臣是用，父子伦理是君臣伦理的基础。从核心家庭的结构看，夫妇伦理当然特别重要。西方社会就是如此，西方社会的亲属关系、社会行为和文化特征，均以夫妇伦理为支配原则，并由此衍生出夫妇型的伦理文化模式。但是，在古代中国这个宗法制社会里，一切社会关系皆已家庭化，一切亲属关系都受到父子伦理的支配，所有的社会行为和文化特征，皆围绕着父子这个轴心展开，由此衍生出父子型的伦理文化模式。所以，与西方社会以夫妇伦理为主干不同，传统中国社会伦理的主干和核心，是父子伦理。

概括地说，中国文化是父子型的文化，中国伦理的核心是父子伦理。因此，讨论传统中国的父子伦理，实际上是洞察中国文化和中国伦理的一个重要切入点。

一、母怀爱、父怀敬：父子疏离与母子亲近的情感背景

讨论传统中国人的父子伦理，我想从“爱”“敬”“孝”这几个有关中国伦理的关键词说起。

按照传统中国人的看法，“爱”是一种出自天性的诚挚自然之情，“敬”则是一种在外力作用下的人为之情。或者说，“爱”是自然性的，“敬”是社会性的。看看“敬”字的字形结构，就可明白这一点。“敬”的初形是“苟”，变化而成“敬”字。“苟”的本义是恭敬谨慎，其后演变为“敬”字，增加了“攵”符，表示有外力迫使其恭敬谨慎。这个外力是什么呢？照中国人的说法，就是礼。“敬”是在礼的作用下表现出来的恭敬谨慎，所以是人为之情。再看“爱”字，爱字从心，意谓从心里发出的自然之情，所以是自然性的。

敬和爱的区别，古人分辨得很清楚。如庄子说：“以敬孝易，以爱孝难。”（《庄子·天运》）孝敬长辈，因敬而孝，是人为之道，只要在外表上表现得恭敬有礼就行，所以容易；因爱而孝，是自然之情，是从内心里流露出来的真实感情，所以不容易。还有，扬雄说：“婴犊母怀不父怀，母怀爱也，父怀敬也。”（《法言·问道》）“婴犊母怀不父怀”，即婴儿、牛犊喜欢母亲，不喜欢父亲，为什么呢？因为喜欢母亲，是天性之情，是爱；喜欢父亲，是人为之情，是敬。在没有外力驱使的情况下，在没有礼法的规范和约束的情况下，人类往往重自然之情而轻人为之道。“婴犊母怀不父怀”，说的就是这个意思。

刘劭《人物志·八观》中，也有一段话专门讨论爱和敬的区别，说得很深刻，很具体。他认为：“人道之极，莫过爱、敬。”所以，《孝经》“以爱为至德，以敬为要道”。因此，儒家经典“《礼》以敬为本，《乐》以爱为主”。在他看来，爱与敬有显著区别，他说：

爱不可少于敬，少于敬，则廉节者归之，而众人不与。爱多于敬，则虽廉节者不悦，而爱接者死之，何则？敬之为道也，严而相离，其势难久。爱之为道也，情亲意厚，深而感物。

刘劭这段话，对爱、敬的说明和区分相当准确。在他看来，爱是敬的基础，建立在爱之上的敬，才是发自内心的敬。在通常情况下，敬有“严而相离，其势难久”的特点，所以需要用礼法来维持它，来保证它，尽管如此，也往往容易流于貌敬心非。而爱则是发自内心的，是自然的，有“情亲意厚，深而感物”的特点，是一种更适合人的自然本性的情感。所以，在不需要礼法维持的情况下，它也能自然长久。

母怀爱，父怀敬。由爱而亲，由敬而尊。古代中国人关于母爱、父尊问题的讨论，有助于我们对爱与敬之区别做进一步理解。如《礼记·表记》说：

使民有父之尊，有母之亲，如此而后可以为民父母矣，非至德其孰能如此乎？今父之亲子也，亲贤而下无能；母之亲子也，贤则亲之，无能则怜之。母亲而不尊，父尊而不亲。

这段文字有两个问题值得注意：其一，父母对孩子的态度不同。父亲对孩子是“亲贤而下无能”，即喜欢贤能之才而讨厌无能之子，父亲对孩子的态度，有点近乎唯才是亲。母亲则不同，她对孩子是“贤则亲之，无能则怜之”，即贤能之子固然值得喜欢，但无能之儿也要爱怜。这个问题，我下面还要讲，就不在此赘说。其二，由于父母对孩子的不同态度，从而决定了孩子对父母的不同情感取向，即“母亲而不尊，父尊而不亲”，也就是说，母亲亲近但不尊严，父亲尊严但不亲近。值得注意的是，在这段文字中，“亲”“尊”二字分别出现了两次，并且都是以“尊”隶父、以“亲”属母。尊者，敬也，严也；亲者，爱也、慈也。所以，《孝经·圣治》说：“圣人因严以教敬，因亲以教爱。”以尊隶父，即就是说，孩子于父亲只有敬，父亲于孩子便是严，缺少爱慈的成分，所以说“父尊而不亲”。以亲属母，即就是说，孩子于母亲是爱，母亲于孩子是慈，所以“母亲而不尊”。父子关系与母子关系的区别，也即敬与爱、尊与亲的区别，在这段文字里讲得非常清楚。

“母亲而不尊，父尊而不亲”，这种观点也体现在《孝经·士章》下面这段话中：

> 资于事父以事母，而爱同。资于事父以事君，而敬同。故母取其爱，而君取其敬。兼之者，父也。

这里所谓的爱、敬，分别等同于上引《礼记·表记》中的亲、尊。事母以爱，事君以敬，事父则兼爱、敬。君、父同体，以事父之道事君，所以事君主敬。事母主爱，所以“母亲而不尊”。事父兼爱、敬，之所以提及爱，这正如《孝经·圣治章》所说：“父子之道，天性也，君臣之义也。”父子天性，也有爱的成分，但父子之间爱的成分比母子之间少，还隐藏得很深，因此往往被人们忽略。再说，“父子间天然关系固然存在，但不十分坚强”（莫罗阿《人生五大问题》，见《恋爱与牺牲》第48页，傅雷译，安徽文艺出版社1998年版），即天性的成分少，而出于天性之爱也较母子为弱，所以“父尊而不亲”。

爱出于天性，是发自内心的自然之情，具有“情亲意厚，深而感物”的特点。所以，对爱的需求，是人类的本能。精神分析学家弗洛姆著《爱的艺术》一书，对爱的艺术进行专门研究，他认为：爱是人类生存的必然需要，爱是对人类生存问题的回答。因为在人的成长过程中，必然会逐渐呈现出一种分离状态，人的成长过程就是一个逐渐分离的过程——与母亲的分离，与自然界的分离。因分离而产生孤独和焦虑情绪，孤独犹如一座监狱，孤独的人就像是关押在监狱中的疯子。因此，人最迫切的需要就是克服分离，使自己从孤独中解脱出来。克服分离、解脱孤独的重要途径是倾诉，与知己倾诉。倾诉是克服分离、摆脱孤独的临时方式，就像借助酒精与药物以摆脱孤独感一样，其取得的效果是暂时性的，周期性的。据弗洛姆说：克服分离、解除孤独的最佳方式是群居，在群居中“建立与群体及其风俗、习惯和信念一致基础上的结合”（弗洛姆《爱的艺术》第 10 页，刘福堂译，安徽文艺出版社 1986 年版），人类在群居生活中达成的“一致”，有种种类型，但只有人与人之间融为一体的“一致”，才是真正的“一致”，真正的协调。而这种“一致”和协调，就是爱。所以，弗洛姆认为：“没有爱，人类便不能存在。”（弗洛姆《爱的艺术》第 10 页，刘福堂译，安徽文艺出版社 1986 年版）

爱和敬的区别，大体如此。再说孝道，儒家文化最明显的特征就是重孝道，或者说儒家文化就是以孝为中心的文化。虽然墨、道、法等诸子百家也并不完全否定孝道，但是，相对而言，儒家却是最重孝道的，并且把孝作为一切道德的根本属性，如《论语·学而》载有若说：“孝弟也者，其为仁之本与。”《孝经·开经明义》说：“子曰：夫孝，德之本也，教之所由生也。”《孝经·三才》说：“子曰：夫孝，天之经也，地之义也，民之行也。”《孝经·圣治》载：“子曰：天地之性，人为贵。人之行，莫大于孝。”

早期儒家学者讲孝道，一般都是泛指子女对父母的态度。在大多数情况下，又是特别侧重强调儿子对父亲的态度。换句话说，儒家通常强调儿子对父亲的孝，而于儿子对母亲的孝，则往往是略而不论。这大概是因为母子关系是“天然的关系”，毋需强调，也能自然和谐。就像“婴犊母怀”一样，是一种自然本性的流露。而父子关系则不然，虽然在父子之间也存在着“天然的关系”，但又常常因为种种原因，而容易发生疏远、对立情绪，所以需要特别强调，需要用孝道来维持联系。因此，我觉得：孝道就是父子之道，孝道主要是用来维持父子关系的一套伦理原则。所以，《孝经·圣治章》说：“孝莫大于严父，严父莫大于配天。圣人因严以教敬，因亲以教爱。”古代中国文献中的父亲形象，一般都以“严”为特征。同时，人们也特别强调父亲的“严”的一面，认为“但有严父，必出好子”（《课子随笔钞》卷六），“父严而子知敬畏”（《袁氏世范·睦亲》）。为什么古代学者特别强调父亲角色“严”的一面呢？这正如《孝经》所说：“圣人因严以教敬。”父亲因“严”而获“敬”，只有严父才能获得子女的尊敬。所以，孔子论孝，屡言“无违”，即无违于礼。孝以合礼为原则，而“礼者，敬而已矣”（《孝经·广要道章》）。孔子说：“上好礼，则民莫敢不敬；上好义，则民莫敢不服；上好信，则民莫敢不用情。”（《论语·子路》）所以，我们认为：孝道即敬道，孝道就是父子之道。

总之，父子之间因为种种原因而容易发生疏远、对立情绪，为了使父子之间不至于因疏远、对立而发生根本性冲突，变成敌对关系，古代儒家学者就不遗余力地阐释孝道，强调“孝莫大于严父”。孝道即敬道，孝道就是父子之道，它是儒家学者用来调节父子疏离关系的理论武器。

二、君子远其子：父子疏离的文化根源

父子之间，骨肉之情，人之至亲，所谓“一体而两分，同气而异息”者也（《吕氏春秋·精通》）。古代学者特别重视父子伦理，大力提倡子孝父慈、子顺父爱等人伦规范。但是，在实际生活中，父子之间隐然有一条不可跨越的鸿沟，这条鸿沟导致父子疏远、隔离，甚至敌对、抗争；或视若路人，甚或互相残杀。从上面我们对“爱”“敬”“孝”这几个中国伦理关键词的讨论中，已经很明显地看到父子关系疏远、隔离的情况。其实，这种情况，不仅在古代中国文献中斑斑可见，在神话传说和民间故事中历历在目，甚至在西方社会也有相当明显的体现。不知诸位为人父或为人子者，是否有过这样的人伦体验？我始终觉得，这是古今中外人际伦理中的一个普遍现象。追本溯源，我认为，父子之间疏远、对立情绪的产生，应当与古代“君子远其子”的礼俗现象有密切关系。考诸史乘，“君子远其子”的礼俗主要体现在以下几个方面：

其一，君子不亲教子。讨论“君子远其子”的古代礼俗，我打算从家庭教育说起。古人重视对子女的教育，这是人所共知。但是在如何教育子女的问题上，古代中国有一个“君子不教子”或“易子而教”的礼仪法则，这是大家不曾注意的。据现存文献考察，最早涉及这个问题，是《论语·季氏》：

> 陈亢问于伯鱼曰：“子亦有异闻乎？”对曰：“未也。尝独立，鲤趋而过庭。曰：‘学《诗》乎？’对曰：‘未也。’‘不学《诗》，无以言。’鲤退而学《诗》。他日，又独立，鲤趋而过庭。曰：‘学《礼》乎？’对曰：‘未也。’‘不学《礼》，无以立。’鲤退而学《礼》。闻斯二者。”陈亢退而喜曰：“问一得三，闻《诗》，闻《礼》，又闻君子之远其子也。”

据说，陈亢问孔子的儿子伯鱼："子亦有异闻乎？" 陈亢与孔子是师生关系，伯鱼与孔子是父子关系。陈亢疑心孔子、伯鱼之间因为父子亲情而另有传授，所以提出这个问题。伯鱼回答说：没有，但有两次问及读书的事情。一次是他一个人站在庭中，我"趋而过庭"，他问道：学《诗》乎？我回答说：没有。他说：不学《诗》，无以言。于是，我就退而学《诗》。另一次也是他一个人站在庭中，我"趋而过庭"，他又问：学《礼》乎？我回答说：没有。他说：不学《礼》，无以立。于是，我又退而学《礼》。如果说有"异闻"的话，就是这两次。仔细分析伯鱼的答辞，应该包含三层意义：其一，伯鱼"过庭方始受训，则知不常嘻嘻亵慢"（《论语注疏》卷十六），这体现了孔子、伯鱼父子之间的疏离关系。其二，伯鱼受训后，是"退而学《诗》"，"退而学《礼》"，虽然我们不能证实孔子是否曾经"易子而教"，但是，孔子未曾专门亲授伯鱼，只是把伯鱼作为众多弟子中的一员，则是有依据的，这也就是"君子不教子"的意思。其三，伯鱼两次见到孔子"独立"，都是"趋而过庭"。一个"趋"字，生动地再现了伯鱼对父亲因敬而畏的心理特征，可见孔子和伯鱼父子之间的关系，是相当森严而疏离的。总之，伯鱼答辞中的三层含义，有一个共同点，就是父子之间的疏远、隔离。所以，陈亢从中悟出了"君子远其子"的道理。

君子为什么不能亲教其子？这个问题，在现存文献中，最早是由公孙丑提出来的，孟子对这个问题发表了自己的看法。据《孟子·离娄上》载：

> 公孙丑曰："君子之不教子，何也？"孟子曰："势不行也。教者必以正；以正不行，继之以怒。继之以怒，则反夷矣。'夫子教我以正，夫子未出于正也'。则是父子相夷也。父子相夷，则恶矣。古者易子而教之，

父子之间不责善。责善则离，离则不祥莫大焉。”

孟子这段话，有三个问题值得注意：其一，“君子不教子”，并不是弃子不教，而是“易子而教”。其二，“君子不教子”或“易子而教”，是古已有之的礼仪法则，至于这个礼仪法则起于何时，则不得其详。其三，君子之所以不亲教子，是因为“教者必以正”。“教者必以正”，必然导致父子之间因求其正而互相责备，互相责备就会使父子之间产生隔阂，伤害父子感情。而“易子而教”，正可避免这种伤害。孟子说：“夫章子，子父责善而不相遇也。责善，朋友之道也；父子责善，贼恩之大者。”（《孟子·离娄下》）以善相责，这是朋友相处之道。父子之间以善相责，最容易伤害感情，章子就是因为对父亲责善，得罪了父亲，而把父子关系弄僵了。所以说“父子责善，贼恩之大者”。还有，宋人袁采也说过：“子之于父，弟之于兄，犹卒伍之于将帅，胥吏之于官曹，奴婢之于雇主，不可相视如朋辈，事事欲论曲直。”（《袁氏世范·睦亲》）父子之间不能以善相责，不能“事事欲论曲直”。虽然儒家也一再强调，父子之间要相互谏诤，但在提倡父子谏诤时，总是持着一种小心谨慎的态度，如孔子提倡“几谏”，即轻微婉转地提意见，即“见志不从，又敬不违，劳而不怨”（《论语·里仁》）。也就是说，看到自己的意见没有被父亲采纳，也仍然要恭恭敬敬地，不要去触犯他，虽然内心里有忧愁，也不要去怨恨他。这种小心谨慎的态度，显示了儒家对于因为父子责善而影响父子情谊的忧虑。为什么父子之间不能以善相责呢？我认为：父以善责子，这无可厚非，关键在于子以善责父，说出“夫子教我以正，夫子未出于正也”这样的话，不仅伤害了父亲的感情，而且更主要的，是有损父亲在儿子心目中的威严形象。所以，在孟子看来，君子之所以不亲教子，古人之所以要“易子而教”，主要是为了避免父子之间“责善”，特别是为了避免子以善责父而导致损坏父亲威严形象的事情发生。

孟子之后，对“君子不教子”加以解释的，代不乏人。如班固就认为，父亲之所以不能亲教其子，是因为教学内容中涉及“阴阳夫妇变化之事”，这些“渫渎”的东西，不宜在父子之间展开讨论（《白虎通德论·辟雍》）。颜之推说得更明白：“《诗》有讽刺之辞，《礼》有嫌疑之诫，《书》有悖乱之事，《春秋》有邪僻之讥，《易》有备物之象。”这些东西，“皆非父子之可通言，故不亲授耳”（《颜氏家训·教子》）。考察班固、颜之推的解释，大致都是说教学中有“阴阳夫妇变化”和“悖乱”“邪僻”等内容，这些话题不宜在父子之间讨论，所以需要“易子而教”。为什么这些有关“阴阳夫妇变化”等话题，不宜在父子之间讨论呢？我认为：“阴阳夫妇变化”之事，玄妙渊深，语涉淫邪，如《诗经》中描述的男欢女爱，《春秋》记载的宫廷淫乱之事，的确是不便于在父子之间展开讨论。如果在父子之间讨论这些问题，就有损父亲在儿子心目中的威严形象。

总之，在古代，“君子不教子”，一是为了避免父子“责善”，二是因为语涉淫邪、事关渫渎的教学内容，不便在父子之间讨论，目的都是为了维护父亲在儿子心目中的威严形象。所以，《礼记·礼运》说：“人其父生而师教之。”《三字经》说：“养不教，父之过；教不严，师之惰。”养子而不加以教育，这当然是父亲的过错。但教育子弟的具体工作，不是由父亲来完成，而是落到老师身上。因此，在古代，或易子而教，或聘师教子，或使负籍求师，父亲基本上不亲自教育儿子。

其二，父子不同席。古代“父子不同席”“父子异宫”和“君子抱孙不抱子”等礼训，也体现了“君子远其子”的礼俗。

先说“父子不同席”问题。据《礼记·曲礼上》说：“父子不同席。”郑玄解释说：“父子不同席，异尊卑也。”《礼记大全》引临川吴氏解释：“古者一席坐四人，言父子偶共一处，而坐虽止一人，必各坐一席。盖以父昭子穆，父穆子昭，尊卑不同故也。”据此可知，父子之所以不同席，是因为父尊子卑，不同席就是为了显示父子之间的尊卑等级。另外，与此相近的，还有“父子不同位”的礼仪，据《礼记·坊记》说：“父子不同位，以厚敬也。”“同席”是就坐席而言，“同位”是指站立的方位而言。“父子不同位”，也是为了区别父子之间的尊卑等级。《礼记大全》引严陵方氏解释说：“席言所坐之席，位言所立之位。坐立虽不同，其所以辨尊卑之义，则一而已。”我认为：父子不同席和不同位，是为了区别尊卑等级，实际上也就是人为地在父子之间制造一段距离，使尊者自尊，卑者自卑，这正体现了“君子远其子”的礼俗。

这种父子不同席、不同位的礼仪，在现实生活中也得到普遍的实施。如景皇时，纪亮、纪骘父子同朝为官，父亲纪亮为中书，儿子纪骘为尚书令，每当朝会之时，父子并列朝廷，与父子不同位的礼仪不符，于是皇上“诏以屏风隔其坐”（《吴录》）。又如，隋高祖时，杨素、杨玄感父子同为朝廷二品大员，“朝会则齐列”，颇乖礼法，于是“高祖命玄感降一等”，以示父子不同位，据说杨玄感是感拜谢曰：“不意陛下宠臣之甚，许以公廷，获展私敬。”（《隋书·杨玄感传》）。据我了解，在当今汉族地区或汉化较深的少数民族地区，“父子不同席”的礼仪还普遍存在。比如，在酒席宴会等较为庄重的公共场合，父子不能并列坐在一张餐桌（四方桌）的尊位（即上席，共两个席位）上，甚至在同一场合中的其他餐桌上（即父子各坐一桌之尊位），也是不可以的。我曾多次亲眼见到不懂得这种礼仪的年轻人，违犯了这种礼数，而遭到长者的嘲笑，这大概就是古代父子不同席、不同位礼仪的遗存。

与父子不同席、不同位礼仪相近的，还有“父子异宫”。据《礼记·内则》说：“由命士以上，父子皆异宫。”宫者，室也。所谓“父子异宫”，说的是父子不能同室居住。父子之所以不宜同室居住，据郑玄解释说：“异宫，崇敬也。”《礼记大全》引严陵方氏解释说：“尊卑之际，辨则敬，同则亵。故父子坐不同席，居必异宫，所以致其敬也。”又引张载的话说：“异宫，乃容子得伸其私，所以避子之私也。”也就是说，父子异宫，一方面是为了维护父亲的尊严，所谓“致其敬”是也；另一方面是为了保持儿子的私人空间，所谓“伸其私”是也。所以，父子异宫，与父子不同席、不同位礼仪一样，都是为了在父子之间制造一段适当的距离，通过这段距离来调节父子关系，维护父亲的尊严，保持父子之间的尊卑等级。“辨则敬，同则亵”，说的就是这个道理。父子异宫，也是古代“君子远其子”礼俗的具体体现。

再说“君子抱孙不抱子”。据《礼记·曲礼上》说：“礼曰：君子抱孙不抱子。此言孙可以为王父尸，子不可以为父尸。”所谓“尸”，就是祭祀时代替死者受祭的活人。所谓“王父”，是指祖父。古代礼仪规定，以孙子为尸代替祖父受祭，如《礼记·祭统》说：“夫祭之道，孙为王父尸，所使为尸者，于祭者子行也，父北面而事之，所以明子事父之道也，此父子之伦也。”《曾子问》也说：“祭成丧者必有尸，尸必以孙，孙幼则使人抱之，无孙则取于同姓可也。”陈澔解释说：“尸必以孙，以昭穆之位同也。取于同姓，亦谓孙之等列也。”（《礼记集说》）关于以孙为尸和昭穆制度，这两个问题比较复杂，这里就不再讨论。我要强调的是，“君子抱孙不抱子”，与前面讨论的“父子不同席”“不同位”“父子异宫”等礼仪一样，都体现了父子疏离这样一种人伦现象。尤其是以孙子为“王父尸”的礼仪，充分体现了“君子远其子”的古代礼俗。民间俗语“养子抱孙”，就是对这种父子疏离、祖孙亲近人伦礼俗现象的生动表达。

以上，我们讨论的“君子不教子”“父子不同席”“父子不同位”“父子异宫”和“君子抱孙不抱子”等礼仪，都具体体现了“君子远其子”的古代礼俗，而这些礼俗背后所隐含的，就是父子疏离这个重要的人伦现象。作为整顿人伦秩序、维持社会关系和稳定政治统治的礼仪法则，它对“君子远其子”礼俗的阐释和展示，只能用这种“不亲教子”“不同席”“不同位”和“异宫”等较为隐性的方式体现出来。然而，在神话传说、民间故事以及世俗生活中，展现出来的父子关系，则是对“君子远其子”礼俗的显性体现，或者说，是更真实地再现了父子疏离这种人伦现象。

通过考察，我们发现，在神话传说、民间故事以及世俗生活中，体现出来的父子关系，不仅仅是“君子远其子”的问题，而是父子疏离，甚至是对立乃至残害。或是作为父亲不能尽保护子女的职责，或者根本就从子女的成长过程中退场，对子女遇到的苦难，不但不负保护或扶持的责任，而且还往往引狼入室，助纣为虐，成为迫害子女的帮凶。可以说，这类贴近生活的民间文学作品对父子伦理的展现，暴露了父子关系中阴暗的一面。

比如，在男性孤儿型故事中，有一个非常突出的共同特点，就是故事中的男性主人公，或者是幼年丧父，或者在他的成长过程中，父亲不在场。如“田螺姑娘型”故事中，侗族的《渔郎与螺蛳》，美国印第安人的《被遗弃的男孩》；“两兄弟型”故事中，怒族的《两兄弟》，埃及的《两兄弟的故事》；“找幸福型”故事中，壮族的《壮锦》、乌孜别克族的《幸福鸟》、俄罗斯的《富玛耳科和倒运的华西利的故事》；“天鹅仙女型”故事中，中国的《牛郎织女》，阿拉伯的《天鹅仙女下凡》；等等，都是如此。男性主人公独自生活，命运坎坷不幸，经历了人生中的种种磨难，最后通过自己的艰辛劳作，感动了上苍或者异类姑娘，获得他们的帮助，找到了幸福。在这类故事中，或者父亲已经去世，或者根本不提及父亲，总之，父亲角色被消解在故事之外，具体地说，被消解在男性主人公的成长历程之外。在男性主人公幼弱无力，孤立无援，垂死挣扎的成长历程中，理所当然应该成为孩子主要保护力量的父亲角色，却普遍地消隐了。

值得注意的是，在子女的成长过程中，父亲角色的消隐，不仅表现在男性孤儿型故事里，还体现在其他文学作品和世俗生活中。比如，在传统家庭教育中，或者“易子而教”，或者由母亲担任。古今中外的许多伟大人物，往往都是由贤母培养教育而成，母教也因此常为学者津津乐道。父亲即使加入家庭教育，也通常是作为孩子的对立面存在的，如《红楼梦》中贾政与贾宝玉的关系就是如此。总之，在传统的家庭教育中，父亲角色是消隐的，是不作为的。还有，在金庸的武侠小说中，主人公大多数也是孤儿角色，如《雪山飞狐》中的胡斐，《连城诀》中的狄云，《射雕英雄传》的郭靖，《鹿鼎记》中的韦小宝，《笑傲江湖》中的令狐冲，《神雕侠侣》中的杨过，《碧血剑》中的袁承志，《倚天屠龙记》中的张无忌，《天龙八部》中的乔峰，等等，他们或者幼年丧父，或者父亲下落不明，或者就是私生子。在他们的成长历程中，父亲角色多是消隐的，师父在一定程度上承担了父亲的职责。我认为：这种现象，与男性孤儿型故事一样，也与传统家庭教育中父亲角色的消隐一样，说明了父亲在子女成长过程中的不作为，体现了“君子远其子”的传统礼俗。

在以灰姑娘故事为代表的女性孤儿型故事中，也有一个大致类似的情节：女主人公幼年丧母（这与男性孤儿型故事中男主人公幼年丧父的情节相同），后母来到女主人公家中，生了自己的女儿，女主人公受尽后母的虐待，有时后母所生的女儿也加入虐待行列中。女主人公受尽虐待后，得到一位热心人的帮助，最后与一位贵族男子结婚，获得幸福。至于女主人公的父亲，或者只出现在故事的开头，对女主人公的角色行为影响不大；或者根本就不知道女主人公被虐待，等到知道后，才将后母赶出家门；或者是助纣为虐，帮助后母虐待女主人公。其中后一种情况较为普遍，如黎族的《继母》《两兄弟》故事，后母唆使父亲将孤儿遗弃深山；西藏地区流行的《山妖的官寨》《曲桑登国王与麦朵萨列卓玛》《弟兄俩》故事，主人公以兄弟俩或兄妹俩的身份出现，父亲迫于后母的压力，被迫将兄弟或兄妹俩赶出家门；流传于东北和河北、山东一带的《断臂姑娘》《无手姑娘》《苦姑娘难中结奇缘》等故事，主人公是无手姑娘，是后母设计使父亲将其手臂剁去，并赶出家门；回族的《川草花和马莲花》，后母虐待女主人公，父亲便将她扮成一个放牛娃，送到未来的婆婆家养育。在灰姑娘故事中，女主人公受尽后母种种惨酷的虐待，而作为她唯一的保护者——父亲——或者先死去，或者助纣为虐，或者事后驱逐后母，总之，皆没有积极的作为。美国学者阿瑟·科尔曼和莉比·科尔曼，在讨论父亲角色于儿女成长过程中的影响时，就注意到灰姑娘故事中父亲不作为问题。他们指出：灰姑娘和白雪公主都是少女被恶狠狠的继母迫害的故事，这两个女主人公都曾有过父亲，他们都是善良的男人，他们的妻子不幸惨死，父亲无法全凭自己的力量把他们抚养大，所以父亲就和一个可怕的女人结了婚，然后就死去了，把灰姑娘和白雪公主留给了继母。把自己心爱的女儿交给了那个恶毒的女人。在这些故事中，父亲几乎不配戴上人们给予他的英雄光环（阿瑟·科尔曼、莉比·科尔曼《父亲：神话与角色的变换》第 80 ～ 81 页，刘文成、王军译，东方出版社 1998 年版）。的确，在灰姑娘故事中，父亲是一个无能的角色，不配戴上人们给予他的英雄光环，这与“田螺姑娘型”故事中的父亲角色一样，体现了父亲在子女成长过程中不作为的现象。

我认为：“灰姑娘型”故事中父亲角色的不作为，与“田螺姑娘型”故事中父亲角色的消隐一样，体现了“君子远其子”的礼俗。不同的是，“灰姑娘型”故事中展现的是父女关系。在一般情况下，父子关系较为疏远，父女关系倒是比较亲近。在“灰姑娘型”故事中，父亲对女儿成长的不作为，虽然在一定程度上也体现了“君子远其子”的礼俗，但是，更主要的原因，可能与男子的惧内有关。关于这个问题，我在第二讲《中国人的家国观念》中已有讨论，这里就不再重复。

其实，“后母”这个称谓，在汉语语境中，是不甚光彩的，甚至是阴险、毒辣的代名词。就幼弱的子女而言，如果母亲去世，最恐惧的事情，莫过于父亲娶后娘，如流传颇广的民谣《小白菜》：“小白菜，地里黄，七岁八岁没了娘，跟着爹爹还好过，就怕爹爹娶后娘。”就体现了幼弱孤儿对父亲娶后娘的担心与畏惧。就丧妻的男子来说，再婚的最大担忧，就是后妻虐待前妻之子。尽管如此，丧妻续弦的男子，还是占着绝大的比重。更值得注意的是，丧妻续弦的男子往往助纣为虐，伙同后母虐待孤儿。这类例子很多，最有名的，可能要数舜与他的父亲瞽瞍的故事。据说，舜的父亲瞽瞍、继母和同父异母弟象，一心想致舜于死地。于是，他们就打发舜去淘井，等到舜下到井里，他们就在上面用泥土填塞井眼，想压死他，结果舜从旁边的洞穴逃出来了。他们又打发他去修缮粮仓，等到舜上了房顶，他们就抽去梯子，放火烧了粮仓，想烧死舜，结果舜又逃了出来（《史记·五帝本纪》）。瞽瞍千方百计伙同后妻、后子，要置亲生儿子于死地。这不仅是父子疏离，而是父子仇杀了。后母进入家庭，何以能够离间父子骨肉之亲呢？宋人袁采解释说：

> 凡人之子性行不相违，有后母者，独不为父所喜。父无正室，而有宠婢者，亦然，此固父之昵于私爱。（《袁氏世范·睦亲篇》）

这里，有两个问题值得注意：其一，“父之昵于私爱”，父亲为夫妇情爱所昵，而不顾父子骨肉之亲，说明父子之间的情感纽带，不如夫妇情感牢固可靠，这在一定程度上正体现了父子疏离的人伦现象。其二，父亲昵于私爱而不顾骨肉亲情，这里边可能有父亲惧内的原因。据颜之推说：

> 凡庸之性，后夫多宠前夫之孤，后妻必虐前妻之子。非唯妇人怀嫉妒之情，丈夫有沉惑之僻，亦事势使之然也。（《颜氏家训·后娶篇》）

“后夫多宠前夫之孤，后妻必虐前妻之子”的现象，是古今常见的事实。我认为，产生这种现象的原因有二：一是父亲昵于夫妇之爱而产生的惧内之情；二是因为父子疏离而导致的父亲对子女保护的不作为。“后夫多宠前夫之孤”，是后夫昵于私爱，是爱屋及乌所致。在古今世俗生活中，“后妻必虐前妻之子”，但很少有后夫虐待前夫之子的情况。或者说，多有男子虐待亲生子女的情况，很少有女子虐待亲生子女的情况。这也反映了父子疏离、母子亲近的人伦状况，说明母子情感纽带比父子关系牢固的事实。

父子疏离，并不是中国传统社会特有的人伦现象，我们在前面提到的流传于世界各地的“田螺姑娘型”故事和“灰姑娘型”故事中，体现出来的父子疏离关系，就足以说明父子疏离是一个世界性的普遍人伦现象。例如，克洛德·马塞在《家庭史》一书中，引用卡垂的话说：

> 上沃尔特的古尔曼彻人，父亲和儿子既不能住在同一棚屋中，也不能一起吃饭，也不能并肩而坐。即使在同一块田地中劳作，他们也要避免处于肩并肩的位置。即使他们在一个公共场所（例如集市相遇），他们也要远远走开另外。据阿德莱说，非洲的蒙丹人亦有类似的习俗。（安德烈·比尔基埃等主编《家庭史》第一卷上册第34页，袁树仁等译，生活·读书·新知三联书店1998年版）

这个例子，也足以说明父子疏离是一种在世界各民族中普遍存在的人伦理现象。

另外，在西方创世神话中，也普遍地反映了父子之间的这种疏离关系。如在希腊创世神话中，关于奥林匹斯神统起源的神话故事，就是一个典型的例子。据说，世界上最早的没有性别的混沌之神，名叫卡俄斯，他生出了地母该亚。地母该亚又从自己身上生出了天神乌拉诺斯。天神乌拉诺斯娶地母该亚为妻，两人共生了六男六女。六个女儿美丽无比，六个儿子力大无穷。天神乌拉诺斯担心他们长大后夺取自己的王位，就特别仇视这十二位孩子。于是他们之中任何一个刚出生，他就把他们关闭在一个很深的洞穴里，不让他们见到光明。为此，地母该亚非常愤怒，她鼓励孩子们起来反抗他们的父亲——天神乌拉诺斯。小儿子克拉诺斯乘天神乌拉诺斯熟睡时候，就用镰刀割下了他的生殖器。克拉诺斯打败了自己的父亲，做上了天神，娶妹妹瑞亚为妻，他们生出的儿女更强大。克拉诺斯也像他的父亲天神乌拉诺斯那样，害怕他的儿女夺取他的王位，就将他们全部吃掉，为此，作为母亲的瑞亚非常痛苦，她躲到爱琴山的密林里，生出了宙斯，并把他藏在一个地洞里。宙斯在母亲的帮助下，打败了克拉诺斯，成了新的天神，并逼迫克拉诺斯吐出他吃在肚子里的兄弟姐妹。从此，在奥林匹斯山上以宙斯为中心建立起庞大的神圣家族，这就是所谓的奥林匹斯神统的起源神话。

与上面这个创世神话相似的，是北美印第安人的一个关于太阳、月亮、星星的神话。据说：太阳和月亮是一对夫妻，星星是他们的孩子。每当太阳捉住星星时，就把他们吃掉。这就是星星见到太阳出来时，就要躲起来的原因。太阳很需要星星的火光来使自己活着。从地面上我们并不能看到整个太阳，他的实际形状像个蜥蜴。我们看到的只是太阳的肚子，他的肚子烧得火辣辣的，散发出亮光，这就是他吞噬的星星。月亮是太阳的妻子，他有时与太阳一起睡在地球的中心。不过太阳脾气很坏，他经常把月亮赶出家门。所以月亮常常在夜里跑出来和孩子们一起玩耍，孩子们见到妈妈从旁边经过时，就给她唱歌和跳舞。他们很愉快地在一起玩耍。当太阳抓住一些孩子并将他们吃掉时，就伤害了月亮的感情，尽管他必须吃掉一些。这就是月亮每个月都要把脸转过去，使朝下的一面变暗的原因，因为她在为自己那些被太阳吃掉的孩子哀悼。

还有，北美易洛魁印第安人的创世神话，也有这种父子残杀情节。据说，在远古时代，一男一女过着隐居生活，后来这位女人生了一个女儿，男人则在女人怀孕期间患病死去。女儿长大以后，在父亲神灵的暗示下与酋长结合。酋长在极不情愿的情况下，与这位女子结合，女子怀孕生下了一个女儿。酋长在这时患上了重病，随着女儿的降生，酋长的病情越来越重。酋长想急于摆脱自己的妻子和女儿，就将她们母女俩带到一个巨大的地穴旁，让他们向下看，酋长乘其不备，就把她们母女俩推下地穴，酋长的病痛也因此而痊愈。被推进地穴的母女俩，穿过巨大的黑洞，落到了地球上。后来，这个女孩与大地上的乌龟精灵结婚，生下了一对孪生子，这就是后来的印第安人。

上面讲述的三则西方神话，有这样几个共同特点。其一，父亲为了维护自己的权威和身体，不惜亲手杀掉自己的孩子。如乌拉诺斯和克拉诺斯，因害怕儿女们篡夺自己的王位，或禁闭自己儿女，或吃掉自己的儿女。印第安神话中的太阳神，为了维护自己光明的身体，不惜吞吃掉自己的儿女。印第安创世神话中的酋长，也是以残杀自己女儿的方式，使得自己的身体痊愈。其二，儿女们为了自己的生存和幸福，或是团结起来跟父亲对抗，推翻父亲的权威地位，如克拉诺斯乘父亲熟睡的时候，举起镰刀割下他的生殖器，推翻他的统治。宙斯在普罗米修斯的帮助下，打败父亲克拉诺斯，做了第三代天皇。或逃避父亲，如印第安神话中的儿女星星对太阳神父亲的逃避。其三，在父子冲突中，母亲总是站在子女一边，或是鼓励和帮助子女起来反对残暴和自私的父亲，如该亚、瑞亚；或是逃避丈夫而与子女们和谐相处，如月亮母亲与星星儿女。总之，在父子冲突中，母亲是儿女最坚定的支持者，她也许会出面调停父子冲突，但是，在大多数情况下，她则是作为儿女的同盟军出现。无论是在神话传说中，还是在世俗生活里，儿女们总是乐意团结在母亲周围，敬爱母亲，反对父亲。

综上所述，我们认为："君子远其子"体现了父子之间的疏远、隔离关系，这是一个在世界各民族文化中普遍存在的礼俗现象，从中国古代"君子不教子""父子不同席""父子不同位""父子异宫"等礼仪规则，到民间故事中普遍存在的父亲在子女成长过程中的不作为现象，到世俗生活中父亲助纣为虐、伙同后母虐待子女的普遍事实，以及西方创世神话中体现出来的父子残杀、对抗情节，都体现了"君子远其子"这种礼俗现象。

三、不切实际的角色期待：父子疏离的现实原因

一般而言，父子关系不仅是疏远和隔离的，而且还往往充满着矛盾与对抗。我以为，这样的父子关系，是由父亲和儿子各自的角色地位，及其相互之间不切实际的角色期待决定的。

在传统社会，男女的角色地位，大致被界定在男主外、女主内这样一个格局中。女子或母亲的活动舞台，被界定在家庭内部，负责家内事务，主中馈，督导女工，掌管家内的经济大权；男子或父亲的活动舞台，被确定在家庭外部，小则农耕经商养家，大则治国平天下。因此，在传统家庭中，抚养孩子的工作主要由妻子来承担，妻子的职责就是相夫教子。在孩子的心目中，父亲是外部世界的代表，他代表工作、独立和冒险，他是强大的，特殊的，他是英雄，富于神秘色彩，令人兴奋，给孩子带来更多刺激的、新奇的、超出常规的东西。这个时候的父子关系，是一种“理想化”的关系。而母亲则是内部世界的代表，她象征着爱，代表安全，长于言辞，给人安慰。因此，婴幼儿因父亲带来的新奇的、超出常规的东西所刺激，而对父亲报以更多的热情，更愿意与父亲玩耍。但是，在感到压抑时，或者在遇到困难时，他们更愿意要母亲而不是父亲（朱迪丝·维尔斯特《必要的丧失》第19页，张家卉、王一谦、马雷松译，北京大学出版社1988年版）。所以，对于孩子来说，“母亲也许令人沉闷，但她也是安全的。依赖可能令人窒息，但她也是可靠的。父亲可能变得令人喜欢，但伴随着愉快也可能存在着深刻的忿恨”（阿瑟·科尔曼、莉比·科尔曼《父亲：神话与角色的变换》第80页，刘文成、王军译，东方出版社1998年版）。

一般说来，在童年时代，儿子与父亲的相处，既是愉快的，同时又存在着“深刻的忿恨”，当他感到压抑时，他更愿意要母亲而不是

父亲，这说明父子关系的脆弱性。在父子之间，“天然关系固然存在，但不十分坚强”（莫罗阿《人生五大问题》，见《恋爱与牺牲》第48页，傅雷译，安徽文艺出版社1998年版）。因此，父子关系的情感纽带不如母子牢固，这是由父亲的角色地位决定的。孩子把父亲当成一个陌生人，父亲能够吸引孩子的，是他的神秘色彩和英雄性格，是他从外部世界带来的新奇和刺激。所以，孩子对父亲的角色期待是神秘、新奇而又富有刺激的英雄。除非父亲能够永远保持英雄角色，不断满足孩子对他的角色期待，否则，他将让孩子失望，失去对孩子的英雄魅力，从而导致父子关系的疏远隔离。事实上，当孩子长大成人后，在与周围其他人的父亲的比较中，发现自己的父亲并不是理想化的人物，也不是万能的英雄。孩子撕开了父亲的神秘面纱，认识到父亲作为凡人的一面，致使孩子对父亲角色期待的失落，最终造成父子关系的疏远和隔离。

当代作家余华的短篇小说《阑尾》，就生动地再现了父亲的英雄角色地位的丧失过程。作为外科医生的父亲，在我和我哥哥心目中，是一个理想化的英雄人物，他体格强壮，声音洪亮，脚步响亮有力，在墙角撒尿时，那声音也是唰唰作响，像暴风雨冲在墙上一样。他经常在手术台前一站就是十多个小时，一天割下二十多条阑尾，也没有丝毫倦意。更重要的是，父亲声称：他还能像他讲的那位英国外科医生一样，在特殊情况下，为自己割掉阑尾。对我和哥哥来说，“父亲的回答使我们热血沸腾，我们一向认为自己的父亲是最强壮的，最了不起的，他的回答进一步巩固了我们的这个认为，同时也使我们有足够的自信向别的孩子吹嘘”。有一天，“父亲的阑尾总算发炎了”，当时，母亲不在家，父亲让我和我哥哥去医院请大夫。我和我哥哥想看看“父亲自己给自己动手术”，决定不请大夫，只从医院手术室里偷一个手术包回来，让父亲像他说的那位英国医生一样，自己动手割掉发炎的阑尾。结果，“父亲哭了”，还“流着眼泪”。“我们希望父亲像个英雄那样给自己动手术，可他却哭了”，我和我哥哥只好把母亲叫回家，把父亲送到医院，但父亲的阑尾已经穿孔了。父亲虽然保住了性命，但再也做不成外科医生了。他失去了强壮的身体，瘦了许多，脚步声也不像过去那么响，还经常感冒……

这是一个父亲的英雄角色地位丧失过程的生动再现，虽然情节或有不同，但是世俗生活中许多父亲的英雄角色地位的丧失，却与《阑尾》中的过程大体一致。小说的结尾虽然没有说我和我哥哥对父亲的疏远隔离，但确有深深的失望，因为“我们希望父亲像个英雄那样给自己动手术，可他却哭了”，父亲的英雄地位和神秘特性顿时消失殆尽。也许，从此以后，我和哥哥，对父亲便只有同情和爱护，而不再有仰视和崇拜。

所以，随着孩子的成长，父亲的真实面目不断显现，期待中的英雄并不是真正的英雄，结果必然导致儿子对父亲角色期待的失望。再加上父子之间天然的情感纽带并不十分牢固。因此，在儿子对父亲的英雄角色的期待失落后，不可避免地导致父子之间的疏远和隔离，甚至对立抗拒。正是因为这个缘故，世界上许多有创造性的人物，都容不下那些不够资格的父亲，如贫苦木匠的儿子耶稣，就认为贫苦木匠约瑟不可能是他真正的父亲。

儿子对父亲角色期待的失望，导致了父子关系的疏远和隔离。反过来，父亲对儿子角色期待的失望，也会导致父子关系的疏远和隔离。相对地说，母子情深，母亲总是希望儿子留在家中，朝夕相处。而父亲则是鼓励儿子走出家庭进入外部世界的积极支持者。儿子走出家庭，进入外部世界，来源于两个方面的推动：一是家庭生活的枯燥与沉闷，促使他走出家庭，到外部世界去寻求新奇和刺激；二是父亲的鼓励和支持。这里，需要讨论的是，父亲为什么要鼓励和支持儿子从家庭走向外部世界。我认为：父亲将儿子从母亲身边分开，把儿子带入外部世界，目的就是希望在儿子身上实现自己的不朽价值，通过儿子把自己的成就扩大到他去世之后，希望儿子能使自己不朽。具体的方式，或者是让儿子完成自己的未竟事业，或者是让儿子从事自己梦寐以求而又根本无法实现的事业，或者是自己已经非常成功而希望儿子将这种成功延续下去。总之，父亲是把儿子当作实现自身不朽价值的载体，通向永恒的手段。这就是父亲对儿子的角色期待。

这种观念，在传统中国表现得最充分。传统中国人身后不朽、流芳百世的愿望特别强烈，与西方人相比，这可能是最显著的特征之一。虽然自先秦以来，就有立德、立功、立言三不朽的说法，但是这种不朽价值的实现，是有身份限制的。也就是说，只有士大夫官僚阶层和知识文人阶层，才有可能通过立德、立功、立言的方式，获得自身价值的不朽。对于普通民众来说，既不具备立德、立功的条件，也不拥有立言的能力，只有通过儿子来实现自身生命的延续，实现自身的不朽价值。不仅普通民众是这样，甚至对传统社会的所有父亲来说，在不朽价值的实现上，儿子也远远大于立德、立功和立言，并由此演绎成影响深远的重后观念。所以，孟子说："不孝有三，无后为大。"（《孟子·离娄下》）在传统社会，最恶毒的诅咒，莫过于"断子绝孙"；人生最大的悲哀，也莫过于绝后。因此，传统社会的道德教条，都劝人为善积德，以福佑子孙。

父亲把儿子作为实现自身不朽价值的载体。父亲对于儿子的这种角色期待，决定了父亲必须严厉对待儿子，以便他能够充分胜任父亲对他的角色期待。因此，我们在古代文献中看到的父亲形象，主要是严父，而不是慈父。为什么呢？因为“慈父固多败子”（袁采《袁氏世范·睦亲篇》）。但是，父亲的这种严厉要求，并不一定能够得到儿子的理解，在大多数情况下，父亲“因了热情过甚而变得太严厉了，他要把自己的梦想传授他们，而终觉得他们在反抗”。所以，莫罗阿说得对：“凡是在父母与子女之间造成悲惨的误解的，常因为成年人要在青年人身上获得只有成年人才有的反响与情操。做父母的看到青年人第一次接触了实际生活而发生困难时，回想起他们自己当时所犯的错误，想要保护他们的所爱者，天真地试把他们的经验传授给儿女。”但是，青年人并不完全认账，于是“在青年人是反抗，在老年人是失望。于是两代之间便发生了愤怒与埋怨的空气”（莫罗阿《人生五大问题》，见《恋爱与牺牲》第 49 ～ 50 页，傅雷译，安徽文艺出版社 1998 年版）。科尔曼夫妇在讨论父子之间的疏远和矛盾情感时，也注意到父子疏离的原因，与孩子对“父亲的价值观不抱幻想”有关（阿瑟·科尔曼、莉比·科尔曼《父亲：神话与角色的变换》第 86 页，刘文成、王军译，东方出版社 1998 年版）。

《红楼梦》中的贾政与贾宝玉，就是一个典型例子。贾政不愧为一位严父，他对贾宝玉的要求极为严厉，他也正是把贾宝玉作为实现自身不朽价值的载体，因此，他对贾宝玉的角色期待，便是一个孝子贤孙，期待他能传家立业，光宗耀祖。同时，他过分热情地把自己的仕途经验强加给贾宝玉。而贾宝玉既不满意贾政为他设定的角色地位，也拒绝接受贾政强加给他的仕途经验。这样，在贾政是失望，在贾宝玉是反抗，父子之间的疏远、对立情绪，就这样产生了。

小说《阑尾》中的我和哥哥，与作为外科医生的父亲之间，是因为儿子对父亲角色期待的失望，而导致了父子关系的疏远和隔离。《红楼梦》中的贾政与贾宝玉之间，则是因为父亲对儿子角色期待的失望，而导致的父子之间的疏远和隔离。在个别情况下，父子之间的疏离和对立情绪，是由父与子对彼此角色期待的失望造成的。在大多数情况下，父子之间的疏离，或者是父亲对儿子角色期待的失望造成的，或者是儿子对父亲角色期待的失望造成的。总之，我认为：父子疏离的主要原因，就是父子之间不切实际的角色期待，以及期待失望后造成的不满情绪。

四、母教：培育人类爱心的重要手段

在人际交往中，往往有父子之间的疏远对立，君臣之间的残杀抗争，朋友之间的反目成仇，兄弟之间的矛盾争夺，夫妻之间的不合离异。但是，在通常情况下，母子之间始终能够融洽相处。母子关系，正如朱迪丝·维尔斯特所说，是"根本的联系"，是"一体状态"，是"理想状态"（朱迪丝·维尔斯特《必要的丧失》第19页，张家卉、王一谦、马雪松译，北京大学出版社1988年版）。所以，我认为，在一切人际交往中，母子关系是最美满、最和谐、最牢固的人际关系之一。

父子关系的疏远和隔离，乃至矛盾和冲突，是由于父子之间不切实际的角色期待造成的。在我看来，母子关系的和谐融洽，与母子之间的角色期待有关。

父亲对儿子的角色期待，往往好高骛远，富于理想色彩，其态度严厉而苛刻。与此相反，母子关系是一种本能关系或天然联系，母亲对儿子的角色期待，平和而切于实际，其态度宽容而慈善。如《诗经·魏风·陟岵》一诗，就形象地表现了父母对儿子的不同期待：

陟彼岵兮，瞻望父兮。父曰嗟予子，行役夙夜无已。上慎旃哉，犹来无止。

陟彼屺兮，瞻望母兮。母曰嗟予季，行役夙夜无寐。上慎旃哉，犹来无弃。

这是一首远役征人登高望乡、思念父母的诗篇，通过想象父母挂念自己，来表达自己对父母的思念之情。在父母的挂念之言中，体现了父母对远役之子的不同情感态度，《毛传》解释这两章诗歌，提出“父尚义”和“母尚恩” 的观点，是很深刻的见解。如第一章父亲的言辞中，有“行役夙夜无已”一句，郑玄说是“思其父之戒”，“无解倦”，就是要儿子对于军国大事不可须臾懈怠。又有“犹来无止”一句，《毛传》说是“父尚义”。魏炯若解释说：“有可以回家的机会，也不可停止任务回家。也就是说，必须待任务完毕，始可回家。”又说：“止，获也，言无为人所获也。不为敌获，就该死战，也和‘父尚义’义合。”（魏炯若《读风知新记》卷五，陕西人民出版社 1987 年版）总之，父亲对远役之子的期待，是不可停止任务回家，是要死战。然而，母亲的态度就完全不同。母亲的言辞中，有“行役夙夜无寐”一句，郑《笺》训“无寐”为“无耆寐”，即不要贪睡的意思。实际上，考虑到《毛传》释此章为“母尚恩”之义，将“无寐”解释为没有睡觉的机会，比较确切。又有“犹来无弃”一句，关于“无弃”，《毛传》释为“母尚恩”，《吕记》说：“言无弃母而不归也。”（转引自魏炯若《读风新知记》卷五，陕西人民出版社 1987 年版）也就是说，不要抛弃母亲而战死沙场。与父亲对儿子的“无已”“无止”期待不同，母亲念及儿子的是“无寐”，希望儿子的是“无弃”。相对而言，父亲对儿子的期待，是努力工作，是建功立业，血缘亲情比较淡薄，或者说是隐藏得比较深。母亲对儿子的期待，是保重身体，平安回家，担心儿子没有睡觉的机会，害怕儿子战死沙场，血缘亲情占主导地位，较少涉及工作或功业。因此，与父亲的严厉和苛刻不同，母亲是宽容和慈善的。父母对于儿子的不同角色期待和情感态度，在这首诗中得到充分体现。

父尚义，母尚恩。在通常情况下，父亲严厉，母亲慈善。《礼记·表记》说："厚于仁者薄于义，亲而不尊；厚于义者薄于仁，尊而不亲。"母亲"厚于仁"而"薄于义"，所以"亲而不尊"。父亲"厚于义"而"薄于仁"，所以"尊而不亲"。从血缘关系上看，父子关系与母子关系是同等的，都是骨肉之亲。但是，在现实生活中，父子关系与母子关系，却有明显的区别，通常是父子疏离，母子亲近。扬雄说："婴犊母怀不父怀，母怀爱也，父怀敬也。"（《法言·问道》）说明婴儿和驹犊亲近母亲，疏远父亲，是自然之情。

另外，据《晋书·阮籍传》载：正始年间，有官员向朝廷报告说：有人把母亲杀死了。阮籍当时在场，感慨说："嘻，杀父乃可，至杀母乎？"意思是说，把父亲杀了还可理解，居然把母亲都杀了。当场就有人站出来批评阮籍，皇帝就问他："杀害父亲，是天下最大的罪恶，你为什么说可以理解呢？"阮籍解释说："禽兽知母而不知父，杀父，禽兽之类也；杀母，禽兽之不若。"经过这番解释，大家才心悦诚服。这件事情，也同样说明母子关系比父子关系更加亲近，更加和谐。

我们说母子亲近，还有一个重要证据，就是人在劳苦倦极的时候，在极度痛苦的时刻，往往是叫妈而不是叫爹。司马迁说："夫天者，人之始也；父母者，人之本也。人穷则反本，故劳苦倦极，未尝不呼天也；疾痛惨怛，未尝不呼父母也。"（《史记·屈原贾生列传》）人在劳苦倦极的时候，在疾痛惨怛的时候，有呼天的，有叫妈的，但很少有叫爹的。司马迁所谓"未尝不呼父母"，这是修辞上的连类而及，其实是不包括父亲的，很少有叫爹的。颜之推说："人有忧疾，则呼天地父母，自古而然。今世讳避，触途急切。而江东士庶，痛则呼祢。祢是父之庙号，父在无容称庙，父殁何容辄呼？”（《颜氏家训·风操篇》）“江东士庶，痛则呼祢”的习俗，体现了母子之间的亲近关系。不过，颜之推对“痛则呼祢”的解释和责难是错误的。据刘盼遂说：“江东人痛呼祢，当是呼妳，妳者，母之俗字，人穷则呼母，古今不异。颜氏误以为呼祢，实缘妳、祢同音而致疏失。”（王利器《颜氏家训集解》卷二《风操》）所以，我认为：人在悲痛绝望的时候，或呼天，或叫妈，而不叫父。司马迁和颜之推所谓“呼天地父母”，都是修辞上的连类而及。人在悲痛绝望的时候，叫妈不呼爹，也正体现了母子亲近、父子疏离这种人伦现象。

母子亲近的原因，概括起来说，主要有以下两个方面：

其一，在婴幼时代，孩子的抚养任务主要由母亲承担。因此，母亲与幼儿朝夕相处，建立起一种“根本的联系”，培植起天然的亲近之情。

其二，母子之间的角色期待，平和而切于实际。这种角色期待，导致母子亲近。一般而言，在传统社会，母亲的活动舞台被局限在家庭，她既没有父亲那样的雄心壮志，也缺乏父亲那种对不朽价值的执着追求。因此，她对儿子的角色期待，不像父亲那样好高骛远。她的期待是平实的，富于生活情趣。与其说她是期待儿子轰轰烈烈地干一番大事业，不如说她更希望儿子平安祥和地过日子。于是，与父亲的严厉苛求不同，她对儿子的态度是宽容而慈善。同时，儿子对母亲的角色期待，也与对父亲不同。儿子与母亲朝夕相处，两者构成“根本的联系”或“一体状态”，于是，儿子对母亲的印象，与对父亲的理想化、神秘化印象不同，她是熟悉的，是具体的，是生活化的。因此，儿子对母亲的角色期待，就不是理想化的英雄人物，而是生活化的平凡人物。同时，与对父亲因角色期待的失望而产生的疏远、对立情绪不同，儿子对母亲一般不大可能发生过高的角色期待，因而也就不会有期待的失望。所以，母子之间往往能够长久地保持在“一体状态”中培植起来的亲近关系。

在传统中国社会，“君子远其子”，父亲“不亲教子”，教育子女的工作，主要由母亲承担。由于母子关系比较亲近，母亲往往是子女最好的老师，母亲对子女性格的影响，常常超过父亲。因此，在传统家庭中，妻子的角色被界定为“相夫教子”。

孩子早期接受什么样的教育，对孩子的成长至关重要。俗话说：“一岁看大，三岁看老。”一个人在童年时期养成的品德、意志、性格、情感，往往将对他的一生发生重要影响，这是由人的“重复冲动”决定的。据朱迪丝·维尔斯特说：

> 人类天性中有一种难以抗拒的重复的冲动，它被称为重复冲动。它驱使我们反复做我们做过的事，使我们试图恢复存在的早期状态。它驱使我们将过去——我们已往的渴望，对那些渴望的防御——移植到现在。因此，我们爱谁及如何爱便是早期经验的复活——无意识的复活。（朱迪丝·维尔斯特《必要的丧失》第69页，张家卉、王一谦、马雪松译，北京大学出版社1988年版）

因此，在童年时期接受健全的人格素质教育，就特别重要。无论从生理原因上看，还是从心理原因上看，母亲都是承担这项工作的最佳人选。从生理方面看，由于哺乳喂养的缘故，母亲是孩子最亲近的人。人们记忆中最早的恐惧，就是担心母亲的离开。“在幼年，尤其是在六岁以前，如果我们有过多的时间离开我们需要并渴求的母亲，我们的感情就会受到伤害，就象被浇上油投入火中那样。其伤害虽不致命，但却是永久的。”（朱迪丝·维尔斯特《必要的丧失》第69页，张家卉、王一谦、马雪松译，北京大学出版社1988年版）从心理方面看，母亲更适合做孩子的启蒙老师。心理学家皮亚杰认为：儿童与成人的关系是一种社会关系，这种社会关系有“专制的”和“合作的”两种类型。在“合作的”社会关系类型中，产生“适应别人”的需要。如果自己的思想与别人的思想有了冲突，便引起怀疑而必须去证明。只有通过确立合作关系，儿童才能意识到存在着别的观点，并通过证明去接受合理的东西。或者说，在“合作的”社会关系中，才能培养成人的健全才性和健康心灵。大体而言，父子关系是一种“专制的”社会关系，母子关系则是近似于皮亚杰所说的“合作的”社会关系。所以，母亲更适合做儿童的启蒙老师，是培养儿童健全才性和健康心灵的最佳人选。

人活在世界上，最基本的需求就是被人爱，最基本的责任就是爱人。而爱的情感的培养，则主要是由母亲来承担，或者说，孩子最早获得的爱的教育和滋润，是来自于母亲。父亲对于儿子是严，儿子对于父亲是敬，父子之间严而不亲，尊而不亲。母亲对于儿子是爱，儿子对于母亲是亲，母子之间亲而不尊，爱而不严。所以，母子之间的联系纽带，是出自天性的爱，而孩子所受的爱的教育和滋润，多半就是从母亲那里获得的。因此，朱迪丝·维尔斯特说：

> 幼年时的严重分离（引者按：即母子分离）在我们心中留下了感情的创伤，因为它破坏了人与人的基本的联系——教导我们如何爱的母子纽带。没有这种早期爱恋的滋润，我们就无法成为完整的人——我们将发现做人实在是件难事。（朱迪丝·维尔斯特《必要的丧失》第12～13页，张家卉、王一谦、马雪松译，北京大学出版社1988年版）

莫罗阿也说："因了母爱，家庭才和夫妇一样，建筑于本能之上。要一个社会能够成立，必须人类先懂得爱，而人类之于爱，往往从母性学来。"母爱对孩子的成长至关重要，一个孩子"如果他有福分有一个真正女性的母亲，他亦会受了她的教诲，在生命初步即懂得何谓毫无保留而不求酬报的爱。从母爱之中，他幼年便知道人间并不完全是敌对的，也有温良的接待，也有随时准备着的温柔，也有可以完全信赖而永不有何要求的人。这样开始的人生是精神上的极大的优益"。因此，他坚信：

> 凡是乐观主义者，虽然经过失败与忧患，而自始至终抱着信赖人生的态度的人们，往往都是由一个温良的母亲教养起来的。反之，一个恶母，一个偏私的母亲，对于儿童最可悲的领导者。她造成悲观主义者，造成烦恼不安的人。（莫罗阿《恋爱与牺牲》第 38 页，傅雷译，安徽文艺出版社 1998 年版）

由于角色地位的限制，母亲的工作舞台在家庭，她较少接触外部世界的阴暗面，她是理想型的，是乐观而热情的，是心平气和的，是充满温情的。因此，在她身上，我们看到的是社会人生中的光明与希望，我们也能从她身上，接受对社会人生的乐观认识。而父亲，他的工作舞台在外部世界，他自己处于矛盾斗争的外部世界，他是悲观的，是沉重的，他满腹牢骚，充满愤慨和仇恨，我们也可能从他的身上，接受对社会人生的悲观看法。所以，凡是乐观主义者，"往往都是由一个温良的母亲教养起来的"。而悲观主义者，或者沉沦厌世者，则多是幼年丧母者，或者是由父亲培养出来的。

法国文学批评家圣伯甫说过："古今伟大之人物，其父与兄弟率皆平凡，而其母或姊妹，则恒有资性超群、才学出众者。"（转引自《吴宓自编年谱》第 20 页，生活 · 读书 · 新知三联书店 1995 年版）所以，在历史上，我们看到，一个伟大人物后面，往往都站着一个伟大的母亲，如中国历史上的著名人物，像孔子、孟子、范仲淹、欧阳修、蔡元培、胡适、丰子恺、郁达夫、萧乾……他们都是幼年丧父，在艰难坎坷的环境中，由母亲培养成材，并以他们的努力，成就其辉煌人生，在中华文化史上，做出了不可磨灭的贡献。

幼年丧父，是为人生中的大不幸。然而，如果有一位温良贤惠的母亲的教养，也可以培养成健全的才性和知性。而幼年丧母，则是人生中更大的不幸。或者说，幼年丧母对孩子的消极影响，远远大于幼年丧父者。幼年丧母之人，往往会形成忧郁的性格。如康德十三岁丧母，这种遭遇，对他忧郁敏感个性的形成，大有影响。心理学家认为，康德不结婚，是由于他对母亲的依恋，妨碍了他对别的女人的喜爱。另外，幼年丧母的男人，长大后所依恋的女人，也多有母亲的影子。如伏尔泰七岁丧母，他一生钟爱的女人，如妮依 · 德 · 朗克鲁夫人、夏德莱侯爵夫人、德尼夫人，都有他母亲的影子，是他成年后寻找母爱补偿的结果。卢梭出生不久，他的母亲就去世了，他十一岁时爱上自己的老师——三十岁的白兰西小姐，十二岁被父亲赶出家门，十六岁爱上高级妓女——二十九岁的华伦夫人，在他的一生中，他向往母性的温柔，对成熟女性特别有好感，这也是由于幼年丧母的遭遇造成的。

幼年丧母的人，往往容易形成悲观、老成、稳重的性格，成年后常常对成熟女性发生兴趣和好感。性格乐观、充满理想精神的孩子，往往由一位温良贤淑的母亲教养而成。而那些仇视女人的悲观厌世者，又常常与母亲的不良品性有关，叔本华就是一个典型例子。在古今中外，没有哪一个哲学家像叔本华那样，对女人怀有深重的仇恨和敌视，在他的著作中充斥着对女人的仇怨之辞。叔本华对女人的这种态度，与他母亲的性格品行有关。他出生于德国的一个名门望族，母亲是一位通俗小说家，为人风流放荡。父亲是一位银行家，性格内向，暴躁多疑。叔本华的性格近似于他的父亲，他们的父子关系较好，而母子双方对彼此都没有什么好感。后来，父亲因为经商失败而自杀，叔本华认为父亲的死，与母亲私生活的不道德有关，于是母子反目成仇。后来，母亲迁居魏玛，在家中举办文学沙龙，经常讽刺挖苦叔本华的哲学才能，母子之间的仇恨加深。一八一四年五月，叔本华离家另居。此后二十四年里，他再也没有去见过他的母亲。叔本华母子之间的矛盾，以及他对女人的极端仇恨，都与他母亲的品行和性格有关。可以说，他是因为对母亲的怨恨，进而发展成为对所有女人的反感。

母教对孩子一生的成长至关重要，才性健全的人，往往是由一位温良贤淑的母亲教养而成。要使孩子成为一个才性健全的人，乐观向上的人，首先要求母亲必须是一个才性健全、乐观向上的人。否则，其负面影响，将远远大于一位不称职的父亲，甚至大于幼年丧母的情况。所以，诸位女士，今后你们都是要做母亲的，一定要把这些话记在心上。做一位合格的母亲，把祖国的下一代教育好，也算是你们尽了对国家民族的责任和义务。

五、隔代教育：社会现代化进程的绊脚石

相对于父子关系的疏远、隔离来说，祖孙关系则是比较亲近、和睦的。一般而言，父亲望子成龙，对孩子抱有不切实际的角色期待，心情迫切，不免要对孩子斥责痛骂，自然也就容易引起孩子的对立和反抗。而当孩子受到父亲斥责时，母亲往往从中调停，间或也站在孩子一边反对父亲。而祖父母则多半是直接站在孩子一边，成为孙子逃

避斥责的避风港。《红楼梦》中贾宝玉和贾母的关系，就是一个典型例子。当贾宝玉在贾政那边碰壁，或者遭打挨骂的时候，贾母总是他最坚强的后盾，成为他的保护伞和庇护神。贾母和贾宝玉之间的亲近慈爱，与贾政和贾宝玉之间的疏远隔离，形成鲜明对比，典型地反映了传统社会父子疏离、祖孙亲近一种人伦现象。

考察祖孙关系亲近和睦的原因，在我看来，主要有以下三个方面：

其一，在传统中国社会，甚至在当代的传统家庭中，祖孙之间亲密接触的时间，往往比父子之间多。作为年轻的父亲，为了赡养父母，为了抚养子女，他必须走出家庭。他的工作舞台在家庭之外，或从政，或耕田，或经商，或打工，总之，他必须走出家庭，到外部世界去赚取足够的钱财，来养老育幼。因此，他跟孩子接触的时间就少，于是，在父子之间产生了疏离感和陌生感。作为祖父，因为身体和年龄的缘故，他从外部世界回到家庭中，颐养天年。因此，他跟孙子接触的时间多，祖孙之间就有更多的理解和体贴，容易产生亲近感。

其二，父子关系的疏远对立，是由于父子之间不切实际的角色期待造成的。与父子之间不切实际的角色期待不同，祖孙之间的角色期待，往往比较温和，也比较切合实际。祖孙之间朝夕相处，有更深的理解和体贴，相处更为平和，彼此之间没有过高的角色期待。孙子一般不会对祖父产生不切实际的理想化、英雄化的角色期待，因此，也就不会产生期待失望之后的不满情绪。另外，祖父自身不朽价值的实现，主要是通过儿子而不是孙子这个载体。同时，祖父的赡养责任，也主要是由儿子而不是孙子来承担。所以，祖父对孙子是宽容的，是慈善的，他对孙子的期望以及要求，远不如父亲对儿子那般强烈和严厉，他们之间更容易和平相处。于是，在父子关系对抗最激烈的时期，莫罗阿建议由祖父母代替父母教养孩子，原因就在于祖父母“因为年龄的衰老，心情较为镇静，也不怎么苛求，思想也更自由，他们想着自己当年的情况，更能了解新的一代”（莫罗阿《人生五大问题》，见《恋爱与牺牲》第 52 页，傅雷译，安徽文艺出版社 1998 年版）。我以为，莫罗阿的这个建议，是切合实际的。

其三，祖孙亲近，有更深刻的心理依据。一般而言，父子之间心理特征的差别往往比较大，而祖孙之间的心理特征则比较接近。人一旦步入老年后，其心理特征往往与儿童有很多相似之处，成语“返老还童”就是一个很好的说明。宋人袁采说得对：“高年之人，作事有如婴孺，喜得钱财微利，喜得饮食果实小惠，喜与孩童玩狎。为子弟者，能知此而顺适其意，则尽其欢矣。”（《袁氏家训·睦亲》）所以，我认为：正因为老人（祖父）与儿童（孙子）的心理特征比较接近，在情感上比较相通，因而也容易亲近。

祖孙亲近，父子疏离。祖父母在思想感情和价值观念等方面，对孙子的影响，远远大于父亲对儿子的影响。子女从祖父母那里获得的教育，也远远大于从父亲那里获得的。一般而言，如果按二十年一代计算，父子之间的代沟距离是二十年，祖孙之间则是四十年。换句话说，父子之间价值观念的相隔年代是二十年，祖孙之间则是四十年。祖父教育孙子，就是用四十年前的价值观念教育孙子；父亲教育儿子，则是用二十年前的价值观念教育儿子。如果优化选择的话，应该是父教子优于祖教孙，因为父亲的价值观念与祖父相距二十年，父亲的价值观念优于祖父，新于祖父。虽然学者在讨论“隔代教育”时，也强调祖父教育孙子的某些优越性，如祖父母知识丰赡、阅历丰富、心态平和、时间充裕等，或者认为祖父母可以利用充裕的时间，学习新知识，教育孙子，与孙子共同进步。但是，我认为，祖教孙（或称“隔代教育”）是弊大于利，因为我们不能否认，祖父的价值观念比父亲要陈旧，更保守。价值观念的更新是社会前进的重要动力，以二十年前的价值观念教育子女（父教子），明显优于以四十年前的价值观念教育子女（祖教孙）。但是，在传统中国社会，“君子不教子”“君子远其子”，与子女亲近的是祖父母。自然，在价值观念上对子女影响最大的，也是祖父母，这就必然导致人的价值观念呈现出前进一步便后退半步的发展趋势，也培育出传统中国人贵古贱今、思想僵化、缺乏创新精神和青春活力的保守性格，也必然导致传统中国社会的停滞不前，呈现出前进一步便后退半步的发展态势。

无独有偶，法国农村的传统家庭中，也存在这种“隔代教育”的现象。法国史学家马克·布洛赫在讨论历史、人与时间的关系时，举例说：

> 以法国的村庄为例，父母要外出干活，几乎整天不在家，孩子主要由祖父母抚养，结果，由于忽略应变能力强的父母一辈的作用，却使可塑性最强的孩子与思想僵化的老年人结合在一起，如此培养出来的新一代在思想上反而倒退了一步。无疑，这就是传统思想在农村社会根深蒂固的原因。这个例子十分典型，但远不是独一无二的。因为，在年龄不同的人群之间，自然产生的敌视往往以邻近的两代人最为剧烈，年轻人从老年人那里学到的东西比得自中年人的教益更多。（马克·布洛赫《历史学家的技艺》第34页，张和声、程郁译，上海社会科学院出版社1992年版）

法国村庄比较普遍的祖父母教育孙子的现象，与中国传统社会的“隔代教育”情况十分相似。其导致“传统思想在农村的根深蒂固”，使“培养出来的新一代在思想上反而倒退了一步”，也与传统中国社会的情况很相近。我在讨论“中国人的山水情怀”时，曾经说过：在中外民族史上，华夏族人与法兰西人的民族习性和文化品格最为接近。这里说到的中法两国传统社会普遍存在的“隔代教育”现象，及其发生的相似影响，也可以为我的上述观点提供一个有力的证据。

著名学者吴宓在幼年的一段经历，及其对他以后人生的影响，是祖孙“隔代教育”的一个典型个案。据吴宓自述，他早年丧母，过继在叔父门下，由祖母杨太淑人带养长大。他总结祖母对他的影响，主要有两个方面：

> （1）溺爱，纵容过甚。不但使全家人皆不服，且养成了宓之许多不良的性行、习惯。（2）宓一生感情，冲动甚强。往往以一时之感所激，固执私见，孤行己意，不辨是非，不计利害（后乃悔悟）。又自己勤奋劳苦，而不知如何寻欢求乐。无逸豫之情，少怡悦之意。即是：能工作，不能休息。能紧张，不能纵逸。对人，则太多计较与责难。——以上皆类似杨太淑人之个性，由不自觉（无意）的摹仿而来者也。（吴宓著，吴学昭整理《吴宓自编年谱》第 29 ～ 30 页，生活 · 读书 · 新知三联书店 1995 年版）

杨太淑人对吴宓的教育和影响，颇具典型性。我在前面说过，祖父母对孙子，多持宽容态度，由宽容到纵容，甚至发展到溺爱。杨太淑人对待吴宓，如同贾母对待贾宝玉，由宽容而溺爱，就使吴宓身上养成了许多不良性行和习惯。还有，祖孙之间朝夕相处，其影响是潜移默化的，而且终生难以摆脱。如杨太淑人“多年寡居持家，刻苦勤奋，其自律过严，心情太过紧张，得于此者失于彼，故至晚年本当逸居安享。亦略无悦豫之情和怡乐之心。不能自己寻乐，而对人仍持计较、责难之习惯与态度”，以及“衰老临殁时期之性情反常”（吴宓著，吴学昭整理《吴宓自编年谱》第 26 页，生活 · 新书 · 新知三联书店 1995 年版），都影响到吴宓，成为吴宓摹仿的对象。吴宓一生的思想性格和为人处事，都没有能够摆脱杨太淑人的这种影响。

以祖教孙的“隔代教育”，在当代中国社会还有一定的普遍性。比如，在城市，父母上班，让爷爷、奶奶或者外公、外婆带孙子的情况，比较常见。虽然可以把孩子送往幼儿园，但更多的时间还是让小孩与老人待在一起。在农村，这种情况更为突出，父母出门耕地，把子女留在家中让老人照管，甚至父母出门打工，一年半载甚至两年三年不回家的情况，也不少见。所以，现在农村的很多留守儿童，只知公婆，不识父母，祖孙亲近，父子疏离，甚至发生孩子把父母当作客人的现象。我认为，这应该引起当代教育专家的关注，也必须引起教育主管部门的重视。因为社会的现代化，首先在于人的现代化，人的现代化首先在于教育的现代化。

参考文献

孔颖达撰：《周易正义》，中国书店 1987 年影印本。

朱熹注：《诗经集传》，中国书店 1985 年影印本。

邢昺疏、唐玄宗注：《孝经注疏》，上海古籍出版社 1990 年影印本。

杨伯峻编著：《论语译注》，中华书局，1958 年。

杨伯峻译注：《孟子译注》，中华书局，1988 年。

朱谦之撰：《老子校释》，中华书局，1987 年。

王先谦编著：《庄子集解》，成都古籍书店，1988 年。

王先谦：《荀子集解》，上海书店影印诸子集成本。

陈奇猷：《韩非子集解》，上海人民出版社，1974 年。

陈澔注：《礼记集说》，中国书店 1985 年影印本。

董仲舒：《春秋繁露》，上海古籍出版社，1991 年。

司马迁：《史记》，中华书局，1987 年。

王先谦撰：《汉书补注》，中华书局，1983 年。

王先谦撰：《后汉书集解》，中华书局，1984 年。

卢弼：《三国志集解》，中华书局，1982 年。

扬雄：《法言》，上海古籍出版社，1991 年。

刘文典集解：《淮南鸿烈集解》，中华书局，1989 年。

黄晖撰：《论衡校释》，中华书局，1990年。

班固：《白虎通德论》，上海古籍出版社，1991年。

楼宇烈校释：《王弼集校释》，中华书局，1999年。

刘劭：《人物志》，涵芬楼影印明正德刊本。

逯钦立校注：《陶渊明集》，中华书局，1979年。

萧统编：《文选》，上海书店1988年影印胡克家刻本。

王利器集解：《颜氏家训集解》，上海古籍出版社，1982年。

余嘉锡笺疏：《世说新语笺疏》（修订本），上海古籍出版社，1996年。

刘劭：《人物志》，四部丛刊本。

浦起龙：《史通通释》，江苏广陵古籍刻印社，1991年。

黎德靖编、王星贤点校：《朱子语类》，中华书局，1983年。

孟棨：《本事诗》，见《历代诗话续编》，中华书局，1959年。

黄宗羲：《明夷待访录》，《黄宗羲全集》第1册，江苏古籍出版社，1985年。

张燧：《千百年眼》，河北人民出版社，1987年。

章学诚：《文史通义》，江苏广陵古籍刻印社，1991年。

赵翼：《廿二史札记》，中国书店影印。

虫天子编：《中国香艳全书》，团结出版社，2005年。

姚灵犀：《采菲录》，上海书店出版社，1998年。

章太炎：《国学讲演录》，华东师范大学出版社，1995年。

王国维：《王国维遗书》，上海古籍书店，1983年。

梁启超：《梁启超史学论著四种》，岳麓书社，1998年。

梁启超：《先秦政治思想史》，东方出版社，1996年。

何海鸣：《求幸福斋随笔》，上海书店出版社，1997年

马宗霍：《中国经学史》，上海书店，1984年。

鲁迅：《坟》，人民文学出版社，1973 年。

辜鸿铭：《中国人的精神》，黄兴涛、宋小庆译，海南出版社，1996 年。

贺昌群：《贺昌群文集》，商务印书馆，2003 年。

贺昌群：《魏晋清谈思想初论》，辽宁教育出版社，1998 年。

梁漱溟：《中国文化要义》，学林出版社，1987 年。

钱穆：《国史大纲》，商务印书馆，1996 年。

钱穆：《中国文学论丛》，生活·读书·新知三联书店，2002 年。

丰华瞻：《中西诗歌比较》，生活·读书·新知三联书店，1987 年。

朱自清：《诗言志辨》，华东师范大学出版社，1996 年。

缪钺：《冰茧庵丛稿》，上海古籍出版社，1985 年。

唐长孺：《魏晋南北朝史论丛》，生活·读书·新知三联书店，1995 年。

冯友兰：《中国哲学简史》，涂又光译，北京大学出版社，1985 年。

林语堂：《吾国与吾民》，陕西师范大学出版社，2002 年。

孙作云：《诗经与周代社会研究》，中华书局，1966 年。

范文澜：《中国通史简编》（修订本），人民出版社，1964 年。

周一良：《魏晋南北朝史札记》，中华书局，1985 年。

朱光潜：《西方美学史》，人民文学出版社，1964 年。

朱光潜：《朱光潜美学文集》（第三卷），上海文艺出版社，1983 年。

蒋孔阳：《德国古典美学》，商务印书馆，1980 年。

朱狄：《当代西方美学》，人民出版社，1984 年。

费孝通：《乡土中国·生育中国·乡土重建》，商务印书馆，2011 年。

余英时：《士与中国文化》，上海人民出版社，2003 年。

李泽厚：《美的历程》，天津社会科学院出版社，2001 年。

李泽厚：《中国古代思想史论》，人民出版社，1986 年。

李泽厚、刘纲纪：《中国美学史》（第一卷），中国社会科学出版社，1984 年。

李泽厚、刘纲纪：《中国美学史》（魏晋南北朝卷），安徽文艺出版社，1999年。

郑家栋编：《道德理想主义的重建——牟宗三新儒学论著辑要》，中国广播电视出版社，1992年。

葛兆光：《中国思想史》，复旦大学出版社，1998年。

葛兆光：《思想史研究课堂讲录》，生活·读书·新知三联书店，2005年。

葛兆光：《宅兹中国——重建有关“中国”的历史论述》，中华书局，2011年。

葛剑雄：《统一与分裂——中国历史的启示》，生活·读书·新知三联书店，1994年。

龚鹏程：《游的精神文化史论》，河北教育出版社，2001年。

王子今：《中国文化节奏论》，陕西人民教育出版社，1998年。

赵世瑜：《小历史与大历史：区域社会史的理念、方法与实践》，生活·读书·新知三联书店，2006年。

刘岱主编：《中国文化新论·宗教礼俗篇·敬天与亲人》，生活·读书·新知三联书店，1992年。

王永平：《中古士人迁移与文化交流》，社会科学文献出版社，2005年。

冯天瑜：《中华元典精神》，上海人民出版社，1994年。

杨念群、黄兴涛、毛丹主编：《新史学：多学科对话的图景》，中国人民大学出版社，2003年。

张晓松：《山骨印记——贵州文化论》，贵州教育出版社，2000年。

刘小枫：《儒家革命精神源流考》，上海三联书店，2000年。

程美宝：《地域文化与国家认同——晚清以来“广东文化”观的形成》，三联书店（香港）有限公司，2018年。

张世保主编：《大陆新儒学评论》，线装书局，2007年。

康正果：《风骚与艳情》，上海文艺出版社，2001 年。

徐复观：《中国文学精神》，华东师范大学出版社，2004 年。

叶嘉莹著《杜甫秋兴八首集说》，河北教育出版社 1997 年。

潘知常:《众妙之门——中国美感的深层结构》,黄河文艺出版社,1989 年。

叶舒宪：《高唐神女与维纳斯》，中国社会科学出版社，1997 年。

叶舒宪主编：《性别诗学》，社会科学文献出版社，1999 年。

吴秋林：《美神的眼睛——高坡苗族背牌文化诠释》，贵州人民出版社，2001 年。

杨福泉：《殉情》，江西教育出版社、海天出版社，1999 年。

汪文学：《正统论——发现东方政治智慧》，陕西人民出版社，2002 年。

汪文学：《汉晋文化思潮变迁研究》，贵州人民出版社，2003 年。

汪文学：《传统人伦关系的现代诠释》，贵州民族出版社，2004 年。

汪文学：《汉唐文化与文学论集》，贵州大学出版社，2008 年。

汪文学：《诗性风月——中国古典文学中的情爱》，中央编译出版社，2011 年。

汪文学：《边省地域与文学生产——文学地理学视野下的黔中古近代文学生产和传播》，上海古籍出版社，2016 年。

汪文学：《扬雄与六朝之学》，贵州人民出版社，2019 年。

汪文学：《贵州地域形象史研究》，贵州人民出版社，2020 年。

汪文学：《贵州地域文化精神研究》，贵州人民出版社，2020 年。

汪文学：《温柔敦厚：中国古典诗学理想》，贵州人民出版社，2020 年。

[德] 席勒：《审美教育书简》，译林出版社，2009 年。

[美] 爱德华·希尔斯：《论传统》，傅铿、吕乐译，上海人民出版社，1991 年。

[法] 莫罗阿：《恋爱与牺牲》，傅雷译，安徽文艺出版社，1998 年。

[意] 马基雅维利：《君王论》，徐继业译，光明日报出版社，1996 年。

[美] 高彦颐：《闺塾师——明末清初江南的才女文化》，李志生译，江苏人民出版社，2005 年。

[荷] 伊恩·布鲁玛：《日本文化中的性角色》，张晓凌、季南译，光明日报出版社，1989 年。

[日] 冈村繁：《汉魏六朝的思想与文学》，陆晓光译，上海古籍出版社，2002 年。

[荷] 高罗佩：《中国古代房内考》，李零、郭晓惠等译，上海人民出版社 1990 年。

[丹] 克尔凯戈尔:《勾引者手记》,余灵灵等译,九洲图书出版社,1998 年。

[日] 笠原仲二：《古代中国人的美意识》，魏常海译，北京大学出版社，1987 年。

[英] 蔼理士：《性心理学》，潘光旦译注，上海三联书店，2006 年。

[德] 弗洛姆：《爱的艺术》，刘福堂译，安徽文艺出版社，1986 年。

[美] 阿瑟·科尔曼、莉比·科尔曼：《父亲：神话与角色的变换》，刘文成、王军译，东方出版社，1998 年。

[法] 安德烈·比尔基埃等主编《家庭史》第一卷，袁树仁等译，生活·读书·新知三联书店，1998 年。

[美] 朱迪丝·维尔斯特：《必要的丧失》，张家卉、王一谦、马雪松译，北京大学出版社，1988 年。

[法] 马克·布洛赫著《历史学家的技艺》：张和声、程郁译，上海社会科学院出版社，1992 年。

竺可桢：《中国近五千年来气候变迁的初步研究》，《考古学报》，

1972年第1期。

王水照：《重提"内藤命题"》，《文学遗产》，2006年第2期。

任继愈：《从佛教到儒教——唐宋思想的变迁》，《中国文化》，1990年秋季号。

葛剑雄：《天堑何曾限南北》，《读书》，1995年第8期。

朱伟华：《地域文化与地域文学之断想》，《山花》，1998年第2期。

黎子耀：《魏晋南北朝史学的旁支——地记与谱学》，《杭州大学学报（哲学社会科学版）》，1982年第2期。

田阡：《村落·民族走廊·流域——中国人类学区域研究范式转换的脉络与反思》，《新华文摘》，2017年第10期。

胡大雷：《桂学研究的意义与学术构成》，《桂学研究》第一辑，广西师范大学出版社，2014年。

周振甫：《论项羽本纪》，《文学遗产》，1997年第1期。

陈来：《近代"国学"的发生与演变——以老清华国学研究院的典范意义为视角》，《清华大学学报》（哲社版），2011年第3期。

王育济：《宋初"先南后北"统一策略的再探讨》，《东岳论丛》，1996年第1期。

汪文学：《传统中国男人惧内现象考论》，《寻根》，2005年第5期。

汪文学：《古代都城地理格局之发展及其相关问题研究》，《江海学刊》，2001年第1期。

汪文学：《试论中国古代人伦中的朋友伦理》，《江汉论坛》，2007年第12期。

后记

经营这部“中国人的精神传统”，刚好整整一年的时间。用一年的时间经营一部二十余万字的书稿，不是太快，当然也不算太慢。

经营一部学术专著，从确定选题，到论证选题的可行性，到翻检抄录资料，到规划写作提纲，到撰写修改，到校对出版，这一系列细致入微的工作，虽然繁琐复杂，很费时，很费力，但做过几次，摸清了规则，熟悉了套路，顺理成章，也就不是什么难事了。但是，经营这部“中国人的精神传统”，对我来说，则是一个全新的尝试，是一个力图将学术性与趣味性结合起来的尝试，力图将学问的严谨规范与课堂上的即兴发挥结合起来的尝试。

说实在的，我很佩服那种出口成章的人，那种在台上的演讲经过录音整理，就能成为一篇好文章的人。最初，我也做过这样的尝试，在课堂上做好录音，请学生把录音整理成文稿，拿来一看，结果根本就要不得。虽然在课堂上，我也能滔滔不绝，或激情飞扬，或娓娓道来。可是，根据课堂录音整理出来的文稿，不是杂乱无章，就是莫名其妙，看来课堂讲授与文字表述，还真是不一样。所以，根据课堂录音整理文稿的尝试，就以失败告终，不得不放弃。

课堂录音整理失败，接下来，就只有通过想象教学现场气氛，虚拟登上讲台面对学生的架势，用手下的笔头代替口中的演讲，用比较自由灵活的文笔复制课堂上的讲授内容。原以为所有观点都已经成熟，所有材料都是现成的，甚至部分专题还有专门的学术文字作底本，做起来应该比较容易，于是就想偷个懒，直接上电脑写作。可是，坐在电脑面前，我就惶恐不安；敲打键盘的时候，我总是找不着灵感。本来鲜活灵动的想法，敲打在键盘上，呈现在屏幕里，就显得很生硬，很枯涩，没有一点灵气。所以，直接上电脑写作的尝试，也以失败告终，我又不得不放弃。

课堂录音整理的尝试失败了，直接上电脑写作又找不着灵感，最后，只有采用我十多年来一贯坚持的笨办法，铺开稿纸，提起钢笔，一笔一画地书写，写完后输入电脑，输完后又打印出来修改，如此反复了三次，才做成目前这个样子。整整一年的时间，就这样过去了！

将学术性与趣味性结合起来，这话说起来简单，做起来还真不容易。十多年来，在我手下写出来的两百多万字，都是严肃的学术文字，都力求一丝不苟，严谨规范。但是，在内心里，我早已对这种老气横秋、缺乏激情和灵气的文字，产生了厌倦之情。提笔写一点轻松的、有灵性的文字，是我很早就有的想法，但一直未能如愿以偿。因为习惯是一种惯性力量，习惯于写严谨规范、有板有眼的学术文字，你的那支笔就很难松开，就很难写出轻松自如、灵性飞扬的文字。好在经过一段时间的心情调整、阅读体验和写作实践，也就慢慢摸出些道道来，写作也逐渐变得顺畅起来。

女儿汪叙辰的语言感觉比较好，又接受了比较规范的基础教育。所以，书稿中有些习以为常的错别字，就被她发现了不少，也被她纠正了许多。还有一些语词的使用，也和她有过交流和讨论。如今她已进入大学阶段的学习。就权且把这本书的写作和出版，当作给她的一份纪念吧！

汪文学

二〇二〇年十月一日于贵阳花溪